浙江省普通高校"十三五"第二批新形态教材
浙江金融职业学院省重点校建设成果
浙江金融职业学院国际金融省特色专业建设成果
浙江省示范性中外合作办学项目国际金融专业建设成果

国际金融实务

（第三版）

GUOJI JINRONG SHIWU

主编 李敏

中国金融出版社

责任编辑：王效端　王　君
责任校对：张志文
责任印制：陈晓川

图书在版编目（CIP）数据

国际金融实务/李敏主编 . —3 版 . —北京：中国金融出版社，2019.9

ISBN 978 – 7 – 5220 – 0176 – 0

Ⅰ.①国…　Ⅱ.①李…　Ⅲ.①国际金融—高等职业教育—教材　Ⅳ.①F831

中国版本图书馆 CIP 数据核字（2019）第 139809 号

国际金融实务（第三版）
Guoji Jinrong Shiwu（Di San Ban）

出版
发行　**中国金融出版社**

社址　北京市丰台区益泽路 2 号
市场开发部　（010）63266347，63805472，63439533（传真）
网上书店　http：//www.chinafph.com
　　　　　（010）63286832，63365686（传真）
读者服务部　（010）66070833，62568380
邮编　100071
经销　新华书店
印刷　北京市松源印刷有限公司
尺寸　185 毫米×260 毫米
印张　17
字数　394 千
版次　2011 年 5 月第 1 版　2014 年 8 月第 2 版　2019 年 9 月第 3 版
印次　2019 年 9 月第 1 次印刷
定价　39.80 元
ISBN 978 – 7 – 5220 – 0176 – 0
如出现印装错误本社负责调换　联系电话（010）63263947

第三版修订说明

金融国际化是"一带一路"建设的重要组成部分，金融资源的"引进来"和"走出去"需要更多通晓国际金融规则、精通国际金融业务的国际化金融人才，这就对国际化金融人才培养的数量和质量提出了更高要求。国际金融领域业务发展更新快、热点层出不穷，此次教材修订旨在紧密跟踪国际金融形势的发展变化、关注国际金融热点案例，将国际金融发展的前沿和热点、新的案例及数据补充融入教材中，这有助于教材使用者及时了解国际金融形势变化、拓展国际金融视野，掌握国际金融业务发展，希望对高等职业院校的金融、经贸类相关专业培养优质的国际金融专业人才发挥现实作用。

本教材包括国际金融宏观和微观两个层面，具体有国际收支、国际储备、国际货币体系、外汇与汇率、汇率制度与外汇管制、传统外汇交易、衍生外汇交易、汇率风险、国际金融市场九个项目。通过宏观层面的项目学习，要培养学生应用所学知识对现实热点问题的分析应用能力；通过微观层面的项目学习，要培养学生应用外汇交易的方法和技能。每一个项目开始前都有学习目标、关键词、课程导入等部分，帮助读者尽快进入学习角色、明确学习目标。章节主体部分融入了案例阅读、知识链接、微课视频等丰富生动的案例资料、拓展知识及立体化教学资源，帮助读者在案例阅读和分析过程中提升应用分析能力以及拓展知识面。在主体内容之后，设置了延伸阅读、本章小结、同步练习等内容，有助于读者学练结合，实现综合分析能力和实践操作能力的同步提升。

本教材立足于高职教学改革的新趋势和新要求，在教法上体现了多元化的教学方法。主要特点有：（1）学习目标明确，重点难点突出，理论与实践融合，注重培养学生应用所学理论分析现实热点的综合应用能力。（2）突显"互联网＋"背景下混合式教学方法的应用。将微课视频等数字化教学资源融入教材，建设立体化教材，读者可扫描二维码使用微课视频资源，也可登录"浙江省高等学校在线开放课程共享平台"（网址：http：//zjedu. moocollege. com/Province/Index/index）使用本课程更多的数字化教学资源。（3）体现了多种教学方法的综合运用。如混合式教学、项目教学、案例教学、合作式教学、导入教学、模拟教学、探究式教学等。（4）强调案例、数据的时效性。对国际金融案例、数据等进行了更新，体现了国际金融热点以及业务发展动态前沿。

浙江金融职业学院的李敏教授负责统筹教材修订工作，并负责修订项目一、项目二、项目七、项目八、项目九。朱莉妍老师负责修订项目三、项目四、项目五、项目六，并对全书进行统稿。全书经李敏审查定稿。此外，在编写过程中还得到了来自金融业内专家等的帮助和支持，不再一一列明，在此一并表示衷心感谢。由于编者水平有限，书中难免存在一些不足之处，敬请各位读者批评指正。

编者

2019 年 7 月

目录

项目一　国际收支

　　小王家一年的工资、理财等收入合计10万元，全年吃、住、行、教育等各项家庭支出合计6万元左右，家庭盈余一年4万元左右。如果一个家庭每年收入小于支出，会出现入不敷出的情况。对一个国家而言，每年通过出口商品、服务、引入外资等会获得外汇收入，而进口商品、劳务、境外投资等会导致外汇支出，这就涉及一个国家的国际收支。什么是国际收支？一个国家的外汇收入大于或小于支出会产生什么影响呢？

学习目标

◎ 理解并掌握国际收支的概念；
◎ 掌握国际收支平衡表编表原理、账户设置及记账方法；
◎ 掌握国际收支平衡表的分析方法；
◎ 理解国际收支失衡的原因、影响及调节措施；
◎ 能运用所学知识对我国国际收支状况进行初步分析。

关键词

国际收支　国际收支平衡表　经常账户　资本和金融账户　净误差与遗漏账户

课程导入

中美贸易摩擦

　　2018 年 3 月下旬以来，美国总统特朗普主动挑起和推动的中美贸易摩擦一度呈现出愈演愈烈的势头，负面效果逐渐显现。3 月 22 日，特朗普签署备忘录，指令有关部门对华采取投资限制措施，拟对价值 500 亿美元的中国商品征收关税。23 日，中国商务部发布了针对美国进口钢铁和铝产品 232 措施的中止减让产品清单，计划对价值 30 亿美元的商品征收关税。同日，美国在世界贸易组织（WTO）争端解决机制项下向中方提出磋商请求。4 月 4 日，美国政府发布了加征关税的商品清单，将对中国输美的 1 333 项 500 亿美元的商品加征 25% 的关税。中方随即宣布，决定对原产于美国的大豆、汽车、化工品等 14 类 106 项商品加征 25% 的关税。

4 月 5 日，特朗普声称要额外对 1 000 亿美元中国进口商品加征关税。7 月 6 日，美国不顾多方面反对，对中国 340 亿美元输美产品加征 25% 的关税。8 月 23 日，美国对另外 160 亿美元中国输美产品加征关税。中国政府为维护正当权益，及时采取了相应的反制措施。美国单方面挑起贸易摩擦，不仅严重威胁中美双边经贸关系，而且对世界经济也有负面影响。中美贸易摩擦与我国的国际收支状况密切相关。

　　资料来源：[1] 隆国强. 理性认识当前的中美贸易摩擦 [N]. 人民日报，2018 - 08 - 29.

　　[2] 张宇燕，冯维江. 如何理解中美贸易摩擦 [N]. 光明日报，2018 - 04 - 24.

💡 **启发**：什么是国际收支？什么是顺差、逆差？经常项目、资本项目指的是什么？国际收支平衡表由哪些项目构成？通过本项目的学习，大家要能够在理解基本概念的基础上，对我国国际收支状况进行初步分析，对相关新闻特点作出解读。

📋 任务一　掌握国际收支概念

💡 **思考**：国际收支等同于进出口吗？

一、国际收支概念的演变

国际收支的概念是随着世界各国商品经济的发展和国际经济往来范围的扩大而不断变化的。国际收支概念的演变体现了国际经济的发展，并如实反映了国际经济交易的需要。

国际收支的概念最早出现在 17 世纪初，当时国与国之间的经济交易主要表现为贸易往来，于是，国际收支只简单地被解释为一个国家的对外贸易收支。后来，随着国际经济交易的内容、范围不断扩大，原来的概念已不适用。

第一次世界大战以后，随着国际间经济往来的进一步发展，经济交往的内容日渐丰富，国际航运、跨国劳务输出等都为所在国增加了大量的外汇收入。这时，原来的国际收支概念已不能全面反映一个国家的全部对外收支。因此，国际收支被解释为一个国家的外汇收支，各种国际经济交易无论是贸易、非贸易，还是资本借贷或单方面资金转移，只要涉及外汇收支，就属于国际收支范围。

第二次世界大战以后，国际经济交易的内容和形式有了新的变化，政府援助、私人赠与、易货贸易、记账贸易、补偿贸易等不涉及外汇收支的国际经济交易出现，这时继续沿用原来的国际收支概念，就不能准确反映一个国家在一定时期内全部的对外经济交易。于是，国际收支概念又有新的发展，各国不再以支付为基础，而是以交易为基础来定义国际收支，它形成了更为广泛的含义，包括一个国家一定时期内的全部国际经济交易。目前的国际收支就是广义国际收支。

二、国际收支的概念及理解

根据国际货币基金组织（IMF）的定义，国际收支是在一定时期内，一国居民与非居民之间全部经济交易的系统记录。它是一种统计报告，它系统地记载了在特定时期内一个经济体与世界其他经济体的各项交易。正确理解国际收支的概念要注意从以下几个方面进行把握。

（一）国际收支是一个流量的概念

当谈论国际收支时，需要指出它是属于哪个时期的，即"一定时期"，也称报告期。报告期通常是一年，也可以是一个月或一个季度。这主要是根据实际需要和资料来源的可能来确定，有的则依据惯例和习俗来确定。

国际收支的概念

国际收支与国际借贷是既有区别又有联系的两个概念，国际借贷是指一定时点上一国居民对外资产和对外负债的汇总，是一个存量概念。此外，它们在内容上也不完全相同，如赠与、侨汇、战争赔款等都在国际收支中有所反映，但不包括在国际借贷之中。二者虽是两个不同的概念，却存在密切的联系。各国经济交往中，经常发生债权、债务关系，国际间的债权、债务关系必须进行清算，这就产生了国际收支。因此，国际借贷是产生国际收支的原因之一，有国际借贷必然有国际收支。

（二）国际收支记载的经济交易是发生在该国居民与非居民之间的

判断一项经济交易是否应包括在国际收支范围内，所依据的不是交易双方的国籍，而是依据交易双方是否为该国居民与非居民。居民是一个经济的概念，居民是以交易者的经济利益中心所在地，即从事生产、消费等经济活动和交易的所在地作为划分标准。如果在所在地有经济利益中心，则是所在地的居民，否则是非居民。居民包括个人、政府、非营利团体和企业四类。个人居民是指那些长时期居住在本国的自然人，划分居民与非居民的主要依据是居住地和居住时间，在本国从事相关活动的期限在 1 年以上，即使是外国公民，只要他在本国长期从事生产、消费行为，也属于本国的居民。IMF 规定，移民属于其工作所在国家的居民，逗留时期在 1 年以上的留学生、旅游者也属于其工作所在国家的居民，但官方外交使节、驻外军事人员一律算是所在国的非居民。至于非个人居民，各级政府，非营利私人团体属于所在国的居民，企业也属于从事经济活动所在国的居民。国际性机构（如联合国、国际货币基金组织和世界银行等）是任何国家的非居民。

[知识链接1-1] "中国居民"的定义是什么？

根据 2013 年 11 月 9 日修订的《国际收支统计申报办法》规定，国际收支统计申报范围为中国居民与非中国居民之间发生的一切经济交易以及中国居民对外金融资产、负债状况。

中国居民，是指：

居民的概念

1. 在中国境内居留 1 年以上的自然人，外国及香港、澳门、台湾地区在境内的留学生、就医人员、外国驻华使馆领馆外籍工作人员及其家属除外；

2. 中国短期出国人员（在境外居留时间不满 1 年）、在境外留学人员、就医人员及中国驻外使馆领馆工作人员及其家属；

3. 在中国境内依法成立的企业事业法人（含外商投资企业及外资金融机构）及境外法人的驻华机构（不含国际组织驻华机构、外国驻华使馆领馆）；

4. 中国国家机关（含中国驻外使馆领馆）、团体、部队。

资料来源：国际收支统计申报办法 [EB/OL]. http://www.safe.gov.cn/safe/1995/0914/5644.html.

（三）国际收支所反映的内容是经济交易

经济交易实质上就是价值的交换，也就是指经济价值从一个经济单位向另一个经济单位的转移。根据转移的内容和方向不同，经济交易可分为五类：（1）金融资产与商品、劳务之间的交换，即商品和劳务的买卖；（2）商品、劳务与商品、劳务之间的交换，即物物交换；（3）金融资产与金融资产的交换；（4）无偿的、单方面的商品和劳务转移；（5）无偿的、单向的金融资产转移。

✅ 任务二　认识国际收支平衡表

国际收支平衡表是系统地记录一定时期内一国国际收支状况的统计报表。凡是国际货币基金组织的成员国必须按照该组织的要求编写国际收支平衡表。

一、国际收支平衡表的编表原理

国际收支平衡表按照"有借必有贷，借贷必相等"的复式记账原则编制。对外资产（实际资产和金融资产）持有额的减少及对外负债的增加被记入贷方，对外资产持有额的增加及对外负债的减少被记入借方。每一笔交易同时以相同金额进行借方记录和贷方记录，因此从原理上说，国际收支平衡表的借方总额和贷方总额是相等的，其净差额为零。

在国际收支平衡表中，记入贷方的是货物、劳务的出口（向国外提供实际资产）和资本流入（本国对外金融资产的减少，或本国对外负债的增加）；记入借方的是货物、劳务的进口（从国外取得实际资产）和资本的流出（本国对外金融资产的增加，或本国对外负债的减少）。或者更简单地说，贷方记录的是本国从外国取得收入的交易，借方记录的是本国向外国进行支付的交易。

国际收支平衡表的
编表原理

无偿转移由于本身没有对等的交易可以记账，只能使用某个特定的"对应项目"记账，以符合复式簿记的要求。当从国外取得无偿收入时，先贷记无偿转移的收入，再借记对应的项目（如进口、在国外银行存款增加等）进行平衡；当向国外无偿支出时，可借记无偿转移支出，再贷记对应的项目（如出口、在国外银行存款减少等）进行平衡。

在国际经济交易中，签订买卖合同、货物装运、交货和付款等一般都是在不同日期进行的。那么，国际收支平衡表中记录的经济交易以什么日期为准呢？对此，IMF 明确规定，国际收支平衡表的记录日期以所有权变更日期为准。实际上就是以债权、债务的发生时间为准。例如，在以延期付款方式进口货物后，由于欠了他国的款项，应借记进口并贷记短期资本。再如，某种劳务虽已提供，但在编表时期内尚未获得收入，则也应按劳务提供日期记录，把尚未获得的收入作为债权记录。又如，在编表时期内，由以前对外债务引起的到期应予支付但实际上并未支付的利息，应该在其到期日将未付的利息作为新增的负债记录。

二、国际收支平衡表的账户组成

国际收支平衡表包含的项目比较多且繁杂，各国又都根据自己的情况和需要来编制，因而各国所公布的国际收支平衡表的内容有较大差异。根据国际货币基金组织出版的《国际收支和国际投资头寸手册（第六版）》（中国自 2015 年起按照手册第六版编制国际收支平衡表），国际收支平衡表通常包括经常账户、资本和金融账户、净

国际收支平衡表的
账户组成

误差与遗漏三个项目（见表1-1）。

表1-1   国际收支平衡表简表

项目	行次	年份
1. 经常账户		
1.1 货物和服务		
1.2 初次收入		
1.3 二次收入		
2. 资本和金融账户		
2.1 资本账户		
2.2 金融账户		
2.2.1 非储备性质的金融账户		
2.2.1.1 直接投资		
2.2.1.2 证券投资		
2.2.1.3 金融衍生工具		
2.2.1.4 其他投资		
2.2.2 储备资产		
2.2.2.1 货币黄金		
2.2.2.2 特别提款权		
2.2.2.3 在国际货币基金组织的储备头寸		
2.2.2.4 外汇储备		
2.2.2.5 其他储备资产		
3. 净误差与遗漏		

1. 经常账户（Current Account，AC）。经常账户是国际收支平衡表中最基础的和最重要的项目，它反映一国居民与非居民之间实质资源的转移，与一国的国民收入账户关系极为密切，包括进出口的货物、输入输出的服务、对外应收及应付的收益，以及在无同等回报情况下与其他国家或地区之间发生的提供或接受经济价值的经常转移。经常账户一般包括货物和服务、初次收入和二次收入这几个子项目。

（1）货物和服务（Goods and Service）。货物账户记录货物的出口和进口，货物包括一般商品、用于加工的货物、货物的修理、各种运输工具在港口采购的货物、非货币性黄金。货物出口与进口的差额被称为有形贸易差额。IMF建议，进出口按离岸价（FOB）计价。

相对于商品的有形贸易来说，服务贸易是无形贸易。服务包括运输、旅游、通信、建筑、金融、保险、电子计算机和信息服务、专用权的使用和特许权，以及其他商业服务。目前中国是最大的货物贸易国，2017年中国货物进出口总额为39 568亿美元。但中国的服务贸易规模相对较小，竞争力有待提高。2017年全球服务贸易额最大的国家是美国，为1.319万亿美元，中国服务贸易总额为6 783亿美元。我国货物贸易和服务贸易收支总额比较见图 1 - 1。

图1-1 我国货物贸易和服务贸易收支总额比较

(2) 初次收入 (Primary Income，原第五版为"收益")。该账户反映居民与非居民之间发生的有关劳务和资本的交易，主要包括：①职工报酬，即支付给非居民职工的报酬，包括个人在非居民经济体为该经济体居民工作中得到的现金或实物形式的工资、薪金和福利。如受雇在国外工作的季节工人、边境工人和工作时间不超过 1 年的短期工人。②投资收益，指居民与非居民之间有关金融资产与负债的收入与支出，包括直接投资收入（利润）、证券投资收入（股息、红利等）和其他投资所得的收入（租金、利息等）和支出。最常见的投资收入是股本收入（红利）和债务收入（利息）。需要指出的是，资本利得和资本损失不作为投资收入记入经常账户，而是记录在金融账户。③其他投资收入。

(3) 二次收入 (Secondary Income，原第五版为"经常转移")。该账户记录商品、服务或金融资产在居民与非居民之间转移后，并未得到补偿与回报的情况，因此也被称为无偿转移或单方面转移。该项下主要包括：①政府无偿转移，如战争赔款，政府间经济和军事援助、捐赠，政府向国际组织定期缴纳的费用，以及国际组织作为一项政策向各国政府定期提供的转移。②私人无偿转移，如侨汇、捐赠、继承、赡养费、资助性汇款、退休金等。

2. 资本和金融账户 (Capital and Financial Account)。

资本和金融账户是指资本项目下的资本转移、非生产/非金融资产交易以及其他所有引起经济体对外资产和负债发生变化的金融项目。

(1) 资本账户 (Capital Account)。包括资本转移和非生产、非金融资产的收买或放弃两个子项目。资本转移是指涉及固定资产所有权的变更及债权、债务的减免等导致交易一方或双方资产存量发生变化的转移项目，主要包括固定资产转移、债务减免、移民转移和投资捐赠等。资本账户下的资本转移和经常账户下的经常转移不同，前者不经常发生，规模相对较大，而后者除政府无偿转移外，一般经常发生，规模相对较小。非生产、非金融资产的收买或放弃，包括不是由生产创造出来的有形资产（如土地和自然资源）和无形资产（如专利、版权、商标和经销权等）的收买与放弃。应该注意的是，经常账户的服务项下记录的是无形资产使用所引起的收支，资本账户项下资本转移记录的是无形资产所有权买卖所发生的收支。现阶段，我国国际收支中资本账户的发生额较小，对国际收支的总体影响不大。

（2）金融账户（Financial Account）。根据《国际收支和国际投资头寸手册（第六版）》（以下简称《国际收支手册（第六版）》），金融账户分为非储备性质的金融账户和储备性质的金融账户。

①非储备性质的金融账户。该账户反映居民与非居民之间的投资与借贷的变化。该账户按投资功能和类型分为：

A. 直接投资。其主要特征是投资者对非居民企业的经营管理活动拥有有效的发言权。它可以采取在国外直接建立分支企业的形式，也可以采取购买国外企业一定比例（如10%）以上股票的形式。直接投资项目下包括股本资本、用于再投资的收益及其他资本。

B. 证券投资。证券投资的主要对象是股本证券和债务证券。股本证券包括股票、参股和其他类似文件（如美国的存股证等）。债务证券包括：一是期限在一年以上的中长期债券、无抵押品的公司债券等；二是货币市场工具，如短期国库券、商业票据、银行承兑票据、可转让大额存单等。

C. 金融衍生工具。主要记录金融衍生工具的交易，如各种金融期货、期权等。根据《国际收支手册（第六版）》，"金融衍生工具"从证券投资中单列出来，成为与证券投资并列的分类。

D. 其他投资。是指直接投资、证券投资和金融衍生工具之外的金融交易，包括贷款、预付款、金融租赁项下的货物、货币和存款（指居民持有外币和非居民持有本币）等。

②储备性质的金融账户。即储备资产（Reserve Account），也称国际储备。这是一国货币当局直接掌握的、可以随时动用的系列金融资产，主要用于平衡国际收支与稳定汇率，包括外汇资产、货币性黄金、在IMF的储备头寸和IMF分配给成员国而未提用的特别提款权及其他债权。需要指出的是，反映在国际收支平衡表上的储备资产是一定时期的变化额，而不是官方持有的余额，它表示经常项目与资本和金融项目的差额，是这两个项目变动的结果。对这一差额，一国可动用黄金、外汇或增减国际债权、债务来平衡。

3. 净误差与遗漏（Errors and Omissions）。该账户是人为设置的平衡项目。由于国际收支平衡表采用的是复式记账法，所有账户的借方总额与贷方总额应相等，但在实际统计中，一国国际收支平衡表不是出现净的借方余额，就是出现净的贷方余额。造成上述情况的原因主要有：（1）统计资料不完整，比如，商品走私、资本潜逃等是难以统计出来的；（2）统计数据来源分散不一，造成重复计算和漏算，比如，有的统计资料来自海关报表，有的来自银行报表，有的来自政府主管部门的统计，难免口径不一；（3）有的统计数字可能是估算出来的。为此，设立误差与遗漏项目，人为地进行调整，以轧平平衡表中借贷方差额。如果前面三项的贷方出现差额，就在错误与遗漏账户的借方列出与差额相等的数字；如果前面三项的借方出现差额，就在错误与遗漏账户的贷方列出与差额相等的数字。设置该项目后，国际收支平衡表从账面上看是完全平衡的。对于国际收支统计而言，国际收支平衡表中出现误差与遗漏是正常的。通常国际上认为，净误差与遗漏规模占进出口贸易总值的5%以下是可以接受的，但是，净误差与遗漏的绝对值过大会影响国际收支统计的可信度。

三、国际收支平衡表的记账方法

国际收支平衡表的记账依据"有借必有贷，借贷必相等"的复式记账原则进行记录。凡是导致国际收支顺差增加或逆差减少即资金来源增加或资金占用减少的项目均记入贷方；反之，凡是导致国际收支逆差增加或顺差减少即资金占用增加或资金来源减少的项目均记入借方。具体说明如下：

1. 进口属于借方项目，出口属于贷方项目。

2. 非居民为居民提供服务或从该国取得收入，属于借方项目，居民为非居民提供服务或从外国取得收入，属于贷方项目。

3. 居民对非居民的单方面转移，属于借方项目，居民得到的非居民的单方面转移，属于贷方项目。

4. 居民获得的外国资产属于借方项目，非居民获得的本国资产属于贷方项目。

5. 居民偿还非居民债务属于借方项目，非居民偿还本国债务属于贷方项目。

6. 国际储备增加属于借方项目，国际储备减少属于贷方项目。

国际储备是平衡经常项目与资本和金融项目差额的。当经常账户与资本和金融账户的差额之和表现为贷方余额时，表示国际收支收入大于支出，是正号项目；表现为借方余额时，为净流出，是负号项目。与此相对应的国际储备项目必须以相反的符号表述，才能达到国际收支的平衡。因此，国际储备和其他项目的记录方向相反，其增加用负号表示，而减少则用正号表示（见表1-2）。

表1-2　　　　　　　　　国际收支平衡表的记账方法

项目	借（-）	贷（+）
经常账户	（外汇支出） 商品进口 劳务输入 初次收入的支付 二次收入的付出	（外汇收入） 商品出口 劳务输出 初次收入的获得 二次收入的收入
资本和金融账户	（外汇支出） 在外国资产增加 对外负债减少	（外汇收入） 在外国资产减少 对外负债增加
储备资产账户	储备资产增加	储备资产减少

为了正确理解国际收支平衡表中的记账原则和方法，理解各项目之间的关系，下面以A国为例，列举6笔国际经济交易来简要地说明国际收支的记账方法。

1. A国居民动用其海外存款40万美元，用于购买外国某公司的股票。可记为

借：证券投资　　　　　　　　　　　　　　　　　　　　40

　　贷：在国外银行存款（其他投资）　　　　　　　　　40

2. A国企业出口价值100万美元的设备，这导致该企业在国外银行存款相应增加。可记为

借：在国外银行存款（其他投资）　　　　　　　　　　　　　100
　　贷：商品出口　　　　　　　　　　　　　　　　　　　　　　　100

3. A国居民到外国旅游花销30万美元，这笔费用从该居民的国外存款账户中扣除。可记为

借：服务进口　　　　　　　　　　　　　　　　　　　　　　　30
　　贷：在国外银行存款（其他投资）　　　　　　　　　　　　　30

4. A国企业在国外投资所得利润150万美元，其中75万美元用于当地的再投资，50万美元购买当地商品运回国内，25万美元调回国内结售给政府以换取本国货币。可记为

借：商品进口　　　　　　　　　　　　　　　　　　　　　　　50
　　对外直接投资　　　　　　　　　　　　　　　　　　　　　75
　　外汇储备　　　　　　　　　　　　　　　　　　　　　　　25
　　贷：初次收入　　　　　　　　　　　　　　　　　　　　　　150

5. 外商以价值1 000万美元的设备投入A国，兴办合资企业。可记为

借：商品进口　　　　　　　　　　　　　　　　　　　　　　1 000
　　贷：外国直接投资　　　　　　　　　　　　　　　　　　　1 000

6. A国政府动用外汇储备40万美元向外国提供无偿援助，另提供相当于60万美元的粮食和药品援助。可记为

借：二次收入　　　　　　　　　　　　　　　　　　　　　　100
　　贷：外汇储备　　　　　　　　　　　　　　　　　　　　　　40
　　商品输出　　　　　　　　　　　　　　　　　　　　　　　60

将上述A国与其他国家的经济交易逐笔登记汇总后，就编制出了该国的国际收支平衡表。如表1-3所示。

表1-3　　　　　　　　　　A国国际收支平衡表　　　　　　　单位：万美元

项目		借方	贷方	差额
经常项目		1 180	310	−870
	货物	50 + 1 000	100 + 60	−890
	服务	30		−30
	初次收入		150	150
	二次收入	100		−100
资本和金融项目		215	1 070	855
	直接投资	75	1 000	925
	证券投资	40		−40
	其他投资	100	40 + 30	−30
	储备资产	25	40	15
总计		1 420	1 420	0

☑ 任务三 分析国际收支平衡表

一、正确理解国际收支的平衡与失衡

国际收支按照复式簿记原理记录，国际收支平衡表账面上的差额恒等于零，也就是说国际收支平衡表总是平衡的。但是这种平衡只是账面上的平衡，是形式上的平衡，而不是经济学上的平衡，不是实质的平衡。要判断国际收支实质上是否平衡，可将国际收支平衡表上的各种交易按照交易动机划分为自主性交易和补偿性交易两大类。

自主性交易是实质性项目，也称为事前交易、线上项目，是经济实体或个人出自某种经济动机和目的，独立自主地进行的交易，主要包括经常项目、长期资本项目以及部分短期资本项目所代表的各项交易，具有自发性。自主性交易的结果很可能是不平衡的，不是借方大于贷方，便是贷方大于借方。这会使外汇市场出现供求不平衡和汇率的波动，从而会带来一系列的经济影响。一国货币当局如不愿接受这样的结果，就要运用另一类交易来进行调节，这种交易就是补偿性交易，也称为事后交易、线下项目。它是指在自主性交易收支不平衡之后进行的弥补性交易，主要包括官方储备、分配的特别提款权、误差与遗漏项目及部分短期资本项目。如果一国国际收支的自主性交易收支不能相抵，则必须以补偿性交易来弥补才能维持平衡。故这种平衡是形式上的平衡，账面的平衡。只有自主性交易收支相抵，即线上项目的借方金额和贷方金额相等或基本相等，国际收支才是实质上的平衡；否则，就说明国际收支出现了不平衡。因此，判断一国的国际收支平衡与否，主要是看其自主性交易是否平衡。

国际收支失衡有两种情况：顺差与逆差。当某一账户（项目）的贷方总额大于借方总额时，称该项目为顺差，也叫盈余；相反，当某一账户（项目）的贷方总额小于借方总额时，称该项目为逆差，也叫赤字。

二、国际收支平衡表的分析方法

对国际收支平衡表的分析是进一步分析国际失衡的原因、影响及调节措施的基础，主要包括静态分析法、动态分析法和比较分析法三种，其中以静态分析法为基础。

静态分析法是对国际收支平衡表进行账面上的分析，计算和分析平衡表中各个项目的数据及其差额，进而分析各个项目差额形成的原因及其对国际收支平衡的影响。动态分析又称纵向分析，是指将一国若干连续时期的国际收支平衡表并列在一起，分析国际收支不同时期各项目及总体差额的变化，分析其发展是否正常、均衡，并进一步分析差额产生的原因。比较分析又称横向分析，是指将本国的国际收支平衡表与其他国家的国际收支平衡表进行对比，分析异同，从而借鉴其他国家的经验。

国际收支平衡表的
分析方法

下面结合静态分析法，具体介绍几种常用的国际收支差额。

（一）贸易差额

贸易差额（Balance of Trade）是指一定时期内一国出口总额与进口总额之间的差额，用以表明一国对外贸易的收支状况。由于贸易进出口额的大小反映一国的经济水平和实力，贸易活动又是绝大多数国家对外经济交往中最主要的内容，所以贸易差额的状况对国际收支往往有着决定性的影响，也是对一国货币汇率变化起重大作用的因素。分析贸易差额形成的原因以及对国际收支产生的影响成

贸易差额

为国际收支分析的一项重要内容。贸易差额又可以分为货物贸易差额和服务贸易差额。2017 年我国货物贸易顺差 4 761 亿美元，服务贸易逆差 2 654 亿美元。在我国，贸易差额对整体国际收支状况产生重要影响。

🖱 [知识链接1-2] **我国货物贸易持续顺差**

图 1-2 反映的是 2001—2017 年中国货物贸易差额的情况，从图中可以看出，我国货物贸易持续顺差。那么我国的货物贸易顺差形成的主要原因是什么呢？

数据来源：海关总署，国家统计局。

图1-2　进出口差额与外贸依存度

我国制造业国际竞争力不断提高是顺差产生的内在原因。改革开放以来，我国成功抓住经济全球化和国际产业转移机遇，充分发挥劳动力资源丰富、工业配套齐全等综合优势，通过吸收外资和大力发展加工贸易，逐步形成全球高水平的制造业基地。我国的贸易收支顺差中，加工贸易是顺差的主要来源。所谓加工贸易是一国通过各种不同的方式，进口原料、材料或零件，利用本国的生产能力和技术，加工成成品后再出口，是以加工为特征的再出口业务，具有原材料和市场两头在外的特点，加工贸易产生的附加值不高。以加工贸易为主的贸易顺差反映出我国"顺差在境内、利润归外国"的国际分工格局。

近几年，我国在经济结构调整过程中注重促消费、拉内需，并取得了一定成效，顺差和外贸依存度有所下降，2017 年，我国进出口顺差 4 761 亿美元，较上年下降 17%，国际收支进一步向平衡方向转变。

（二）经常账户差额

经常账户差额是国际收支平衡表中经常账户贷方与借方之差，即贸易收支、劳务收支、收益和经常转移项目差额之和。因为经常账户的内容直接影响到一个国家经常性的国际收支状况，所以该项目常被人们视为衡量一国国际收支状况好坏的一个重要指标。经常账户差额是国内商品和服务竞争力的反映，通过对该差额的分析，可以掌握国际经济交易的一般态势。

经常账户差额

 [知识链接1-3] 我国经常账户主要子项目收支状况

从图 1-3 可以看出，在我国经常账户的四个子项目中，货物贸易差额占比重最大，该差额自 2001 年以来持续顺差并且增长迅速，自 2008 年以来受国际金融危机和欧债危机的影响，全球经济增长放缓，货物贸易顺差有所下降，2012 年货物贸易顺差又恢复增长。2017 年，由于进口增长超过出口增长，我国货物贸易顺差 4 761 亿美元，下降 3%。服务贸易、初次收入、二次收入三个子项占经常账户的比重小，其中服务贸易自 2001 年以来持续逆差并且逆差额不断扩大。

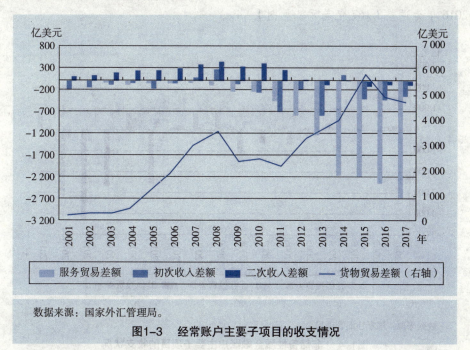

数据来源：国家外汇管理局。

图1-3　经常账户主要子项目的收支情况

（三）资本和金融账户差额

资本和金融账户差额是国际收支平衡表中资本账户和金融账户的差额。一方面，通过资本和金融账户余额可以看出一个国家金融市场的开放和发达程度，对一国货币政策和汇率政策的调整提供有益的借鉴。一般而言，金融市场开放的国家资本金融账户的流量总额较大。另一方面，资本和金融账户与经常账户之间具有融资关系，根据复式记账原则，在国际收支中一笔贸易流量通常对应一笔金融流量，在不考虑错误与遗漏因素时，经常账户中的余额必然对应着资本和金融账户在相反方向上数量相等的余额，也就是说理论上经常账户余额与资本和金融账户余额之和等于零。当经常账户出现赤字时，必然对应着资本和金融账户的相应盈余，这意味着一国利用金融资产的净流入为经常账户赤字融资。

资本与
金融账户差额

但是，国外资本的流入具有不稳定性，因此，若一国国际收支平衡是通过资本和金融账户的顺差来弥补经常项目的逆差而获得的，则此平衡是不健康和不可持续的；反之，若平衡是由经常项目盈余引起的，则此平衡是良性的和可持续的。

金融账户分为非储备性质的金融账户和储备性质的金融账户，要想了解一国金融资本跨国流动的情况，重点是对非储备性质的金融账户进行具体分析。

[知识链接1-4]　我国非储备性质金融账户差额分析

2017年中国国际收支平衡表中，非储备性质金融账户顺差1 486亿美元。其中直接投资顺差663亿美元，2016年为逆差417亿美元；证券投资顺差74亿美元，2016年为逆差523亿美元；2017年，贷款、贸易信贷以及资金存放等其他投资为顺差744亿美元，2016年为逆差3 167亿美元，见图1-4。

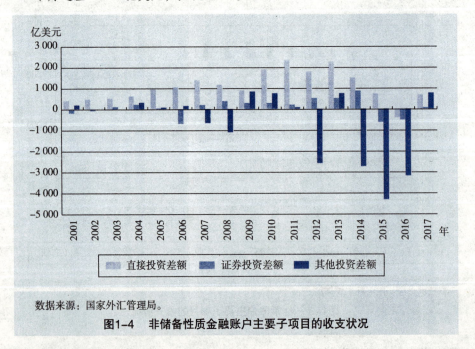

数据来源：国家外汇管理局。

图1-4　非储备性质金融账户主要子项目的收支状况

（四）综合差额或总差额

综合差额是由经常项目差额与长期资本项目差额之和构成，即将国际收支账户中的官方储备账户剔除后的余额，是目前分析国际收支时广泛使用的一个概念。综合差额表明国际收支最后留下的缺口，该缺口要通过储备资产的增减来进行弥补，因此，储备资产增减额等于总差额。总差额为正，则储备资产增加；总差额为负，则储备资产减少。通常人们讲的一国国际收支盈余或赤字就是指综合差额盈余或赤字。利用国际收支总差额的分析结果，可以掌握该国国际收支的全面情况，以及该国国际金融活动的特点、货币币值升降趋势等。

三、国际收支失衡的原因

经济全球化的推进，使各国经济越来越多地通过国际贸易、国际投资和国际间其他要素的流动而密切地联系在一起。在这样的背景下，本国和外国的商品市场、金融市场中的任何一个市场发生变化，都会引起其他市场的变化。作为全面反映一国对外全部经济交往的系统记录的国际收支，必然会对这些变化作出反应，即发生变化。归纳起来，引起国际收支发生变化，进而出现失衡的原因大体有如下几种。

国际收支
失衡的原因

（一）周期性原因

由经济周期变化所造成的国际收支不平衡称为周期性不平衡。当一国经济处于经济周期的不同阶段时，其国际收支状况会有不同的表现。若一国经济运行处于经济周期的繁荣阶段，国内的消费需求和投资需求都很旺盛，本国对国外商品的需求因此而强烈，则进口增加，容易导致该国国际收支出现逆差。本国经济的高涨引起进口增加的同时，往往还会因为投资增加而吸引大量的外资，形成资本账户的顺差，从而抵销贸易项目的逆差，经济萧条时，则出现相反的情况。在现实中，经济周期引起的国际收支不平衡已不明显。

此外，国际收支不平衡还可能来自其他国家的经济周期变化。当发达国家的经济运行处于经济周期的衰退阶段时，则它们对发展中国家的出口商品的需求就会减弱，从而造成发展中国家出口下降，国际收支因此出现逆差。从国家间来看，第二次世界大战以后，世界各国的经济周期发生了如下变化：周期拉长，周期不同阶段之间的过渡不明显，周期的振幅变小，周期的同步性越来越明显。世界经济中各国国际收支实际是一个博弈的问题，一国的逆差必然是其他国家的顺差。经济周期的上述变化，反映了经济周期对经济的影响已经不显著，尤其是各个国家经济周期的同步性弱化了它对国际收支不平衡的影响。

（二）结构性原因

由于一国国内经济结构的变化不能适应世界市场需求的变化而造成的国际收支不平衡称为结构性不平衡，这种不平衡在发展中国家比较普遍。经济结构失衡可以分为产品供求结构失衡和生产要素价格结构失衡。如果一国产品的供求结构无法跟上国际市场产品供求结构的变化，国际市场对一国具有比较优势的出口商品的需求减少，则该国的出口收入将减少，该国的国际收支将会失衡。同样，一国生产要素的价格变动使该国的出口产品在国际市场上所具有的比较优势逐渐削弱直至消失，也会导致本国贸易赤字的发生。例如，一国原来劳动力资源比较丰富，生产和出口劳动密集型的产品具有比较优势，但当该国工资水平上涨的速度大于劳动生产率的提高时，则该国的劳动力就不再是相对便宜的生产要素，该国劳动密集型产品的生产成本提高，其在国际市场上的竞争能力逐渐丧失，比较优势不复存在，可能导致该国的国际收支逆差。近年来，由于我国劳动力价格的不断提升，已经有一些生产制造业转移到越南、缅甸等周边劳动力价格更低的国家。比如，耐克鞋的生产基地顺应各地成本的变化，不断地迁移到劳动力成本低的地方，如今越南已经取代中国成为耐克鞋最大的生产基地，这将导致我国耐克鞋出口的减少。

（三）货币性原因

在汇率一定的条件下，因货币对内价值的变化引起的国际收支不平衡称为货币性不平衡。如果一国的货币发行量过多，物价水平上涨，产品成本提高，则出口商品的竞争力下降，出口减少，而进口商品的价格相对降低，刺激进口增加，从而经常项目收支出现逆差。此外，由于货币发行过多，市场利息率下降，则资本流出增加，流入减少，从而资本与金融项目出现赤字。因此，货币性不平衡不仅与经常项目有关，也与资本项目有关。

（四）收入性原因

由于经济条件变化引起国民收入发生变化而造成的国际收支不平衡称为收入性不平衡。国民收入增加，国内消费需求和投资需求增加，进口增长将超过出口增长，外汇支出大于外汇收入，国际收支容易发生逆差。例如，近几年我国旅游项目逆差持续大幅扩大，就与收入性因素有关。要随着我国经济发展和国民收入提高，居民消费结构呈现多元化发展，出国旅游、留学人数持续上升。中国居民出国出境旅游导致的外汇支出大于外国居民到中国旅游带来的外汇收入，因此旅游项目近几年出现了逆差不断扩大的情况。2017 年，旅行逆差 2 251 亿美元，增长 9%，旅行逆差仍为服务贸易逆差的主要来源。2017 年，服务贸易支出 4 719 亿美元，较上年增长 7%。占服务贸易支出比重较大的项目中，旅行占比 55%，支出增长 3%。旅行项目逆差对服务贸易逆差的贡献度见图 1 - 5。

数据来源：国家外汇管理局。

图1-5　旅行项目逆差对服务贸易逆差的贡献度

（五）偶发性原因

国内外政局的动荡、战争和自然灾害等偶发性因素，都有可能导致贸易收支的不平衡和巨额资本的国际移动，从而使一国国际收支不平衡，这种不平衡称为偶发性不平衡。例如，1990 年 8 月伊拉克侵占科威特，引起世界各国对伊拉克的全面经济制裁，伊拉克石油出口受阻，外汇收入剧减，国际收支严重恶化。在当时世界石油市场价格剧升的情况下，其他石油出口国乘机扩大石油出口，石油美元收入增加了 42%。

📖 ［案例分析 1-1］　**2011 年、2012 年日本经常项目顺差降幅创纪录**

案例介绍：

根据日本财务省公布的数据，2011 年日本国际收支经常项目顺差额比上年减少 43.9%，为 1985 年有统计以来最大降幅。2012 年日本国际收支经常项目顺差 4.7036 万亿日元（约 505.8 亿美元），比上年减少 50.8%，再创 1985 年有统计比较以来历史新低。请运用所学知识分析导致日本这两年经常项目顺差大幅下降的原因是什么。

案例分析：

这两年日本经常项目顺差大幅下降的原因既有世界经济减速、欧债危机的因素，也与两个偶发性因素密不可分。2011 年日本发生了大地震，这使得日本企业的日常生产活动受到影响和破坏，出口必然减少。2012 年中日之间因钓鱼岛事件关系恶化，中国国内反日情绪高涨，抵制日货行动导致日本对华出口减少，这是日本 2012 年顺差下降的一个重要原因。

以上是影响一国国际收支失衡的几个主要因素。一国国际收支的失衡还会受其他因素的影响，如国际短期资本的流动。国际游资（Hot Money，也称为热钱）指的就是为了追求高额利润或为了躲避风险而在国际金融市场上频繁移动的短期资本。在浮动汇率制度下，汇率的变化给资本流动带来巨大的风险和套利机会，引起国际游资在国际金融市场上的频繁移动，常常造成一国国际收支的不平衡。

从上述因素来看，经济结构和经济增长变化所引起的国际收支失衡具有长期、持久的特点，因而被称为持久性不平衡。对它们的纠正，只有通过调整生产结构和经济增长方式来实现。其他因素引起的国际收支不平衡仅具有短期性，因此被称为暂时性不平衡。

✅ 任务四　国际收支失衡的调节

一、国际收支失衡的影响

在国内外经济相互影响的情况下，一国的国际收支不平衡必然影响到国内经济的运行。

（一）国际收支逆差的影响

当一国发生持续、大量的国际收支逆差时，通常会带来以下不利影响。

1. 使本国经济增长受阻。逆差意味着一国外汇收入小于外汇支出，本国的外汇储备大幅减少，而发展经济所需要的生产资料进口就会受到影响，从而阻碍国民经济的发展，另外出现逆差时，本国的外汇供不应求，外币升值，本币贬值（或有贬值的压力）。若货币当局不愿接受本币下浮的后果，则必须动用外汇储备对外汇市场的供求关系进行干预，即抛售外汇，买进本币。这既会耗费外汇储备，又会形成国内货币供应紧缩，促使利率上升、国内消费和投资减少，本国经济增长放缓。

国际收支
失衡的影响

2. 不利于对外经济交往。一方面，存在持续逆差的国家，会增加对外汇的需求，促使外汇汇率不断上升，本币不断贬值，最终影响本国的对外经济交往；另一方面，由于本币贬值，引起进口商品价格和国内物价上涨，加重通货膨胀，严重的通货膨胀还会引起资本大量外逃，造成国内资金短缺，影响国内投资建设和金融市场的稳定。

3. 损害国家的国际信誉。长期的国际收支逆差，导致本币贬值，本国偿还外债的负担加重，使一国的偿债率降低，增加国际筹资的难度和成本。如果陷入债务困境不能自拔，又会影响到本国的经济和金融实力，使该国在国际上的信誉大大降低。

（二）国际收支顺差的影响

当一国的国际收支出现大量顺差时，固然可以增大其外汇储备，加强其对外支付能力，但也会产生以下不利影响。

1. 加大本国通货膨胀压力。持续顺差会增加外汇的供给和对本币的需求，若国内信贷和货币投放量未能加强有效协调和适当控制，就可能引发国内通货膨胀。

2. 促使本币汇率上升，冲击外汇市场。持续顺差造成外汇市场上外汇供应剧增，顺差国金融管理当局为了避免出现国内通货膨胀，势必从严控制货币投放规模，从而形成在外汇市场上本币供不应求而汇率上升的局面。若无必要的管理措施，本币的升值就会诱发大规模的套汇、套利和外汇投机活动，破坏国内和国际金融市场的稳定。

3. 影响本国商品出口。本币汇率上升，导致本国出口商品以外币计价的成本提高，从而降低了其价格竞争力。若无其他有效措施以提高商品非价格竞争力和通过提高劳动生产率、降低生产消耗等措施避免本币升值造成的产品成本上升，则本国出口生产企业很容易陷入困境。

4. 加剧国际经济贸易关系的紧张程度。一国顺差即他国的逆差，大量的顺差说明该国出口多、进口少；而他国却进口多、出口少，这样必然不利于其他国家的经济发展，引起国际摩擦影响国际经济关系。20 世纪 60 年代以来，美国和日本日益加剧的贸易摩擦就是一个突出的例子。美国对日本的逆差在 20 世纪 60 年代后期是几亿美元，在 70 年代上升为几十亿美元，在 80 年代上升为几百亿美元，整个 90 年代其对日本逆差基本上在 500 亿美元左右波动，占美国对外贸易整个逆差的 50% 左右，到 2000 年以后更是上升为七八百亿美元。如此巨额的贸易逆差是美国难以容忍的，围绕这种贸易不平衡，日美之间展开了一次又一次交涉，日美贸易摩擦逐步升级。

贸易摩擦，是指在国际贸易中，国与国之间在进行贸易往来的过程中，在贸易平衡上所产生的摩擦，一般是由于一国的持续顺差、另一国的持续逆差，或一国的贸易活动触及或伤害另一国的产业所引起的。贸易摩擦主要包括一国对另一国实施的反倾销措施、反补贴措施和保障措施三种形式。

2018年，我国面临的贸易摩擦形势复杂严峻。1—11月，我国产品共遭遇来自28个国家和地区发起的101起贸易救济调查，其中反倾销57起，反补贴29起，保障措施15起；涉案金额总计324亿美元。与2017年同期相比，案件的数量和金额分别增长了38%和108%。

资料来源：今年以来中国面临哪些贸易摩擦？商务部回应［EB/OL］．［2018-12-13］．https：//baijiahao. baidu. com/s? id=1619726914743835022&wfr=spider&for=pc.

一般来说，一国的国际收支越是不平衡，其不利影响也越大。虽然国际收支逆差和顺差都会产生种种不利影响，但相比之下，逆差所产生的影响更为险恶，因为它会造成国内经济的萎缩、失业人员的大量增加和外汇储备的枯竭，因而对逆差采取调节措施显得更为紧迫。

二、国际收支失衡的调节措施

国际收支的调节是指消除一国国际收支失衡的内在机制与作用的过程，包括自动调节机制和政策性调节措施两种。所谓国际收支的自动调节机制是指当国际收支出现失衡时，经济体系内部的一些经济变量会发生变化，这些经济变量的变化又会作用于国际收支，促使国际收支恢复平衡。自动调节机制完全依靠市场本身的作用完成，没有任何人为的干预。如在国际金本位制下，英国经济学家大卫·休谟提出的价格—铸币流动机制，揭示了国际金本位制下的国际收支自动调节机制。在纸币流通的货币制度下，汇率、利率、价

国际收支平衡的
政策调节措施

格、收入等经济变量的变化也会自动发挥作用，调节国际收支恢复平衡。

但是，国际收支自动调节机制的作用程度和效果无法保证，在市场失灵的时候，仍然需要通过政策性调节措施对国际收支进行调节。下面介绍的是几种主要的国际收支失衡的政策性调节措施。

（一）外汇缓冲政策

外汇缓冲政策是指运用官方储备的变动或向外短期借债，来对付国际收支的临时性失衡。一般做法是建立外汇平准基金，该基金保持一定数量的外汇储备和本国货币，当国际收支失衡造成外汇市场的超额外汇供给或需求时，货币当局就动用该基金在外汇市场公开操作，买进或卖出外汇，消除超额的外汇供求。这种政策以外汇为缓冲体，故称为外汇缓冲政策。运用该政策必须具备充足的外汇以及实施公开市场操作的有效条件。对于临时性的国际收支不平衡，这一政策简单、有效。但如果是长期、巨额的国际收支逆差，采用这一手段意味着巨额外债或大量外汇储备的消耗。所以，长期赤字必须依赖

于调整政策。但在调整期间适当地辅以外汇缓冲政策，可以减轻国内经济的震动强度，防止调整过猛给经济带来的损害。

（二） 财政政策和货币政策

财政政策是指政府通过调整财政收入，抑制或扩大公共支出和私人支出，控制改变总需求和物价水平，从而调节国际收支。例如，当一国国际收支逆差时，政府可以采用紧缩性的财政政策，通过削减财政开支或提高税率，引起社会投资和消费减少，降低社会总需求，迫使物价下降，从而促进出口、抑制进口，使国际收支恢复平衡。反之，一国国际收支顺差时，政府可采用扩张性财政政策，以减少国际收支盈余。

货币政策是指货币当局通过调整再贴现率、改变法定存款准备金率、公开市场操作等手段影响银根的松紧和利率的高低，引起国内货币供应量、总需求和物价水平的变化，以实现对国际收支的调节。当一国国际收支出现逆差时，政府或货币当局可以采用紧缩性的货币政策，如通过提高再贴现率、提高存款准备金率、公开市场操作上卖出有价证券回笼货币等减少货币供应量，影响市场利息率。利息率的提高，一方面使资本流入增加，资本流出减少，使资本与金融项目收支改善；另一方面抑制国内投资和私人消费，减少进口支出，改善贸易收支，从而使国际收支逆差减少或消除。在顺差的情况下，中央银行可采用扩张性的货币政策，从而起到与上述情况相反的作用，以降低顺差规模。

（三） 汇率政策

汇率政策是指一国货币当局通过变动汇率以改变进出口商品的相对价格，而引起国际收支变动的政策。当国际收支出现逆差时，可实行货币贬值以鼓励出口、减少进口，促使国际收支恢复平衡；当国际收支出现顺差时，可实行本币升值以减少出口、增加进口，促使国际收支恢复平衡。如 2011 年 6 月 8 日，伊朗政府决定将本币里亚尔一次性贬值 11%，至 11 750 里亚尔兑 1 美元。这主要是伊朗为了控制进口，促进外贸平衡的举措。要想通过汇率政策改善国际收支，必须考虑以下几个方面的因素：（1）一国出口商品的需求弹性和进口商品的需求弹性的大小。只有当一国出口需求弹性与进口需求弹性之和大于 1 时（符合马歇尔—勒纳条件），本币贬值才能起到改善国际收支的作用。（2）本国资源是否充分利用，是否已达到充分就业。在充分就业的情况下，出口商品供给的增加必须依靠生产资源从非贸易部门的转移，这种转移的成本过高促使物价上涨，从而导致通货膨胀。因此，在一国经济处于满负荷运行的情况下，通过本币贬值改善国际收支必须结合紧缩性货币政策来实施，否则会遭受通货膨胀的压力。（3）本币贬值所带来的本国贸易品和非贸易品之间的价格差是否能维持较长时间。在充分就业的条件下，对贸易品需求的增加引起本国贸易品价格相对提高，引起生产资源从非贸易品部门流入贸易品部门，使得非贸易品的供给减少，价格呈升高之势。只有贸易品对非贸易品的相对价格维持一段时间，才可以改善国际收支。（4）本币贬值可能引起的国内物价上涨是否能为社会所承受。

（四） 直接管制

直接管制是指一国政府通过发布行政命令等手段对本国的对外经济交易进行干预，以期达到解决国际收支不平衡的目的。直接管制主要有外汇管制和外贸管制。外汇管制是对一种货币兑换为另一种货币所施加的限制。主要措施有：国家垄断外汇买卖，将外汇资金集中分配和使用，实行复汇率政策，以期达到奖出限入的目的。外贸管制主要通过各种措施达到鼓励出口、限制进口的目的，如出口补贴、出口退税、出口信贷、进口配额、进口许可证等。

直接管制的好处是其效果比其他调节政策更迅速、更明显。作为选择性政策工具，直接管制比较灵活，易于操作，并且可以有针对性地实施，对具体的进口、出口和资本流动加以区别对待。例如，在进口方面，对于维持国内生产和生活所必需的机器设备和中间产品等的进口适用较低的进口关税，或适用较低的汇率；对奢侈品的进口适用高关税或较高的汇率。在出口方面，对于需要扶持的行业的产品出口给予出口补贴或出口退税，或适用较高的汇率。因此，只要能适当运用直接管制，可以迅速纠正国际收支失衡而又不影响国内经济发展。

直接管制的弊端主要有以下几个方面：（1）直接管制是对市场机制的扭曲，它限制了商品和生产资源的市场化合理流动，可能会不利于本国经济发展所必需的机器设备和技术的进口，从而会阻碍本国经济的发展。（2）依靠直接管制来恢复国际收支平衡仅仅是把显性赤字变为隐性赤字，一旦取消这些措施，除非经济结构得到相应改善，否则国际收支逆差仍会出现。（3）直接管制还容易引起贸易伙伴国的报复。（4）直接管制也易于造成本国生产效率低下，滋长官僚主义作风，导致贿赂和腐败。所以，纠正结构性失衡的根本办法还是调整和改善国内经济结构。

 ［案例阅读］ **阿根廷顺差减少导致贸易保护措施增加**

2011 年阿根廷贸易顺差为 103.47 亿美元，同比下降 11%。为此，阿根廷政府采取了强化限制进口措施，以确保贸易顺差规模。阿根廷联邦公共收入管理局 23 日宣布，从 2012 年 2 月 1 日起，阿根廷所有进口贸易需要向阿根廷政府部门提前进行申报，并将在 10 个工作日内得到是否允许进口的答复。如果没有得到阿根廷政府部门的许可，进口商将无法办理通关手续。以此举确保贸易顺差及金融和经济稳定。

资料来源：阿根廷实施限制进口新措施［EB/OL］.［2012-02-04］. http://bo.mofcom.gov.cn/aarticle/jmxw/21202/20120207956253.html.

（五）国际经济合作

国际收支涉及国与国之间的经济交易，因此需要通过加强国际经济合作、协调国际经济关系才能取得更好的解决国际收支失衡的效果。随着 20 世纪 80 年代全球性国际收支失衡的加剧，西方主要工业国日益感到开展国际磋商对话、协调彼此经济政策以减少摩擦，共同调节国际收支失衡的必要性和重要性。从 1985 年起一年一次的西方七国财长会议、1999 年成立的二十国集团（G20）召开的国际经济合作论坛等在纠正全球性国际收支失衡方面已取得了一些积极效果。

当一国国际收支不平衡时，应该针对国际收支不平衡的具体原因采取相应的政策措施。若国际收支不平衡是由季节性变化等暂时性原因造成的，可运用外汇缓冲政策；若国际收支不平衡是由国内外通货水平不一致造成的，可运用汇率政策；若国际收支不平衡是由国内供求状况不平衡造成的，可运用财政政策和货币政策；若国际收支不平衡是由经济结构原因引起的，应该进行经济结构的调整，并辅之以直接管制措施。针对不同原因实施不同的针对性措施，才会减少对国家经济其他方面的副作用，达到调整国际收支不平衡的目的。

任务五　了解我国国际收支状况

一、我国国际收支平衡表的编制

1979 年以前，我国一直都未编制国际收支平衡表，只编制外汇收支计划，作为国民经济发展计划的一个组成部分。我国的外汇收支计划，只包括贸易收支计划、非贸易收支计划和对外援助计划三个部分。由于这个时期我国实行的是高度集中的计划经济体制，坚持实行"以收定支、收支平衡、略有结余"的方针，外汇收支和外汇储备的规模都很小，同时，我国与西方国家间的资金借贷关系很少。

我国实行改革开放政策后，对外交往日益增多，国际收支在我国国民经济中的作用越来越大，编制我国的国际收支平衡表也就势在必行。同时，国际货币基金组织在 1980年 4 月恢复了我国的合法席位和权益后，我国也有义务向 IMF 定期报送国际收支平衡表。我国从 1980 年开始试编国际收支平衡表，1982 年开始对外公布，当时采取的是以行业统计为特点的具有计划经济色彩的国际收支统计办法，根据 IMF 的《国际收支手册（第四版）》并结合我国的实际情况进行分类、设置和编制。1997 年，我国开始采用《国际收支手册（第五版）》的原理和格式编制国际收支平衡表。2015 年起，我国开始按照《国际收支和国际投资头寸手册（第六版）》编制国际收支平衡表。

1996 年，我国开始施行《国际收支统计申报办法》，并于 2013 年 11 月 9 日进行修订。国际收支统计申报实行交易主体申报的原则，采取间接申报与直接申报、逐笔申报与定期申报相结合的办法。需要说明的是，我国国际收支平衡表所反映的对外经济交易，既包括我国与外国之间的交易，也包括我国内地与我国香港、澳门、台湾地区之间的经济交易。

二、我国国际收支的总体特征

（一）我国国际收支交易实现了从小变大、由弱变强的巨大飞跃

改革开放推动中国经济全面融入世界经济体系，我国在全球贸易中的地位明显提升。国际收支平衡表数据显示，1982 年我国货物和服务进出口总额为 404 亿美元，在全球范围内位居第 20 位。之后到 2001 年加入世界贸易组织的近 20 年间，货物和服务贸易总额年均增长 14%；2001 年至 2008 年，对外贸易进入高速发展期，年均增速达 26%；2009 年至 2017 年，对外贸易在波动中逐步趋稳，年均增长 9%。2016 年，我国货物和服务进出口总额为 4.14 万亿美元，在全球范围内位居第 2 位（见图 1-6）。

对外金融资产和负债规模稳步增长。改革开放以来，跨境直接投资先行先试，债券投资和贷款逐渐被政府允许，证券投资随着合格机构投资者制度的引入实现了从无到有的突破，近年来，"沪港通""深港通""债券通""沪伦通"等渠道不断丰富，各类跨境投融资活动日益频繁。以直接投资为例，20 世纪 80 年代国际收支统计的外国来华直接投资年均净流入二三十亿美元，90 年代升至每年几百亿美元，2005 年开始进入千亿美元，中国逐步成为全球资本青睐的重要市场。对外直接投资在 2005 年之前每年均不足

注：货物和服务贸易数据来自各国国际收支平衡表。

数据来源：国际货币基金组织。

图1-6　1982年和2016年全球货物和服务贸易总额前20名

百亿美元，2014年突破千亿美元，体现了国内企业实力的增强和全球化布局的需要。国际投资头寸表显示，2017年末我国对外金融资产和负债规模合计12.04万亿美元，自2004年有数据统计以来年均增长17%。从2016年末的各国数据比较看，我国对外金融资产和负债规模在全球排第8位，并且是全球第二大净债权国。

（二）我国国际收支经历长期"双顺差"后逐步趋向基本平衡

改革开放促进国内经济结构和对外经济格局的优化，我国经常账户顺差总体呈现先升后降的发展态势。1982年至1993年，我国经常账户差额有所波动，个别年份出现逆差。但1994年以来，经常账户开始了持续至今的顺差局面。其中，1994年至2007年，经常账户顺差与GDP之比由1%左右提升至9.9%，外向型经济特征凸显，在此期间也带动了国内经济的快速增长。但2008年国际金融危机进一步表明，我国经济应降低对外需的依赖，更多转向内需拉动。2008年起我国经常账户顺差与GDP之比逐步回落至合理区间，2017年降至1.3%，说明近年来内需尤其是消费需求在经济增长中的作用更加突出，这也是内部经济结构优化与外部经济平衡的互为印证。

跨境资本由持续净流入转向双向流动。在1994年经常账户开启长期顺差局面后，我国非储备性质金融账户也出现了长达20年左右的顺差，"双顺差"一度成为我国国际收支的标志性特征。在此情况下，外汇储备余额持续攀升，最高接近4万亿美元。2014年以来，在内外部环境影响下，非储备性质金融账户持续了近三年的逆差，外汇储备由升转降，直至2017年外汇储备再度回升。上述调整也引起了我国对外资产负债结构的变化，2017 年末对外资产中储备资产占比为 47%，较 2013 年末下降 18 个百分点；直接投资、证券投资和其他投资占比分别上升 10 个、3 个和 5 个百分点，体现了对外资产的分散化持有与运用。同时，2017 年末对外负债中的证券投资占比较 2013 年末上升 11 个百分点，其他投资占比下降 9 个百分点，国内资本市场开放的成果有所显现。

（三）我国国际收支经受住了三次较显著的外部冲击考验

改革开放以来，我国国际收支状况保持总体稳健。历史上，国际金融市场震荡对我国国际收支形成的冲击主要有三次。一是 1998 年亚洲金融危机，当年我国非储备性质金融账户出现 63 亿美元小幅逆差，但由于经常账户顺差较高，外汇储备稳中略升。二是 2008 年国际金融危机以及随后的欧美债务危机，我国国际收支"双顺差"格局没有发生根本改变，外汇储备进一步增加。三是 2014 年至 2016 年美国货币政策转向，新兴经济体普遍面临资本外流、货币贬值问题，我国外汇储备下降较多，但国际收支支付和外债偿还能力依然较强、风险可控。

日益稳固的经济基本面和不断提升的风险防范能力是应对外部冲击的关键。首先，改革开放以来，我国经济实力不断增强，逐步成为全球第二大经济体，而且产业结构比较完整，为应对外部冲击奠定了坚实的经济基础。其次，我国国际收支结构合理，抗风险能力较强，经常账户持续顺差，在 1982—2013 年的储备上升时期，贡献了 63% 的外汇储备增幅，2014 年以来也起到了对冲资本外流的作用；外汇储备持续充裕，1998 年亚洲金融危机前已是全球第二位，2006 年起超过日本位居首位，使我国储备支付进口、外债等相关警戒指标始终处于安全范围内。最后，我国资本项目可兑换稳步推进，人民币汇率形成机制改革不断完善，逆周期调节跨境资本流动的管理经验逐步积累，防范和缓解风险的效果明显。

三、2017 年我国国际收支主要状况

经常账户、非储备性质的金融账户均呈现顺差。2017 年，我国经常账户顺差 1 649 亿美元，较上年下降 18%；非储备性质的金融账户顺差 1 486 亿美元，2016 年为逆差 4 161 亿美元（见表 1–4）。

表 1–4　　　　　　　　　　我国国际收支差额主要构成　　　　　　单位：亿美元，%

项目	2011 年	2012 年	2013 年	2014 年	2015 年	2016 年	2017 年
经常账户差额	1 361	2 154	1 482	2 360	3 042	2 022	1 649
与 GDP 之比	1.8	2.5	1.5	2.3	2.7	1.8	1.3
非储备性质的金融账户差额	2 600	−360	3 430	−514	−4 345	−4 161	1 486
与 GDP 之比	3.4	−0.4	3.6	−0.5	−3.9	−3.7	1.2

数据来源：国家外汇管理局，国家统计局。

货物贸易顺差有所回落。2017 年，我国货物贸易出口 22 165 亿美元，进口 17 403 亿美元，较上年分别增长 11% 和 16%；顺差 4 761 亿美元，下降 3%。服务贸易逆差增加。2017 年，服务贸易收入 2 065 亿美元，较上年下降 1%；支出 4 719 亿美元，增长 7%；逆差 2 654 亿美元，增长 14%。其中，运输项目逆差 561 亿美元，增长 20%；旅行项目逆差 2 251 亿美元，增长 9%。

　　初次收入逆差收窄。2017 年，初次收入项下收入 2 573 亿美元，较上年增长 14%；支出 2 918 亿美元，增长 8%；逆差 344 亿美元，下降 22%。其中，雇员报酬顺差 150 亿美元，较上年下降 27%；投资收益逆差 499 亿美元，下降 23%。从投资收益看，我国对外投资的收益为 234 亿美元，增长 18%；外国来华投资的利润利息、股息红利等支出 2 848 亿美元，增长 8%。

　　二次收入逆差扩大。2017 年，二次收入项下收入 286 亿美元，较上年下降 7%；支出 400 亿美元，下降 1%；逆差 114 亿美元，增长 20%。

　　直接投资重现顺差。2017 年，直接投资顺差 663 亿美元，2016 年为逆差 417 亿美元。其中，直接投资资产净增加 1 019 亿美元，较上年少增 53%；直接投资负债净增加 1 682 亿美元，少增 4%。

　　证券投资差额由逆转顺。2017 年，证券投资顺差 74 亿美元，2016 年为逆差 523 亿美元。其中，我国对外证券投资净流出（资产净增加）1 094 亿美元，较上年增长 6%；境外对我国证券投资净流入（负债净增加）1 168 亿美元，较上年增长 1.3 倍。

　　其他投资呈现顺差。2017 年，贷款、贸易信贷以及资金存放等其他投资为顺差 744 亿美元，2016 年为逆差 3 167 亿美元。其中，我国对外的其他投资净流出（资产净增加）769 亿美元，较上年下降 78%；境外对我国的其他投资净流入（负债净增加）1 513 亿美元，较上年增长 3.6 倍。

　　储备资产平稳增长。2017 年，我国交易形成的储备资产（剔除汇率、价格等非交易价值变动影响）增加 915 亿美元。其中，交易形成的外汇储备增加 930 亿美元，第一季度下降 25 亿美元，第二至第四季度分别增加 319 亿美元、304 亿美元和 331 亿美元。截至 2017 年末，我国外汇储备余额 3 139 亿美元，较上年末余额上升 1 294 亿美元。

表 1－5　　　　　　　　　　　我国国际收支平衡表　　　　　　　　　　单位：亿美元

项目	行次	2017 年
1. 经常账户	1	1 649
贷方	2	27 089
借方	3	− 25 440
1. A　货物和服务	4	2 107
贷方	5	24 229
借方	6	− 22 122
1. A. a　货物	7	4 761
贷方	8	22 165
借方	9	− 17 403
1. A. b　服务	10	− 2 654
贷方	11	2 065
借方	12	− 4 719
1. A. b. 1　加工和服务	13	179
贷方	14	181

续表

项目	行次	2017 年
借方	15	−2
1. A. b. 2　维护和维修服务	16	37
贷方	17	60
借方	18	−23
1. A. b. 3　运输	19	−561
贷方	20	372
借方	21	−933
1. A. b. 4　旅行	22	−2 251
贷方	23	326
借方	24	−2 577
1. A. b. 5　建设	25	36
贷方	26	122
借方	27	−86
1. A. b. 6　保险和养老金服务	28	−74
贷方	29	41
借方	30	−115
1. A. b. 7　金融服务	31	18
贷方	32	34
借方	33	−16
1. A. b. 8　知识产权使用费	34	−239
贷方	35	48
借方	36	−287
1. A. b. 9　电信、计算机和信息服务	37	77
贷方	38	270
借方	39	−193
1. A. b. 10　其他商业服务	40	161
贷方	41	586
借方	42	−426
1. A. b. 11　个人、文化和娱乐服务	43	−20
贷方	44	8
借方	45	−27
1. A. b. 12　别处来提及的政府服务	46	−18
贷方	47	17
借方	48	−35

项目	行次	2017 年
1.B 初次收入	49	− 344
贷方	50	2 573
借方	51	− 2 918
1.B.1 雇员报酬	52	150
贷方	53	217
借方	54	− 67
1.B.2 投资收益	55	− 499
贷方	56	2 349
借方	57	− 2 848
1.B.3 其他初次收入	58	5
贷方	59	7
借方	60	− 3
1.C 二次收入	61	− 114
贷方	62	286
借方	63	− 400
2. 资本和金融账户	64	570
2.1 资本账户	65	− 1
贷方	66	2
借方	67	− 3
2.2 金融账户	68	571
资产	69	− 3 782
负债	70	4 353
2.2.1 非储备性质的金融账户	71	1 486
资产	72	− 2 867
负债	73	4 353
2.2.1.1 直接投资	74	663
2.2.1.1.1 直接投资资产	75	− 1 019
2.2.1.1.1.1 股权	76	− 997
2.2.1.1.1.2 关联企业债务	77	− 22
2.2.1.1.2 直接投资负债	78	1 682
2.2.1.1.2.1 股权	79	1 422

注：1. 本表根据《国际收支和国际投资头寸手册（第六版）》编制。

2. "贷方"按正值列示，"借方"按负值列示，差额等于"贷方"加上"借方"。本表除标注"贷方"和"借方"的项目外，其他项目均指差额。

3. 本表计数采用四舍五入原则。

资料来源：国家外汇管理局 . 2017 年中国国际收支报告 .

四、2017 年我国国际收支运行评价

经常账户顺差继续处于合理区间，非储备性质的金融账户差额由逆差转为顺差。2017 年，我国经常账户顺差与 GDP 之比为 1.3%，依然处于合理区间；非储备性质的金融账户实现顺差 1 486 亿美元，2015 年、2016 年分别为逆差 4 345 亿美元和逆差 4 161 亿美元，2017 年第一至第四季度均呈现稳定规模的顺差，依次为 368 亿美元、311 亿美元、441 亿美元和 365 亿美元，此前为连续 11 个季度逆差，表明我国跨境资本已经由持续净流出转向总体平稳态势。在经常账户顺差、非储备性质金融账户顺差的有力支撑下，我国储备资产持续回升（见图 1-7），国际收支状况更加稳健。

数据来源：国家外汇管理局。

图1-7　国际收支差额与外汇储备资产变动

境内主体对外投资总体趋稳。2017 年，境内主体对外直接投资、证券投资和其他投资等资产合计净增加 2 867 亿美元，较上年少增 58%。其中，第一至第四季度对外投资资产分别净增加 547 亿美元、795 亿美元、788 亿美元和 737 亿美元。首先，对外直接投资回归理性后逐步企稳。2017 年，直接投资资产净增加 1 019 亿美元，较上年少增 53%，其中前三季度平均每季度增加 217 亿美元，少增 64%；第四季度回升至 369 亿美元，多增 1%。其次，对外证券投资平稳增长。2017 年境外股权、债券等相关资产合计净增加 1 094 亿美元，增长 6%。最后，对外存款、贷款等其他投资资产净增加 769 亿美元，少增 78%（见图 1-8 和图 1-9）。

境外主体来华各类投资进一步回升。2017 年，外国来华直接投资、证券投资和其他投资等外来投资净流入（对外负债净增加）4 353 亿美元，较上年增长 68%，与 2010—2014 年持续净流入时的年均水平基本相当。其中，第一至第四季度分别净流入 915 亿美元、1 106 亿美元、1 230 亿美元和 1 102 亿美元。分渠道看，2017 年，直接投资项下境外资本净流入 1 682 亿美元，仍保持较高规模；来华证券投资项下境外资本净流入规模

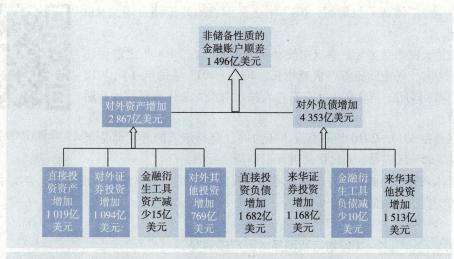

数据来源：国家外汇管理局。

图1-8 2017年我国跨境资本流动的结构分析

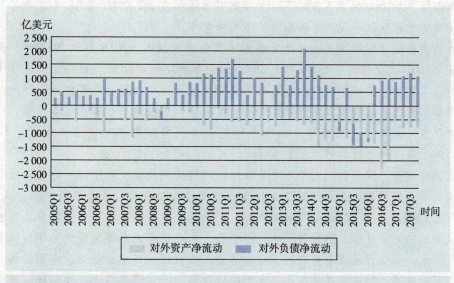

数据来源：国家外汇管理局。

图1-9 2005—2017年我国非储备性质的金融账户资本流动情况

创新高，为 1 168 亿美元，增长 1.3 倍，体现了境内资本市场扩大对外开放的效果；货币和存款项下资金净流入 1 055 亿美元，2016 年净流入 91 亿美元，2015 年净流出1 226亿美元，主要是非居民持有人民币资产的意愿有所提升；境内主体吸收境外贷款、贸易信贷资金净流入 484 亿美元，而此前三年依次为净流出 364 亿美元、2 290 亿美元和 12亿美元，说明境内主体融资意愿稳步恢复，融资规模由降转升。

我国国际收支基本实现自主平衡。从更长的历史进程看，我国国际收支在经历长达十余年持续净流入和一段时期净流出后，初步呈现自主平衡的发展态势。主要表现在以下几个方面。

一是外汇储备平稳增加，2017 年交易形成的外汇储备增加 930 亿美元。

二是人民币兑美元汇率双向波动明显增强。在 2014 年之前面临流入压力时，外汇储备资产快速增长，2007—2013 年每年（除 2012 年外）增幅均在 4 000 亿美元左右，人民币对美元总体表现为较长期的升值。

我国的国际收支

三是在 2015—2016 年面临流出压力时，交易形成的外汇储备年均下降 3 955 亿美元，人民币兑美元汇率持续贬值。

总体来看，当前国内外市场环境总体改善，人民币汇率预期合理分化，夯实了我国国际收支自主平衡的基础。[①]

[延伸阅读] 如何看待我国经常账户的演变

21 世纪以来我国经常账户发生较大变化。2008 年以前，随着涉外经济快速发展，经常账户顺差较快增加，与 GDP 之比从 2001 年的 1.3% 升至 2007 年的 9.9%。2008 年后总体回落，2010 年降至 3.9%，2011 年起基本维持在 2% 左右，2018 年上半年更趋平衡。上述变化可从以下四个方面客观、理性地看待。

当前我国经常账户收支依然处于基本平衡的合理区间。2016 年和 2017 年，经常账户顺差与 GDP 之比分别为 1.8% 和 1.3%，部分季度顺差与 GDP 之比最低达到过 0.5%，说明近几年我国经常账户收支已经达到了平衡的区间，受内需、外需以及国际大宗商品价格等周期性因素以及季节性因素影响，小幅顺差和小幅逆差很容易交替出现，但都属于基本平衡的范畴。在实践中，国际上研究认为经常账户逆差是否持续超过 GDP 的 4% ~5%，是一个关键的早期预警指标。

我国经常账户演变是国内经济发展和经济结构优化的客观反映。一方面，随着我国经济向高质量发展迈进，国内制造业转型升级使得近年来货物贸易顺差扩张势头放缓。国际经验表明，当一国制造业发展较快时，产能输出较大，货物贸易往往呈现顺差。制造业发展到一定程度后，随着国民收入的提高，生产要素成本等比较优势逐步减弱，需要转型升级，货物贸易顺差将有所下降，历史上的美国、日本、韩国、中国台湾均有此规律。另一方面，随着我国居民收入水平的持续提升，消费能力进一步增强，消费升级有所加快，跨境消费随之增多。近年来，我国居民收入持续增加、财富效应逐步显现，改变了很多国内居民的消费观念，进一步加快了消费升级的速度，驱动我国居民不断拓宽消费渠道，包括境外商品与服务，这与日本、韩国的历史发展趋势类似。同时，我国人口结构变化、抚养比上升也推动消费有所增加。

我国经常账户趋向平衡具有十分重要的积极意义：

一是体现了我国经济转向高质量发展的效果。我国经常账户顺差从高位回落到基本平衡格局，说明我国经济的内外部平衡取得实质进展，内需对拉动经济增长的作用显著增加。2008 年至 2017 年，内需对我国经济增长的年均贡献率达到了 105.7%。

---

① 资料来源：《2017 年中国国际收支报告》。

　　二是反映了我国经济发展模式的转变。在我国国民收入逐步提升的背景下，通过低廉劳动力、消耗资源甚至损害环境来获得竞争力并推动出口的发展模式不可取，以供给侧结构性改革推动国内制造业转型升级是必由之路。

　　三是有利于提高我国宏观调控的主动性。

　　四是对于全球经济再平衡具有重要贡献。

　　未来我国经常账户收支有望保持相对合理的水平，主要原因：

　　一是我国制造业在国民经济中将长期处于比较重要的位置。当前，国内已经形成了较成熟的制造业基础设施，具有大量的技术工人，产业链条也比较完备，在全球的竞争力依然较强。未来随着制造业转型升级逐步推进，有助于货物贸易在中长期维持合理、稳定的发展格局。就如德国、日本等中高端制造业决定了其对外贸易总体状况，中国台湾和韩国在制造业转型升级后货物贸易盈余稳步回升一样。

　　二是我国居民跨境消费将更加理性和稳定。以服务贸易项下表现较突出的境外旅游、留学消费为例，近年来达到较高水平后有所企稳，2015 年至 2017 年国际旅行支出（含旅游、留学等）与 GDP 之比分别为 2.3%、2.2% 和 2.1%，2018 年上半年为 2.1%。同时，随着我国制造业转型升级以及生态环境、教育、旅游等软实力的提升，国内居民境内消费的选择也会增多，将对境外消费形成替代作用。

　　三是我国对外资产结构将逐步优化，直接投资等非储备性质的对外资产占比仍会进一步上升，有助于提高我国境外投资收益，增加相关的经常账户收入。总体看，我国经常账户出现持续大幅逆差的概率较低。

　　未来我国将贯彻新发展理念，以供给侧结构性改革为主线，提高供给体系质量，发展先进制造业，加快建设制造强国，支持传统产业优化升级，发展现代服务业，促进我国产业迈向全球价值链中高端，为我国经常账户收支保持在合理区间奠定更加坚实的基础。

　　资料来源：国家外汇管理局.2018 年上半年中国国际收支报告.

本章小结

　　1. 国际收支是在一定时期内，一国居民与非居民之间全部经济交易的系统记录。它是一个流量的概念，是发生在居民与非居民之间的，反映的内容是经济交易。

　　2. 国际收支平衡表是系统地记录一定时期内一国国际收支状况的统计报表，按照"有借必有贷，借贷必相等"的复式记账原则编制。贷方记录的是本国从外国取得收入的交易，借方记录的是本国向外国进行支付的交易。根据国际货币基金组织出版的《国际收支和国际投资头寸手册（第六版）》，国际收支平衡表通常包括经常账户、资本和金融账户、净误差与遗漏三个项目。

　　3. 要判断国际收支实质上是否平衡，主要看自主性交易是否平衡，只有自主性交易收支相抵，国际收支才是实质上的平衡；否则，就说明国际收支出现了不平衡。国际收支失衡有两种情况：顺差与逆差。对国际收支平衡表的分析是进一步分析国际失衡的原因、影响及调节措施的基础，主要包括静态分析法、动态分析法和比较分析法三种，其中以静态分析法为基础。静态分析法是对国际收支平衡表进行账面上的分析，计算和分析平衡表中各个项目的数据及其差额，进而分析各个项目差额形成的原因及其对国际收支平衡的影响。引起国际收支失衡的原因主要包括周期性原因、结构性原因、货币性原因、收入性原因、偶发性原因。

4. 一国的国际收支不平衡必然影响到国内经济的运行，顺差、逆差都会对一国经济带来负面影响。国际收支逆差会导致本国外汇储备减少、本币汇率下浮、货币供应减少、利率上升等，进而使本国经济增长率受阻，不利于对外经济交往，并且会损害一国的国际信誉。顺差产生的影响相反，会加大本国通货膨胀压力，促使本币汇率上升，影响本国商品出口，加剧国际贸易关系的紧张程度。对国际收支失衡进行调节的政策措施主要包括外汇缓冲政策、财政政策和货币政策、汇率政策、直接管制、国际经济合作等。

5. 我国国际收支的总体特征是：我国国际收支交易实现了从小变大、由弱变强的巨大飞跃；我国国际收支经历长期"双顺差"后逐步趋向基本平衡；我国国际收支经受住了三次较显著的外部冲击考验。

 同步练习

一、单选题

1. 在国际收支平衡表中记录居民与非居民之间实际资源转移的项目是（   ）。

A. 资本和金融项目   B. 经常项目   C. 储备资产   D. 净误差与遗漏

2. 一般来说，一国国际收支出现持续逆差，会导致其货币汇率（   ）。

A. 贬值   B. 升值   C. 波动   D. 稳定

3. 能够反映一国国际收支全面情况的国际收支差额是（   ）。

A. 贸易收支差额   B. 经常项目差额

C. 综合差额   D. 资本与金融项目差额

4. 下列可以调节国际收支顺差的政策有（   ）。

A. 扩张财政政策   B. 紧缩货币政策   C. 本币贬值   D. 外贸管制

5. 下列哪种政策适用于调节临时性的国际收支失衡（   ）。

A. 财政政策   B. 货币政策   C. 汇率政策   D. 外汇缓冲政策

二、多选题

1. 根据《国际收支手册（第六版）》，国际收支平衡表由哪几个项目构成（   ）？

A. 经常账户   B. 资本和金融账户

C. 储备资产   D. 误差与遗漏

E. 自主性交易

2. 造成出现误差与遗漏项目的原因有（   ）。

A. 统计资料不完整   B. 统计中重复计算和漏算

C. 有些统计数字是估算的   D. 国际收支顺差

E. 国际收支逆差

3. 下列哪些是经常项目的子项（   ）。

A. 直接投资   B. 货物   C. 服务   D. 初次收入（收益）

E. 二次收入（经常转移）

4. 下列要记入国际收支平衡表借方的交易有（　　）。

A. 商品进口　　　　　　　　　　B. 劳务输出

C. 单方无偿转移付出　　　　　　D. 对外负债的增加

E. 储备资产增加

5. 下列哪些是国际收支顺差产生的影响（　　）。

A. 本国货币供应量减少　　　　　B. 引发国内通胀

C. 促使本币贬值　　　　　　　　D. 加剧国际贸易摩擦

E. 外汇储备增加

三、简答题

1. 简述国际收支平衡表的账户组成。

2. 简述国际收支失衡的原因。

3. 简述结构性国际收支失衡。

4. 简述偶发性国际收支失衡。

5. 简述国际收支失衡的影响。

6. 简述国际收支失衡的调节措施。

7. 简述什么是外汇缓冲政策。

8. 简述直接管制政策的利弊。

9. 简述运用汇率政策调节国际收支失衡的原理。

10. 简述你对我国国际收支状况的了解和认识。

② 项目二　国际储备

　　小王知道我国的外汇储备规模是全世界最多的，过去他为此感到骄傲，认为这个第一提升了中国的国际地位。但最近他渐渐了解到外汇储备多也带来了很多麻烦，并且听说国家要"藏汇于民"，那是不是要把外汇储备分给老百姓了呢？小王还处于困惑中……

学习目标

◎ 掌握国际储备的概念、构成、作用；
◎ 理解国际储备规模管理和结构管理的考虑因素；
◎ 能分析我国巨额外汇储备管理问题。

关 键 词

国际储备　国际清偿力　黄金储备　外汇储备　在 IMF 的储备头寸　SDR

课程导入

美国政府关门　中国政府担心

2013 年美国东部时间 10 月 1 日凌晨，国会并未就政府预算达成妥协。10 月 1 日到来前数分钟，白宫下令联邦各机构关闭。超过 80 万政府雇员开始停薪休假。由于华盛顿的政治斗争，美国正在滑向一场可能非常糟糕的债务违约。财政部已经表示，到 10 月 17 日将触及国家的债务上限 16.7 万亿（兆）美元。美国最大的债权国——中国越来越担心，美国政府关门以及围绕债务上限的僵局可能危及两国投资的巨额美债资产。

资料来源：美国国会未就预算妥协，政府 17 年来首次停摆 [EB/OL]. [2013 - 10 - 01]. http://news. sina. com. cn/w/2013 - 10 -01/121728346696. shtml.

💡启发：什么是国际储备？为什么要持有国际储备？我国的外汇储备规模是多少？我国的外汇储备借给美国安全吗？如何有效管理我国的外汇储备？通过本项目的学习，同学们要能够掌握国际储备的概念、构成、作用、管理等知识，并能够运用所学知识分析中国的外汇储备管理问题。

📋任务一　掌握国际储备概况

一、国际储备的概念

国际储备（International Reserve）是指一国货币当局为弥补国际收支差额和稳定汇

率而持有的国际上可接受的一切资产。能够作为国际储备的资产必须具备三个特征：

1. 官方持有性。作为国际储备的资产必须是一国货币当局完全有能力获得的资产（一般是中央银行或财政部集中掌握的），而非官方金融机构、企业和私人持有的资产不能算做是国际储备。从这一点来说，有时又把国际储备称为官方储备（Official Reserve）。

2. 充分流动性。国际储备应有充分的变现能力，在一国出现国际收支逆差或干预外汇市场时可以随时动用。如存放国外的活期可兑换外币存款、有价证券等。

3. 普遍接受性。国际储备必须在外汇市场和政府间国际清算时能够得到普遍认同和接受。

与国际储备相近而又不同的一个概念是国际清偿力。国际清偿力的含义比国际储备要广泛一些，可定义为一个国家为本国国际收支赤字融通资金的能力，它不仅包括货币当局持有的各种国际储备，而且包括该国从国际金融机构和国际资本市场融通资金的能力，该国商业银行所持有的外汇，其他国家希望持有这个国家资产的愿望，以及该国提高利率时可以引起资金流入的程度等。实际上，它是指一国弥补国际收支赤字而无须采取调整措施的能力。比较来看，一国国际储备概念只限于无条件的国际清偿能力，而不包括有条件的国际清偿能力（一国潜在的借款能力）。就不同类型的国家而言，它们所拥有的国际清偿力有很大的差别。一般来说，发达国家所拥有的国际清偿力要比发展中国家强。

二、国际储备的构成

（一）货币性黄金储备

货币性黄金储备（Gold Reserve）指一国货币当局持有的货币化黄金，非货币用途的黄金不在此列。黄金作为储备的历史比较长，在国际金本位制度和布雷顿森林体系下，黄金一直是最重要的储备资产，因为黄金是最可靠的保值手段，是理想的财富化身，黄金储备完全是一国范围内的事，可以自动控制，不受任何超国家权力的制约。但是，世界黄金产量增长有限，黄金储备的流动性欠缺，而且持有的机会成本比较高，使黄金储备的吸引力受到影响。特别是1976年《牙买加协议》实施以后，随着黄金的"非货币化"，黄金

黄金储备

已不再是货币制度的基础，也不能用于政府间的国际收支差额清算。从严格意义上说，它已不再是国际储备资产了，然而由于历史上形成的习惯，大多数国家货币当局仍持有黄金，国际货币基金组织在统计和公布成员国的国际储备时，也把黄金储备列入其中。

回顾我国黄金储备规模的变化（见图2-1），1978—2001年11月，黄金储备一直维持在1 267万盎司；

2009 年 3 月之前，多数时间维持在 1 929 万盎司。2009—2014 年，一直维持在 3 389 万盎司。2015 年 6 月从 3 389 万盎司增持至 5 332 万盎司。增持行为持续到了 2016 年 10 月，达到了 5 924 万盎司，这一数据一直持续到 2018 年 11 月。自 2018 年 12 月以来，我国黄金储备规模连续 3 个月增持：2018 年 12 月末黄金储备为 5 956 万盎司，环比增加 32 万盎司；2019 年 1 月，受全球经济不确定性加大的影响，当月黄金储备环比增加 38 万盎司；2019 年 2 月，我国黄金储备规模再次出现增持的现象，截至 2 月末黄金储备 6 026 万盎司，环比增长 32 万盎司。

数据来源：Wind资讯。

图2-1　中国黄金储备规模变化图（1978年—2019年2月）

　　欧美国家黄金储备占总储备的比例普遍高于亚洲国家，这属于历史遗留问题，主要源于金本位制，也是一个长期存在的现象。世界各国（地区或组织）官方黄金储备规模如表 2 - 1 所示。此表系世界黄金协会（WGC）公布的最新官方黄金储备排行表。居前十位的依次是美国、德国、国际货币基金组织（IMF）、意大利、法国、中国、俄罗斯、瑞士、日本和荷兰。

表 2 - 1　　　　　2018 年 1 月世界各国（地区或组织）黄金储备一览

排名	国家（地区或组织）	官方黄金储备（吨）	占储备资产之比（%）
1	美国	8 133.5	75.0
2	德国	3 373.6	69.1
3	IMF	2 814.0	
4	意大利	2 451.8	67.5
5	法国	2 435.9	63.5
6	中国	1 842.6	2.4
7	俄罗斯	1 828.6	17.5
8	瑞士	1 040.0	5.4
9	日本	765.2	2.5

续表

排名	国家（地区或组织）	官方黄金储备（吨）	占储备资产之比（%）
10	荷兰	612.5	66.6
11	印度	557.8	5.7
12	土耳其	525.8	18.4
13	欧洲央行	504.8	28.4
14	中国台湾	423.6	3.7
15	葡萄牙	382.5	63.4
16	沙特阿拉伯	322.9	2.7
17	英国	310.3	8.8
18	哈萨克斯坦	295.7	38.7
19	黎巴嫩	286.8	20.8
20	西班牙	281.6	17.0

数据来源：一牛财经网站。

 ［案例阅读］ **各国央行增持黄金**

自 2018 年 12 月起至 2019 年 2 月的三个月间，我国央行共计买入 102 万盎司黄金。在 2018 年 12 月前，我国央行已经超两年（26 个月）没有增持黄金。不仅中国央行，近年来，全球央行都在买黄金。

在全球资本市场动荡的 2018 年，世界黄金协会表示，2018 年是近 50 年来中央银行黄金购买量最高的年度。根据世界黄金协会发布最新数据，受全球央行购金与 2017 年下半年以来金条金币投资加速等因素驱动，2018 年全球黄金需求增至 4 345.1 吨，同比增长 4%。

俄罗斯央行在 2018 年购买了 274.3 吨黄金，对其储备进行"去美元化"，几乎全部出售其美国国债组合。自 21 世纪初以来，俄罗斯的黄金储备至少增加了 500%。欧洲央行 2017 年也购买了黄金。匈牙利 10 月黄金储备增加了 10 倍，达到 31.5 吨，这是近 30 年来的最高水平；波兰央行在 2018 年黄金储备增加 25.7 公吨，同比增长 25%。此外，澳大利亚、德国、土耳其、哈萨克斯坦、印度、蒙古国、伊拉克等国也积极配置黄金。

多国央行购入并增持黄金可以看出央行对黄金保值性的信赖。在当前国际货币制度下，储备货币汇率波动很大，持有外汇储备面临的汇率风险很大，持有黄金可以更好地实现储备资产的多元化，并且具有更好的保值效应。虽然全球金价受市场供求的影响也出现不同程度的波动，但黄金是一种稀有金属，全球产量有限，从长期来看仍具有较好的保值。

资料来源：根据《央行大动作：连续三月增持黄金这是什么信号》整理：http://finance.ifeng.com/c/7ks2wepnLdI。

（二）外汇储备

外汇储备（Foreign Exchange Reserve）是一国货币当局持有的对外流动性资产，主要形式是在国外银行的存款和外国政府债券。外汇储备是目前各国国际储备的主体，这体现在两个方面：一是外汇储备在国际储备中所占的比例远远超过其他储备形式；二是外汇储备在实务中使用的频率最高，黄金储备等很少使用。

一种货币要能充当储备货币，必须具备两个基本特征：（1）能够自由兑换为其他货

币，必须为各国普遍接受，这种货币能随时转换为其他国家的购买力，或偿付国际债务；（2）这种货币在国际货币体系中占有重要地位，价值相对稳定。

在国际金本位制下，英镑代替黄金执行国际货币的各种职能，成为各国主要的储备货币。20世纪30年代，美元崛起，与英镑共同作为储备货币。到第二次世界大战以后，美元是唯一直接与黄金挂钩的主要货币，美元等同于黄金，成为各国外汇储备的实体。随着美元危机的不断爆发，美元作为储备货币的功能相对削弱。20世纪

外汇储备

70年代布雷顿森林体系崩溃后，国际储备货币出现了多元化的局面，但美元仍作为最主要的国际储备货币，处于多元化储备体系的中心。

［知识链接 2－1］　外汇资产的构成

一个国家的外汇资产是由官方外汇资产和非官方外汇资产构成的，其中官方外汇资产由储备资产和其他官方外汇资产构成（见图2-2）。储备资产是指由货币当局（我国是中国人民银行）持有的外汇资产；其他官方外汇资产是指由政府机构入股的国家投资公司（我国是中投公司）持有的外汇资产。非官方外汇资产是指由居民和企业持有的外汇资产。

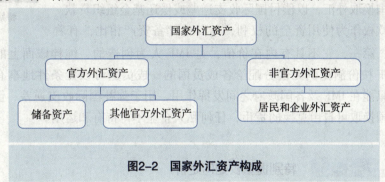

图2-2　国家外汇资产构成

中国投资有限责任公司（以下简称中投公司）成立于2007年9月29日，是依照《中华人民共和国公司法》（以下简称《公司法》）设立的从事外汇资金投资管理业务的国有独资公司。财政部通过发行特别国债的方式筹集15 500亿元人民币，购买了相当于2 000亿美元的外汇储备作为中投公司的注册资本金。中投公司独立经营，自主决策，基于经济和财务目的，在全球范围内对股权、固定收益以及多种形式的另类资产进行投资。中央汇金投资有限责任公司（以下简称中央汇金）是中投公司的全资子公司，自设董事会和监事会。中央汇金投资并持有国有重点金融企业的股权，并代表国务院行使股东权利，不开展其他任何商业性经营活动，不干预其控股企业的日常经营活动。

如果一国的外汇资产主要以储备资产的形式由官方持有，则称为"藏汇于国"；如果一国的外汇资产主要由居民、企业等非官方持有，则称为"藏汇于民"。在2009年，中国的外汇资本总量不足3万亿美元，其中外汇储备突破2万亿美元；同期日本的外汇资本总量已经达到了6万亿美元，其中日本官方外汇储备只有9 000多亿美元，可见当时中国是"藏汇于国"，而日本是"藏汇于民"。但随着我国外汇管理改革的不断推进，

我国逐向"藏汇于民"转变。

资料来源：李扬. 新中国金融 60 年［M］. 北京：中国财政经济出版社，2009.

（三）在国际货币基金组织的储备头寸

在国际货币基金组织的储备头寸（Reserve Position in IMF）也称普通提款权，它是指成员国在 IMF 的普通资金账户中可以自由提取和使用的资产。一国在基金组织的储备头寸包括三部分：（1）成员国向 IMF 认缴份额中 25% 的可兑换货币。按照 IMF 的规定，成员国可自由提用这部分资金，无须经特殊批准，因此它是一国的国际储备资产。（2）IMF 为满足成员国借款需要而使用掉的该国货币。IMF 向其他成员国提供该国货币的贷款，会产生该成员国对 IMF 的债权。一国对 IMF 的债权可无条件地提取并用于支付国际收支逆差。（3）IMF 向该国借款的净额，也构成该国对 IMF 的债权。普通提款权在 IMF 成员国国际储备资产总额中所占的比例较小，在 3% 左右。

（四）特别提款权

特别提款权（Special Drawing Rights，SDR）是国际货币基金组织 1969 年创设的一种储备资产，是 IMF 对成员国根据其份额分配的，可用于归还 IMF 贷款和成员国政府之间偿付国际收支赤字的一种账面资产。当成员国发生国际收支逆差时，可用 SDR 向 IMF 指定的其他成员国换取外汇，以偿付国际收支逆差或偿还基金组织贷款。

特别提款权

特别提款权作为使用资金的权利，与其他储备资产相比，有着显著的区别：第一，它不具有内在价值，是 IMF 人为创造的、纯粹账面上的资产；第二，是由 IMF 按份额比例无偿分配给各成员国的，成员国可以无条件地享有，无须偿还；第三，只能在 IMF 及各国政府之间发挥作用，用于弥补国际收支逆差、偿还国际债务或向成员国换取可自由兑换的货币，任何私人企业不得持有和运用。

[知识链接 2-2]　　特别提款权如何定价

特别提款权（SDR）最初创立时其价值是用黄金来表示的，即 1 个特别提款权含金量为 0.888671 克，与贬值前美元等值，1 个特别提款权等于 1 美元，但它不能兑换成黄金，因而被称为"纸黄金"。随着美元的两次贬值，特别提款权与美元的比较相应调整为 1：1.08571 和 1：1.20636。实行浮动汇率制后，IMF 决定自 1974 年 1 月 1 日起，特别提款权定值与黄金脱钩，改用"一揽子"16 种货币作为定值标准。但由于这种定值方法在技术上比较复杂，基金组织决定，从 1980 年 9 月 18 日起改用美元、联邦德国马克、法国法郎、英镑、日元 5 种货币定值，并对计算权数每隔五年调整一次。到 1996 年止，基金组织已对 5 种货币在特别提款权中所占的权数进行了三次调整，欧元启动后，2001 年基金组织又对特别提款权的定值标准进行了调整，由 5 种货币改为 4 种货币，即美元、欧元、日元和英镑。2015 年 12 月 1 日凌晨 1 点，国际货币基金组织执董会决定将人民币纳入特别提款权，SDR 货币篮子由原来四种货币相应扩大成五种，包括美元、欧元、人民币、日元、英镑，所占权重分别为 41.73%、30.93%、10.92%、8.33%、8.09%。新的货币篮子自 2016 年 10 月 1 日起生效。

表 2 – 2　　　　　　　　　　　　　　　特别提款权定价的调整

开始时间	定价方法	计值货币
1969 年创设初期	与美元等值	1 个特别提款权含金量为 0.888671 克，与贬值前美元等值
1974 年 1 月 1 日起	改用"一揽子"16 种货币定值	世界出口中份额最大的 16 个国家的货币构成货币篮子
1980 年 9 月 18 日起	改用 5 种货币定值（5 种货币的权重调整过 3 次）	美元、联邦德国马克、法国法郎、英镑、日元
2001 年起	改用 4 种货币定值	美元、欧元、日元和英镑
2016 年 10 月 1 日起	改用 5 种货币定值	美元、欧元、人民币、日元和英镑

三、国际储备的作用

（一）弥补国际收支逆差

国际储备可以作为弥补国际收支逆差的缓冲体。如果国际收支逆差是因偶然性因素或季节性因素导致的暂时性国际收支困难，动用外汇储备弥补差额，可以避免采取影响整个宏观经济的财政货币政策，避免由此产生的不利影响。如果国际收支逆差是长期性的、巨额的，虽然动用储备不能从根本上解决问题，但是至少可以为政府赢得时间，减少因猛烈的调节措施而带来的经济震荡。

（二）干预外汇市场，维持本国货币汇率的稳定

由于一国的任何对外经济交往都离不开汇率这个媒介，如果一国货币汇率剧烈波动，必将对该国经济产生广泛而深刻的影响。这时，一国货币当局持有的国际储备，特别是其中的外汇储备，就可以用来稳定汇率。当外汇市场上某种外币需求大于供给，从而使该种外币汇率上升，本币汇率下降时，该国货币当局就向外汇市场抛出外币，购回本币，以抑制外币汇率的进一步上涨，维持汇率的稳定，反之亦然。另外，当一国货币受到国际投机资本的冲击时，国际储备对外汇市场的干预就显得尤为重要。比如，在 1998 年国际投机资本冲击港元与美元的联系汇率制度时，香港特别行政区政府就动用了数百亿美元的外汇储备入市干预，有效地维护了港元汇率的稳定，大大减轻了亚洲金融危机对香港经济的冲击。由此可见，国际储备能够发挥干预汇率的作用，但是只能在短期内对汇率产生影响，并且是以本国具备发达的外汇市场为前提的。

　[案例阅读]　**瑞士动用外汇储备干预汇率**

瑞士为压低瑞郎汇率而作出的举措，在欧元区危机的影响下，市场对于瑞郎这种低风险货币的需求变得愈加强烈，瑞士央行 2011 年 9 月针对瑞郎汇率设定的上限甚至都受到了威胁。为此瑞士央行在 2012 年 5 月和 6 月不得不买入数百亿欧元，瑞士央行已随时准备买入欧元，买入规模将视实际所需而定，以期将欧元兑瑞郎的汇率维持在 1.20 瑞郎。受此影响，瑞士的外汇储备 2012 年飙升了 40%。

资料来源：艾丽丝·罗斯. 瑞士外汇储备规模猛增 [EB/OL]. [2012 – 08 – 01]. http://www.ftchinese.com/story/001045793？archive.

（三） 是一国对外举债的信用保证

国际储备是衡量一国经济实力的标志之一。一方面，它是维护本国货币信用的基础，持有足够的国际储备，在客观上和心理上都能提高本国货币的信誉，有利于支持本币价值稳定；另一方面，国际储备可以作为政府对外借款和偿债的信用保证。自有储备越充裕，政府筹措外部资金的能力越强，有可能获得的借入储备越多。充足的国际储备还可以加强一国的资信，吸引外资流入，促进本国经济的发展。

[案例阅读] **哥伦比亚与墨西哥国际储备运用的比较**

哥伦比亚和墨西哥 1975—1984 年不同的经历生动地说明了国际储备的作用。在这 10 年里，这两个国家都有一段时期具有非常有利的外部环境。1977—1979 年，世界市场上咖啡价格上涨，使哥伦比亚的外汇收入增加，此外，哥伦比亚还是一个毒品走私猖獗的国家，毒品价格上涨，使哥伦比亚受益匪浅。1977—1981 年，石油价格第二次大幅提价，墨西哥由于出口石油赚取了大量的外汇。

面对当时国际收支的有利形势，哥伦比亚和墨西哥两国政府采取了截然不同的政策。哥伦比亚政府决定保持经济稳定增长，把增加的外汇收入储存起来。1980 年，该国的外汇储备为 48.31 亿美元，那年的进口额为 47.39 亿美元，外汇储备已经超过了 12 个月的进口额。而 1975 年，该国的外汇储备仅为 4.75 亿美元。在 5 年内，哥伦比亚的外汇储备增加了近 10 倍。墨西哥 1980 年的外汇储备为 29.60 亿美元，进口额为 83.39 亿美元，外汇储备仅为进口额的 1/3 左右，而 1975 年该国的外汇储备为 13.83 亿美元。墨西哥几年时间就花光了所有增加的外汇收入，外汇储备从来没有超过 12 个月的进口额。墨西哥政府借助出口增长，有恃无恐地大量举债增加消费，其速度之快，超过了其收入的增长。

两种相反的政策产生了两种不同的结果。哥伦比亚政府由于积累了外汇储备，在 20 世纪 80 年代前 5 年，在美元升值、国际利率提高、外债负担加重的情况下，能从容不迫地应付外债冲击，避免了重新安排债务，没有发生外债危机，维持了经济的增长。而墨西哥面对大好的经济形势，不知谨慎，耗费了全部外汇收入，没有保留足够的国际储备，在美元涨价、利率提高、石油价格下跌时，无法应对外部冲击，于 1992 年不得不宣布无力对外债按期偿还利息和本金，要求对外债重新安排，在国内实行紧缩政策，使墨西哥经济陷入了衰退。

资料来源：孙连铮. 国际金融概论［M］. 北京：中国商业出版社，2000.

任务二 理解国际储备管理

一、国际储备的规模管理

（一） 国际储备的需求

国际储备的规模管理应该从需求和供给两个方面综合考虑。以下因素会影响对国际储备的需求。

1. 国际收支状况。国际储备的首要作用是调节国际收支，因此，国际收支流量的大小及其稳定程度是确定国际储备规模大小的主要因素。这里主要看一国贸易收支的稳定程度和国际收支差额状况及稳定程度。

2. 其他调节措施的有效性。除动用国际储备外，调节国际收支的措施还有宏观财政政策和货币政策、汇率政策、外汇和外贸管制等。这些调节措施的有效性越强，对国际储备的需求越少，反之则相反。

国际储备的
规模管理

3. 汇率制度。如果一国实行的是固定汇率制度或钉住汇率制度，政府有维持汇率稳定的义务，则需要持有较多的国际储备，以应付外汇市场上的突发性因素造成的汇率波动。相反，实行浮动汇率制度或弹性汇率制度的国家，国际储备的持有额可以相对较低。此外，频繁干预外汇市场比偶尔干预外汇市场的做法需要更多的国际储备。

4. 一国在国际金融市场上的融资能力。如果一国具有较高的资信等级，能迅速方便地获得外国政府和国际金融机构贷款，且该贷款的来源稳定，意味着该国在国际金融市场上的筹资能力很强，则该国无须持有过多的国际储备。若不具备上述条件，就应保持充足的国际储备。

5. 国内金融市场的发达程度。一方面，发达的金融市场可以吸引国际资本流入；另一方面，发达的金融市场对利率、汇率政策的反应比较敏感，使利率和汇率政策调节的有效性提高，国际储备的持有额即可相应减少。相反，国际收支的调节对国际储备的依赖性就越大。

6. 一国货币的国际地位。一国货币如果处于储备货币的地位，则该国可以通过增加本国货币的对外负债来弥补国际收支逆差，从而无须过多的国际储备。

7. 持有国际储备的机会成本。一国的国际储备，往往以存款的形式存放在国外银行，从而意味着不得不牺牲一部分投资或消费，这是持有国际储备而付出的代价。因此，一国持有国际储备的成本，就是投资收益率与利息收益率的差额。这个差额越大，表明持有国际储备的成本越高，差额越小，则持有国际储备的成本越低。

（二）国际储备的供给

国际储备的供给取决于国际储备的四个组成部分的增加或减少。其中，普通提款权和特别提款权对一个国家来说不能主动增减，因为它们与一国的份额相关，而份额又是以该国的经济实力为基础的。在其经济实力无明显变化或在基金组织未调整份额的情况下，该国的普通提款权和特别提款权就不会增减。因此，一国国际储备的供给主要取决于黄金储备和外汇储备的增减。

1. 黄金储备。一国黄金储备的增加，是通过黄金的国内外交易实现的。对于储备货币的发行国来说，通过用本国货币在国际黄金市场上购买黄金，可以增加其国际储备。但对于大多数非储备货币发行国来说，由于本国货币在国际支付中不被接受，要想在国际黄金市场上购买黄金，只能使用可自由兑换的货币（储备货币），这增加了黄金储备而减少了外汇储备，改变的只是国际储备的结构，并不能增加国际储备的总量。但是，从黄金的国内市场交易看，无论是储备货币发行国，还是非储备货币发行国，中央银行用本国货币在国内市场上收购黄金时，都能增加其黄金储备，从而增加国际储备。这种做法被称为黄金货币化，即将非货币用途的黄金转为货币用途的黄金。当然，通过黄金货币化的方法来增加国际储备，其作用是有限的，因为这受到黄金产量等条件的制约。

2. 外汇储备。外汇储备的增加有以下途径：（1）国际收支顺差是一国增加其外汇储备的根本。其中经常账户盈余是最可靠、最稳定的来源，而来自资本与金融账户的盈余则具有借入储备的性质，是不稳定的。（2）干预外汇市场所得的外汇。当一国货币当局在外汇市场上抛售本国货币，购买外汇时，这部分新增的外汇就列入外汇储备。（3）国际信贷。一国从国际上取得政府贷款或国际金融机构贷款，以及中央银行间的互惠信贷等均可充当国际储备。

（三）国际储备规模的适度标准

一个国家的国际储备既不能太多，也不能太少。如果一国的国际储备规模过低，不能满足其对外贸易及其他对外经济往来的需要，而且该国又不能及时地以可接受的成本从国外获取所需数额的资金，势必就会降低其贸易和对外经济交往的水平，轻者会引起国际支付危机，重者则可能导致国内经济失衡，甚至使本国货币承受巨大的贬值压力。过多的国际储备虽然具有较强的平衡国际收支能力和抑制外汇市场波动能力，但同样也会影响一国的经济发展。首先，国际储备是财富和购买力的代表，它可以用于生产活动，加速经济发展，所以获取和持有国际储备是有机会成本的。过多的国际储备是一种资源的浪费。其次，国际储备中的外汇储备面临汇率风险，持有的外汇储备越多，汇率风险越大。最后，国际储备尤其是外汇储备数额的多少，与本国货币的投放量有着密切的关系，外汇储备越大，意味着本币投放量越大，如果这部分外汇储备所代表的购买力没有实现，那么，它所对应的货币投放就缺乏必要的物质保证，因而会加大流通中的货币量，引起国内通货膨胀。因此，有必要确定国际储备的适度规模。

测算适度的国际储备规模有不同的途径或方法，其中，比例分析法简便易行，在实践中为许多国家所采用。比例分析法是采用国际储备与其他一些变量的比例水平和变化情况，来测算储备需求适度水平的方法。例如，一国的国际储备同该国国民生产总值之比，国际储备额同国际收支差额之比，国际储备额同外债总额之比，国际储备额相当于几个月的进口额等。在这一系列比例中，最为简便、使用最广的当数储备额/进口额比例分析法。这一比例分析法的突出代表人物为美国耶鲁大学教授罗伯特·特里芬。特里芬认为，一国的国际储备规模应与它的年进口贸易额保持一定的比例关系，该比例以40%为标准，低于30%就需要采取调节措施，而20%则为最低限度。目前，国际上一般认为应保持3~4个月的进口额作为该国的储备额。因为黄金及其他储备资产数量极其有限，故而当今也把这一比例视为外汇储备的参考标准。利用比例分析法衡量储备的适度规模简单易行，并且进口额与储备额二者之间确实存在一种稳定关系，许多国家均采用这种方法来测算储备的适度性。然而，比例分析法过于简单，还存在不少缺陷。影响国际储备规模的是一个包括许多变量的函数，进口只是影响国际储备众多因素中的一个，变量太少，不能全面反映影响储备的综合因素。确定适度的国际储备规模是很复杂的事，仅从某个因素来考虑是片面的，应该将上述各种因素综合起来考虑。比例分析法只能作为衡量储备需求水平的粗略指标，一国在确定适量国际储备时，还应全面考虑。

二、国际储备的结构管理

国际储备的结构管理是指确定国际储备各类资产的最佳分布格局，尤其是各种储备货币的构成。

（一）结构管理的原则

国际储备在本质上是随时用于对外支付的准备金，当一国国际收支出现不平衡时，用于弥补逆差。因此，国际储备的结构必须同时服从以下原则：

1. 流动性。流动性是国际储备结构管理的首要原则。国际储备必须保持高度的流动性，以备在需要时随时可以兑换，用于各种支付。

2. 安全性。安全性主要是要求国际储备的内在价值必须具有相当的稳定性，不能波动频繁，以致影响支付的质量。

3. 盈利性。盈利性要求国际储备的资产必须能够保值、增值。在国际储备的结构管理中，流动性是第一位的，安全性次之。只有在流动性和安全性得到充分保证的前提下，才考虑其投资的盈利性。

国际储备四个组成部分各自的流动性、安全性、盈利性不尽相同，它们之间的不同组合，即它们各自在国际储备额中所占的比例不同，会导致国际储备出现不同的流动性、安全性、盈利性。此外，不同国家在不同时期因不同的经济发展目标，对国际储备的流动性、安全性、盈利性要求也不尽相同。

国际储备结构管理的目的就是，针对不同形式储备资产的流动性、安全性和盈利性，扬长避短，不断调整四种储备资产的数量组合，实现结构上的最优化，使其发挥最大的效能。

一国国际储备的核心构成是外汇储备，因此，国际储备的结构管理就主要集中在外汇储备结构管理上。

（二）外汇储备的结构管理

外汇储备的结构管理包括外汇储备货币的币种管理和外汇储备资产的结构管理。

1. 外汇储备货币的币种管理。币种管理就是要确定并随时调整各种储备货币在外汇储备中所占的比例。储备货币从单一的美元转变为美元、欧元、英镑、日元等多种货币并存的局面。不同储备货币汇率变化的趋势和波动幅度的不同引起了储备货币的币种管理。

外汇储备币种选择时，应该考虑以下原则：（1）应尽可能与弥补赤字和干预市场所需的货币保持一致，确保储备的使用效率。（2）应尽可能与一国国际贸易结构和国际债务结构相匹配，从而在一定程度上避免兑换风险，节约交易成本。（3）尽可能选择币值坚挺的硬币作为储备币种，减少软币的储备量，为此，货币当局要做好对储备货币汇率变动趋势的预测工作。（4）充分考虑安全性、流动性和盈利性的原则，保持储备币种的多元化，分散风险，不要把鸡蛋放在同一个篮子里。目前，世界上大多数国家和地区采取的是储备货币多元化的策略，仍将美元作为外汇储备的主体。当前，尽管美元的地位有所削弱，但是，美元仍是国际货币体系的中心，是国际贸易和国际借贷中最主要的支付和结算货币，并且美国又是活跃的国际投资中心，美国的货币市场和资本市场最为发达，特别是美国政府每年发行大量的政府债券，为其他国家外汇储备的投资提供了便利和条件。因此，美元仍是多数国家最主要的储备货币。

2. 外汇储备资产的结构管理。外汇储备的资产结构，是指外币现金、外币存款、外币短期有价证券和外币长期有价证券等资产在外汇储备中的组合比例。为了使外汇储备的运用兼顾流动性、安全性和盈利性的要求，一般根据变现能力的不同，将外汇储备资产分级进行管理，并确定各级的合理比例。

一级储备，包括现金和准现金，如活期存款、短期国库券、商业票据等。这类外汇储备的流动性最高，盈利性最低，几乎没有风险。它主要用于一国经常性或临时性对外

支付。二级储备，主要指中期债券，这类储备的盈利性高于一级储备，但流动性较一级储备差，风险也较大。二级储备的管理以盈利性为主，兼顾适度的流动性和风险性。它主要作为补充的流动性资产，以应付临时、突发性等对外支付。三级储备，是指各种长期投资工具。这类储备的盈利性最高，但流动性最差，风险也最大。

从国际储备的职能出发，为了应付对外支付和市场干预，货币当局必须持有足够的一级储备，对于偶发性因素还必须持有一定数量的二级储备以备急用，剩余的部分才考虑做长期投资。

任务三 了解我国外汇储备状况

一、我国外汇储备现状

外汇储备是我国国际储备构成中占比重绝对大的部分，我国国际储备管理的重点就是对我国外汇储备的管理，管理好我国的外汇储备也就意味着管理好了我国的国际储备。因此我们把我国国际储备聚焦在外汇储备上。

我国的外汇储备

中国外汇储备规模自 2001 年以来持续增长，是我国国际收支连续多年顺差的结果。自 2006 年 2 月起，我国外汇储备规模首次超过日本，成为外汇储备第一大国，一直持续至今。2015 年、2016 年我国外汇储备余额出现了较大幅度的下降，但我国的外汇储备规模仍居全球首位。2015 年、2016 年外汇储备的下降，反映了我国对外资产持有主体的结构变化，从"藏汇于国"向"藏汇于民"的转变。同时，也反映了官方外汇市场操作、储备资产价格变动和储备的多元化运用等因素。

2017 年，我国交易形成的储备资产（剔除汇率、价格等非交易价值变动影响）增加 915 亿美元。其中，交易形成的外汇储备增加 930 亿美元（见图 2-3）。截至 2017 年末，我国外汇储备余额 31 399 亿美元，较 2016 年末余额上升 1 294 亿美元。近年来我国外汇储备余额见图 2-4。

数据来源：国家外汇管理局。

图2-3 我国外汇储备资产变动额

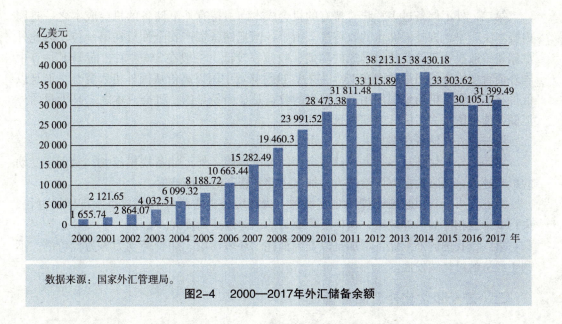

数据来源：国家外汇管理局。

图2-4　2000—2017年外汇储备余额

二、巨额外汇储备带来的影响

充裕的外汇储备对我国有诸多积极影响。

第一，外汇储备多有利于调节国际收支平衡。当一国国际收支出现顺差时，外汇储备规模增加。当一国出现国际收支逆差时，可以动用外汇储备来进行弥补，用于临时性的调节，为后续长期调节国际收支失衡的政策制定提供一个缓冲期。

第二，充裕的外汇储备有利于货币当局维持本币汇率稳定。货币当局动用外汇储备，在外汇市场上进行外汇买卖来干预汇率水平是维持本币汇率稳定的重要手段。当本币升值时，央行要抑制本币过快升值，可以在外汇市场上进行买外币、抛本币的操作，这会导致外汇储备规模的增加；反之，央行要抑制本币贬值，则可动用外汇储备在外汇市场上进行买本币、卖外币的操作，央行干预的前提是本国要有充裕的外汇储备。1997年亚洲金融危机爆发时，以泰国为代表的亚洲各国就是由于外汇储备不足而不得不放弃对本国汇率水平的干预，最终本币汇率大跌，导致该国金融市场的巨大波动及经济发展的巨大损失。

第三，充裕的外汇储备是维持本国国际信誉的重要保证。充足的外汇储备存量是维持本国正常开展对外经济往来，以及保证本国货币汇率稳定的物质基础。拥有雄厚的储备，将增强国外贸易商和投资商与本国开展经济往来的信心，有利于吸收利用国外投资，有利于对外支付，有利于定期偿还债务，同时还可以提高该国的国际信誉。外汇储备存量的变化也是国际有关资信评估机构确定一国信用等级的重要指标。

但同时，外汇储备过多带来的弊端也越来越突出。

第一，过多外汇储备会引发通货膨胀。外汇储备的增加意味着央行因外汇占款导致的基础货币投放增加，会导致货币供应量增加，引发通货膨胀。

第二，外汇储备过多意味着持有的机会成本高。持有外汇储备的机会成本之一是国内资本生产率减去外汇储备的收益率。由于各国把储备资产安全性放在第一位，因此外汇储备一般投资于储备货币国家的国债，收益率较低，一般在3%左右，而IMF估算中国外商直接投资的回报率则在13%左右，这意味着中国以高价从国外借入资金，而且以低价将国内资金借给他国使用，其损失的收益是显而易见的。机会成本之二是大量的外汇储备使中国失去了国际组织低息贷款的机会。

第三，外汇储备过多加大了人民币升值压力。

第四，外汇储备过多加大了储备资产的汇率风险。外汇储备规模越大，受汇率变动的影响越大，面临的汇率风险越大，加大了储备资产的管理难度。

第五，央行货币政策调控的难度增加。为减缓外汇占款导致的货币发行增加过快，央行要采取相应的对冲政策，这使货币政策的稳健性受到挑战。

第六，我国的外汇储备增加是以资源消耗、环境污染、廉价劳动力等为代价的，不利于经济的可持续发展。

三、进一步优化外汇储备管理

优化我国外汇储备的管理有以下几种思路：

1. 针对外汇储备现有存量进行多元化管理，包括币种多元化和资产形式多元化。从资产机构管理来看，可以适当减持美债，增加股票、资源、黄金等资产形式。

2. 扩大人民币兑美元日均波幅，减少央行干预。目前，央行对人民币汇率的干预，避免人民币升值幅度过大，在外汇市场上抛本币、买入外汇的做法是我国外汇储备增加的重要来源之一。如果能够进一步增加人民币汇率弹性，扩大人民币兑美元日均波幅，则能够减少央行干预，控制该渠道外汇储备的进一步增加。

3. 加强金融监管，防止热钱流入。热钱流入也是我国外汇储备增加的又一途径，而热钱由于流动性和投机性强，对金融市场和实体经济的破坏性很大，因此加强金融监管、防止热钱流入，既可以从该渠道控制外汇储备的增加，对于稳定金融运行秩序也大有好处。

4. 转变经济增长方式，减少国际收支双顺差。我国巨额外汇储备形成的最重要原因是我国长期以来的国际收支双顺差，要从根本上改变外汇储备的增加，就要转变经济增长方式，控制和减少国际收支双顺差。比如，针对我国在出口产品时要体现制造成本（如对环境资源的破坏等成本均应计算进制造成本），降低贸易顺差；取消吸引外商直接投资的优惠政策，以平等政策对待内外资企业；鼓励我国企业"走出去"进行海外投资，提高外汇储备的使用效率，增加收益率。

5. 变"藏汇于国"为"藏汇于民"。减少居民和企业在用汇时的额度限制和审批流程等，更多地让居民和企业分享外汇储备多带来的用汇便利。变"藏汇于国"为"藏汇于民"既有利于让国民分享到改革开放外汇储备增加带来的红利，也有利于货币当局分散持有外汇储备的风险。

6. 加快人民币国际化进程。当前外汇储备的几个主要币种均存在贬值趋势，这给外汇储备持有国带来了巨大的汇率风险，并且外汇储备规模越大，汇率变动可能带来的外汇储备损失就越大。在现有国际货币体系存在弊端的状况下，对外汇储备进行币种结构的管理也只能是一种权宜之计。要从根本上改变我国持有外汇储备贬值风险大的被动状况，只有加快人民币国际化进程，尽早实现人民币的国际化，才是有效管理外汇储备的治本之计。当人民币成为国际货币后，在国际支付结算中可以用人民币来计价结算、用人民币来进行投融资，我国则将不再需要持有大量的外汇储备。

资料来源：根据《2016 年中国国际收支报告》《2017 年中国国际收支报告》整理。

 [延伸阅读]　全球外汇储备最多的国家和地区

据国际货币基金组织 2018 年第一季度数据，中国的外汇储备量近 3.2 万亿美元，稳居榜首，远远超过其他国家和地区，占全球外汇储备的 40%。其次是日本，外汇储备量为 1.2 万亿美元。中国香港地区以 4 375 亿美元，位居第五。

从地区分布来看，亚洲成为外汇储备最多的地区。在全球外汇储备最多的国家和地区（TOP10）名单中，亚洲国家和地区占据 7 席。瑞士以 7 857 亿美元排在第三位，也是 TOP10 榜单中唯一的欧洲国家（见图 2–5）。

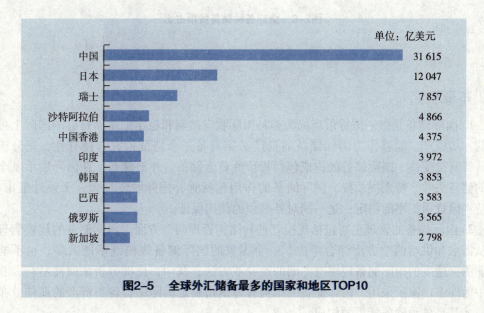

图2-5　全球外汇储备最多的国家和地区TOP10

美国和欧洲等主要经济体明显缺席该榜单，主要是因为美元和欧元是国际交易中最常用的货币，因此这些国家不需要拥有太多的储备。有趣的是，作为储备货币，日元已经广为接受，但该国在外汇储备方面仍位居第二，部分原因在于日本是出口强国，每年向国外出口达 6 050 亿美元。

从外汇储备的币种来看，据各国央行在 2017 年第三季度报告中的数据，美元占据 63.5%，垄断地位不可动摇，其次是欧元（20.0%）。同时，人民币已经占到储备货币的 1.1%。

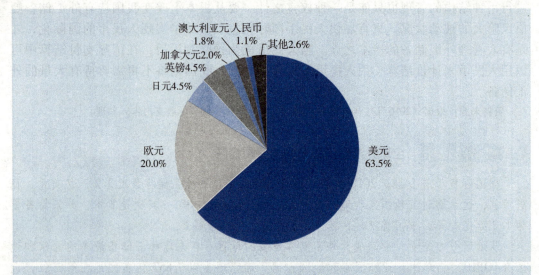

资料来源：李鑫.全球外汇储备最多的国家和地区［EB/OL］.［2018-06-02］.http://baijiahao.baidu.com/s?id=1602060883620834767&wfr=spider&for=pc.

图2-6　全球各种储备货币占比

本章小结

1. 国际储备是指一国货币当局为弥补国际收支差额和稳定汇率而持有的国际上可接受的一切资产。能够作为国际储备的资产必须具备三个特征：官方持有性、充分流动性、普遍接受性。国际储备的构成包括货币性黄金储备、外汇储备、在国际货币基金组织的储备头寸、特别提款权。国际储备的作用包括弥补国际收支逆差；干预外汇市场，维持本国货币汇率的稳定；是一国对外举债的信用保证。

2. 国际储备的管理主要包括规模管理和结构管理两个方面。国际储备的规模管理应该从需求和供给两个方面综合考虑。一个国家的国际储备规模既不能太多，也不能太少。测算适度的国际储备规模有不同的途径或方法，其中，比例分析法简便易行，在实践中为许多国家所采用。国际储备的结构管理是指确定国际储备各类资产的最佳分布格局，尤其是各种储备货币的构成。

国际储备的结构必须同时服从流动性、安全性、盈利性原则。国际储备结构管理的目的是：针对不同形式储备资产的流动性、安全性和盈利性，扬长避短，不断调整四种储备资产的数量组合，实现结构上的最优化，使其发挥最大的效能。

3. 外汇储备是我国国际储备构成中占比重绝对大的部分，我国国际储备管理的重点就是对我国外汇储备的管理。自2006年2月起，我国外汇储备规模首次超过日本，成为外汇储备第一大国，一直持续至今。截至2017年末，我国外汇储备余额为31 399亿美元。充裕的外汇储备对我国有诸多积极影响，但外汇储备过多带来的弊端也越来越突出，因此有必要从多渠道进一步优化我国外汇储备的管理。

 同步练习

一、单选题

1. 在我国国际储备构成中，占比最大的是（　　）。

A. 货币性黄金　　　　　　　　　　B. 外汇储备

C. 在 IMF 的储备头寸　　　　　　　D. 特别提款权

2. 下列不属于 SDR 定值货币的是（　　）。

A. 美元　　　　　　B. 欧元　　　　　　C. 人民币　　　　　　D. 加拿大元

3. 根据比例分析法，适度的国际储备规模是一国的国际储备规模与进口贸易额之比应为（　　）。

A. 20%　　　　　　B. 30%　　　　　　C. 40%　　　　　　D. 50%

4. 截至 2017 年末，我国外汇储备余额大约为（　　）。

A. 2 万亿美元　　　　B. 3 万亿美元　　　　C. 4 万亿美元　　　　D. 5 万亿美元

5. 下列哪种途径不能增加一国的外汇储备（　　）。

A. 国际收支顺差　　　　　　　　　　B. 在外汇市场抛本币买外汇

C. 国际信贷　　　　　　　　　　　　D. 在外汇市场抛外币买本币

二、多选题

1. 作为国际储备的资产必须具备三个特征（　　）。

A. 官方持有性　　　B. 充分流动性　　　C. 普遍接受性　　　D. 盈利性

E. 安全性

2. 国际储备的构成主要包括（　　）。

A. 货币性黄金　　　　　　　　　　B. 外汇储备

C. 在 IMF 的储备头寸　　　　　　　D. 特别提款权

E. 国际债券

3. 下列属于特别提款权特点的是（　　）。

A. 不具有内在价值　　　　　　　　B. 是 IMF 创造的一种账面资产

C. 由 IMF 无偿分配给各成员国　　　D. 成员国无条件使用，无须偿还

E. 只能在 IMF 及各国政府之间发挥作用

4. 国际储备结构管理应遵守的原则是（　　）。

A. 流动性　　　　　　B. 安全性　　　　　　C. 盈利性　　　　　　D. 多样性

E. 风险性

5. 下列哪些因素会影响对国际储备的需求（　　）。

A. 国际收支状况　　　　　　　　　　B. 其他国际收支调节措施的有效性

C. 汇率制度　　　　　　　　　　　　D. 一国在金融市场的融资能力

E. 一国货币的国际地位

三、简答题

1. 简述国际储备的构成及作用。

2. 简述影响国际储备需求的因素。

3. 简述影响国际储备供给的因素。

4. 简述国际储备结构管理的原则。

5. 简述外汇储备管理的原则。

6. 简述巨额外汇储备带来的利弊。

7. 简述优化我国外汇储备管理的措施。

3 项目三　国际货币体系

　　小王看到新闻中的数据，中国持有美债1.113万亿美元，是美债全球最大单一持有国。他心想，美国能够向全世界举债筹钱，这主要是因为美元是当前国际货币体系的核心，这对其他国家来说是不公平的。如何能够建立更加公平的国际货币体系，人民币是不是也能够成为一种国际化货币与美元竞争？

学习目标

◎ 了解国际货币体系的发展及演变历程；
◎ 掌握国际金本体制的类型、特点及评价；
◎ 掌握布雷顿森林体系的主要内容、演变及评价；
◎ 掌握牙买加体系的主要内容、特点及评价；
◎ 了解欧洲货币一体化的过程及欧元常识；
◎ 能对人民币国际化问题有所了解并进行分析。

关 键 词

国际货币体系　国际金本位制　布雷顿森林体系　特里芬难题　牙买加体系
欧洲货币一体化　欧元区　人民币国际化

课程导入

美元的世界地位

人们经常开玩笑说，中国拥有美国，因为中国持有大量的美国债券。2017年，美国发行国债募集的资金中有超过1 200亿美元来自中国，2017年中国总共赚到的外汇是915亿美元，也就是说有超过130%借给了美国。我们再来看一个数据，2017年美国人年平均收入为5.8万美元左右，而中国人年平均收入为8 800美元左右，这就不禁让人产生疑问，为什么中国人会把钱借给比自己更富有的美国人呢？

这就是美元，它们由美联储发行，在美国雕版、印制，但是它们的使用范围却远远超出了国家的概念。在我们生活的星球上，大部分商品都可以用美元来计价，在当今的全球贸易中，超过40%在用美元结算。美国发行的美元，接近一半不在本国，而在海外国家，今天世界上仍有10多个国家没有发行本国货币，而是直接以美元作为货币，足见美元的强大，因此外国央行和政府都将美元作为一种避险工具，愿意为美国提供贷款，将美元作为自己的储备货币。

在今天，世界上有160多种货币，当很多国家都想持有一种货币的时候，这种货币就趋向于国际化，比如英镑和美元。1915年之前，英镑是全球统一的结算货币，但是1915年之后，美元取代英镑成为全球新的统一结算货币。通过本项目的学习，让我们来了解一个国家货币走向世界的背后故事。

💡 启发：什么是国际货币体系？其发展和演变经历了哪几个阶段？每个阶段的主要内容和特点是什么？国际货币体系的作用是什么？当前国际货币体系存在哪些弊端？同学们在学完本项目后应当能对上述问题有所掌握，并能够分析当前国际货币体系存在的问题及人民币国际化问题。

任务一　了解国际货币体系概况

一、国际货币体系的内涵

国际货币体系又称国际货币制度，是指各国政府共同遵守的为有效进行国际间各种经济交易支付而确立的一系列规则和制度安排。

国际货币体系是伴随着国际商品交易的发展而产生和发展起来的。在国际商品交易的发展过程中，需要有一种能够被各国普遍接受的国际货币单位，需要在各国货币之间建立确定的兑换关系，需要由某种方式调节国际间贸易收支和资本流动的不平衡，故而产生了国际货币体系。国际货币体系主要包括以下几方面内容：

1. 确定关键货币。关键货币是在国际货币体系中充当基础性价值换算工具的货币。各国使用的货币不同，只有确定了关键货币，才能确定各国货币之间的兑换比率、汇率的调整及国际储备构成等。在国际货币体系发展的不同历史阶段，黄金、英镑都曾充当过关键货币的角色。目前，美元在当今世界上使用最广泛、在外汇储备中占比最大、是最重要的国际货币，故各国一般把美元作为关键货币。但非洲一些国家由于历史原因把英镑作为关键货币。

2. 确定各国货币的兑换关系。即一国货币与其他货币之间的汇率应按何种规则确定与维持，并保持汇率稳定，有效防止各国货币间汇率的竞争性贬值。

3. 确定国际收支的调节方式。即确定一种有效的国际收支调节机制，通过该机制的运作能够使各国公平、合理地承担国际收支失衡的调节责任，并使调节所付出的代价最小。确定国际收支调节机制能够帮助国际收支不平衡的国家进行调节，促进各国经济平衡发展和世界经济稳定。

4. 确定国际储备资产。即一国政府应用什么货币来保有自己的贸易盈余和债权，以在保证国际支付和满足国际清偿力的同时维持人们对储备货币的信心。

二、国际货币体系的作用

1. 提供相对稳定的汇率机制，促进国际贸易与国际投资的发展。各国在汇率安排上要受制于国际规则和惯例，以确保汇率相对稳定，从而有利于国际贸易与国际投资的开展。

2. 消除外汇管制所造成的价格扭曲影响，促进商品、资本等生产要素的跨国界自由流动。生产要素的跨国界自由流动对于有限的经济资源在全世界范围内做更具效率的配置和利用是绝对必要的，它能提高各国的社会福利水平。

3. 为国际收支失衡提供有效的调节手段。世界各国都经常会为国际收支的不平衡进行调节，而国际收支的不平衡是由国内、国际等综合因素共同造成的，有时国外因素起着主导作用，仅靠本国进行调整无济于事，这时国际货币体系的协调机构就会安排有效的途径来尽量消除各国之间国际收支的不平衡，以维护汇率机制。

4. 促进各国经济政策的协调。国际货币体系的共同准则，无疑给各国的对外经济活动设了一道安全防线，不允许国际收支持续失衡，不允许汇率波动大起大落，实际上就是要求各国国内的经济政策要服从共同的规则，一切造成国内供求严重失调从而导致外部经济失调，并且不利于其他多数国家的宏观经济政策，都会受到货币体系中其他成员国的强烈指责和巨大压力，促使各国更多地在国内外经济政策上相互谅解和协调。

三、国际货币体系的发展阶段

国际货币体系的发展经历了国际金本位制、布雷顿森林体系和牙买加体系三个阶段。

第一阶段是国际金本位制时期。1880 年前后，当主要国家的国内货币制度都采用金本位制时，国际间即自发形成了国际金本位制度。1914 年第一次世界大战爆发，导致了国际金本位制的中断。第一次世界大战结束后自 1925 年起，世界各国试图恢复国际金本位制，相继使用金块本位制和金汇兑本位制。然而 1929 年爆发的空前严重的世界经济危机使勉强恢复的名义上的金本位制彻底崩溃。

第二阶段是布雷顿森林体系时期。第二次世界大战结束后，1944 年在美国召开了布雷顿森林会议，在国际货币合作的基础上建立了布雷顿森林体系。布雷顿森林体系的核心是确立了美元作为主要的国际储备货币，实行"美元—黄金"本位制，即美元与黄金挂钩、其他国家货币与美元挂钩的"双挂钩"体系。1973 年布雷顿森林体系崩溃结束。

国际货币体系演变

第三阶段是牙买加体系时期。1976 年国际货币基金组织订立《牙买加协议》，从此国际货币体系进入了多元国际储备和浮动汇率的时期，即"牙买加体系"，一直持续至今。

 [案例阅读] **国际货币体系改革新起点**

就像是献给国庆节的一份大礼，人民币在 2016 年 10 月 1 日这一天正式加入国际货币基金组织的特别提款权（SDR）货币篮子。人民币的"入篮"使 SDR 篮子里首次出现了来自发展中国家的货币，而且还占据了 10.92% 的权重，仅次于美元的 41.73% 和欧元的 30.93%，超越了日元的 8.33% 和英镑的 8.09%。这显然是一个划时代的事件，也是中国融入国际金融体系的重要里程碑。

人民币"入篮"正代表了国际社会对中国在全球经济发展中的引领作用的认可，也说明了世界经济格局中中国地位的现实变化。"入篮"意味着人民币正式成为国际官方储备货币之一，人民币国际化将具备更多有利条件。但是这并不代表人民币国际化目标已经实现。"入篮"对于人民币国际化来说，意味着一个新的起点。人民币"入篮"之后，如何在国际货币体系中扩大 SDR 的使用范围，使 SDR 更多地应用到国际贸易往来和金融交易中，令其具备更多的类货币职能，从而加强人民币在国际货币体系中的作用，才是我们在人民币"入篮"之后更应关注的问题。

人民币"入篮",反映了国际金融体系正向更加合理、均衡和公平的方向发展,推动国际货币体系进一步完善。然而,国际金融治理体系的完善,必将经历复杂的博弈。人民币国际化的最终实现,需要国际社会对中国的经济、金融、法治等都有信心。这是对中国国力的综合考验,将会经历一个漫长的过程。

正如习近平主席所指出的那样,随着时代发展,现行全球治理体系不适应的地方越来越多,国际社会对变革全球治理体系的呼声越来越高。全球治理格局取决于国际力量对比,全球治理体系变革源于国际力量对比变化。我们要坚持以经济发展为中心,集中力量办好自己的事情,不断增强我们在国际上说话办事的实力。

人民币加入 SDR 货币篮子,对于中国推动的全球治理改革来说,是一个重要的开端。我们期待中国以人民币"入篮"为契机,进一步释放改革红利,为完善全球经济治理作出积极贡献。

资料来源:浙江日报. 国际货币体系改革新起点 [EB/OL]. [2016-10-01]. http://315.zjol. com. cn/ system/2016/10/01/021317905. shtml.

任务二 掌握国际金本位制概况

一、国际金本位制的形成

国际金本位制是最早出现的国际货币体系,是指以一定成色与重量的黄金作为本位货币的货币制度,黄金是货币制度的基础。

17 世纪至 19 世纪中叶,世界上大多数国家都采用银本位制或金银复本位制。随着世界经济的发展,金银复本位制出现危机,表现为金银固定比价难以维持。而另一方面,国际贸易的发展对国际货币提出了更高的要求,最终导致国际金本位制的建立。

国际金本位制

英国于 1816 年制定《金本位制度法案》,采用金本位制,是世界上第一个实行金本位制的国家。其后,各国鉴于英国金本位制的成功以及客观经济发展的需要,纷纷效仿,推行金本位制。各国实行金本位制度的年份如表 3-1 所示。

表 3-1　　　　　　　　　　各国实行金本位制度的年份

国别	年份	国别	年份	国别	年份
英国	1816	比利时	1874	俄国	1898
德国	1817	瑞士	1874	荷兰	1875
瑞典	1873	意大利	1874	乌拉圭	1876
挪威	1873	美国	1879	巴拿马	1904
丹麦	1873	日本	1897	墨西哥	1905

需要注意的是,金本位制和国际金本位制是两个不同的概念。虽然英国在 1816 年就实行了金本位制,但是只在一个国家实行的货币制度尚不能称为国际货币制度。只有在世界上主要国家,如法国、瑞士、美国和德国等都实行金本位制后,才可称为形成了国

际金本位制。因此，一般把 1880 年作为国际金本位制形成和开始的年份。

二、国际金本位制的类型

依据货币与黄金的联系标准，金本位制可分为金币本位制、金块本位制和金汇兑本位制，而且这三种类型就是国际金本位制的发展过程。

（一）金币本位制

金币本位制是以黄金作为本位货币的货币制度，是典型的金本位制度。其主要内容和特点是：法定货币含金量，即流通中的货币都含有一定重量、一定成色的黄金，各国货币按其所含黄金量来确定彼此间的比价；金币可以自由铸造、自由兑换，黄金可以自由输出、输入；各国的货币储备是黄金，国际间的结算也使用黄金。上述特点保证了在金币本位制下金币面值与它所含黄金的实际价值相一致；金币的数量自发地满足流通的需要，使货币供求的自发调节成为可能；金币本位制下汇率具有自动调节机制，汇率的波动限制在黄金输送点之间。因此，金币本位制是一种稳定的货币制度。

第一次世界大战前夕，西方各国为了准备战争，加紧对黄金的掠夺，使许多国家金币自由铸造与自由兑换受到了严重的削弱，黄金输出、输入受到了严格限制。金本位制赖以存在的基础遭到严重破坏，典型的金本位制开始瓦解。战争爆发后，参战各国由于军费开支猛增而大量发行纸币或银行券；同时又由于遭受经济危机，商品输出减少，资本外逃严重，黄金短缺，各国纷纷停止金币铸造和兑换，禁止黄金输出。这从根本上动摇了金币本位制赖以生存的必要条件，导致金币本位制的崩溃。

（二）金块本位制

第一次世界大战后，国际金本位制的重建问题受到各国重视。但是，在战争结束后的相对稳定时期，各国也未能恢复到传统的金币本位制，而是实行残缺不全的金本位制，即金块本位制和金汇兑本位制。

为了重建世界经济与货币秩序，1922 年在意大利热那亚召开世界货币会议，商讨相关事宜，决定实行"节约黄金"的原则，除美国仍实行原来的金本位制度外，英法实行金块本位制，其他国家多实行金汇兑本位制。无论金块本位制或金汇兑本位制，都是削弱了的金本位制，很不稳定。

金块本位制又称生金本位制，主要存在于 1924—1928 年，是把黄金作为准备金，以有法定含金量的价值符号作为流通手段的一种货币制度。金块本位制的基本内容与特征如下：（1）黄金仍为本位币，但不在国内流通，黄金集中于政府手中充当准备金；（2）国内只流通代表法定含金量的银行券，银行券具有无限法偿能力；（3）金币不能自由铸造；银行券只能在政府规定的数额以上和用途之内兑换黄金。例如，英国曾规定银行券数额在 1 700 英镑以上才可兑换黄金，法国也曾规定银行券数额至少达到 215 000 法国法郎才能兑换黄金，因此有人也将这种货币制度称为"富人本位制"。

金块本位制的实行大大减少了黄金的使用，节约了货币的流通费用。但是金块本位制的维持必须以国际收支平衡或拥有大量的黄金以供对外支付为条件。当出现国际收支严重逆差或者资金外流严重、黄金存储不足支付等情况时，金块本位制就难以维持。

（三）金汇兑本位制

金汇兑本位制又称虚金本位制，它是以存放金块或金币本位制的国家的外汇资产作为准备金，以有法定含金量的纸币作为流通手段的一种货币制度。其主要内容和特点包括：（1）国家不铸造，也不允许公民自由铸造金币；（2）国内不流通金币，只流通银行券且银行券享有无限法偿能力；（3）本国货币与另一个实行金币或金块本位制的国家挂钩，实行固定汇率，并在该国存放外汇和黄金作为储备金；（4）银行券在国内不能兑换金币或金块，只能兑换外汇，以外汇在国外兑换黄金，其本质是一种附庸货币制度。

第一次世界大战以前，采用这种货币制度的主要是那些从属于经济实力较强国家的殖民地和半殖民地国家；第一次世界大战以后，包括德国、意大利等在内的30多个国家实行了这种货币制度。

金块本位制和金汇兑本位制都是残缺不全的金本位制，稳定性远逊于金币本位制，表现在：（1）国内没有金币流通，黄金难以发挥自发调节货币流通的作用；（2）银行券不能自由兑换黄金，导致银行券过量发行成为可能和必然，进而导致国际货币关系混乱；（3）实行金汇兑制的国家将本国货币依附于他国货币，一旦其所依附的国家经济发生动荡，必将殃及本国货币乃至经济；（4）如果实行金汇兑本位制的国家大量提取外汇储备兑换黄金，也将威胁到实行金块本位制国家的货币稳定。

金块本位制和金汇兑本位制也没有持续多久，1929—1933年爆发的空前严重的世界经济危机使西方各国经济陷入了萧条，禁止黄金输出，并向英格兰银行挤兑黄金，英国政府被迫于1931年9月宣布放弃金本位制，停止黄金的支付和兑换。在经济危机影响下，美国黄金流失惨重，1933年不得不放弃金本位制。其他西方国家也相继放弃金本位制。至此，国际金本位制度彻底崩溃。

货币：国际金
本位制演变

资料来源：节选自中央
电视台纪录片《货币》。

三、国际金本位制的特点

1. 黄金充当国际货币和储备资产。由于金本位制是以黄金作为本位货币的货币制度，因而国际金本位制初期，各国金币可以自由兑换，在国际间大量流通，成为各国最重要的储备资产，国际贸易中采用的主要流通手段和支付手段也是黄金。随着国际贸易的不断发展，由于黄金的开采量受自然条件的限制，加上私人窖藏、工艺和艺术用途的黄金需求不断增长，黄金日渐难以满足世界贸易和国际投资的扩大对国际储备的需要，金币的流通受到大量的限制。而英国在当时的世界工业和金融业中处于统治地位，英镑及其银行券可以完全自由兑换黄金，这使英镑成为国际间最广泛使用的货币，故在国际金本位制的中后期，英镑和黄金共同充当国际储备资产。

[知识链接3-1] 英镑金本位制体系

在第一次世界大战以前，国际货币体系名义上要求黄金充当国际货币，用于国际贸易清偿及资本输出入。实际上，由于黄金运输不便，风险大，而且黄金储备不能生息，还要支付保管费用，人们通常以英镑来代替黄金，英镑依靠英国"日不落帝国"及"世界加工厂"的至尊地位而充当国际货币，国际贸易的80%～90%用英镑计价和支付，绝大多数国家的外汇储备是英镑而非黄金，伦敦国际金融中心为各国提供资金融通。国际金融体系演变为英镑雄踞塔尖的金字塔式体系，英镑支配着整个体系，英国为逆差国提供长期信贷，并充当其他国家的最后贷款人，其他国家可用英镑向英格兰银行自由兑换黄金，所以西方经济学家把第一次世界大战前的国际金本位体系称为英镑金本位体系。

2. 金本位制是严格的固定汇率制。在典型的金本位制度下，两种货币的含金量之比决定了两种货币之间的汇率，并且汇率波动不会超过黄金输送点之界。事实上，英国、美国、法国、德国等国家货币的汇率在1880—1914年一直没有变动过，从来未发生过贬值或升值，所以金本位制是严格的固定汇率制。

3. 国际收支具有自动调节的机制。英国哲学家大卫·休谟（D. Hume）于1752年提出了"价格—铸币流动机制"，他指出在金本位制下，由于本国货币可以随时兑换黄金，黄金也可以自由进出国境，而中央银行或者其他货币机构发行钞票的数量取决于该国的黄金储备，因此国际收支具有自动调节的机制。即在国际金本位制度下，一国国际收支出现赤字，意味着该国黄金净输出。黄金的外流导致国内黄金存量下降，货币供给减少，从而引起国内物价水平下跌。物价水平下跌以后，本国商品在国外市场上的竞争能力就会提高，外国商品在本国市场上的竞争能力就会下降，于是出口增加，进口减少，国际收支赤字将减缓甚至恢复均衡。反之，当国际收支出现盈余，会形成黄金内流，国内黄金存量上升，货币供给增加，物价水平上涨。物价上涨将减少出口，增加进口，从而使盈余趋于消失。

4. 体系松散、无组织。该体系没有一个常设机构来规范和协调各国的行为，也没有各国货币会议宣告成立金本位体系，只是在各国通行金本位制、遵守金本位的原则和惯例后，自发形成的一个国际货币体系。

四、国际金本位制的评价

国际金本位制的运行对于推动当时各国经济和世界经济的繁荣与发展起到了重要的促进作用。但与此同时，金本位制的弊端也十分明显，其本身所固有的局限性决定了它最终无法适应世界经济的发展，注定要被新的货币制度所取代。

（一）积极作用

1. 汇率固定，有利于商品流通和世界经济发展。在典型的金本位制度下，各国货币的实际汇率围绕着含金量之比，在黄金输送点的界限内上下波动，幅度较小，汇率十分稳定。这种固定的汇率制度可以保障对外贸易和对外信贷的安全，为国际贸易和资本流动的发展创造有利条件。

2. 国际收支具有自动调节机制，促进了各国经济之间的协调。在金本位制度下，各国的国际收支是自发进行调节的。只要各国遵循金本位制度下的货币流通规则，一国的国际收支就可以通过黄金的流动和物价的变动而引起本国进出口的变化，从而自动达到平衡。所以，在金本位制度下，任何国家的国际收支都不会出现持续的巨额顺差或逆差，一国的国际收支状况较容易实现平衡，促进了各国经济之间的协调。

（二）局限性

1. 国际金本位制运行的前提条件难以维持。国际金本位制下的币值稳定、汇率固定以及国际收支自动调节机制要受到多种因素制约，是以各国政府自觉遵守金本位制运行的规则为前提条件的。但由于国际金本位制是自发形成的松散的国际货币体系，缺乏一个权威的国际机构监督各国金本位制的执行情况，导致金本位制的国际收支自动调节机制受政府意志左右而无法正常发挥作用。如果各国政府从本国内部经济均衡出发违反游戏规则的话，国际金本位制就难以正常运行了。在国际金本位制的后期，各国违反游戏规则的情况就时有发生。

2. 黄金产量不能满足世界经济发展的需要。在国际金本位制度下，本位货币是黄金，国际金本位制的维持有赖于世界黄金产量的增长。当世界黄金产量的增长满足不了世界经济增长的需要时，国际金本位制就会变得很脆弱，难以经受各种冲击。

任务三　掌握布雷顿森林体系概况

一、布雷顿森林体系的形成

两次世界大战以后，国际经济的格局发生了巨大变化。英国、法国等老牌强国经济严重削弱，德国、意大利、日本也遭到毁灭性打击，而美国远离战场并发了战争财，一跃成为世界第一大国。第二次世界大战结束时，美国工业生产总值和贸易量均占全世界总量的一半以上，成为世界经济头号强国。

国际金本位制崩溃后，国际金融秩序出现混乱，国际经济贸易发展严重受阻，各国开始讨论如何重建新的国际货币体系。第二次世界大战虽然极大地削弱了英国经济，但在国际贸易中，仍有40%的交易用英镑进行结算，英国在世界经济中的实力仍不可低估。因此，在考虑建立新的国际货币体系时，英国和美国从本国利益出发，展开了激烈的争论，分别提出了有利于自己国家的国际货币体系重建方案，即凯恩斯计划（英国）和怀特计划（美国）。1944年4月，在国际货币计划的双边谈判中，由于美国在政治和经济上的实力远

布雷顿森林体系

超过英国，英国被迫放弃自己的计划，接受了美国的方案。1944年7月，在美国新罕布什尔州的布雷顿森林召开了由44国参加的同盟国家国际货币金融会议，会上通过了以美国怀特计划为基础的《国际货币基金协定》和《国际复兴开发银行协定》，总称《布雷顿森林协定》。在这次会议上产生的国际货币体系也因此被称为布雷顿森林体系。

二、布雷顿森林体系的主要内容

布雷顿森林体系包括本位制度、汇率制度、储备制度、国际收支调节制度，以及相应的组织形式五个方面的内容：

1. 本位制度。布雷顿森林体系规定美元与黄金挂钩，保持固定的兑换比率，1盎司黄金兑换35美元。同时，美国承担向各国政府或中央银行按官价兑换美元的义务。为了维护这一官价，即让黄金官价不受国际金融市场金价的冲击，各国政府需要协助美国政府共同干预市场的金价。

2. 汇率制度。布雷顿森林体系规定国际货币基金组织的成员国货币与美元挂钩，即可调整的钉住汇率制。各国货币与美元的汇率按照各自货币的法定含金量与美国美元含金量的比值确定，汇率波动幅度限制在平价的±1%范围内。在布雷顿森林体系下，各

国货币要先兑换成美元，然后才能兑换黄金。因此，布雷顿森林体系也被称为"双挂钩"的国际货币制度。

3. 储备制度。布雷顿森林体系通过"双挂钩"机制，确定黄金和美元同为主要国际储备资产的储备体制。

4. 国际收支调节机制。布雷顿森林体系规定成员国对国际收支经常项目的外汇交易不得加以限制，不得采取歧视性货币措施，要在兑换性的基础上实行多边支付。同时，各国政府有义务通过干预外汇市场来维持汇率的稳定，只有当一国的国际收支发生根本性不平衡时，国际货币基金组织规定可以对平价进行调整，实行本币贬值或升值。若出现国际收支短期的暂时性失衡，可向国际货币基金组织申请短期资金融通。

5. 组织形式。布雷顿森林体系建立了两大国际金融机构即国际货币基金组织和国际复兴开发银行（世界银行）。前者在国际间就货币事务进行共同商议，为成员国的短期国际收支逆差提供信贷支持，目的是保障国际货币体系的稳定；后者以低利率提供中长期信贷来促进成员国经济复苏，促进发展中国家经济发展。

在布雷顿森林体系的内容中，以美元为中心的可调整固定汇率制，即"双挂钩"的汇率安排是布雷顿森林体系的核心，它让美元代替了黄金成为国际货币体系的中心，这实质是以黄金—美元为基础的国际金汇兑本位制。与此前的国际金本位制相比，布雷顿森林体系是人为通过签订协定而建立的国际货币体系，有一系列较全面的规定，要求签约国必须遵守以维持体系的正常运转。

[知识链接3-2]　国际货币基金组织和世界银行

国际货币基金组织　　　　世界银行

在金本位制下，一个国家的货币一般分成两种，即普通的钱和黄金。两者的用处是不一样的，国内做生意一般用普通的钱，而出国做生意一般只认黄金。

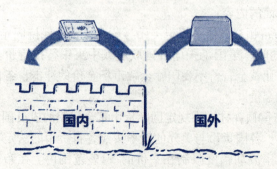

在这样的货币体制下，一个国家要稳健发展，不仅要有自家的钱，还得存足够的黄金，不然没法进行国际贸易。比如，在二战的时候，欧洲境内战乱四起，要到美国买军备武器，于是将大把的黄金输送到了美国。

结果呢，战争结束了，全欧洲的黄金都到美国去了。

黄金都没了，整个欧洲都没法做生意了，这时候美国倡议在全球买卖中，用美元代替黄金，不但使用方便，发行也方便。当时，美国作为世界经济的火车头，各国都相信其能确保美元与黄金的兑换，于是各国改变原先储存黄金的习惯，开始储备美元，以便出国做生意，也就是从这个时候开始，美元取代黄金成为世界货币，而国际货币基金体系也进入了布雷顿森林体系时代。

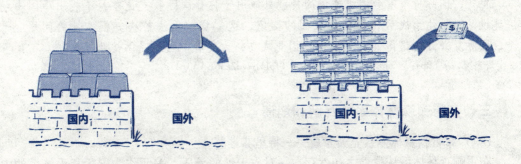

在布雷顿森林体系下，如果有国家不好好赚钱，只想着花钱，造成了国际收支逆差，怎么办？这就需要一个可以管理国际经济贸易稳健开展，稳定汇率的组织，于是国际货币基金组织（IMF）应运而生。

国际货币基金组织的主要作用为：

1. 给出现国际收支逆差的国家提供专业的指导，帮助其走出困境。

2. 陷入国际收支逆差的国家，提供短期贷款。

但是，国际货币基金组织提供的贷款只能用于弥补国际收支逆差，不能用于国内经济建设，对于处于战后需要重建家园的国家，这笔贷款无法解决其根本性的问题。于是，国际复兴开发银行（世界银行）因此成立，为发展中国家提供长期贷款。

资料来源：https：//mp. weixin. qq. com/s/TTgLzS9vd2e36EAA3rtITg.

三、布雷顿森林体系的瓦解和崩溃

（一）布雷顿森林体系先天矛盾——特里芬难题

布雷顿森林体系从建立之初就存在一对先天性的矛盾：美元作为国际货币体系的中心，是主要的储备货币和国际清偿的主要手段，为满足世界各国国际清偿的需要，美元必须增加发行量，而在美元不断增加发行量的同时，美元与黄金之间的兑换关系就日益难以维持。这一矛盾由美国经济学家特里芬（R. Triffin）在 1960 年出版的《黄金与美元危机》一书中揭示，因此称为特里芬难题。布雷顿森林体系这一无法克服的缺陷是其最终崩溃的根本原因。

在布雷顿森林体系初期，持有美元是一件时髦的事，各国都希望增加对美元的持有量，因此，自二战结束至 20 世纪 50 年代初期，出现了让美国人为之骄傲的"美元荒"现象。"美元荒"是指各国普遍感到美元匮乏，支付困难。"美元荒"形成的主要原因是二战以后欧洲各国普遍遭到严重破坏，生产一时难以恢复，资金短缺，物资匮乏。各国所需要的各种商品都必须向美国购买，并需要以黄金或美元支付，而各国的黄金储备又十分有限，不足以应付巨额贸易逆差。同时，欧洲及其他一些地区的国家因经济尚未恢复，也没有多少商品可输往美国换取美元，所以造成各国普遍感到缺乏美元。

美国为了使美元的发行量不断增加，必须保持国际收支逆差，这就使得美元持有者对美元与黄金之间的兑换性有所担心，对美元的信心大幅下降，金融市场上出现了抛售美元，抢购黄金的现象，从而导致 20 世纪 50 年代中后期，因美元发行过多出现了"美元灾"现象。"美元灾"是指美元在国际上供过于求。"美元灾"形成的主要原因首先是 1947 年，美国开始施行"马歇尔计划"，该计划的主要内容是美国对外提供经济援助并在西欧大量驻军，费用支出庞大，

特里芬难题

美元资金持续外流，西欧等国家持有的美元逐渐充裕；其次，50 年代初和 60 年代初，美国先后在亚洲发动侵朝、侵越战争，耗资巨大，使大量美元流出美国；最后，美国的低利率政策促使了国内资金的外流。因此，使布雷顿森林体系初期普遍存在的"美元荒"现象演变为美元供过于求的"美元灾"现象。

（二）瓦解和崩溃的过程

由于特里芬难题的存在，布雷顿森林体系时期屡次爆发美元危机。所谓美元危机，是指由美国发生国际收支危机所引起的美国黄金储备急剧减少，美元汇率猛跌和美元信誉下降，大量资本从美国流走，国际金融市场出现抛售美元、抢购黄金与硬货币的风潮。布雷顿森林体系的瓦解和崩溃过程是以 1960 年 10 月到 1973 年 2 月四次美元危机的爆发为线索的。

1. 第一次美元危机。20 世纪 40 年代末及 50 年代初实施的马歇尔计划和朝鲜战争，都极大地增加了美元的发行。当时，美国的黄金储备（178 亿美元）已低于其对外短期负债（210 亿美元），导致人们对美元能否按 35 美元兑换 1 盎司黄金的信心发生了动摇。1960 年 10 月，国际金融市场上人们纷纷抛售美元，抢购黄金，引起黄金价格的上升、美元大幅贬值，金价暴涨到 41.5 美元/盎司，第一次美元危机就此爆发。

为了维持外汇市场和金价的稳定，保持美元的可兑换和固定汇率制，其他西方国家在国际货币基金组织的指导下，采取一系列措施稳定国际金融市场。具体措施有：（1）美国和西欧各国拿出价值 2.7 亿美元的黄金组成"黄金总库"，以平抑国际市场的金价和维持美元的中心地位，但"黄金总库"如杯水车薪，无以应付抢购黄金风潮，于 1968 年 3 月被迫解散。（2）美国等 10 个工业国签订借款总安排，筹集 60 亿美元，借给面临国际收支危机的国际货币基金组织成员国，但实际上是美国借用其他 9 国货币，以缓和美元危机和维持国际货币体系正常运转。（3）美国先后与 14 个工业国签订货币互换协定，以优惠汇率相互提供货币，以稳定外汇市场，虽然提高了兑付能力，但难以过

制美元汇率下降的趋势。这些拯救措施从一定程度上缓解了美元危机，但无法从根本上改变布雷顿森林体系的先天缺陷。

2. 第二次美元危机。20 世纪中后期，美国深陷越南战争，与苏联开展军备竞赛，耗资巨大，国际收支进一步恶化，美国加大美元发行。美元的大量发行使美元对内不断贬值，美元与黄金的固定比价又一次受到严重怀疑。1968 年，爆发了第二次美元危机，国际金融市场上再次出现了抛美元、抢黄金的局面，在伦敦黄金市场上，金价一度攀升至 41.9 美元/盎司。半个多月中，美国的黄金储备就流失了近 14 亿美元，美国已无力按协议固定比价履约，于是在 1968 年 3 月，美国宣布实行黄金双价制。黄金双价制是指黄金官价用于各国中央银行以美元向美国兑换黄金，而市场金价则由供求关系所决定。另外，为了摆脱美元危机的困境，国际货币基金组织于 1969 年通过了设立特别提款权的决议。特别提款权（Special Drawing Right，SDR）又被称为"纸黄金"，成员国可用它代替美元和黄金，作为国际储备和国际结算工具。黄金双价制的出现，实际上说明了美元已变相贬值，意味着布雷顿森林体系的根基已发生了动摇。

表 3-2　　　　　　　伦敦黄金市场的金价变动

单位：美元/盎司

1965 年	1966 年	1967 年	1968 年	1969 年
35.12	35.19	35.2	41.9	35.2
1970 年	1971 年	1972 年	1973 年	1974 年
37.37	43.63	64.9	112.25	186.5

3. 第三次美元危机。1971 年夏，国际金融市场又一次掀起抛售美元、抢购黄金和联邦德国马克等西欧货币的浪潮，法国政府也带头以美元向美国政府兑换黄金，第三次美元危机爆发。第三次美元危机形成的主要原因是：1971 年美国出现了自 1893 年以来未曾有过的全面贸易收支逆差，黄金储备已不及其对外短期负债的 1/5。面对各国中央银行挤兑黄金的压力，美国尼克松政府被迫于当年 8 月 15 日宣布实行"新经济政策"。"新经济政策"的主要内容除对内采取冻结物价和工资，削减政府开支外，对外采取了两大措施：停止美元兑换黄金和征收 10% 的进口附加税。在国际金融市场极度混乱的情况下，1971 年 12 月，西方十国集团达成《史密森协议》（Smithsonian Agreement），其主要内容是：（1）美元对黄金贬值 7.89%，即 38 美元等于 1 盎司黄金；（2）一些国家的货币对美元升值，比如日元、联邦德国马克等；（3）扩大汇率波动界限，由不超过平价 ±1% 扩大到 ±2.25%；（4）美国取消 10% 的进口附加税。

尽管《史密森协议》勉强维持了布雷顿森林体系的固定汇率制，但美元与黄金可兑换性的终止，等于抽去了其支柱，布雷顿森林体系的核心已经瓦解。

4. 第四次美元危机。从 1972 年下半年开始，美国国际收支状况继续恶化，人们对美元的信用彻底失去了信心，国际金融市场上再次爆发了美元危机。美国政府于 1973 年 2 月被迫宣布第二次世界大战后美元第二次贬值，美元对黄金贬值 10%，即黄金官价由每盎司 38 美元提高到每盎司 42.22 美元。美元的再度贬值触发了更大的危机，伦敦黄金价格一度涨到每盎司 96 美元，西德和日本的外汇市场被迫关闭达 17 天之久。在这种情况下，西方国家经过磋商达成协议，宣布废除《史密森协议》，取消本币对美元的固定比价，实行浮动汇率制。至此，以黄金为基础、美元为中心的可调整的固定汇率制彻底解体，布雷顿森林体系完全崩溃。

四、对布雷顿森林体系的评价

布雷顿森林体系从 1945 年建立到 1973 年结束，存在不到 30 年，虽然存在很多问题，但在其运行良好期间，其对二战后稳定国际金融和发展世界经济确实起到了巨大的作用。

（一）积极作用

1. 促进了国际经济的迅速发展。布雷顿森林体系建立了以美元和黄金挂钩的固定汇率制度，结束了混乱的国际金融秩序，为国际贸易的扩大和世界经济增长创造了有利的外部条件。美国通过赠与、信贷、购买外国商品和劳务等形式，向世界散发了大量美元，客观上起到扩大世界购买力的作用。同时，固定汇率制在很大程度上消除了由于汇率波动而引起的动荡，在一定程度上稳定了主要国家的货币汇率，有利于国际贸易的发展。

2. 弥补了国际清偿力的不足。布雷顿森林体系将美元作为储备货币和国际清偿手段，弥补了黄金的不足，扩大了贸易范围，提高了全球的购买力，促进了国际贸易和跨国投资。由于汇率的相对稳定，避免了国际资本流动中引发的汇率风险，这有利于国际资本的输入与输出。同时为国际间融资创造了良好环境，有助于金融业和国际金融市场的发展，也为跨国公司的生产国际化创造了良好的条件。

3. 树立了国际货币合作的典范。布雷顿森林体系建立的国际货币基金组织和世界银行对世界经济的恢复和发展起到了一定的积极作用。一方面，国际货币基金组织提供的短期贷款暂时缓和了二战后许多国家的收支危机，也促进了支付办法上的稳步自由化，国际货币基金组织的贷款业务迅速增加，重点也由欧洲转至亚洲、非洲、拉丁美洲第三世界。另一方面，世界银行提供和组织的长期贷款和投资不同程度地解决了成员国第二次世界大战后恢复和发展经济的资金需要。此外，国际货币基金组织和世界银行在提供技术援助、建立国际经济货币的研究资料及交换情报资料等方面对世界经济的恢复与发展也起到了一定作用。

（二）局限性

1. 特里芬难题是先天缺陷。布雷顿森林体系在设计上存在先天性的缺陷即特里芬难题，充足的国际清偿力和美元币值之间无法调和的矛盾导致了布雷顿森林体系最终的瓦解和崩溃。

2. 汇率体系僵化、国际收支调节机制不灵活。该体系规定汇率波动幅度需保持在平价的 ±1% 以内，汇率缺乏弹性，限制了汇率在国际收支调节中的作用发挥，国际收支调节机制不灵活。

3. 内外部均衡目标难以统一。在固定汇率制下，各国不能利用汇率杠杆来调节国际收支，而只能采取有损于国内经济目标实现的经济政策或管制措施，以牺牲内部平衡来换取外部平衡。如当美国国际收支出现逆差、美元汇率下跌时，根据固定汇率原则，其他国家应干预外汇市场，买美元卖本币，但这往往会导致和加剧这些国家的通货膨胀；如果这些国家不加以干预，美元会加剧贬值，这些国家会遭受美元储备资产贬值的损失。

4. 国际货币基金组织协调能力有限。布雷顿森林体系的一个显著特征就是利用国际货币基金组织调节各国国际收支的不平衡。当成员国国际收支出现逆差时，由国际货币基金组织为其提供贷款，帮助其解决困难。但是由于汇率机制无法发挥作用，随着各国国际收支问题日益严重，贷款压力超过了国际货币基金组织的承受能力，致使国际货币基金组织对纠正国际收支不平衡发挥的作用有限，难以支撑该体系的长期运行。

［案例分析3-1］　国际货币体系霸权地位的变化

案例阅读：

1945年国际货币基金组织和世界银行成立，这两个国际金融机构的总部都设在华盛顿，由美国人担任关键职务，在国际货币基金组织中美国拥有27%的投票权，在世界银行拥有24%的投票权。英国曾一度拖延批准《国际货币基金协定》，1945年12月在美国答应提供37.5亿美元的长期贷款的情况下，终于同意批准。说明美英两国在国际货币体系中的地位如何？

美元如何击败
英镑的

资料来源：中央电视台
《经济半小时》栏目。

案例分析：

随着布雷顿森林体系的确立，以美国为主导的资本主义世界经济制系建立起来，美国也由此确立起资本主义世界的经济霸权。在国际货币体系中，美元取代英镑，建立了以美元为中心的国际货币体系。布雷顿森林体系的建立，实现了美国掌握世界金融霸权、成为世界金融霸主的目的。

资料来源：经济半小时。

任务四　掌握牙买加体系概况

布雷顿森林体系崩溃以后，国际金融秩序又复动荡，国际社会及各方人士也纷纷探析能否建立一种新的国际货币体系。直至1976年1月，经过激烈争论，IMF理事会国际货币制度临时委员会在牙买加首都金斯敦达成了《牙买加协议》。1978年4月，《IMF协定第二修正案》获得IMF理事会法定60%以上的成员国和80%以上的多数票通过，从而形成新的国际货币体系。由于新的国际货币体系是在牙买加会议上产生的，所以被称做牙买加体系，一直持续至今。

一、牙买加体系的主要内容

（一）承认浮动汇率制合法化

《牙买加协议》正式确认了浮动汇率制的合法化，承认固定汇率制与浮动汇率制并存的局面，成员国可自由选择汇率制度。同时，国际货币基金组织继续对各国货币汇率政策实行严格监督，并协调成员国的经济政策，促进金融稳定，缩小汇率波动范围。国际货币基金组织要求各国在物价稳定的条件下，寻求持续的经济增长，以国内的经济稳定促进国际金融的稳定，并尽力缩小汇率的波动幅度，避免通过操纵汇率来阻止国际收支的调整或获取不公平的竞争利益。该协议还规定实行浮动汇率制度的成员国根据经济条件，应逐步恢复固定汇率制度，在将来世界经济出现稳定局面后，经国际货币基金组织总投票权的85%多数票通过，其可以恢复固定的但可调整的汇率制度。这部分条款将已实施多年的钉住管理的浮动汇率制度予以法律上的认可，但同时又强调了国际货币基金组织在稳定汇率方面的监督和协调作用。

（二）推行黄金非货币化

该协议作出了逐步使黄金退出国际货币的决定，并规定：废除黄金条款，取消黄金官价，各成员国中央银行可按照市场价格自由进行黄金交易，取消成员国相互之间以及成员国与国际货币基金组织之间需用黄金清算债权、债务的义务。国际货币基金组织所持有的黄金应逐步加以处理，其中1/6（2 500万盎司）按官价由原缴纳的各成员国买回；另外1/6按市价出售，以其超过官价（每盎司42.22美元）部分作为援助发展中国家的资金。剩余1亿盎司，根据总投票权的85%作出的决定处理，向市场出售或由各成员国购回。

（三）提高特别提款权的国际储备地位

《牙买加协议》修订了特别提款权的有关条款，使SDR逐步取代黄金和美元成为国际货币制度的主要储备资产，并作为各国货币定值的基础。条款还规定：（1）凡参加特别提款权账户的国家，可通过账户用特别提款权偿还欠基金组织的债务及相互间的借贷。（2）各成员国之间可以自由进行SDR交易，而不必征得国际货币基金组织的同意。（3）国际货币基金组织与成员国之间的交易以SDRs代替黄金，国际货币基金组织一般账户中所持有的资产一律以SDRs表示。

（四）扩大对发展中国家的资金融通

以出售黄金所得收益设立信托基金，以优惠条件向不发达国家提供贷款，帮助它们解决国际收支上的困难。扩大基金组织信贷部分的贷款额度，由占成员国份额的100%增加到145%。提高基金组织出口波动补偿贷款的额度，由占份额的50%提高到75%，最高可达100%。

（五）增加成员国的基金份额

各成员国对国际货币基金组织所缴纳的基本份额，由原来的292亿特别提款权增加到390亿特别提款权，增加了33.6%。各成员国应缴纳份额所占比重也有所改变，主要是石油输出国的比重由5%增加到10%，其他发展中国家保持不变，主要西方国家除前联邦德国和日本略增外，都有所降低。

二、牙买加体系的特点

（一）国际储备构成多元化

在牙买加体系下，美元依然是最主要的货币，但美元的国际地位和布雷顿森林体系时期相比，已逐渐削弱，而联邦德国马克、日元等货币已成为国际储备货币。与此同时，国际复合货币如特别提款权、欧洲货币单位的国际货币的职能日益加强。虽然黄金非货币化的推行，使黄金的国际货币作用受到严重削弱，但并没有退出历史舞台，黄金仍是国际储备的构成部分。

（二）汇率制度多样化

牙买加体系下的汇率制度是多种多样的，发展中国家由于自身经济状况的需要，在汇率选择上多数选择钉住某种货币的相对固定的汇率制度。发达国家大多采取单独浮动和联合浮动汇率制度。这种混合的汇率制度比布雷顿森林体系下的汇率制度更加复杂和灵活。

（三）国际收支调节方式灵活

在牙买加体系下，国际收支的调节可以通过多种渠道进行，主要包括汇率调节、利率调节、国际金融市场调节、国际金融机构调节等。

汇率制度调节是国际收支调节的主要方式。当一国经常账户收支发生逆差时，该国货币的汇率趋于下跌，将有利于该国出口，减少进口，从而改善贸易收支和经常账户；反之，当一国经常账户收支盈余时，该国货币汇率趋于上升，将促进该国进口，减少出口，国际收支逐步恢复均衡。

利率调节是通过一国实际利率与其他国家实际利率的差异来引导资金流入或流出，从而达到调节国际收支的目的。各国可以通过借助国际金融市场调节国际收支不均衡，国际收支逆差的国家可以向国际金融市场借款弥补赤字，而国际收支顺差的国家可以灵活运用盈余资金，将资金存入（资金输出）国际金融市场，从而缓解各国国际收支不均衡的问题。

国际货币基金组织在调节国际收支方面也发挥着重要作用，它不仅向逆差国提供贷款，帮助逆差国克服国际收支困难，还指导和监督逆差国和顺差国双方进行国际收支调整，以便双方对称地承担国际收支调整义务。

三、牙买加体系的评价

《牙买加协议》是国际社会在布雷顿森林货币体系解体后的一种权宜之计。一方面，这个体系适应了当时世界经济形势发展的需要，从而对国际贸易和世界经济的正常运转起到了一定的积极作用；另一方面，这个体系也存在一些严重的问题，有待更进一步的改革与发展。

（一）积极作用

1. 国际储备构成多元化缓解国际清偿力不足的压力。牙买加体系下多元化的国际储备构成增加了国际清偿的手段，为国际经济提供了多种清偿货币，在一定程度上缓解了特里芬难题。

2. 汇率安排多样化更适应多变的世界经济形势和各国经济实际。牙买加体系下汇率制度的多样化可以适应各国经济的不同发展水平。在以浮动汇率为主的多样化汇率制度下，实行浮动汇率国家没有维持汇率固定的义务，不需要持有过多的外汇储备。多样化的汇率制度能使各国充分考虑本国的客观经济条件，增强宏观经济政策的独立性和有效性，不必为维持汇率稳定而丧失国内经济目标。

3. 灵活的国际收支调节方式使国际收支的调节更为有效与及时。牙买加体系下的多种收支调节手段相互补充，在一定程度上缓和了布雷顿森林体系下国际收支调节失灵的困难。这比较适应当今世界经济发展不平衡，各国经济发展水平相差悬殊，以及各国发展模式、政策目标和客观经济环境都不相同的特点，对世界经济的正常运转和发展起到了一定的促进作用。

（二）局限性

1. 国际储备货币多元化具有不稳定的因素。在牙买加体系下，虽然美元的储备地位不断下降，但仍然占据着主导地位，美国的国际收支状况仍然左右着世界外汇储备的增长，没有完全解决特里芬难题。

2. 汇率剧烈波动也产生诸多弊端。

（1）不利于进出口商和对外投资者的成本与利润核算，而且增加了汇率风险，因此会影响国际贸易和国际投资的发展。（2）汇率波动不仅会使债权方蒙受损失，还会使债务方负担更重，影响国际信贷环境甚至引发债务危机。（3）汇率频繁波动，助长了外汇投机活动，加剧了国际金融市场的动荡和混乱。

3. 各国经济政策仍然不能相互独立。目前，各主要国家实行的都是管理浮动汇率制，在必要的时候仍然要对市场汇率进行干预，因而这种浮动汇率制并没有完全隔绝外部经济的冲击，各国的经济政策仍然是相互制约而无法各自独立。

 ［案例阅读］ **美联储继续我行我素，新兴市场货币遭受重创**

2014 年是美联储退出 QE 之年，当美国慢慢撤掉"生命支持系统"时，新兴市场则遭到了重创。2 月初，土耳其里拉大幅贬值。土耳其央行决定将隔夜贷款利率由之前的 7.75% 大幅上调至 12%，并将隔夜借款利率从 6.75% 上调至 11.5%。但仅仅一天之后，里拉再度遭到投资者抛售。

南非兰特也遭遇重挫。尽管南非央行宣布加息 50 个基点，但美元兑南非兰特不跌反涨，创历史纪录。

此外，阿根廷、俄罗斯等国的货币也跌至多年低位。

花旗银行外汇策略部门主管坦言，"在经济高度全球化的今天，没有一个国家能够不顾外部环境来决定货币政策。美联储仍在密切关注新兴市场的动态，会在新兴市场出现系统性动荡的趋势时采取行动。"

资料来源：中华工商时报. 新兴市场货币贬值，人民币汇率一枝独秀 [EB/OL]. [2014-02-11]. http://forex.hexun.com/2014-02-11/162016349.html.

4. 国际收支调节机制仍不健全。目前，各种国际收支的调节机制都有局限性，而国际货币基金组织的贷款能力又有限，导致其无法有效指导与监督顺差国和逆差国双方对称地调节国际收支。因此，自 1973 年以来，国际收支失衡的局面一直没有改善，而且还日趋严重，一些国家的国际收支长期逆差，数额越来越大。

四、三大国际体系之间的比较

国际金本位存续期间为 1880 年到 1914 年，是以一定成色及重量的黄金为本位货币的制度，19 世纪到第一次世界大战前各国相继推行，是历史上第一个国际货币制度。

布雷顿森林体系存续期间为 1944 年到 1973 年，其确立了黄金与美元挂钩，各国货币与美元挂钩，并建立固定比价关系的，以美元为中心的国际金汇兑本位制度。

牙买加体系是从 1973 年起，一直存续至今的国际货币制度，其确立了浮动汇率的合法性，维持全球多边自由支付的原则。在牙买加体系下，美元的国际本位和国际储备货币地位遭到削弱，但其在国际货币体系中的领导地位和国际储备货币职能得以延续。

下面对三大国际体系进行归纳总结，见表 3 - 3。

表 3 - 3 三大国际体系之间的比较

	国际金本位制	布雷顿森林体系	牙买加体系
时间	1880—1914 年	1944—1973 年	1973 年至今
关键货币	黄金、英镑充当国际货币	确立了美元的国际储备货币地位，规定了美元的发行方式和兑换方式	黄金非货币化，国际储备货币多元化
汇率制度	实行严格的固定汇率制度	实行"双挂钩"，仍然是一种固定汇率制度	浮动汇率制合法化
国际收支调节	国际收支通过价格—铸币流动机制实现自动调节	建立了国际货币基金组织，制定了一系列调节国际收支的资金融通方案	国际收支调节机制多元化
劣势	1. 国际金本位制运行的前提条件难以维持，松散的国际货币体系缺乏一个权威的国际机构监督 2. 黄金产量的增长远不能满足世界经济贸易增长对黄金的需求	1. 具有内在的不稳定性——特里芬难题 2. 汇率制度僵化，汇率体系僵化、国际收支调节机制不灵活 3. 内外部均衡目标难以统一，缺乏有效的国际收支调节机制 4. 国际货币基金组织协调能力有限	1. 在国际货币格局不稳定的环境下，国际储备货币多元化导致管理复杂化 2. 浮动汇率制下汇率波动比较大，产生诸多弊端 3. 各国经济政策仍不能相互独立

五、关于国际货币体系改革方案的讨论

改革现行国际货币体系的呼声，从牙买加体系成立后就没有停止过，但因为各个国家的利害关系不同，所以在货币体系的改革方面存在多种利益冲突，这也就决定了这一改革必然是一个长期的、复杂的和曲折的过程。

三大国际体系
之间的比较

一些国家的政府和经济学家先后提出了不少改革国际货币体系的方案，其中有代表性的有以下五种：

1. 恢复金本位制方案。法国经济学家吕埃夫提出的主张，其主张：（1）各国持有的美元可以自由向美国兑换黄金，黄金价格可以提高；（2）各国对于外国持有的本国通货，在外国要求时，都应兑换为黄金；（3）恢复用黄金弥补赤字的做法。

2. 恢复美元本位制方案。国际货币基金组织研究部的安舟·克饶克特等人主张恢复美元本位制，他们认为，虽然美国的经济实力从绝对优势转为相对优势，美元的国际地位有所下降，但目前钉住美元的货币仍有四十多种，美元仍是主要的支付和储备手段；同时倡议将各主要工业国家间的宏观经济政策协调上升到一个更高的程度。

3. 特别提款权本位制方案。一些学者主张将特别提款权作为本位货币，并提出了如

下建议：（1）在国际货币基金组织的控制下，以特别提款权为国际基础货币，通过它来影响国际储备总量；（2）特别提款权要有坚实的物质基础，使人们对它无限信任；（3）在储备总量的构成上，逐步增加特别提款权的比重，最后把多种储备资产简化成单一储备资产，所有官方储备只有黄金和特别提款权；（4）各国中央银行可以用特别提款权干预外汇市场。

在 2008 年联合国大会上，国际货币金融体系改革委员会指出，当前的国际货币体系改革应解决三个问题：一是储备资产的积累必须与储备货币发行国的经常账户赤字相分离（以克服特里芬难题）；二是对经常账户盈余国必须有所约束；三是应该提供一个比美元更加稳定的国际价值储存载体。为了解决上述三个问题，一个最现实的方法是大量增加对特别提款权（SDRs）的发行与使用。

4. 多种货币为基础的本位方案。法国政府在 1985 年提出建立"多极"国际货币体系，主张让日元、德国马克、法国法郎和瑞士法郎也像美元一样，处于关键货币的地位。日本经济学家小岛清倡议实行"复数中心货币金汇兑本位制"，让美元、日元和德国马克三种货币取得无优劣差别价值的国际通货资格，分别规定相应的含金量，让黄金可在三国间转移。

5. 确立一种超主权的国际储备货币。超主权国际储备货币（Super – Sovereign Reserve Currency）是指由一个超越主权国家的货币管理机构发行的作为国际范围内计价尺度、交换媒介与储藏手段的货币。从发生国际货币危机的根源看，目前缺少这样一种超越国别的超主权国际储备货币。超主权国际储备货币可以解放一国主权货币，其将不再作为全球贸易的尺度和参照基准，该国汇率政策对国际收支失衡的调节效果将会大大增强，可以有效降低该国发生货币危机的风险，增强处理危机的能力。此外，超主权储备货币不仅能克服主权信用货币存在的内在风险，还能有效地创造和调控全球的流动性。真正的国际储备货币需要具备币值稳定、供应有序、总量调节灵活等特征，虽然欧元在部分特征上符合超主权货币的要求，但与真正的超主权国际储备货币还存在一定的差距。

［知识链接 3 - 3］　超主权货币

创造一种与主权国家脱钩，并能保持币值长期稳定的国际储备货币，从而避免主权信用货币作为储备货币的内在缺陷，是国际货币体系改革的理想目标。

超主权储备货币的主张虽然由来已久，但至今没有实质性进展。20 世纪 40 年代凯恩斯就曾提出采用 30 种具有代表性的商品作为定值基础建立国际货币单位"Bancor"的设想，遗憾的是未能实施，而其后以怀特方案为基础的布雷顿森林体系的崩溃显示凯恩斯的方案可能更有远见。早在布雷顿森林体系的缺陷暴露之初，国际货币基金组织就于 1969 年创设了特别提款权，以缓解主权货币作为储备货币的内在风险。遗憾的是由于分配机制和使用范围上的限制，特别提款权的作用至今没能充分发挥。但特别提款权的存在为国际货币体系改革提供了一线希望。

超主权储备货币不仅克服了主权信用货币的内在风险，也为调节全球流动性提供了可能。由一个全球性机构管理的国际储备货币将使全球流动性的创造和调控成为可能，当一国主权货币不再作为全球贸易的尺度和参照基准时，该国汇率政策对失衡的调节效果会大大增强。这些能极大地降低未来危机发生的风险，增强危机处理的能力。

资料来源：周小川．关于改革国际货币体系的思考［EB/OL］［2009 - 03 - 24］．中国人民银行网站．

任务五　了解欧洲货币一体化

区域货币一体化是布雷顿森林体系解体后国际货币体系改革的重要组成部分。欧盟是区域经济一体化的最典型代表，而欧洲货币一体化是欧洲经济一体化的终极目标。欧洲统一货币欧元的出现被称为自纸币发明以来最引人注目的事件，其在成员国之间建立起一个稳定货币区，使成员国免受区域外金融不确定性的影响，方便成员国之间的经济交往和合作，为未来的国际货币制度改革提供了借鉴的路径。

一、欧盟产生的历程

（一）欧共体

欧盟的前身是欧共体。布雷顿森林体系在运行一段时间后，美元作为国际货币体系的中心，既要满足国际清偿的需要，又要保持美元币值稳定，两者之间的矛盾日益凸显。为了减少美元汇率波动给欧洲各国带来的不利影响，促进欧洲经济的发展和繁荣，欧洲各国试图通过加强经济合作来共同抵御美元汇率波动给其带来的冲击。

1950 年 5 月，法国外长舒曼提出"欧洲煤钢联营计划"（以下简称"舒曼计划"），建议愿将本国经济中的煤钢部门管理权委托给某一独立机构的国家成立煤钢共同市场。此后，法国、联邦德国、意大利、比利时、荷兰、卢森堡 6 个西欧国家开始在此计划基础上进行谈判，1951 年 4 月 18 日，在美国的支持下，法国、联邦德国、意大利、比利时、荷兰、卢森堡六国根据"舒曼计划"在巴黎签订了为期 50 年的《欧洲煤钢共同体条约》。条约确定共同体的基本任务是建立煤钢单一共同市场，取消有关关税限制，对生产、流通和分配过程实行干预。1952 年 7 月 25 日，该条约生效，宣告了欧洲煤钢共同体的建立。

1955 年 6 月 1 日，参加欧洲煤钢共同体的六国外长在意大利墨西拿举行会议，建议将煤钢共同体的原则推广到其他经济领域，并建立共同市场。1957 年 3 月 25 日，法国、联邦德国、意大利、荷兰、比利时和卢森堡六国领导人在罗马签署了《欧洲经济共同体条约》与《欧洲原子能共同体条约》。后来人们把这两个条约统称为《罗马条约》，于 1958 年 1 月 1 日生效。条约的签署标志着欧洲联盟的前身——欧洲经济共同体的诞生。《罗马条约》涉及的内容极其广泛，其中心内容是：建立关税同盟和农业共同市场，逐步协调经济和社会政策，实现商品、人员、服务和资本的自由流通。关于工业品关税同盟，该条约规定在 12 年过渡期内分三个阶段逐步取消成员国间一切关税和贸易限制。

1965 年 4 月 8 日，六国签订了《布鲁塞尔条约》，决定将欧洲煤钢共同体、欧洲原子能共同体和欧洲经济共同体统一起来，统称欧洲共同体。该条约于 1967 年 7 月 1 日生效，欧洲共同体正式成立，总部设在比利时的布鲁塞尔。这个共同体主要致力于欧洲经济方面的合作与联合，是欧洲区域性的经济组织，它对第二次世界大战后欧洲经济的发展和国际地位的提高起到了非常重要的作用。

共同体成立以来，实现了关税同盟和共同外贸政策。关税同盟是西欧经济一体化的基石，与农业政策并称为共同体的两大支柱。根据《罗马条约》的规定，自1958年1月1日至1969年底，成员国之间逐步取消关税壁垒和贸易限额，废除在成员国间公路、铁路和水运运费率的歧视待遇，以便商品自由流通。对外则逐步实行统一关税率，实际上六国关税同盟已于1968年7月1日提前建成。从1970年起共同体基本实现了共同外贸政策。规定在关税的变动、贸易和关税协定的缔结、自由化措施、出口政策等方面建立一致的原则，在与第三国签订贸易协定时，只能由共同体委员会根据部长理事会的授权和指示进行谈判。

（二）欧盟

1991年12月，欧共体12国首脑在荷兰小城马斯特里赫特签署了《政治联盟条约》和《经济与货币联盟条约》，统称《马斯特里赫特条约》（以下简称《马约》）。《马约》的主要内容是：在政治上于1993年建立欧洲联盟，实现共同的外交政策、防务政策、社会政策；在经济上最迟于1999年1月1日前建立经济货币联盟（Economic and Monetary Union，EMU），届时将在同盟内实现统一的货币、统一的中央银行以及统一的货币政策。

1993年11月1日，《马约》被欧洲共同体全部予以批准并正式生效，欧洲共同体改称为欧洲联盟，这标志着欧洲一体化进入了一个新的阶段。

欧洲联盟（European Union，EU）简称欧盟，总部设在比利时首都布鲁塞尔，是由欧洲共同体（European Community）发展而来的，是一个集政治实体和经济实体于一身、在世界上具有重要影响的区域一体化组织。1993年11月1日欧盟诞生时，有12个成员国，这12个国家是：法国、联邦德国、意大利、荷兰、比利时、卢森堡、英国、丹麦、爱尔兰、希腊、葡萄牙、西班牙。欧盟成立前后，成员国共经历了7次扩张，现有28个成员国。欧盟成员国的历次扩张如下：

1967年，法国、联邦德国、意大利、荷兰、比利时和卢森堡6国组建欧洲共同体；

1973年，英国、丹麦和爱尔兰加入欧共体；

1981年，希腊成为欧共体第10个成员国；

1986年，葡萄牙和西班牙加入欧共体；

1995年，奥地利、瑞典、芬兰加入欧盟（扩大到15个）；

2004年5月1日，塞浦路斯、匈牙利、捷克、爱沙尼亚、拉脱维亚、立陶宛、马耳他、波兰、斯洛伐克、斯洛文尼亚加入欧盟（扩大到25个）；

欧盟盟旗

2007年1月1日，罗马尼亚和保加利亚正式加入欧盟；

2013年7月1日，克罗地亚加入欧盟，成为欧盟第28个成员国（扩大到28个）。

欧盟28国总面积432.2万平方公里，现有人口5亿，2018年GDP为18.75万亿美元。欧盟的宗旨是通过建立无内部边界的空间，加强经济、社会的协调发展，最终实行统一货币的经济货币联盟，促进成员国经济和社会的均衡发展；通过实行共同外交和安全政策,在国际舞台上弘扬联盟的个性。欧盟的盟旗是蓝色底上的十二星旗,普遍说法是因为欧盟一开始只有 12 个国家,代表了欧盟的开端。实际上,十二星旗代表的是圣母玛利亚的十二星冠,寓意圣母玛利亚将永远保佑欧洲联盟。2009 年 12 月 1 日,《里斯本条约》(俗称《欧盟宪法》的简本)正式生效,这标志着困扰欧盟长达两年半的制宪危机暂告一段落,该条约获得各成员国批准,为欧盟的机构改革铺平道路。

 [案例阅读] **英国脱欧何去何从?**

英国与欧盟在政治、货币以及经济利益等重大问题上存在分歧,英国与欧盟"分与和"的问题长期存在。欧债危机严重拖累英国经济,难民问题愈演愈烈,加重了英国社会负担及一系列恐怖主义行为的发生,令英国国内的"疑欧"情绪逐渐蔓延,英国民众倾向于支持英国脱欧。2016 年 6 月 24 日,英国脱欧公投正式结果公布,脱欧的支持者占多数,英国决定脱欧。随后,时任首相戴维·卡梅伦辞职,特蕾莎·梅出任首相。2017 年 3 月 28 日,英国首相特蕾莎·梅正式签署申请脱离欧盟的信函,决定在两年后的 2019 年 3 月正式脱离欧盟。此后,英国与欧盟便开展漫长的谈判来协商"脱欧"条款。

表 3-4　　　　　　　　　　　英国脱欧关键进程梳理

时间	进程
2016 年 6 月 24 日	英国脱欧公投结果出炉,脱欧阵营以 51.9% 对留欧阵营 48.1% 的微弱优势胜出,英国成为首个投票脱离欧盟的国家
2016 年 7 月 13 日	特蕾莎·梅接替卡梅伦成为英国新任首相,改组内阁
2017 年 3 月 28 日	英国首相特蕾莎·梅在唐宁街签署正式启动《里斯本条约》第 50 条的文件,进而启动为期两年的英国脱欧外交进程
2018 年 7 月 12 日	英国政府发布脱欧白皮书,倾向"软脱欧"与欧盟维持联系
2018 年 11 月 25 日	英国与其他 27 个欧盟成员国一致通过"脱欧"协议草案
2018 年 12 月 11 日	原定于 12 月 11 日举行英国国会议员对英国脱欧协议的投票表决。但因预计将遭到大多数议员的反对,被首相特蕾莎·梅临时取消
2018 年 12 月 13 日	英国首相特蕾莎·梅在议会保守党议员不信任投票中以 200:117 票胜出,其将继续担任英国首相,并继续推动英国
2019 年 1 月 15 日	英国下议院以 432:202 票否决特蕾莎·梅政府与欧盟达成的脱欧协议
2019 年 1 月 16 日	特蕾莎·梅以微弱优势在不信任投票中胜出
2019 年 3 月 29 日	英国将于 2019 年 3 月 29 日脱离欧盟,此后英国有 21 个月的过渡期
2019 年 5 月 24 日	英国首相特蕾莎·梅发布声明,将于 6 月 7 日卸任英国保守党领袖,并待新的领导人就位后,辞去英国首相一职
2020 年 12 月 31 日	英国将彻底脱离欧盟

英国脱欧将对英国经济造成一定的负面冲击。自 2016 年 6 月英国公投决定脱欧以来,脱欧对英国经济的影响就已有所显现:英国经济增速呈现下行趋势,英国 GDP 同比增速从 2014 年的 3% 以上逐步降至 2018 年第三季度的 1.5%;消费者信心指数持续低

迷，连续 32 个月处于负值区间；英国通货膨胀有所回升，特别是 2016 年 6 月至 2017 年底英国通货膨胀回升速度较快，这在一定程度上是由于英国脱欧导致英镑贬值引起的；投资增长趋势放缓，固定资本形成总额同比增速自 2016 年第四季度以来有所回落。当然，也不排除是其他原因导致英国经济增速放缓。

除了对英国自身产生影响外，英国脱欧还将对欧盟甚至全球政治和经济前景产生一定的冲击。在 2019 年全球经济复苏放缓的背景下，英国脱欧如果进展不顺，甚至出现"黑天鹅"，则会加剧欧盟乃至全球经济的下行风险。

资料来源：潘向东. 英国脱欧何去何从？[EB/OL].［2019 – 01 – 18］. 金融界网站，http: // dy. 163. com/v2/article/detail/E5PRSR8R0519QIKK. html；作者有所补充.

二、欧洲货币一体化

（一）欧洲货币体系

1969 年 12 月，共同体海牙首脑会议正式决定建立欧洲经济和货币联盟。1970 年 10 月，欧共体负责此项工作的专门委员会向理事会提交了《关于在共同体内分阶段实现经济和货币联盟的报告》。由于此专门委员会的负责人是时任卢森堡首相兼财政大臣的魏尔纳（Werner），故该报告又称为《魏尔纳报告》。1971 年 2 月 9 日，欧共体部长会议就该报告的修改版达成了协议。根据 1971 年 2 月的协议，欧洲经济和货币联盟的主要目标是：一是协调统一成员国的经济政策、货币政策和财政政策，全面实现成员国间商品、劳务、资本和人员的自由流动；二是逐步缩小成员国货币汇率的波动幅度直至达到固定平价，建立共同体的中央银行，最终发行与美元相抗衡的欧洲货币；三是建立共同货币储备，资助成员国解决国际收支困难。

1978 年 12 月，共同体首脑会议决定建立欧洲货币体系。该体系自 1979 年 3 月 13 日正式实施。主要内容是：创建欧洲货币单位（European Currency Unit，ECU），它既是共同体各成员国中央银行之间进行结算的手段，也可用作为成员国的外汇储备——各参加国将本国黄金和外汇储备的 20% 交给欧洲货币合作基金，作为向有困难的参加国提供短期信贷或干预货币市场之用；建立欧洲货币体系的汇率共同浮动机制，截至 1992 年 4 月 6 日欧共体 12 个成员国货币除希腊货币德拉克马外都加入了汇率机制（Exchange Rate Mechanism，ERM）。

1985 年 12 月，欧洲理事会通过了修改基本章程《罗马条约》的《欧洲一体化文件》。为落实文件内容，欧共体委员会主席德洛尔提出了分三个阶段实现经济和货币联盟的计划。"德洛尔计划"的第一阶段即协调各国经济政策和货币政策，逐步取消各成员国的外汇管制，实现资本自由流动，所有成员国货币均加入欧洲货币体系的汇率共同浮动机制，第二阶段是建立欧洲中央银行，第三阶段是实行统一的欧洲货币。

（二）欧洲货币联盟

1. 《马斯特里赫特条约》。《马约》的签署与实施，标志着欧洲货币一体化进程开始向欧洲货币联盟迈进。《马约》关于货币联盟的最终要求，是在欧洲联盟内建立一个负责制定和执行共同货币政策的欧洲中央银行并发行统一的欧洲货币。为实现上述目标，《马约》制订了货币一体化计划，分三个阶段实施：

第一阶段，即把现有的欧洲货币体系的安排作为走向完全的经济和货币联盟的第一个阶段，实现所有成员国加入欧洲货币体系的汇率机制，实现资本的自由流动，协调各成员国的经济政策，并建立相应的监督机制。

第二阶段，从 1994 年 1 月 1 日起开始，进一步实现各国宏观经济政策的协调，加强成员国之间的经济趋同；建立独立的欧洲货币管理体系——欧洲货币局（European Monetary Institute，EMI），代替原有的欧洲货币合作基金（European Monetary Cooperative Fund），作为欧洲中央银行的前身，为统一货币作技术和程序上的准备；各国货币汇率的波动在原有基础上进一步缩小并趋于固定；最迟于 1996 年 12 月 31 日前作出进入第三阶段的决定。

第三阶段，最迟于 1999 年 1 月 1 日开始，最终建立统一的欧洲货币和独立的欧洲中央银行（European Central Bank，ECB）。

欧洲央行
资料来源：析金法。

2. 欧元诞生。1995 年 12 月，欧盟首脑会议在马德里举行，作出了两项重要决议：一是统一货币定名为欧元；二是为实现这一目标，在最后的期限分三个阶段进行。第一阶段从 1996 年到 1998 年底，其主要任务是确定首批有资格参加货币联盟的国家，决定发行欧元的合法机构筹集欧洲中央银行；第二阶段从 1999 年 1 月 1 日起到 2002 年 1 月 1 日，开始试行欧元；第三阶段从 2002 年 1 月 1 日起，欧元开始正式流通。

1996 年 12 月，欧盟首脑会议在爱尔兰首都都柏林举行，欧元国与非欧元国之间就建立新汇率机制、欧元使用的法律框架、货币稳定与经济增长的原则及主要内容等达成妥协，并原则同意了欧洲货币局提供的欧元纸币的"样币"。至此，都柏林首脑会议获得成功，欧洲单一货币机制框架基本形成。

1997 年 10 月，欧盟十五国代表在荷兰首都正式签订了《阿姆斯特丹条约》，这是一个在《马约》基础上修改而成的新欧盟条约。新条约及先前已获批的《稳定与增长公约》《欧元的法律地位》和《新的货币汇率机制》等文件，为欧元与欧洲经济货币联盟于 1999 年 1 月 1 日的如期启动奠定了坚实的基础。

1998 年 5 月，欧盟十五国在布鲁塞尔召开特别首脑会议，决定接受欧盟委员会和欧洲货币局的推荐，确认符合《马约》条件的 11 个国家为欧元创始国，首批加入欧洲单一货币体系。同时决定在原有的欧洲货币局基础上成立欧洲中央银行。

1999 年 1 月 1 日，欧元准时启动。欧洲货币单位以 1∶1 的比例转换为欧元，欧元与成员国货币的兑换率锁定，欧洲中央银行投入运作并实施统一的货币政策，欧元可以支票、信用卡等非现金交易的方式流通，各成员国货币也可同时流通，人们有权选择是否使用或接受欧元。

2002 年 1 月 1 日起，欧元纸币和硬币开始全境流通，欧洲中央银行和成员国逐步回收各国的纸币和硬币，届时人们必须接受欧元。截至 2002 年 7 月 1 日，各成员国货币完全退出流通。

1999 年 1 月 1 日正式启用时，除英国、希腊、瑞典和丹麦外的 11 个国家首批成为欧元国，这些国家的货币政策从此统一交由设在德国法兰克福的欧洲中央银行负责，这 11 个国家是：奥地利、比利时、芬兰、法国、德国、爱尔兰、意大利、卢森堡、荷兰、葡萄牙和西班牙。经过 2008 年国际金融危机、2009 年欧债危机等多番"洗

欧元
资料来源：析金法。

礼"之后，欧元区扩展至 19 个成员国，覆盖 3.4 亿人口，欧元在国际支付中所占份额约为 36%，占所有中央银行外汇储备总额的 20%，成为全球第二大流通货币和第二大储备货币。

表 3 – 5 各国加入欧元区的时间

加入日期	国家
1999 年 1 月 1 日	德国、法国、意大利、荷兰、比利时、卢森堡、爱尔兰、奥地利、芬兰、西班牙、葡萄牙
2001 年 1 月 1 日	希腊
2007 年 1 月 1 日	斯洛文尼亚
2008 年 1 月 1 日	马耳他、塞浦路斯
2009 年 1 月 1 日	斯洛伐克
2011 年 1 月 1 日	爱沙尼亚
2014 年 1 月 1 日	拉脱维亚
2015 年 1 月 1 日	立陶宛

三、欧元诞生对世界经济的影响

（一）对成员国的影响

欧元的诞生给成员国带来以下几方面积极的影响：

1. 使用统一的货币，便于各成员国在国际间进行贸易交易时价格和成本的比较，从而在不同程度上降低由于汇率的不确定性和货币兑换不方便等方面带来的信息成本和交易成本。

2. 由于执行统一的货币政策，各成员国更易在货币政策目标方面达成一致，从而避免因货币政策矛盾造成的负面影响。

3. 有利于提高各成员国经济的开放性，改善货币区内的资源配置效率，从而创造一个相对合理的竞争环境，促进货币区内的物价稳定。

4. 有助于降低固定汇率安排下国际收支调节对一国经济增长的约束及汇率投机的可能性，从而提高各成员国运用金融交易调节国际收支的能力，降低干预外汇市场、管理外汇储备的成本。

欧元的稳定依赖于各成员国经济稳定、均衡的发展，如果各成员国经济政治格局发展不平衡，也会给欧元的稳定性带来负面影响。

（二）对国际储备体系的影响

现有的多元化国际储备体系以美元为中心。欧元产生后，成为国际外汇市场上仅次于美元的第二大支付货币，随着欧元在国际储备资产中的地位和比重逐步增加，成为与美元、日元抗衡的重要货币，使国际储备结构发生了巨大变化。

（三）对区域货币一体化的示范作用

欧元的诞生积极推动了欧盟经济发展，使欧盟的经济实力和政治地位大幅上升。欧洲货币联盟的成功为各区域经济货币合作起到了示范作用，为其他经济组织的货币合作提供了可借鉴的经验。

（四）为国际货币体系改革创造了条件

汇率制度安排多样化、黄金非货币化以及各国政策协调艰难，是目前牙买加体系之所以被称为"非体系"的重要原因。欧元具有稳定的汇率、协调的跨国界合作及统一的中央银行三大优势，直接对这一"非体系"提出了挑战。同时，欧元是人类历史上第一次对非官方结算的跨国界信用本位货币的一种尝试，它的诞生及其后的发展，为未来统一世界货币的创造提供了宝贵的经验。

☑ 任务六　了解人民币国际化

一、人民币国际化的含义

人民币国际化，主要是指衡量人民币国际化程度，就是衡量人民币在国际范围内充当国际货币的特征和职能的程度，简单地可以通过以下四个指标衡量：（1）以人民币作为流通手段的国际化指标；（2）以人民币作为支付手段的国际化指标；（3）以人民币作为价值尺度的国际化指标；（4）以人民币作为价值储备的国际化指标。具体如表3-6所示。

人民币国际化

表3-6　　　　　　　　　　　人民币国际化指标及内涵

国际化指标	内涵
以人民币作为流通手段	衡量人民币现金在境外的流通度，这里的流通不是指人民币被低价买入，择机抛售获利，而是要真正使用过程中的流通
以人民币作为支付手段	考察人民币作为结算货币在进出口支付中所占的世界份额以及人民币在国际投资、国际借贷中占有的比例，以人民币结算的贸易额在全球贸易中要达到一定的比例，并保证较大规模的交易区域
以人民币作为价值尺度	衡量在国际债券市场上以人民币计价的发行债券数额占全球总量的比例
以人民币作为价值储备	考察人民币在国际外汇储备中所占的份额以及在各国银行的对外资产中以人民币计价的资产所占比例

二、人民币国际化的条件

一国货币成为国际货币的一般条件可以概括为：国家的政治和军事实力、经济规模、金融实力、金融市场发展程度，以及历史因素。除了这些因素外，货币内在价值的可预测性、稳定性，以及外部交易网络的便利性将界定国际货币的功能范围。具体来说就是一种货币的国际化需要货币发行具有低通货膨胀信誉、合理的利率和汇率水平，以及资本交易完全可兑换性的支持。

人民币能够成为国际货币，或者说人民币国际使用能够不断扩大，其首要的决定因素是中国对世界经济的重要性不断增加。中国经济规模的不断增长将强力支持人民币在世界上发挥更大的作用。此外，如下因素也是人民币在不断扩大其国际使用过程中必须面对的问题。

1. 金融自由化和国内金融市场发展。历史经验表明，发达的金融市场是一种货币成为国际载体货币的关键因素。布雷顿森林体系的崩溃并没有终结美元作为国际货币的地位，原因之一是，相比欧洲和日本，美国拥有世界上最发达和最广泛的金融市场。目前，中国的金融市场的发展水平还不能与人民币国际化需求相匹配。更具体地说，由于货币市场尚不够完善，中国还不存在类似于美国联邦基金利率、英国官方贴现率和日本隔夜拆借利率的基准利率，利率市场化的改革还未完成，中国人民银行的利率政策对整体利率结构的影响力有限。

2. 人民币离岸市场。离岸市场发展和货币国际化齐头并进。货币可兑换性和一种货币在国际定价、结算、购买和支付使用的增加是离岸市场发展的先决条件。如果没有发达的离岸市场，人民币不可能成为一种国际货币。与此同时，离岸市场设立在货币发行国领土以外，不受货币发行国司法管辖，目前，虽然人民币离岸市场交易有限，如我国香港和其他一些亚洲市场都有人民币 NDF 交易，但是这些市场上交易的人民币远非标准的离岸货币。在人民币完全可兑换前，人民币离岸市场很难到位。

离岸和在岸人民币
资料来源：析金法。

3. 人民币汇率弹性。实际上，一种国际化货币的功能并不取决于汇率制度的类型。以美元为例，自布雷顿森林体系建立以来，美元经历了不同类型的汇率制度，从可调整到浮动，汇率制度的变化并没有改变美元作为国际货币的地位。美元需求和其汇率制度之间的关系目前尚不清楚。因此，关于自由浮动的汇率制度是否是人民币国际化先决条件的问题，现在还没有明确的答案。但是，弹性汇率有助于远期市场上人民币的价格发现，有助于减少人民币汇率与均衡水平的偏离，减少货币价格的扭曲，特别是人民币国际使用要求相应的资本项目自由化，那么在人民币完全可兑换的同时，又能保持中国货币政策的独立性，这时，弹性汇率将是一个十分重要的制度安排。

4. 货币可兑换性与资本管制程度。货币可兑换是指一国的居民可以将其持有的本国货币按照一定的汇率兑换成其他国家的货币的权利。根据兑换目的的不同，国际上通常将货币对外可兑换分为经常项目可兑换和资本项目可兑换两类。1996 年，中国已经实现了经常项目完全可兑换，但对资本项目可兑换一直采取比较慎重的态度。人民币使用限制主要源自当前中国对资本项目交易的管制。近年来，我国资本项目的可兑换程度不断提升，尤其是在证券投资方面的可兑换程度在稳步提高，债券市场和股票市场开放进展较大。不过，从国际比较看，我国资本项目可兑换程度仍有待提高，继续推进资本项目可兑换仍有较大空间。在不可完全兑换的情况下，人民币很难被居民和非居民所广泛接受。

三、人民币国际化进程

2009 年 4 月 8 日国务院会议决定，在上海、广州、深圳、珠海、东莞等城市开展跨境贸易人民币结算试点，同年 7 月 2 日，中国人民银行、财政部、商务部、海关总署、国家税务总局、中国银行业监管委员会联合发布《跨境贸易人民币结算试点管理办法》，人民币国际化进程从此启动。

自起航以来，人民币国际化经历了以下几个阶段：2009—2010 年，以跨境贸易人民币结算为起点，人民币国际化迈入起步阶段；2011—2014 年，"一带一路"倡议推动人民币直接投资和金融交易快速增长，人民币国际化出现爆发式增长；2015—2016 年，人民币汇率制度改革结束单边升值，全球货币政策开始转向，"黑天鹅"事件频发，人民币国际化进入低迷调整期，直至 2017 年触底反弹。人民币国际化在跨境贸易人民币结算、跨境投资人民币结算、人民币离岸市场、人民币外汇储备等方面均取得了显著成效，具体有以下几个方面。

1. 跨境贸易人民币结算。跨境贸易结算通常是一种货币国际化的切入点。历史上英镑是第一种从主权货币发展成为国际货币的币种，当时英国生产技术和能力领先全球，英国将本国生产的商品与世界上大多数国家进行国际贸易往来，当时英国的国际贸易额占全球一半以上，英国凭借国际贸易的延伸，将英镑的使用范围拓展到全球，英镑成为国际贸易结算的主要币种，为英镑的国际化起到了积极的推动作用。

自人民币跨境贸易人民币结算试点启动以来，从政策层面，政府不断扩大试点区域和范围。2010 年 6 月 17 日，中国人民银行等部委联合发布《关于扩大跨境贸易人民币结算试点有关问题的通知》，将境内试点地区进一步扩大到包括北京在内的 20 个省（自治区、直辖市），将境外地域范围扩大到所有国家和地区，业务范围包括货物贸易、服务贸易和其他经常项目人民币结算。2011 年 6 月 3 日，中国人民银行发布了《关于明确跨境人民币业务相关问题的通知》，明确了外商直接投资人民币结算试点办法。2011 年 8 月 23 日，将跨境贸易人民币结算境内地域范围扩大至全国。至此，从政策层面人民币跨境贸易结算已基本无障碍，但最终跨境贸易用人民币结算所占比重还取决于境内外企业的意愿。

自试点以来的几年间，在跨境贸易中用人民币结算的规模和占比均不断扩大。自"8·11"汇改之后，人民币跨境贸易结算及直接投资规模连续两年下降。2018 年我国跨境贸易人民币结算业务额达 5.11 万亿元，同比增长 17%。

2. 跨境投资人民币结算。在资本与金融账户下，以人民币进行的跨境直接投资、证券投资也在不断推进。能否以人民币进行便利的跨境投资，是影响境外投资者持有意愿的重要因素。近年来，政策层面也在不断探索出台以人民币进行跨境投资的试点办法，积极促进资本项下跨境投资人民币结算。

在中国政府鼓励企业"走出去"的背景下，2010 年人民银行开展了以人民币进行境外直接投资的个案试点，以利于对外投资企业规避汇率风险。2011 年 1 月，人民银行发布了《境外直接投资人民币结算试点管理办法》，便于我国企业在境外直接投资领域用人民币结算。2012 年 11 月，温州市政府在金融综合改革试验区方案中提出"开展个人境外直接投资试点"。2014 年 2 月 20 日，中国人民银行上海总部发布《关于支持中国（上海）自由贸易试验区扩大人民币跨境使用的通知》进一步简化了试验区内经常和直接投资项下人民币跨境使用流程，并对人民币境外借款、双向人民币资金池、跨境人民币集中收付、个人跨境人民币业务等作出了具体规范。试验区内经常和直接投资项下跨境人民币结算更为简便，只需凭试验区内机构和个人提交的收付款指令，即可直接办理相关业务；在试验区内就业或执业的个人可以开立个人银行结算账户或者个体工商户单

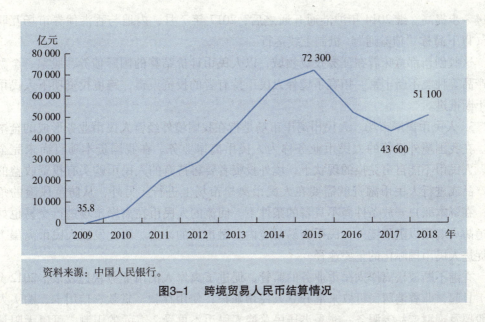

资料来源：中国人民银行。

图3-1 跨境贸易人民币结算情况

位银行结算账户，办理经常项下跨境人民币收付业务。2015 年 2 月，国家外汇管理局发布了《关于进一步简化和改进直接投资外汇管理政策的通知》，取消境内直接投资外汇登记核准和境外直接投资外汇登记核准两项行政审批事项，将直接投资外汇登记下放银行办理，进一步推动直接投资便利化。

近几年，以人民币结算的中国企业境外直接投资规模以及外商以人民币到我国直接投资规模稳步上涨。2018 年全年我国人民币跨境直接投资结算业务额达 2.66 万亿元，比 2017 年增长 62%。其中，对外直接投资结算金额 8 048.1 亿元，同比增长 76%；外商直接投资结算金额 1.86 万亿元，同比增长 57%。

在证券投资领域，政策不断放开以人民币计值的金融产品发行和投资，促进了该项下人民币的跨境流动。近年来，人民币国际债券、票据、人民币合格境外机构投资者（RQFII）、人民币期货合约等人民币证券投资品种不断创新，丰富了人民币投资品种，也促进了人民币国际证券投资规模的不断增加。2007 年 6 月人民银行开始允许内地金融机构在香港发行人民币债券，2009 年发债主体扩大到国家财政部及香港银行在内地的附属公司，2010 年扩大到普通企业及国际金融机构。人民币国际债券的发行主体也开始从香港向全球扩张，许多国家政府开始发行人民币国际债券。因此，人民币国际债券和票据发行量在全球币种中占比有所提升，2012 年人民币国际债券和票据发行量全球占比为0.52%，比 2011 年增长了 8.33%。同期，美元占比 44.38%，欧元占比 36.77%，英镑占比 7%，日元占比 3.78%。2012 年 6 月，首只 RQFII（人民币合格境外机构投资者）A 股 ETF 华夏沪深 300 - R 在港交所获批上市；2012 年 10 月，合和公路基建有限公司发行的人民币新股在香港交易所上市，是首只以人民币和港元计价买卖的股票；2012 年 9月，香港交易所推出全球首只可交割的人民币期货合约，同年 CME（美国芝加哥商品交易所）也宣布推出可交割的人民币期货合约；2015 年 2 月，银行间外汇市场推出标准化人民币外汇掉期交易；2015 年 7 月，我国全面开放境外央行和主权基金投资银行间债券市场；2016 年 2 月，境外私人机构投资者可以进入银行间债券市场，债券市场的开放程度进一步提高。继 2014 年沪港通开通之后，2017 年 7 月，内地与香港债券市场互联互通（以下简称"债券通"）机制上线运行。

这些创新都意味着在证券投资领域，以人民币计价结算的国际债券、股票、金融衍生产品等种类不断丰富，拓宽了境外人民币持有者的投资渠道，跨境投资项下人民币结算不断推进。

3. 人民币离岸市场。人民币离岸市场是指在我国境外经营人民币业务形成的金融市场。在我国境外经营的人民币业务称为人民币离岸业务。在我国资本项目尚未完全放开、人民币不能自由兑换的现状下，境外投资者要将持有的人民币购买有投资收益的金融产品或进行人民币融资就需要在人民币离岸市场上进行。另外，从防范风险的角度有，在资本账户开放条件尚不具备的条件下，回流的人民币在离岸市场进行交易也如同一道防火墙用以阻隔境外人民币交易对境内金融市场的冲击。因此发展人民币离岸市场是促进人民币国际化的重要途径。

香港不断放松离岸人民币业务的监管，促进了离岸人民币业务快速发展。2012 年 8 月 1 日起，非香港居民可以来港开立人民币账户，使用存款、贷款、信用卡、购买人民币股票及理财产品等服务。非香港居民兑换人民币不再受 2 万元的限制，可以无限量兑换。目前香港仍是人民币最大的离岸市场，截至 2017 年底，香港银行机构的人民币存款为 5 588 亿元，较上年增长 2.21%，占香港全部存款余额的 5.3%，占香港外币存款余额的 10.7%。中国台湾地区人民币存款余额 3 222.5 亿元，同比上升 3.6%，占台湾地区总存款的 4.4%，占台湾外币存款的 25.7%。

4. 人民币外汇储备。一种货币成为国际化的最后一步就是该货币被全球认可，作为储备币种被他国持有。在当前国际货币体系下全球外汇储备的币种构成主要是美元、欧元、英镑、日元等，人民币还没有成为全球普遍认可的储备币种。但随着人民币国际化进程的不断推进，已有一些新兴经济体国家和发展中国家将一定的人民币加入本国外汇储备构成，如马来西亚、菲律宾、韩国、柬埔寨、玻利维亚等国。2016 年 10 月 1 日起，人民币成为 SDR 篮子货币，意味着人民币获得国际货币基金组织的认可，会员国将会通过 SDR 增持人民币资产，人民币国际地位得到提高，也促进了人民币国际化进程。人民币加入 SDR 后，人民币资产在全球市场的吸引力显著上升，截至 2017 年末，全球官方持有人民币外汇储备为 1 228.02 亿美元，在可识别外汇储备中占比达 1.07%，较 2016 年末的 0.85% 上升了 0.23 个百分点，人民币受到越来越多国家和地区的认可，人民币全球储备货币地位获得进一步实质性确认。

近几年，人民银行通过与外国央行签订货币互换协议，促进人民币在跨境贸易和投资中的结算规模，进而考虑将人民币列入外汇储备币种。截至 2017 年末，人民银行已与欧洲央行、英格兰银行、韩国央行等 36 个境外货币当局签署了货币互换协议，总规模达 2.3 万亿元人民币，并先后与新西兰储备银行、蒙古国银行、阿根廷央行、瑞士央行以及香港金管局续签了双边本币互换协议，累计规模达 6 600 亿元人民币。

展望未来，随着我国经济稳步增长，"一带一路"倡议的深入推进，资本账户、金融市场加速开放，金融风险有效缓解，人民币的国际地位将不断提升，将会有越来越多的国家对人民币国际化投赞成票。

[知识链接 3 –4] 什么是"一带一路"？

"一带一路"（The Belt and Road，B&R）是"丝绸之路经济带"和"21世纪海上丝绸之路"的简称，2013年9月和10月由中国国家主席习近平分别提出建设"新丝绸之路经济带"和"21世纪海上丝绸之路"的合作倡议。依靠中国与有关国家既有的双边、多边机制，借助既有的、行之有效的区域合作平台，"一带一路"旨在借用古代丝绸之路的历史符号，高举和平发展的旗帜，积极发展与沿线国家的经济合作伙伴关系，共同打造政治互信、经济融合、文化包容的利益共同体、命运共同体和责任共同体。

古丝绸之路绵亘万里，延续千年，积淀了以和平合作、开放包容、互学互鉴、互利共赢为核心的丝路精神。这是人类文明的宝贵遗产，也是"一带一路"倡议的核心理念。"一带一路"倡议旨在构建以合作共赢为核心的新型国际关系，打造对话不对抗、结伴不结盟的伙伴关系。各国应该尊重彼此主权、尊严、领土完整，尊重彼此发展道路和社会制度，尊重彼此核心利益和重大关切。"一带一路"倡议建设的目标是把"一带一路"建设成为和平之路、繁荣之路、开放之路、绿色之路、创新之路、文明之路。

人民币国际化与"一带一路"建设存在高度正相关的逻辑关系，一方面，在"一带一路"倡议的推动下，中国与沿线各国在多领域方面的合作都有了质的飞跃，将进一步扩大人民币的跨境使用，为人民币国际化提供重要的发展平台。另一方面，人民币国际化也为"一带一路"倡议的实施提供可持续的、风险可控的资金来源，两者相互促进，协同发展。

资料来源：［1］百度百科［EB/OL］. https：//baike. baidu. com/item/% E4% B8% 80% E5% B8% A6% E4% B8% 80% E8% B7% AF/13132427？ fr = aladdin.

［2］中国"一带一路"网. 什么是"一带一路"？［EB/OL］. https：//www. yidaiyilu. gov. cn/info/iList. jsp？ tm_ id = 540.

四、人民币国际化能够带来的收益

1. 获取可观的国际铸币税收入，增加本国福利。人民币国际化最大的益处可能要归因于央行通过发行货币来获得一定数量的铸币税收入，减少因使用外币引起的财富流失。人民币国际化的终极目标是要成为国际储备货币，而储备货币给其发行国带来的收益就是"铸币税"收入。因为国际货币发行国无须为在其他国家流通的本国货币支付利息，并可以凭借较低的利率进行债券融资，相当于从其他国家收取铸币税收入增加本国福利。

[知识链接 3 –5] 铸币税

铸币税，又称"货币税"，指发行货币的组织或国家，在发行货币并吸纳等值黄金等财富后，货币贬值，使持币方财富减少，发行方财富增加的经济现象。简单地讲就是发行货币的收益，是政府财政的重要来源。举个例子来说，一张100美元的钞票印刷成本也许只有1美元，但是却能购买100美元的商品，其中的99美元差价就是铸币税。

2. 有利于降低交易成本，规避贸易中的汇率风险，促进对外贸易。人民币成为国际货币后，我国进出口商、外资使用者和对外投资者均可直接使用人民币进行计价结算，从而可以在一定程度上减少汇兑成本，降低交易成本，更重要的是，实现以人民币计价结算后，我国无须考虑由于汇率波动带来的风险，这必将促进我国对外贸易的快速发展，大大减少了由于汇率波动引起的我国国际收支的波动。

3. 有利于提高国际声誉和信用。货币国际化是一国综合经济实力发展到一定阶段的产物。从历史经验来看，一国货币国际化的过程，也是该国国际地位逐渐提高的过程。以当今世界主要国际货币来说，美元、欧元、日元等能够充当国际货币，是美国、欧盟、日本经济实力强大和国际信用地位的体现。诚然，我国也不例外，人民币实现国际化后，我国就掌握了一种国际货币的发行权和调节权，而其他使用人民币的国家和地区将会对我国产生一定的依赖性，使我国经济金融政策和经济发展状况的变化会对这些国家产生一定影响。

五、人民币国际化带来的弊端

1. 增加了以"人民币"为标的的投机套利可能性，对国内经济金融的稳定造成威胁。人民币实现国际化后，人民币在资本项目下将实现完全可自由兑换。资本项目的完全开放，给国际投机家创造了短期内聚集大量人民币的可能，这势必会严重影响到我国汇率的稳定。由于人民币国际化所带来的大量货币转移会使我国汇率大幅波动，造成我国金融市场动荡继而引发系统性金融风险。如果我国货币资产收益率相对于其他国家的资产收益率处于较高的水平，那么，国外资金将会大量流入我国境内，冲击我国外汇市场，导致人民币剧烈升值。反之，当国外资产收益率高于我国资产收益率时，国内资金为追求其他国家高资产收益率而纷纷外逃，此时将导致人民币的突然贬值。显然，人民币国际化对我国国内经济金融的稳定会带来较为明显的冲击。

2. 累积系统性金融风险，加剧金融危机的传导效应。资本市场开放度的提高和金融管制的放松，会导致国际资本频繁进出国内，为通货膨胀的输入、输出提供了更为便捷的渠道，增加了我国系统性金融风险的累积，从而增加了我国金融体系的不稳定性和潜在金融危机爆发的可能性。而一旦金融危机爆发，将会通过"多米诺骨牌效应"加剧金融危机的传导。

3. 货币政策丧失独立性，执行难度加大。人民币国际化后，我国经济将处于人民币可自由兑换、汇率自由浮动和资本自由流动的"三自由"状态。在这一背景下，经济的开放性、汇率变动、资本流动等因素会影响国内货币政策传导机制，从而影响货币政策的执行效果。以货币政策目标为例，封闭的经济条件下，央行凭借货币政策工具对国内经济变量的影响来实现既定的货币政策目标。按照凯恩斯学派的货币政策传导机制理论，货币供给量的增减将对利率产生影响，利率的变化则会对资本边际效益产生影响，使投资以乘数方式增减，而投资的变化会进而影响总支出和总收入。一旦人民币国际化实现后，一些在人民币不可兑换、汇率固定和资本管制等条件下发生作用的货币政策，可能会受到汇率变动、资本频繁流动的影响而失去效果。

六、我国推进人民币国际化的可行路径

人民币国际化涉及多维层面，各个部分之间是一个相互支撑、相互依存的有机体，既体现为逐步推进的过程，又体现为相互促进的协同发展模式。

第一步，加快汇率形成机制改革，稳定币值，规避热钱流入进行"投机套利"活动。

保持人民币价值的稳定是人民币汇率形成机制改革的主要目标，也是人民币实现国际化的前提和基础。从国际经验看，一国货币如果成为国际货币，其现在及未来的价值必须保持足够的稳定，人们才能对其价值有一个基本稳定的认识，才会有足够的信心持有。同时，一国货币要想实现经常项下的支付结算以及资本项下的投资交易货币职能，客观上也需要汇率的稳定。

人民币汇率剧烈波动都将严重影响人民币国际化的进程：从短期看，会破坏人民币币值的稳定，引起大量热钱的出入进行"投机套利"活动，对经济发展造成冲击；从长期看，将动摇人们对人民币价值稳定的信心。实践也证明，稳定的币值是人民币赢得国际市场的法宝。近年来，人民币币值一直保持较为稳定的态势，人民币在周边国家和地区被认可和接受的程度不断提高，流通总量日益增多。

第二步分为两个部分，一是改变现行国际贸易双顺差格局，逐步推进资本项目下的人民币可自由兑换，具体为：

（1）减少经常项目顺差。一国只有在存在经常项目逆差，且可用本币支付逆差时，才能真正享受铸币税。当前形势下，当务之急是减少经常项目顺差，加速人民币升值步伐，减少对外汇市场的干预，制定相应的措施，为出口降温，加大进口以减少贸易顺差。

（2）实现资本的双向平衡流动，减少资本项目顺差。对外商直接投资可以通过提高技术门槛、管理门槛以及资金门槛等手段将劣质投资阻挡于国门之外，这样既能提高外资利用的效率，又能减少外资流入的规模。另外，需要进一步扩大我国的对外直接投资规模，尤其是个人和私营企业对外投资的开放程度，并鼓励个人和企业对外进行直接投资和证券投资，持有境外资产。这些投资会在国际收支平衡表上反映为相应项目下的资本流出，有利于实现资本的双向流动和平衡，减少资本项目下的持续过度顺差。

二是加大人民币贸易结算力度，减少新增美元外汇储备，降低风险。人民币国际化最基本的内涵本质是要加大人民币在境外的流动性，较为可行的就是推进以人民币计价的结算方式，实现进口环节中使用人民币进行结算。譬如，鼓励跨国公司在全球贸易中使用人民币结算，促进人民币外流，增加人民币境外存量，减少新增美元外汇储备，降低风险，从而为人民币在其他环节实现国际化创造条件。

此外，更值得注意的是，在推进人民币国际化的过程中，需要考虑我国海外资产、负债结构的问题，改变我国过度依赖美元的格局，避免我国净国际投资头寸和投资收入大幅缩水。

第三步，完善金融市场体系，提升金融监管水平。一个没有完善金融市场体系的国家，也就无法使国内金融与国际金融结合起来并快速地反映国际金融形势与走向，也就无法使该国货币参与国际市场的价格形成过程，并真正实现货币国际化。为加快金融市

场体系建设，需从境内和境外两个市场入手：

（1）在境内，依托上海国际金融中心建设，大力发展银行间货币市场、股票市场、债券市场，完善二级市场的交易机制，丰富交易品种，吸引国内外更多的交易主体参与交易，扩大市场交易量，使它们的数量足够形成外部资金冲击与我国实体经济之间的缓冲器。

（2）在境外，首先在香港建立人民币离岸金融中心，具体可参照 QFII、QDII 的模式，推行境内外人民币投资业务，让境外人民币进入中国资本市场，让境内人民币更大规模地进入香港，通过香港离岸金融中心的中转站融入全球资本市场。

在此基础上，还要进一步加大人民银行等政府机构在面对境内、境外两个金融市场体系建设过程中可能出现的金融风险的监管，为两个市场上各项交易的顺利开展保驾护航。

［延伸阅读］ 欧洲债务危机

一、欧债危机的回顾

1. 爆发。2008—2009 年，由美国发轫的次贷危机席卷全球，欧洲各国也先后经历了来自外部的金融系统冲击、信心冲击、实体经济衰退的冲击，随后于 2010 年也爆发了严重的主权债务危机。

2009 年 10 月，希腊首相帕潘德里欧宣布前总统隐瞒财政赤字，随后希腊财政部部长宣布 2009 年财政赤字占 GDP 比重高达 13.7%，远超预期的 6%，公共债务占 GDP 比重也将攀升至 113%，两者远超《马斯特赫特条约》（以下简称《马约》）中规定的赤字上限 3% 和债务上限 60%。紧接着，惠誉率先下调希腊主权债务评级，标普、穆迪也紧随其后，推波助澜，引爆投资者恐慌，纷纷开始大规模抛售希腊国债，国债收益率快速上升，主权债务危机全面爆发。

由于希腊是欧元区成员国，投资者对于该国的担忧迅速蔓延至区内其他国家，尤其是财政上较为脆弱的葡萄牙、西班牙等。2010 年 2 月 5 日，西班牙股市当天急跌 6%；2010 年 2 月 9 日，欧元空头头寸增至 80 亿美元，创下历史最高纪录；4 月，西班牙主权债务评级遭到下调。随着这些国家的资产价格下跌，投资者担忧加剧，信心崩塌，风险偏好快速下降，国际评级机构下调评级，所有这些事件形成恶性循环，不断恶化。至此，欧洲主权债务危机全面爆发。

2. 演进、救助与消退。随着债务危机的恶化，欧元区经济也陷入衰退，投资者恐慌情绪继续上升，危机蔓延到更多国家。2010 年末，欧盟 27 个成员国中有 20 个国家的财政赤字占 GDP 的比例超过 3% 的警戒线，特别是欧盟第三大经济体意大利、第四大经济体西班牙接连遭到主权债务评级下调，更是重创了投资者信心。

欧元区爆发了如此严重的债务危机，尽管有《马斯特里赫特条约》中设有"不救助条款"等因素的掣肘，欧盟、欧央行及 IMF 等机构也不可能坐视不管，共进行了三轮大规模的救助措施。

第一轮（2010—2011 年），由欧盟成员国担保设立欧洲金融稳定工具（EFSF），金额达 4 400 亿欧元，用以为缺乏偿债能力的国家提供紧急金融支持。另外，IMF 也提供了 2 500 亿欧元的新借款安排额度 (NAB)。随着事态恶化，意大利、西班牙等大国卷入违约可疑国家名单，上述救助金额逐渐显得力不从心，欧盟不得不扩大救助范围。

第二轮 (2011—2012 年)，扩大欧洲金融稳定基金 (EFSF) 至 10 000 亿欧元，并进行债务重组，开展有序违约。如对希腊主权债务减计约 1 300 亿欧元。此轮救助之后，事态得到了一定的控制，但市场信心仍未得到彻底修复，希腊存在退出欧元区的风险。

第三轮 (2012—2013 年)，进一步进行债务减计，各国（英国、捷克除外）签署财政契约设定合理的财政纪律和协调机制，欧央行推出长期再融资操作 (LTRO)、直接货币交易 (OMT)，为银行体系和市场提供流动性。至此，欧盟、欧央行、IMF "三驾马车" 火力全开，OMT 推出之后，基本上欧债危机最困难的时刻已经过去。

2012 年 9 月之后，从市场的情况看，希腊、西班牙、意大利等国的长期国债收益率迅速下行，欧债危机的影响逐渐消退。2013 年开始，欧元区步入了经济企稳回升的通道，年底，爱尔兰宣布不再申请下一轮救助资金，成为欧元区第一个停止救助的国家，随后葡萄牙也成功发行 5 年期国债，恢复市场化融资能力，历时 3 年的欧洲债务危机基本结束。

二、欧债危机爆发的原因

关于欧债危机爆发的原因，表面上看是某些国家财政纪律松弛，导致赤字过大，举债过度，一旦受到较大的外部冲击就难以偿还，形成债务危机，实际深层次的原因是欧元区内部结构上、制度上的不均衡不合理所致。从外部和内部两方面来看有以下几方面原因。

1. 外部原因。第一，国际金融危机冲击。众所周知，由美国次贷危机引发的全球性的国际金融危机和经济危机对世界各国都造成了巨大的负面冲击。欧元区银行业与美国有紧密的联系，早在次贷危机爆发初期就受到了较大的冲击。金融系统的冲击又通过信贷、信心等渠道冲击投资和实体经济。前期债务水平较高，经济结构偏服务业的希腊出现了政府赤字飙升，债务大增，从而率先引发了债务危机。

第二，国际评级机构频繁、快速下调评级。2009 年底开始，三大评级机构频繁下调欧洲问题国家的主权债务评级，对于危机起到了推波助澜、落井下石的作用。

2. 内部原因。第一，统一的货币政策和松散的财政政策。在经济增长时期，欧元区的通货膨胀压力和汇率升值压力被整体稀释，各国容易以较低成本融资，并使各国采取宽松的财政政策，不断通过借债来促进经济增长。当经历外部冲击或经济进入衰退，借贷成本和偿债压力的飙升使脆弱的国家面临压力。这些国家又无法通过货币贬值或扩张性货币政策来刺激产品出口和经济增长。

第二，刚性的高社会福利。高福利政策诞生于西方民主社会制度中，本质是调节资本主义社会当中日趋严重的贫富分化问题，后逐渐演变成公民的基本权利。由于社会福利的变动很容易被感知，在民主选举的制度下，福利政策存在极大的刚性，很难在经济周期的变化中进行快速而有意义的调整。欧债危机爆发后，为了解决问题的希腊政府提出减少福利待遇的举措，即使在这样的情况下，这些举措也受到了来自民众巨大的阻力，不得不经过多轮磋商和协调，希腊才慢慢开始推行紧缩财政、收紧福利的举措。

第三，僵化的劳动力市场。从欧元区失业情况最严重的西班牙来看，劳动力市场的问题体现在两个方面。一方面，失业保障过高。在西班牙，一人失业后，只要过去 6 年内缴满了一年的失业保险，就可以领取最长两年的保险金，其中第一年领取相当于原工资水平70%的保险金，第二年是60%。就算达不到申领失业保险的标准，也能领到失业津贴，大约为最低工资的75%，最长可以领30个月。这就导致很多人缺乏找工作的动力，养了很多懒人。另一方面，工会实力强大，工资刚性。签订长期合同的员工工资一般是按物价增长指数化调整，工资若想调整需要与工会集中谈判，而且解雇成本非常高。这些导致了西班牙要么是长期合同，要么是非常短期的合同，劳动力市场难以通过价格变化进行调节，在经济受到冲击的时候失业率高企也就不足为奇了。其他欧洲国家如希腊、意大利、法国等也都有类似的问题。

资料来源：申银万国期货.欧债危机回顾及对当前欧洲债市波动的启示：欧债危机2.0言之尚早[EB/OL]．[2018 - 06 - 07]. http：//baijiahao. baidu. com/s？id = 1602584855632773685&wfr = spider&for = pc.

本章小结

1. 国际货币体系是指各国政府共同遵守的为有效地进行国际间各种经济交易支付而确立的一系列规则、措施及组织机构的总称。国际货币体系的发展经历了国际金本位制、布雷顿森林体系和牙买加体系三个阶段。

2. 国际金本位制是历史上第一个国际货币制度，依据货币与黄金的联系标准，金本位制可分为金币本位制、金块本位制和金汇兑本位制。金本位制的特点是：（1）黄金充当国际货币和储备资产；（2）实行严格的固定汇率制；（3）具有自动调节的机制；（4）体系松散、无组织。国际金本位制具有汇率稳定，国际收支自动调节机制等方面的优势，但因其本身体系松散，黄金产量不能满足世界经济发展的需要导致它无法适应世界经济的发展，最终被新的货币制度所取代。

3. 布雷顿森林体系确立了黄金与美元挂钩，各国货币与美元挂钩，以美元为中心的国际金汇兑本位制度。布雷顿森林体系包括本位制度、汇率制度、储备制度、国际收支调节制度以及相应的组织形式五个方面的内容。由于特里芬难题的存在，布雷顿森林体系时期爆发了四次美元危机，最终导致其崩溃。布雷顿森林体系存续期间对促进国际经济迅速发展、弥补国际清偿力不足、树立国际货币合作典范等方面起到了积极的作用，但也存在如特里芬难题、汇率体系僵化、内外部均衡目标难以统一以及国际货币基金组织协调能力有限等方面的问题。

4. 牙买加体系从1973年起一直存续至今，其主要内容是确立浮动汇率合法性，推行黄金非货币化，提高特别提款权国际储备地位，国际货币基金组织扩大对发展中国家的资金融通，并增加成员国的基金份额。牙买加体系的特点是：（1）国际储备货币多元化；（2）汇率制度多样化；（3）国际收支调节方式灵活。在牙买加体系下，国际清偿力不足得到缓解，多样化的汇率制度适应多变的世界经济形势，国际收支调节方式更为有效与及时。但也存在一些明显的问题，如国际储备货币多元化具有不稳定的因素，汇率剧烈波动产生诸多弊端，各国经济政策仍不能相互独立等。

5. 欧洲货币一体化是自布雷顿森林体系崩溃以来，在国际货币安排方面最有意义的进展，是迄今为止最适度货币区最为成功的实践结果。欧洲货币一体化的意义主要表现在：（1）欧元的启用使之与美元一起构成国际货币的两强格局；（2）优化了区域内资源配置，并推动了欧盟各国经济发展；（3）对国际货币体系产生巨大影响，欧元的示范效应使世界其他地区有可能模仿欧元的成功模式进行地区性的货币合作。

6. 人民币国际化是指人民币能够跨越国界，在境外流通，成为国际上普遍认可的计价、结算及储备货币的过程。一国货币充当国际货币，不仅可以取得铸币税的收入，还可以部分地参与国际金融资源的配置。人民币成为国际货币，既能获得巨大的经济利益，又可以增强中国在国际事务中的影响力和发言权，提高中国的国际地位。

 同步练习

一、单选题

1. 国际货币体系的最根本内容是（　　）。

A. 确定国际货币　　　　　　　　　　B. 确定汇率制度

C. 确定储备资产　　　　　　　　　　D. 确定国际收支调节方式

2. 黄金可以自由铸造、自由兑换和自由输出入的国际货币体系是（　　）。

A. 国际金块本位制　　　　　　　　　B. 国际金币本位制

C. 国际金汇兑本位制　　　　　　　　D. 国际金银复本位

3. 以美元为中心的国际货币体系是（　　）。

A. 牙买加货币体系　　　　　　　　　B. 国际金本位制

C. 金汇兑本位制　　　　　　　　　　D. 布雷顿森林体系

4. 为解决成员国短期国际收支不平衡而向其提供贷款的国际金融机构是（　　）。

A. 国际复兴开发银行　　　　　　　　B. 国际金融公司

C. 国际货币基金组织　　　　　　　　D. 亚洲开发银行

5. 确定浮动汇率制度合法化的国际货币体系是（　　）。

A. 国际金本位制　　　　　　　　　　B. 布雷顿森林体系

C. 金汇兑本位制　　　　　　　　　　D. 牙买加货币体系

二、多选题

1. 国际货币体系的内容一般包括（　　）。

A. 国际储备资产的确定　　　　　　　B. 货币比价的确定

C. 汇率制度的确定　　　　　　　　　D. 平衡国际收支方式的确定

E. 确定经济政策协调方式

2. 按照布雷顿森林货币体系的规定，两个挂钩是指（　　）。

A. 美元同黄金挂钩　　　　　　　　　B. 英镑同黄金挂钩

C. 各国货币之间相互挂钩　　　　　　D. 各国货币同美元挂钩

E. 各国货币同英镑挂钩

3. 以下关于牙买加货币体系的说法中，正确的包括（　　）。

A. 是多元储备体系　　　　　　　　　B. 采取国际收支的多种调节机制

C. 是无体系的体系　　　　　　　　　D. 拥有多元化的国际货币

E. 确定黄金的非货币化

4. 欧洲货币体系的主要内容有（　　　）。

A. 创建欧洲货币单位　　　　　　　　B. 构建汇率稳定机制

C. 建立欧洲货币基金　　　　　　　　D. 构建多元化国际收支调节机制

E. 建立双重的中心汇率制

5. 当前国际货币体系的特点是（　　　）。

A. 多种汇率制度并存　　　　　　　　B. 基本上以美元为中心国际货币

C. 多种中心货币并存　　　　　　　　D. 普遍采用盯住一种国际中心货币

E. 普遍采用浮动汇率制

三、简答题

1. 简述国际货币体系的含义。

2. 简述国际货币体系经历的阶段。

3. 简述国际金本位制的含义及类型。

4. 简述国际金本位制的特点。

5. 简述布雷顿森林体系的内容。

6. 简述布雷顿森林体系崩溃的原因。

7. 简述牙买加体系的内容及特点。

8. 欧元诞生对世界经济会产生什么影响？

9. 简述人民币国际化的含义。

10. 简述人民币国际化的路径机制。

项目四 外汇与汇率

随着对外开放的不断深入，小王身边的亲戚朋友因出国出境换外币的情况很常见，小王见到的外币种类也越来越多，美元、港元、日元、欧元等货币小王都见过。小王听长辈说港元在20世纪80年代相当值钱，100元人民币只能兑换30港元，现在情况完全不同了，人民币比港元值钱，现在的100港元只能兑换80多元人民币。小王心里很疑惑：汇率变化这么大，是什么因素导致的？这样的汇率波动又会对经济产生什么影响呢？

学习目标

◎ 掌握外汇的概念及特点；

◎ 了解主要外国货币的面值、汇率等；

◎ 掌握汇率的概念、标价方法及种类；

◎ 掌握不同货币制度下汇率的形成机制；

◎ 理解汇率变动的影响因素及汇率变动的经济效应；

◎ 通过实训练习能认识外汇及外国货币，能正确表示汇率，区别不同的汇率标价方法，会计算套算汇率。

关键词

外汇　汇率　买入价　卖出价　直接标价法　间接标价法　美元标价法　买入汇率　卖出汇率　基本汇率　套算汇率

课程导入

辨识外国货币

看看下图中包含哪些国家的货币，思考外汇是否等同于外国货币。

✅ 任务一　掌握外汇的概念

一、外汇的概念

外汇（Foreign Exchange，Forex）即外汇兑的简称。外汇产生于国际主义的贸易与国家主义的货币。

我们来看一个例子：假设日本和法国之间进行贸易，日本向法国出口汽车，法国向日本出口香水，分别价值 1 300 万日元和 100 万欧元。这时，两国的商人在进行国际交易的过程中就会遇到一个难题，那就是两个国家的商人都只拥有自己国家的货币。如果想要买到对方国家的东西，就需要先获得对方国家的货币，也就是说将日元兑换成欧元，或者将欧元兑换成日元。从这个例子，我们可以看到外汇有动态和静态之分。

外汇的概念

（一）动态外汇的概念

动态外汇是指把一国的货币兑换成另一国货币，用于清偿国际间债权、债务关系的行为和过程，是国际汇兑的简称。这种行为和过程并不表现为直接运送现金，而是采用委托支付或债权转让的方式，结算国际间的债权、债务。如例子中，日本和法国的出口企业和进口企业收付货款，办理结汇就是一种外汇行为，银行与客户之间的外汇买卖和银行同业之间的外汇买卖就是一种外汇经营活动。我们熟悉的国内汇兑是国内异地划转资金，不会引起不同货币之间的兑换关系。外汇则不同，它一定形成本币与外币之间的兑换关系或各种货币之间的兑换关系，否则就不能完成将资金转移到国外或从甲国转移到乙国的汇兑任务。

（二）静态外汇的概念

静态外汇是实现动态外汇过程所凭借的手段和工具。静态的外汇又有广义与狭义之分。广义的外汇泛指以外国货币表示的资产，通常是各国外汇管理法令所称的外汇。根据我国 2008 年 8 月 1 日修订通过的《中华人民共和国外汇管理条例》第三条规定，外汇的具体形式包括以下五种：（1）外币现钞，包括纸币、铸币；（2）外币支付凭证或者支付工具，包括票据、银行存款凭证、银行卡等；（3）外币有价证券，包括债券、股票等；（4）特别提款权；（5）其他外汇资产。狭义的外汇是指以外国货币表示的能直接用于国际间债券债务关系清算的支付手段。因此，不能把外汇简单地理解为外国货币。

二、外汇的特征

💡思考：所有的外国货币都是外汇吗？

不是所有的外国货币都能称为外汇，一种外币及其所表示的资产成为外汇需要具备三个特征：

1. 非本币性。外汇必须是以外币表示的资产，要具有国际性。如一个中国人持有的美元汇票是外汇，而一个美国人持有的美元汇票则不是外汇。

2. 可偿性。可偿性是指在任何情况下都能够在国外得到偿付。空头支票、拒付的汇票即使用外币表示，但因不能兑现，不具备可偿性，不能被称为外汇。

3. 可兑换性。可兑换性是指在国际市场上可普遍被接受，可兑换成任何国家货币或其他各种外汇资产。

三、外汇的功能

1. 用于国际间的支付和结算。国际间的经济交易涉及不同国家，通常要使用外汇进行非现金结算，来清偿国际债权、债务。所有的国际债权、债务关系都能够通过银行国际业务，利用外汇进行清算，完成国际间的支付和结算。这加速了资金周转速度、降低了风险发生的可能性，扩大了资金融通的范围，对国际贸易和经济金融的发展起到了极大的促进作用。

2. 调剂国际间的资金余缺。世界经济发展不平衡，各国所需的建设资金余缺程度不同，这在客观上需要在世界范围内进行资金调剂。由于各国发行使用的货币不同，无法直接调剂。外汇作为国际支付手段，可以发挥调剂资金余缺的功能。

3. 充当国际储备。在布雷顿森林体系崩溃后，《牙买加协议》明确了黄金非货币化的地位，黄金不再作为国际支付和结算的主要手段，在国际储备中的占比也越来越少。外汇作为国际间支付结算的手段和资产，目前是国际储备中占比最大的资产。

四、主要外国货币概览

（一）世界主要货币名称及符号

表 4-1 列出了当今世界上主要货币的简况，包括货币发行国家或地区、货币名称和代码等。按照国际标准化组织 ISO-4217 标准的定义，每种货币都用三个字母的代码来表示。例如，美元是 USD（United States Dollar），欧元是 EUR（Euro），瑞士法郎是 CHF（Confederation Helvetica Franc），日元是 JPY（Japanese Yen），英镑是 GBP（Great British Pound）。货币代码通常是由两个字母的国家代码（国际标准化组织 ISO-3166 标准）加第一个货币字母构成的，但也有例外，比如欧元（Euro），被表示为 EUR。

表 4 – 1　　　　　　　　　　　　世界主要货币名称及符号

国家或地区	货币名称	ISO 货币代码	惯用缩写
中国	人民币元（Renminbi Yuan）	CNY	￥
中国香港	港元（Hong Kong Dollar）	HKD	HK $
日本	日元（Yen）	JPY	￥
韩国	韩元（Won）	KRW	₩
新加坡	新加坡元（Singapore Dollar）	SGD	S $
越南	越南盾（Dong）	VND	₫
泰国	泰铢（Baht）	THB	฿
马来西亚	林吉特（Malaysian Ringgit）	MYR	M $
印度尼西亚	印度尼西亚卢比（Rupiah）	IDR	Rp
菲律宾	菲律宾比索（Philippine Peso）	PHP	₱
印度	印度卢比（Indian Rupee）	INR	₹
欧元区	欧元（Euro）	EUR	€
英国	英镑（Pound Sterling）	GBP	£
瑞士	瑞士法郎（Swiss Franc）	CHF	CHF；SFr（旧）
瑞典	瑞典克朗（Swedish Krona）	SEK	SKr
挪威	挪威克朗（Norwegian Krone）	NOK	NKr
丹麦	丹麦克朗（Danish Krone）	DKK	DKr
美国	美元（US Dollar）	USD	$
加拿大	加拿大元（Canadian Dollar）	CAD	C $
墨西哥	墨西哥比索（Mexican Peso）	MXN	MEX $
古巴	古巴比索（Cuban Peso）	CUP	₱
埃及	埃及镑（Egyptian Pound）	EGP	£ E；LE
南非	兰特（Rand）	ZAR	ZAR
澳大利亚	澳大利亚元（Australian Dollar）	AUD	A $
新西兰	新西兰元（New Zealand Dollar）	NZD	NZ $

（二）主要外国货币介绍

1. 美元。美元是美利坚合众国的官方货币。目前流通的美元纸币是自 1929 年以来发行的各版钞票。当前美元的发行是由美国联邦储备系统控制。美元是外汇交换中的基础货币，也是国际支付和外汇交易中的主要货币，在国际外汇市场中占有非常重要的地位。

目前流通的纸币面额有 1 美元、2 美元、5 美元、10 美元、20 美元、50 美元、100 美元七种，硬币有 1 美分和 5 美分、10 美分、25 美分、50 美分和 1 美元六种。1 美元等于 100 美分（Cents）。钞票尺寸不分面额均为 15.6cm×6.6cm。每张钞票正面印有券类名称、美国国名、美国国库印记、财政部官员的签名。美钞正面人像是美国历史上的知名人物，背面是图画。1963 年以后的各版，背面上方

美元

资料来源：析金法。

或下方又加印了一句"IN GOD WE TRUST"（我们信仰上帝）。

图4-1　10美元正面、背面图案

2. 欧元。1995 年 12 月，欧洲委员会决定将欧洲单一货币改名为欧元（Euro）。自 2002 年 1 月 1 日起，欧元纸币和硬币开始流通，所有收入、支出包括工薪收入、税收等都要以欧元计算。2002 年 7 月 1 日，欧元区成员国原有货币完全退出流通，欧元成为唯一的法定流通货币。欧元纸币共分七种面值，即 5 欧元、10 欧元、20 欧元、50 欧元、100 欧元、200 欧元和 500 欧元，面值越大，纸币面积越大。每种纸币正面图案的主要组成部分是门和窗，象征着欧盟推崇合作和坦诚精神。纸币的反面是各类桥梁图案，包括

图4-2　5欧元正面、背面图案

很早以前的小桥和现代先进的吊桥，象征着欧洲与其他国家之间的联系纽带。欧元纸币用绵纸制造，有特殊的手感，有一部分会凹凸不平，并有一条防伪线，且纸币上端的面值数字使用变色油墨印刷。所有的欧元硬币的正面都是相同的，标有硬币的面值，称为共同面，而硬币背面的图案则是由发行国自行设计的。目前欧元在欧盟19个国家流通使用。

图4-3　1 000日元正面、背面图案

3. 日元。日元是日本的官方货币，于1871年制定，由日本银行发行。其纸币称为日本银行券，有1 000日元、2 000日元、5 000日元、10 000日元四种面额，铸币有1日元、5日元、10日元、50日元、100日元、500日元等。日本钞票正面文字全部使用汉字（由左至右顺序排列），中间上方均有"日本银行券"字样，各种钞票均无发行日期。发行单位负责人是使用印章的形式，即票面印有红色"总裁之印"和"发券局长"图章各一个。

4. 英镑。英镑为英国的本位货币单位，由英格兰银行发行。1971年2月15日，英格兰银行实行新的货币进位制，辅币单位改为新便士（New Penny），1英镑等于100新便士。目前，流通中的纸币有5英镑、10英镑、20英镑和50英镑的面额，另有1新便士、2新便士、5新便士、10新便士、50新便士及1英镑的铸币。

英镑

资料来源：析金法。

5. 港元。港元又称香港币，主要是由英资上海汇丰银行（The Hong Kong and Shanghai Corporation）、香港渣打银行（Standard Chartered Bank）和中国银行（Bank of China）发行。目前在香港流通的港元面额有5港元、10港元、20港元、50港元、100港元、500港元、1 000港元纸币，另有1分纸币和1毫、2毫、5毫、1港元、2港元、5港元硬币。10分等于1毫，10毫等于1港元。港元实行的是对美元的联系汇率制，美元对港元的汇率在1∶7.8左右浮动。

6. 澳大利亚元。澳大利亚元又称澳元，是澳大利亚的法定货币，由澳大利亚储备银行负责发行。目前澳大利亚流通的有 5 澳大利亚元、10 澳大利亚元、20 澳大利亚元、50 澳大利亚元和 100 澳大利亚元面额的纸币，另有 1 分、2 分、5 分、10 分、20 分、50 分铸币。100 分等于 1 澳大利亚元。所有硬币的正面图案均为英国女王伊丽莎白二世头像。新版澳大利亚元是塑料钞票，经过近 30 年的研制才投入使用，它是以聚酯材料代替纸张，耐磨，不易折损，不怕揉洗，使用周期长且手感强烈，具有良好的防伪特性。

7. 加拿大元。加拿大元由加拿大银行发行。加拿大纸币有 1 加拿大元、2 加拿大元、5 加拿大元、10 加拿大元、20 加拿大元、50 加拿大元、100 加拿大元和 1 000 加拿大元八种面额，另有 1 分、5 分、10 分、25 分、50 分和 1 加拿大元铸币。100 分等于 1 加拿大元。1935 年加拿大发行了印有英女皇乔治五世像的第一批钞票，1937 年发行了印有英皇乔治六世像的 1937 年版钞票，1954 年发行了印有伊丽莎白二世头像的 1954 年版钞票，1970 年 8 月以来又陆续发行了新钞，新旧版本钞票均可流通。硬币正面均铸有英女皇伊丽莎白二世头像，背面铸有加拿大的英文"CANADA"字样。加拿大居民主要是英、法移民的后裔，分英语区和法语区，因此钞票上均使用英语和法语两种文字。

8. 新加坡元。新加坡元由新加坡货币局发行。目前新加坡流通的货币有 1 新加坡元、5 新加坡元、10 新加坡元、20 新加坡元、50 新加坡元、500 新加坡元、1 000 新加坡元、10 000 新加坡元面额的纸币。1 分、5 分、10 分、20 分、50 分及 1 新加坡元铸币，100 分等于 1 新加坡元。新加坡纸币中 20 新加坡元、25 新加坡元、500 新加坡元、10 000 新加坡元券各有一种版式；1 新加坡元、5 新加坡元、10 新加坡元、50 新加坡元券各有两种版式；100 新加坡元、1 000 新加坡元券各有三种版式：第一种版式以胡姬花为票面主要图案；第二种版式以鸟类为票面主要图案；第三种版式的钞票为 1984 年以来发行的面额为 100 新加坡元、1 000 新加坡元券钞票，票面主要图案是各种不同的轮船。在各种面额钞票的正面、背面显著位置上均印有"SINGAPORE"字样，正面还印有"立狮扶星月盾牌"图。新旧版钞票混合流通使用。新加坡铸币中的 5 分、10 分、20 分、50 分都有两种样式。

9. 瑞士法郎。瑞士法郎的发行机构是瑞士国家银行，辅币进位是 100 生丁等于 1 瑞士法郎，纸币面额有 10 瑞士法郎、20 瑞士法郎、50 瑞士法郎、100 瑞士法郎、500 瑞士法郎、1 000 瑞士法郎，铸币有 1 生丁、5 生丁、10 生丁、20 生丁、50 生丁及 1 瑞士法郎、2 瑞士法郎、5 瑞士法郎等。由于瑞士奉行中立和不结盟政策，所以瑞士被认为是最安全的地方，瑞士法郎也被称为传统避险货币，加之瑞士政府对金融、外汇采取的保护政策，使大量的外汇涌入瑞士，瑞士法郎也成为稳健而颇受欢迎的国际结算和外汇交易货币。

☑ 任务二　认识并表示汇率

一、汇率的含义及表示

汇率也称为汇价、外汇行市、外汇牌价，是两国货币的兑换比率，即用一种货币表示另一种货币的价格。汇率的形成是国际经济交往发展的产物，随着商品交易逐步扩大到国际领域，一个国家的货币不能在另一个国家流通，出口商需要将出口所得的外汇兑换成本国货币，进口商需要将本国货币兑换成外币对外支付，就需要确定两种货币之间的汇率。

汇率的表示通常可用以下几种方式，以美元兑人民币的汇率为例，可表示如下：

USD100 = CNY667. 59

USD1 = CNY6. 6759

USD/CNY = 6. 6759

在这里，写在前面的货币 USD 称为单位货币或基准货币，写在后面的货币 CNY 称为报价货币，汇率的数值 6. 6759 通常用 5 位有效数字来表示。

当美元兑人民币的汇率由 USD1 = CNY6. 6759 变动到 USD1 = CNY6. 6450 时，意味着 USD 贬值、CNY 升值。升值、贬值是一个相对的概念，甲货币对乙货币升值意味着乙货币对甲货币贬值。

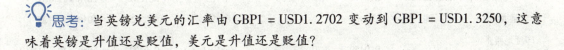

思考：当英镑兑美元的汇率由 GBP1 = USD1. 2702 变动到 GBP1 = USD1. 3250，这意味着英镑是升值还是贬值，美元是升值还是贬值？

二、汇率的标价方法

由于汇率是两种货币的兑换比率，也就是两种货币可以相互表示，可以表示为 A/B，也可以表示为 B/A，这就涉及两种不同的标价方法：一种是直接标价法，另一种是间接标价法。20 世纪 50 年代初以来，西方各国的跨国银行又普遍采用了美元标价法。

直接标价法和
间接标价法

（一）直接标价法

直接标价法，是以一定单位（1、100、1000、10 000 等）的外国货币为标准，折算成一定数额的本国货币的汇率表示方法，或者说是以本币来表示外国货币的价格。在直接标价法下，外币固定本币变化。

我们来看一个直接标价法的例子：2018 年 12 月 31 日，中国银行外汇牌价中英镑、美元、欧元兑人民币的汇率为：

GBP100 = CNY867. 62

USD100 = CNY686. 32

EUR100 = CNY784. 73

在此例中，外币（GBP、USD、EUR）是单位货币或基准货币，本币（CNY）是报价货币。根据习惯，大多数国家的货币采用直接标价法，我国人民币对大多数外国货币的汇率采用的即是直接标价法。

在直接标价法下，以一定单位外币折算的本国货币越多，即等号右边的数值越大，说明本国货币的币值越低或越贱，而外国货币的币值越高或越贵。反之，则是本国货币币值越高，外国货币币值越低。同样道理，以一定单位外币折算的本国货币增多，即等号右边的数值变大，说明外币汇率上涨，外国货币币值上升，或本国货币币值下降。反之，则外国货币币值下降，本国货币币值上升。

 [知识链接 4 - 1]　了解主要外币兑人民币汇率

表 4 - 2　　　　　　　　　2018 年 12 月 31 日中国银行外汇牌价

外汇币种	现汇买入价	现钞买入价	现汇卖出价	现钞卖出价	中行折算价	发布日期
阿联酋迪拉姆		180.58		193.68	186.79	2018 - 12 - 31
澳大利亚元	483.61	468.58	487.17	488.23	482.5	2018 - 12 - 31
巴西里亚尔		170.01		185.94	177.42	2018 - 12 - 31
加拿大元	502.57	486.7	506.27	507.38	503.81	2018 - 12 - 31
瑞士法郎	694.95	673.5	699.83	701.57	694.94	2018 - 12 - 31
丹麦克朗	104.77	101.53	105.61	105.82	105.08	2018 - 12 - 31
欧元	782.85	758.53	788.63	790.2	784.73	2018 - 12 - 31
英镑	869.18	842.17	875.58	877.5	867.62	2018 - 12 - 31
港元	87.58	86.88	87.93	87.93	87.62	2018 - 12 - 31
印度尼西亚卢比		0.0459		0.0493	0.0473	2018 - 12 - 31
印度卢比		9.2467		10.4271	9.7986	2018 - 12 - 31
日元	6.2045	6.0117	6.2501	6.2501	6.1887	2018 - 12 - 31
韩元	0.616	0.5944	0.621	0.6435	0.6125	2018 - 12 - 31
澳门元	85.13	82.28	85.47	88.21	85.23	2018 - 12 - 31
林吉特	165.21		166.7		164.79	2018 - 12 - 31
挪威克朗	78.63	76.21	79.27	79.42	78.28	2018 - 12 - 31
新西兰元	459.74	445.55	462.96	468.64	459.54	2018 - 12 - 31
菲律宾比索	13.03	12.63	13.13	13.74	13.08	2018 - 12 - 31
卢布	9.83	9.23	9.91	10.28	9.86	2018 - 12 - 31
沙特里亚尔		178.13		187.4	182.87	2018 - 12 - 31
瑞典克朗	76.26	73.91	76.88	77.03	76.14	2018 - 12 - 31
新加坡元	501.87	486.38	505.39	506.65	500.62	2018 - 12 - 31
泰铢	21.04	20.39	21.2	21.85	21.1	2018 - 12 - 31
土耳其里拉	129.44	123.1	130.48	147.22	129.62	2018 - 12 - 31
新台币		21.71		23.41	22.34	2018 - 12 - 31
美元	686.06	680.48	688.97	688.97	686.32	2018 - 12 - 31
南非兰特	47.47	43.82	47.79	51.44	47.35	2018 - 12 - 31

资料来源：中国银行网站。

（二）间接标价法

间接标价法是以一定单位的本国货币为标准折算为一定数额的外国货币的汇率表示

方法，或者说是以外币来表示本国货币的价格。在间接标价法下，本币固定外币变化。

我们来看一个间接标价法的例子：2018 年 12 月 31 日，伦敦外汇市场公布英镑兑美元、兑港元的汇率为：

GBP1 = USD1. 2750

GBP1 = HKD9. 9830

在此例中，本币（GBP）是单位货币或基准货币，外币（USD、HKD）是报价货币。少数几个国家的货币采用间接标价法，如英镑、欧元、澳大利亚元、新西兰元、美元。英国是资本主义发展最早的国家，也是最早使用金本位制的国家，英国"日不落帝国"的地位使英镑在第一次世界大战前成为国际贸易计价结算的中心货币。第二次世界大战后，美国经济实力迅速强大，布雷顿森林体系的建立确立了美元作为国际货币体系中心的地位。为了便于结算，1978 年 9 月 1 日开始，纽约外汇市场也改用间接标价法，以美元为标准，公布美元对其他货币之间的汇率，但美元对英镑、欧元、澳大利亚元仍沿用直接标价法。

直接标价法和间接标价法是相对于不同的外汇市场而言的，并且互为倒数。我们回顾刚刚的一组汇率 1 英镑等于 1. 2750 美元，在伦敦外汇市场，这是间接标价法，而在纽约外汇市场，这是直接标价法。

（三）美元标价法

第二次世界大战后确立的国际货币体系是以美元为中心货币，因此从 20 世纪 50 年代初开始，各国外汇市场上公布的外汇牌价均以美元为标准，这种情况被称为美元标价法。在美元对除英镑、欧元等少数货币以外的其他货币汇率标价时，采用以美元为单位货币的标价法，即 1 美元等于多少该种货币；而美元对于英镑、欧元等货币则采用以美元为报价货币的间接标价法，即 1 单位该种货币等于多少美元。例如，2018 年 12 月 31 日国际外汇市场汇率：

USD1 = JPY109. 63

USD1 = HKD7. 8300

GBP1 = USD1. 2750

三、汇率的种类

（一）买入汇率、卖出汇率、中间汇率、现钞汇率

根据银行买卖外汇的角度不同，汇率可分为买入汇率、卖出汇率、中间汇率、现钞汇率。

1. 买入汇率与卖出汇率。银行在外汇买卖报价时采用的是双向报价法，即同时报出买入汇率和卖出汇率。买入汇率也称为买入价，是银行买入该种外汇的价格，卖出汇率也称为卖出价，是银行卖出该种外汇的价格。

在表 4 - 2 中，该日中国银行买入 100 英镑，向客户支付 842. 17 元人民币；中国银行卖出 100 英镑，向客户收取 877. 5 元人民币。双向报价法的汇率表示为 GBP100 = CNY842. 17 ~ 877. 5。买入价与卖出价之差称为买卖价差，是商业银行买卖外汇的利润。买入价总是小于卖出价，二者相差的幅度各国各不相同，一般在 1‰ ~ 5‰。根据我国规定，银行对客户美元现汇挂牌汇价实行最大买卖价差不得超过中国外汇交易中心公布交

易中间价的1%的非对称性管理，只要现汇卖出价与买入价之差不超过当日交易中间价的1%，且卖出价与买入价形成的区间包含当日交易中间价即可；银行对客户美元现钞卖出价与买入价之差不得超过交易中间价的4%。银行可在规定价差幅度内自行调整当日美元挂牌价格。

在双向报价法下，如何判断买入价和卖出价，遵循的原则是：要从银行利润最大化的角度出发，遵循银行低买高卖的原则。如美元兑人民币的汇率为 USD100 = CNY680.48 ~ 688.97，如果客户到银行兑换美元，从银行角度则是卖出美元，要用的汇率是 688.97，688.97 是美元的卖出价；如果客户到银行将美元兑换为人民币，从银行的角度则是买入美元，要用的汇率是 680.48，680.48 是美元的买入价。

买入汇率和
卖出汇率

2. 中间汇率。我们在听财经新闻时，谈到美元兑人民币的汇率，只是一个数值，这时的汇率就是中间汇率。中间汇率也称为中间价，常用来衡量或预测汇率变动的幅度和趋势，一般商业银行或企业在内部核算，或各种新闻媒体在报道外汇行情时也用中间汇率。目前，中国人民银行授权中国外汇交易中心在每个工作日上午9：15对外公布24种货币对人民币汇率的中间价。如2018年12月31日，中国人民银行授权中国外汇交易中心公布，银行间外汇市场人民币汇率中间价为：1美元兑人民币6.8632元，1欧元兑人民币7.8473元，100日元兑人民币6.1887元，1港元兑人民币0.87620元，1英镑兑人民币8.6762元，1澳大利亚元兑人民币4.8250元，1新西兰元兑人民币4.5954元，1新加坡元兑人民币5.0062元，1瑞士法郎兑人民币6.9494元，1加拿大元兑人民币5.0381元，人民币1元兑0.60683林吉特，人民币1元兑10.1383俄罗斯卢布，人民币1元兑2.1119南非兰特，人民币1元兑163.27韩元，人民币1元兑0.53537阿联酋迪拉姆，人民币1元兑0.54685沙特里亚尔，人民币1元兑40.9161匈牙利福林，人民币1元兑0.54732波兰兹罗提，人民币1元兑0.9517丹麦克朗，人民币1元兑1.3134瑞典克朗，人民币1元兑1.2774挪威克朗，人民币1元兑0.77151土耳其里拉，人民币1元兑2.8702墨西哥比索，人民币1元兑4.7399泰铢。

[知识链接4-2] 中间价形成机制

人民币汇率中间价指交易中心根据中国人民银行授权，每日计算和发布人民币对美元等主要外汇币种汇率中间价。

2015年8月11日起，中国人民银行决定完善人民币兑美元汇率中间价报价，做市商在每日银行间外汇市场开盘前，参考上日银行间外汇市场收盘汇率，综合考虑外汇供求情况以及国际主要货币汇率变化，向中国外汇交易中心提供中间价报价。

人民币兑美元汇率中间价的形成方式为：交易中心于每日银行间外汇市场开盘前向外汇市场做市商询价。外汇市场做市商参考上日银行间外汇市场收盘汇率，综合考虑外汇供求情况以及国际主要货币汇率变化进行报价。交易中心将全部做市商报价作为人民币兑美元汇率中间价的计算样本，去掉最高报价和最低报价后，将剩余做市商报价加权平均，得到当日人民币兑美元汇率中间价，权重由交易中心根据报价方在银行间外汇市场的交易量及报价情况等指标综合确定。

人民币兑港元汇率中间价由交易中心分别根据当日人民币兑美元汇率中间价与上午9时国际外汇市场港元兑美元汇率套算确定。

人民币兑欧元、日元、英镑、澳大利亚元、新西兰元、新加坡元、瑞士法郎、加拿大元、马来西亚林吉特、俄罗斯卢布、南非兰特、韩元、阿联酋迪拉姆、沙特里亚尔、匈牙利福林、波兰兹罗提、丹麦克朗、瑞典克朗、挪威克朗、土耳其里拉、墨西哥比索和泰铢汇率中间价形成方式为：交易中心于每日银行间外汇市场开盘前向银行间外汇市场相应币种的做市商询价，去掉最高报价和最低报价后，将剩余做市商报价平均，得到当日人民币兑欧元、日元、英镑、澳大利亚元、新西兰元、新加坡元、瑞士法郎、加拿大元、马来西亚林吉特、俄罗斯卢布、南非兰特、韩元、阿联酋迪拉姆、沙特里亚尔、匈牙利福林、波兰兹罗提、丹麦克朗、瑞典克朗、挪威克朗、土耳其里拉、墨西哥比索和泰铢汇率中间价。

资料来源：中国货币网。

3. 现钞汇率。现钞汇率是指银行买卖外汇现钞时使用的汇率。由于商业银行在买入外汇现钞后不能即刻产生收益，需要把外汇现钞运到发行国去，运输过程中还要产生一定的运费和保险费。因此，为了弥补这一部分费用，银行在买入外汇现钞时的汇率要低于买入外汇现汇时的汇率。一般情况下，银行卖出外汇现钞和外汇现汇使用的汇率相同。四种汇率大小排序的次序为：现钞买入价＜现汇买入价＜中间价＜现钞卖出价＝现汇卖出价。

在2018年12月31日中国银行的外汇牌价中（见表4-2），中国银行美元对人民币的报价中，现汇买价为686.06，表示银行买入100美元需要对外支付的价格为686.06元人民币，现汇卖价为688.97，表示银行卖出100美元可收进688.97元人民币，两者之间的买卖汇差为2.91元。现钞买价为680.48，低于现汇买价686.06，而现钞卖价和现汇卖价是相同的，均为688.97元。

[知识链接4-3] 外汇现汇与外汇现钞

外汇现汇就是从国外汇入的、没有取出就直接存入银行的外汇，它包括从境外银行直接汇入的外币，居民委托银行代其将外国政府公债、国库券、公司债券、金融债券、外国银行存款凭证、商业汇票、银行汇票、外币私人支票等托收和贴现后所收到的外汇。现汇账户是指由港澳台地区或者境外汇入外汇或携入外汇票据转存款账户。

外汇现钞是指外国钞票、铸币，主要由境外携入。现钞账户是指境内个人持有的外币现钞存款账户。从2007年2月1日起，外汇管理局取消了个人外汇账户的现汇账户与现钞账户之分，但银行从经营成本考虑，暂时没有合并上述两类账户。

（二）基本汇率和套算汇率

根据汇率制定方法的不同，汇率分为基本汇率和套算汇率。

基本汇率是指本币与关键货币之间的汇率。一个国家与其有往来的国家有许多，涉及的汇率有许多种，但确定本币与所有国家之间的汇率是难以做到的。因此各国一般会确定本币与某关键货币之间的汇率。所谓关键货币是指在国际经济、国际结算、国际投资、国际储备中居于主导地位的货币。从二战后的布雷顿森林体系开始至今,美元的地位虽然有所削弱,但仍然居于国际货币体系的中心地位,因此大多数国家都将本币与美元之间的汇率确定为基本汇率。

套算汇率又称交叉汇率,是利用两个基本汇率套算出本币与非关键货币之间的汇率。一般来说,套算汇率是利用两个美元汇率套算出两种非美元货币汇率。

基本汇率和
交叉汇率

例如,某日,人民币兑美元、美元兑港元的汇率如下:

USD1 = CNY6.5883

USD1 = HKD7.7784

据此,根据两个美元汇率,可以套算出非美元汇率 HKD1 = CNY0.8469。

在双向报价法下,套算汇率的计算如下:

例如,已知 USD/HKD 和 EUR/USD 汇率为:

USD/HKD = 7.7586 ~ 7.7665

EUR/USD = 1.3885 ~ 1.3975

要知道 EUR/HKD 的汇率,可以套算如下:

$$EUR/HKD = (EUR/USD) \times (USD/HKD)$$
$$= (7.7586 \times 1.3885) / (7.7665 \times 1.3975)$$
$$= 10.773/10.854$$

例如,已知 EUR/USD 和 GBP/USD 的汇率为:

EUR/USD = 1.3885 – 1.3975

GBP/USD = 1.5695 – 1.5760

要知道 EUR/GBP 的汇率,可以套算如下:

$$EUR/GBP = (EUR/USD) \div (GBP/USD)$$
$$= (1.3885 \div 1.5760) / (1.3975 \div 1.5695)$$
$$= 0.8810/0.8904$$

据此,套算的步骤和规则总结如下:

第一步:判断该"乘"还是"除"。

第二步:判断"谁乘谁"或"谁除谁"。

若相乘,则:(小×小)/(大×大)。

若相除,则:(小÷大)/(大÷小)。

(三) 即期汇率和远期汇率

在我们的现实经济生活中,可能会出现这样一种情况:国际贸易中买卖双方可以协商在交易中以何种货币计价,但是不管用哪一种合同计价,只要合同规定是未来收付款,那进口商或出口商都会担心因计价货币汇率波动导致出口收益的减少和进口成本的增加。

在任务一的案例中,日本和法国的进出口商都希望知道三个月后欧元兑日元的汇率,以便在进出口定价中予以注意,这里就涉及远期汇率的问题。

按照外汇交易的交割期限不同，汇率分为即期汇率和远期汇率。交割是指双方各自按照对方的要求，将卖出的货币记入对方指定账户的处理过程。

即期汇率又称现汇汇率，是即期外汇交易使用的汇率，即外汇买卖成交后在两个营业日内完成交割时使用的汇率。

远期汇率又称期汇汇率，是远期外汇交易使用的汇率，即外汇买卖双方成交时约定在未来某个时间进行交割时使用的汇率。

即期汇率和
远期汇率

即期汇率与远期汇率通常是不相等的。一般来说，远期汇率的买卖价差大于即期汇率的买卖价差，并且期限越长，买卖差价越大。这主要是因为随着期限的延长，银行面临的汇率风险增加，要求的收益也就越高，表现为远期汇率的买卖差价更大，见表 4 – 3。

💡**思考：** 查询一下当日中国银行的远期外汇牌价与即期外汇牌价，看看远期汇率的买卖差价与即期汇率的买卖差价哪个大？

表 4 – 3　　　　　2019 年 4 月 3 日中国银行人民币兑美元远期汇率牌价

交易期限	买入价	卖出价	中间价	汇率日期
一周	669.47675	677.33865	673.4077	2019 – 04 – 03
二十天	669.45945	677.42135	673.4404	2019 – 04 – 03
一个月	669.45375	677.46565	673.4597	2019 – 04 – 03
二个月	669.48125	677.50565	673.49345	2019 – 04 – 03
三个月	669.5301	677.5619	673.546	2019 – 04 – 03
四个月	669.62985	677.81175	673.7208	2019 – 04 – 03
五个月	669.65835	677.84035	673.74935	2019 – 04 – 03
六个月	669.7575	677.9791	673.8683	2019 – 04 – 03
七个月	669.9327	678.1948	674.06375	2019 – 04 – 03
八个月	670.12965	678.39145	674.26055	2019 – 04 – 03
九个月	670.27985	678.58155	674.4307	2019 – 04 – 03
十个月	670.45865	678.80065	674.62965	2019 – 04 – 03
十一个月	670.58085	678.94255	674.7617	2019 – 04 – 03
一年	670.7348	679.0962	674.9155	2019 – 04 – 03

注：1. 每 100 外币兑换人民币。

2. 以上人民币牌价系当日市场开盘价，仅作参考。

资料来源：中国银行官网。

（四）电汇汇率、信汇汇率、票汇汇率

按照银行付汇方式不同，汇率分为电汇汇率、信汇汇率、票汇汇率。

电汇汇率（Telegraphic Transfer Exchange Rate，T/T rate）也称电汇价，是买卖外汇时以电汇方式支付外汇所使用的汇率。电汇是银行在支付外汇时，采用电报、电传等方式通知国外分支机构或代理行解付汇款，其特点是外汇解付迅速，银行占用利息较少，能减少汇率波动风险，因此国际支付大多采用电汇的方式。但一般情况下，电汇汇率价

格较高。

信汇汇率（Mail Transfer Exchange Rate，M/T rate）也称信汇价，是买卖外汇时以信汇方式支付外汇所使用的汇率。信汇一般采用信函方式通知解付行支付外汇，因此所用时间比电汇长，银行可以在一定时期内占用客户资金，故信汇的价格通常比电汇低一些。

票汇汇率（Demand Draft Exchange Rate，D/D rate）也称票汇价，是买卖外汇时以票汇方式支付外汇所使用的汇率。通常情况下，银行在卖出外汇时，开立由其国外分支机构或代理行解付汇款的汇票，交由汇款人自带或寄往国外进行解付。票汇汇率较低，其汇率水平不仅取决于期限长短，而且取决于外汇汇率的预期变化。

任务三　理解汇率形成机制

一、汇率的形成机制

汇率水平是如何确定的，即汇率是如何形成的？在不同货币制度下，各国货币价值的具体表现形式有很大差异，不同货币制度下汇率的形成机制也不相同。国际货币制度经历了国际金本位制、布雷顿森林体系、牙买加体系三个阶段，下面分别从货币制度发展的三个阶段予以介绍。

汇率的决定机制

（一）国际金本位制度下的汇率形成机制

1. 典型的国际金本位制下汇率决定的基础是铸币平价。第一次世界大战以前，以英国为首的主要发达国家都实行金本位制度（Gold Standard System）。典型的金本位制度是以黄金作为本位货币的金币本位制。在金币本位制下，金币是用一定重量和成色的黄金铸造的。金币所含有的一定重量和成色的黄金被称为含金量，金铸币的含金量是其所具有的价值。两个实行金本位制国家的单位货币的含金量之比称为铸币平价（Mint Parity）。由于铸币平价反映了两种货币之间的价值对比关系，因此铸币平价便成为金本位制下汇率决定的基础。例如，第一次世界大战前，英国和美国都实行金币本位制，英国货币 1 英镑含纯金 7.3224 克，美国货币 1 美元含纯金 1.504656 克，因此，英镑与美元的铸币平价为 7.3224/1.504656 = 4.8665，即 1 英镑 = 4.8665 美元，这是英镑和美元汇率决定的基础。

2. 典型的国际金本位制下现实的外汇汇率是受外汇供求的影响，围绕铸币平价以黄金输送点为限窄幅波动。外汇供求的变化直接受到各国国际收支的影响：当一国国际收支出现顺差时，则表明外汇供过于求，外汇汇率就会下浮；反之，当一国国际收支出现逆差时，则表明外汇供不应求，外汇汇率就会上浮。但汇率的波动不是漫无边际的，是以黄金输送点为限的。

在金本位制下，国际间债权债务的清算可以采用两种形式：一是用外汇进行清算，二是用黄金进行结算。若汇率波动不大，则使用外汇汇票结算更为快捷和便利。但若汇率波动过大，使外汇超过等值黄金运往国外的总成本时，则宁愿采用黄金结算方式，即直接输送黄金予以清算。例如，第一次世界大战前，英国与美国之间运送黄金的各项费用为黄金价值的 0.5% ~0.7%，以 1 英镑计，运送黄金的各项费用约为 0.03 美元。当英镑汇率上浮到1:4.8965美元（铸币平价4.8665美元加黄金运送费用0.03美元）以上时，则美国负有英镑债务的企业（如进口商），就不会购买英镑支付给英国，而宁愿在美国购买黄金运往英国偿还其债务（因采用直接运送黄金的办法偿还1英镑债务只需要4.8965美元），这导致黄金从美国输出到英国，因此铸币平价加黄金运送费用的汇率水平称为黄金输出点。黄金输出美国的结果是使美国市场对英镑的需求减少，英镑贬值，英镑汇率回落到黄金输出点以内。反之，当英镑汇率下跌到4.8365美元（铸币平价4.8665美元减去黄金的运送费用0.03美元）以下时，则美国持有英镑债权的企业（如出口商），就不会出售英镑外汇，而宁愿在英国用英镑购买黄金运回美国（因用运送黄金的办法收回1英镑债权可得到4.8365美元），这导致黄金从英国输入美国，因此铸币平价减黄金运送费用的汇率水平称为黄金输入点。黄金输入的结果是美国市场英镑供给减少，英镑升值，英镑汇率上浮到黄金输入点以内。上述对英镑汇率波动幅度的分析可表示为图4-4。

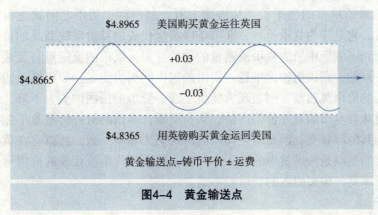

黄金输送点

图4-4　黄金输送点

$4.8965　美国购买黄金运往英国

+0.03

$4.8665

−0.03

$4.8365　用英镑购买黄金运回美国

黄金输送点=铸币平价±运费

因此，在金币本位制下，汇率波动的界限是黄金输送点，最高不超过黄金输出点（铸币平价加黄金的运费），最低不低于黄金输入点（铸币平价减黄金的运费），由于运送黄金的各项费用所占黄金价值的比例很小，因此在金币本位制度下，汇率的波动幅度很小，基本上是稳定的。

典型的金本位制在第一次世界大战后瓦解崩溃，各国分别实行金块本位制和金汇兑本位制，在这两种货币制度下尽管各国货币也都规定了一定的含金量，决定汇率的基础是它们所代表的含金量之比，但是由于金块本位制和金汇兑本位制下货币对黄金的可兑换性已大大削弱，汇率已失去稳定的基础。

（二）布雷顿森林体系下的汇率形成机制

1. 布雷顿森林体系下汇率决定的基础是黄金平价。布雷顿森林体系实行可调整的钉住汇率制度，即所谓的"双挂钩"制度：一是美元与黄金直接挂钩，保持固定的兑换比例，即1盎司黄金兑换35美元；二是各国货币与美元挂钩。国际货币基金组织要求每个会员国规定本国货币的含金量。各会员国政府都参照过去的金属货币的含金量，规定了纸币的法定黄金含量。两种货币法定含金量之比称为黄金平价，这是布雷顿森林体系下汇率的决定基础。例如，1946年1英镑的法定含金量为3.58134克黄金，1美元的法定含金量为0.888671克黄金。则英镑兑美元的黄金平价为3.58134/0.888671＝4.03，即1英镑＝4.03美元，这是确定英镑与美元汇率的基础。

2. 两国货币的实际汇率随着外汇供求的变化围绕着黄金平价上下波动，但其波动不是随意的。国际货币基金组织在 1944 年曾为其规定了波动界限，即不能超过金平价的 ±1%，到 1971 年底，又将波动界限扩大为金平价的 ±2.25%。由于该波动界限主要是由各国中央银行通过对外汇市场的干预来实现的，因此，在布雷顿森林体系下汇率决定的基础不像金本位制度时那样稳定，波动的幅度也加剧了。

（三）牙买加体系下的汇率形成机制

牙买加体系下汇率决定的基础是两国货币的购买力之比。1973 年春，布雷顿森林体系崩溃了，各国开始逐步实行浮动汇率制度，1976 年 IMF 在牙买加会议上达成《牙买加协议》，自此国际货币制度进入牙买加体系。IMF 接纳了以美国为首的推行黄金非货币化（Demonetization）的主张，其理事会于 1976 年 4 月通过了《国际货币基金协定》修改草案，正式将黄金非货币化政策列入第二次修正的《国际货币基金协定》中。从此以后，各国不再公布本国货币单位的金平价。从表面上看，似乎两国货币之间缺乏可比性。但从纸币的实质看，它是作为货币符号，纸币是以黄金代表的身份反映商品的价值量，而且纸币的发行受到了流通中所需货币流通量的制约。如果纸币的流通量与流通中所需的货币流通量是一致的，则说明物价平稳，货币的国内购买力稳定。如果纸币的流通量超过了流通中所需的货币流通量，则表现为物价上涨，货币的国内购买力下降。若汇率仍保持不变，则意味着本币的对外价值高估。从长期看，本币的对外价值是不能一直高估的，否则会影响其国际收支，因而应使其与国内购买力基本一致。所以，在黄金非货币化后，汇率决定的基础是两国货币的购买力之比，即两国货币所代表的价值量之比，购买力强的货币汇率高，购买力弱的货币汇率低。

[知识链接 4-4] 购买力平价理论

购买力平价理论（Theory of Purchasing Power Parity，PPP）是最基础的汇率决定理论之一，其基本思想是：汇率取决于价格水平，而不是价格水平取决于汇率。本国人之所以需要外国货币或外国人之所以需要本国货币，是因为这两种货币在各发行国均具有对商品的购买力；两国货币购买力之比就是决定汇率的"首先的最基本的依据"；汇率的变化也是由两国货币购买力之比的变化而决定的，即汇率的涨落是货币购买力变化的结果。购买力平价理论赖以成立的前提是一价定律，即在假定完全竞争市场和国内商品与国外商品之间存在完全可替代性的条件下，除去运输成本、贸易壁垒和信息成本，一个给定的商品价格，用相同的货币来标价，在不同地点将是相同的。

思考：如果同一件商品，在美国卖 10 美元，在英国卖 5 英镑，请计算购买力平价是多少？

[案例阅读] 巨无霸指数

巨无霸指数，就是假设全世界的麦当劳巨无霸汉堡包的价格都是一样的，然后将各地巨无霸的当地价格，通过汇率换算成美元售价，就可以比较出各个国家的购买力水平差异。两国的巨无霸的购买力平价汇率的计算法，是以一个国家的巨无霸以当地货币的价格，除以另一个国家的巨无霸以当地货币的价格。《经济学人》创立的巨无霸指数，用于计算货币相对美元的汇率是否合理。指数根据购买力平价理论出发，1 美元在全球各地的购买力都应相同，若某地的巨无霸售价比美国低，就表示其货币相对美元的汇率被低估，相反则是高估。至于选择巨无霸的原因，是由于全球 120 个国家及地区均有售，而且制作规格相同，具有一定参考价值。

举例而言，假设一个巨无霸在美国的售价为 2.50 美元，在英国的售价为 2.00 英镑；购买力平价汇率就是 2.50 ÷ 2.00 = 1.25。如果现实的汇率是 1 英镑能兑换 1.82 美元（GBP1 = USD1.82），则表示对两国巨无霸的售价而言，英镑兑美元的汇价被高估了 45.6% [（1.82 − 1.25）÷ 1.25 × 100% = 45.6%]。

巨无霸指数

 思考： 利用巨无霸指数测算的方法，测算一下上海迪士尼乐园门票的价格相较于全球其他地区迪士尼乐园门票的价格，是贵还是便宜？

	上海 （人民币）	洛杉矶 （美元）	奥兰多 （美元）	香港 （港元）	巴黎 （欧元）	东京 （日元）
迪士尼乐园门票单价	370/499	99	105	539	84	6 800
巨无霸汉堡单价	17	3.99	3.99	21.5	4	370
折合	21/29	25	26	25	21	18

二、影响汇率变动的主要因素

［案例阅读］ **土耳其里拉危机：一场注定到来的危局**

2018 年 8 月 10 日清晨，三年多来一直在土耳其首都安卡拉一家中资机构工作的万石被手机上的新闻震惊得睡意全无：土耳其里拉一夜之间暴跌 20%。"到土耳其以来里拉一直在跌，但这么大的跌幅还没碰上过"，他说。

一夜之间货币贬值 20%，对任何国家都不多见，民众一片恐慌。当天下午，被称做中东政治强人的土耳其总统埃尔多安在东北部城市巴伊布尔特发表讲话，称土耳其成为一场"经济战争"的目标，号召全国人民保持镇定，把"家中枕头下的美元、欧元和黄金都换成土耳其里拉"，以支撑本币止跌。

据英国《金融时报》统计，土耳其里拉在过去五年贬值近 70%。2018 年以来，"再创历史新低"这个说法更是数次与里拉挂钩，进入 2018 年第二季度后尤甚。

近年来，埃尔多安政府实行扩张性财政政策拉动经济增长，导致经济过热的风险如影随形。土耳其政府制订了上千亿美元的基础设施建设计划，项目包括耗资 120 亿美元修建伊斯坦布尔新机场和耗资 130 亿美元开凿一条连通黑海和玛尔玛拉海的运河，同时每年向贫困人口保障投入上百亿美元。

在政府高投入的推动下，2017 年，土耳其经济增长率高达 7.4%，在 20 国集团内成为"领头羊"，但它的通货膨胀率也达到了惊人的 10.9%，同时结构性问题日益突出。

同时，根据美国中央情报局数据，截至 2017 年底，土耳其经常账户赤字高达 390 亿美元，在全球赤字榜上排名第四。由于能源严重缺乏，贸易长期逆差，经常项目赤字推高债务始终是土耳其经济的痼疾。

经济结构单一和国内政治因素等背景造成的叠加效应，也放大了债务和赤字的冲击。彭博新闻社援引摩根资产管理全球市场策略师凯瑞·克雷格的报道称，导致里拉下跌的原因是多层面的，那不但是经常项目赤字和外汇储备不足等外因的结果，同时也与国内充满挑战的政治环境密切相关，后者使里拉的脆弱得到了激化。

位于安卡拉的经济与技术大学国际关系专家迪里奥兹（Ali Oguz Dirioz）对《中国新闻周刊》表示，土耳其近年来经济飞速增长的主要引擎是房地产、旅游业、基建投资，缺乏能够真正创造产值、提高劳动生产率的制造业和科技创新企业，也没有强有力的出口创汇产业，以至于经济基础非常不牢固。

土耳其中东研究中心研究员、经济学家约鲁尔玛兹（Recep Yorulmaz）博士则告诉《中国新闻周刊》，土耳其经济基础脆弱的关键因毒素之一，是为了应对近年来不断爆发的国内政治动荡和经济波动，政府被迫采取较宽松的财政政策。

资料来源：中国新闻周刊，2018 - 08 - 23。

💡 **思考：** 哪些因素导致了土耳其里拉汇率大幅下跌？

在纸币流通条件下，由于各国货币发行量脱离了兑换黄金的物质制约，货币的对内价值和对外价值势必发生变化。汇率作为两国货币的兑换比率，其变动是受两国货币在外汇市场上的供求状况影响的。因此，任何影响外汇供求状况的因素变动都会反映在汇率的变动上。具体地讲，影响各国汇率变动的因素主要有以下几方面。

影响汇率变动的
因素

（一）国际收支状况

国际收支状况是影响汇率变动最主要的因素。国际收支反映一国对外经济活动的全部外汇收支状态。当一国的国际收支出现顺差时，短期内，在外汇市场上，对该国货币的需求增加与外国货币的供应增加，使该国货币的汇率上升。反之，当一国国际收支发生逆差时，则外汇市场上，本币的需求小于供给，该国货币的汇率就会下降（见图 4-5）。

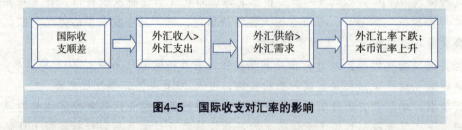

图4-5 国际收支对汇率的影响

我国自 2005 年 7 月汇改至 2008 年期间，人民币兑美元汇率持续升值，从"8 时代"升值到"6 时代"。导致人民币升值的一个重要原因是这段时间，我国国际收支持续顺差，并且顺差规模快速增长，这不断推高人民币汇率水平，加大了人民币升值压力。国际收支顺差是推动人民币不断升值的重要原因。

在分析国际收支对汇率的影响时，还应该关注国际收支结构变化。经常项目的变化反映了一国产品对外竞争能力的强弱，所以它是长期影响汇率的最主要因素之一。国际收支中资本项目的差额，会在短期内对汇率产生直接影响。一般而言，资本流出时，要将本国货币兑换成外国货币，则本国货币汇率下降；相反，当出现资本流入时，本国货币汇率则会上升。

（二）通货膨胀率差异

在纸币流通条件下，两国货币的汇率是由各自的购买力之比决定的。通货膨胀就意味着该国货币在法定流通区域内的购买力下降，所代表的价值量下降，导致汇率下跌。

通货膨胀率差异是两国通货膨胀情况的对比，对汇率变动可以通过进出口贸易变化和资本流动的变化产生影响。一方面，一国较高的通货膨胀率意味着出口商品价格提高，会削弱本国商品在国际市场上的竞争能力，引起出口的减少；同时，提高外国商品在本国市场上的竞争能力，造成进口增加。这些变化会使一国的贸易收支恶化，导致本国外汇收入减少、外汇支出增加，促使本币汇率下跌。另一方面，通货膨胀率差异还会通过影响人们对汇率的预期，作用于资本项目收支。如果一国通货膨胀率高，在名义利率保持不变时，该国的实际利率下降，导致短期资金流出，恶化资本项目，使该国货币汇率下跌；同时，人们会预期该国货币的汇率将趋于疲软，进行货币替换，即把手中持有的该国货币转化为其他货币，造成该国货币汇率在外汇市场上的现实下跌。

总而言之，如果一国通货膨胀率高于他国，该国货币在外汇市场上就会趋于贬值，即货币的对内贬值会导致其对外贬值；反之，则会趋于升值（见图4-6）。

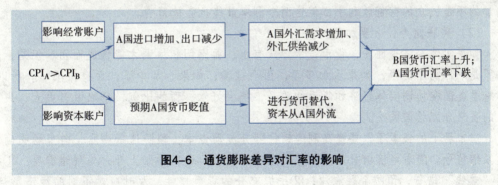

图4-6 通货膨胀差异对汇率的影响

（三）利率差异

利率作为金融市场上的价格，其变动则会影响一国的资本流出流入。如果一国的利率水平相对于他国提高，就会刺激国外资金流入增加，本国资金流出减少，由此改善资本项目收支，导致本币汇率上升；反之，如果一国的利率水平相对于他国下降，则会恶化资本项目收支，导致本币贬值。在国际资本流动规模远远超过国际贸易额的今天，利率差异对汇率变动的影响比过去更为显著（见图4-7）。

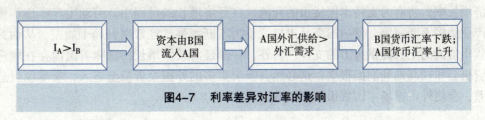

图4-7 利率差异对汇率的影响

[案例阅读] **美联储加息 25 个基点!**

美联储北京时间 2018 年 12 月 20 日 (周四) 凌晨 3 时发布利率决议,宣布加息 25 个基点至 2.25% ~2.5% 区间,接近决策者所估计的 2.5% ~3.5% 的中性利率底部区域,这是美联储年内的第四次加息。加息公布后,美元指数短线上涨,从加息公布前的低位 96.55,逼近 97 大关。

(1) 美联储加息是什么意思?

美联储就是美国的"中央银行"。而美联储加息,意思就是说美国的中央银行要提高利率了。这样一来,商业银行对中央银行的借贷成本就提高了。简单来理解,就是银行涨利率了,存钱的利息涨了,借钱的利率也涨了。

那么美联储为什么要加息呢?加息意在控制美国民众的花钱欲望,让钱更多地流进银行来降低货币的流动率。举例来说,一方面,美国民众想贷款消费的时候,要付出更多的利息,这样就降低了购买的欲望;另一方面,当美国民众想去存钱的时候,发现存款利率很高,就选择把更多的钱存进银行了。这样的话,就会有越来越多的美元流进银行,市场上流通的美元就越来越少了。美元的流动性降低,美元也就升值了。

但要注意的是,美联储加息不是简单地增加借钱和存钱的利率。美联储加息调整的是"美国联邦基金利率"(Federal Funds Rate),也就是银行向美联储拆借时的利率。如果银行向美联储借钱时支付的利息增加,银行的资金成本也就随之上升,而这种信号也将击鼓传花般地传递给工商企业,进而影响消费、投资和国民经济。简单来说,加息虽然加的不是民众的存贷款利率,但这两个利率最终也会被影响。

(2) 美联储为什么要加息?

如果实体经济是面粉,货币是水。只有水、面比例相协调才能揉成面团。但是,这并不是一件简单的事,如果水加多了,面会揉稀;如果水加少了,面也揉不动。所以,加息是美国在协调实体经济和货币的关系,把握好水、面的比例,争取做出更大、更可口的蛋糕分配给国民吃。

当市场上的钱多了,要提高利率锁住部分流动资本,预防通货膨胀,向市场明确传达紧缩信号。随着经济增长加强,劳动力市场改善,通货膨胀上升,美联储需要:①控制"热钱"借贷,预防金融泡沫;②手握充分的货币弹性,及时应对不同的经济形势;③保卫美元作为全球主要储备货币的地位。

资料来源:21 世纪经济报道. 美联储加息 25 个基点! 40 年来罕见操作? [EB/OL]. [2018 - 12 - 20]. https://finance. sina. com. cn/china/gncj/2018 - 12 - 20/doc - ihmutuee0841997. shtml.

(四) 经济增长率差异

一国经济增长状况是影响货币汇率变动的基本因素,从长期来看,一国保持较高的经济增长率,将有力支持本国货币的升值。在经济增长的过程中,劳动生产率逐步提高和产业结构不断完善,使一国商品出口竞争力不断增强,经常项目趋于顺差,从而为本国货币价值的上升提供有力的支持。另外,一国经济较快增长,意味着国内存在较多的投资机会和较高的利润回报率,这必然会吸引更多的外国投资资金进入,资本项目趋于顺差,会使外汇市场本国货币汇率上升(见图 4 - 8)。

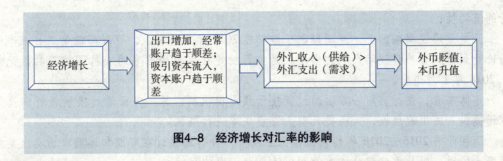

图4-8 经济增长对汇率的影响

但就短期而言，一国实际经济增长率与汇率的变动有着复杂的关系。如果一国的经济是依靠内需拉动的，经济的高速增长会刺激总需求并增加该国的进口，导致贸易逆差，该国货币汇率将趋于下跌。如果一国的经济是出口导向型的，经济的高速增长将推动出口增加，使出口的增长超过进口，经常项目就可能维持顺差，该国的汇率也将趋于上升。

 ［案例阅读］ **欧元区经济放缓欧元跌**

欧元区3月制造业PMI初值47.6，综合PMI为2014年以来最低。其中欧元区两大重点国家表现不佳：德国3月制造业连续第三个月位于荣枯线下方，法国制造业PMI也大幅低于预期。数据陆续公布后，欧元一路下滑日内跌幅扩大至0.63%，市场分析指出投资者消极情绪恐将进一步蔓延。

资料来源：陈一铭. 欧元区经济放缓欧元跌，脱欧生变梅姨腹背受敌［EB/OL］.［2019－03－25］. http：//finance. sina. com. cn/money/forex/forexanaly/2019－03－25/doc－ihsxncvh5376978. shtml.

（五）中央银行对外汇市场的干预

各国货币当局为保持汇率稳定，或有意识地操纵汇率的变动以服务于某种经济政策目的，都会对外汇市场进行直接干预。中央银行作为外汇市场的参与者，可以利用所拥有的外汇储备在外汇市场上买卖货币，对汇率变化的影响最为直接，效果也较明显。但是，这种通过干预直接影响外汇市场供求的情况，只能从短期影响汇率走势，无法从根本上改变汇率的长期走势。各国货币当局在第二次世界大战后通过直接干预抵消了市场供求因素对汇率的影响，将固定汇率制度维持了25年之久，这足以说明直接干预的成效。特别是20世纪80年代以来，西方国家的管理浮动汇率制走上了各国货币当局联合干预的阶段，直接干预成为当前影响汇率的一个不可忽视的重要因素。

 ［案例阅读］ **央行干预下，人民币保7无恙**

2018年6月以来，人民币面临较大的贬值压力，从6.4贬值至6.9，年内跌幅10%，市场恐慌情绪再度重现，破7压力明显。在此背景下，央行采取一系列措施，稳定汇率态度明显。具体体现在：

一是将远期售汇业务的外汇风险准备金率从0调整为20%；

二是央行限制银行通过上海自贸区FTU向境外存/拆放人民币，压缩离岸人民币市场的流动性；

三是重启逆周期因子。逆周期因子最初在2017年5月引入，可以降低第二日汇率中间价受到前一日外盘波动影响的幅度，是央行稳定在岸市场汇率的一种调控工具，此前于2018年1月退出。

整体来看，央行当前一方面通过直接干预定价机制，另一方面通过限制银行向离岸市场提供人民币流动性，大幅提升空头做空成本进行维稳。

而在此前2015—2016年的人民币保卫战中，央行还通过在即期和远期市场卖出美元提振人民币，以及重启部分资本管制以达到稳汇率的目的。

资料来源：沈建光·央行干预下，人民币保7无恙［EB/OL］．［2018－08－25］．http：//forex. hexun. com/2018－08－25/193891300. html.

（六）市场预期

市场预期因素是影响国际间资本流动的一个重要因素。在国际金融市场上，短期性资金，即游资（Hot Money）达到十分庞大的数字。这些巨额资金对世界各国的政治、经济、军事等因素都具有高度的敏感性，一旦出现风吹草动，就到处流窜，或为保值，或为攫取高额投机利润。这就常常给外汇市场带来巨大的冲击，成为各国货币汇率频繁起伏的重要根源。可以说，预期因素是短期内影响汇率变动的主要因素。只要市场上预期某国货币不久会下跌，那么市场上立即就会出现抛售该国货币的状况，造成该国货币汇率的大幅下跌。有时据以形成市场预期的甚至不需要是真实的政治、经济形势和政策动向。

 ［案例阅读］ **英国脱欧拖累英镑**

2016年6月23日英国拉开了历史性的"脱欧"全民公投，成为2016年度最具影响力的黑天鹅事件之一。在24日"脱欧"投票结束当日，英镑/美元自2016年度高位1.5018附近暴跌逾1700点，创下历史最大单日跌幅。

在随后的三个月内英镑/美元一度维持在1.2800至1.3400区域内整固，但10月2日英国首相文特蕾莎·梅宣布英国正式提交退欧申请的期限之后，英镑/美元跌穿1.2800支持便加速下滑，并于10月7日亚洲时段闪电下挫逾700点至1.1904，刷新31年以来新低。

资料来源：英国脱欧拖累英镑［EB/OL］．［2016－12－22］．http：//m. sohu. com/a/122327808_509933.

以上所谈到的几种因素是在纸币流通条件下影响外汇市场供求及汇率变动的主要因素。当然，影响汇率变动的还有许多其他因素，如各国的宏观经济政策、政治因素等。在不同时期，各种因素对汇率变动的影响作用有轻重缓急之分，它们的影响有时相互抵消，有时相互促进。因此，只有对各种因素进行综合、全面的考察，对具体情况作具体分析，才能对汇率变动的分析作出较为正确的结论。

任务四 分析汇率变动的影响

汇率是连接国内外商品市场和金融市场的一条重要纽带。一方面，汇率的变动受一系列经济因素的影响；另一方面，汇率的变动又会对其他经济因素产生广泛的影响。了解汇率变动对经济的影响，无论对于一国当局制定汇率政策，还是对于一个企业进行汇率风险管理，都具有重要意义。

一、汇率变动对国际收支的影响

（一）汇率变动对经常账户的影响

1. 汇率变动对贸易收支的影响

一国货币汇率变动，会使该国进出口商品价格相应涨落，抑制或刺激国内外居民对进出口商品的需求，从而影响进出口规模和贸易收支。对出口而言，假设本国出口商品以本币计值的价格不变，一国货币对外贬值时，则以外币表示的本国出口商品价格下降，有利于增加出口，扩大出口规模。对进口而言，假设本国进口商品以外币计值的价格不变，当一国货币贬值时，则以本币所表示的进口商品的价格上涨，从而本国居民对进口商品的需求下降，进口规模减小。当一国出现国际收支逆差时，在进出口需求弹性满足马歇尔—勒纳条件情况下，本币贬值能够扩大该国出口、减少该国进口，有利于货币贬值国家改善贸易收支。反之，一国货币对升值，其结果则与上述情况相反。

🖱 [知识链接4-5]　**马歇尔—勒纳条件**

马歇尔—勒纳条件是由英国经济学家马歇尔和美国经济学家 A. P. 勒纳揭示的关于一国货币的贬值与该国贸易收支改善程度的关系。

一国货币相对于他国货币贬值，能否改善该国的贸易收支状况，主要取决于贸易商品的需求和供给弹性。在假定一国非充分就业，因而拥有足够的闲置生产资源使出口商品的供给具有完全弹性的前提下，贬值效果便取决于需求弹性。需求弹性是指价格变动所引起的进出口需求数量的变动程度。如果数量变动大于价格变动，需求弹性便大于1，反之，数量变动小于价格变动，需求弹性便小于1，只有当贬值国进口需求弹性大于0（进口减少）与出口需求弹性大于1（出口增加）时，贬值才能改善贸易收支。即本币贬值会改善贸易逆差，但需要的具体条件是进出口需求弹性之和必须大于1，即 $(D_x + D_m) > 1$（D_x、D_m 分别代表出口和进口的需求弹性）。

2. 汇率变动对无形贸易收支的影响

在国内物价不变或上涨相对缓慢的背景下，一国货币贬值，使得外国货币兑换本国货币的数量增加，本国商品和劳务等费用与外国商品和劳务相比较为便宜，本币的购买力相对降低，而外币购买力相对提高，外国商品和劳务价格相对昂贵。这有利于吸引外国游客到本国旅游消费，本国劳务输出到外国会增加，能够改善本国旅游业与其他劳务状况。反之，当一国货币升值，本币的购买力相对提高，而外币的购买力相对降低。

💡 **思考：** 在人民币兑港元汇率不断升高的背景下，越来越多的中国大陆游客利用节假日到香港旅游购物。20 世纪 80 年代，100 元人民币只能兑换 30 港元；2005 年，100 港元能兑换 106.5 元人民币；到了 2019 年，100 港元只能兑换 86 元人民币左右。

问题：假设 2005 年至今香港公园门票保持价格不变，迪士尼 399 港元、海洋公园 280 港元，请计算 2005 年和 2019 年去香港迪士尼公园和海洋公园游玩，分别要花多少元人民币购买门票？汇率变动对我国非贸易收支有什么影响？

3. 汇率变动对单方转移的影响

在国内价格不变或上涨相对缓慢的背景下，一国货币贬值，该国的单方面转移收支会造成一定不利的影响。以侨汇为例，侨汇大多是赡家汇款，货币贬值后，旅居国外的侨民只需汇回国内少于贬值前的外币，就可以维持国内亲属的生活费用需要，从而减少该国的侨汇收入。反之，当一国货币升值，则其作用相反。

💡 **思考：** 王博士 10 年前到美国读书后定居美国，他的父母在中国生活。王博士是个孝顺的孩子，每年要邮寄等值于 5 万元人民币的赡养费给中国的父母，人民币兑美元不断升值的背景下，王先生支付赡养费的美元金额有什么变化？

（二）汇率变动对资本流动的影响

资本从一国流向他国的目的有两个，一是追求利润，二是避免损失，因而汇率变动会影响资本流动。在通货膨胀、利率等因素不变或变动相对缓慢的背景下，考虑汇率变动对资本流动的影响。对短期资本流动而言，当一国货币贬值而未贬值到位时，国内资本的持有者和外国投资者为避免货币进一步贬值而蒙受损失，会将资本调离该国，进行资本逃避。若该国货币贬值，并已贬值到位，在具备投资环境的条件下，投资者不再担心贬值受损，外逃的资本就会抽回国内。当然，货币贬值过头，当投资者预期汇率将会反弹，就会将资本输入该国，以谋取汇率将来升值带来的好处。对长期资本流动而言，一国货币贬值，则外国企业到该国投资的成本下降，有利于吸引外国长期资本流入该国进行直接投资。反之，当一国货币升值，对于资本流动的影响则相反。如在人民币相对美元升值的背景下，美国企业要到中国投资 1 亿元人民币的项目，与升值前相比需要花费更多的美元，意味着外商投资的成本上升。

（三）汇率变动对外汇储备的影响

1. 本国货币汇率变动通过进出口贸易额的增减和资本流动对本国的外汇储备产生影响。从进出口贸易的角度来说，当本国的汇率变动使出口额大于进口额时，本国的外汇收入增加，储备状况得到改善；反之，储备状况则恶化。从资本流动的角度来说，一国货币汇率稳定有利于该国引进外资，使该国的外汇储备增长；反之，则会引起资本外流，导致该国的外汇储备降低。

2. 储备货币贬值使持有储备货币国家的外汇储备的实际价值遭受损失。但另一方面，储备货币国家又可因储备货币贬值减少了债务负担，从中受益。

3. 汇率的频繁波动将影响储备货币的地位。20 世纪 70 年代以后，各国外汇储备逐渐走向多元化。国际储备货币需要有一个稳定的币值，这样才能保持全球金融稳定，促进世界经济发展。

二、汇率变动对国内经济的影响

（一）汇率变动对国内物价的影响

一国货币贬值，一方面有利于出口，国内商品供应相对减少，货币供给增加，促进物价上涨；另一方面进口原材料的本币成本上升，从而带动国内与进口原材料有关的商品价格上涨。若一国的货币升值，其结果一般相反。

（二）汇率变动对国民收入与就业的影响

在一国有闲置资源的背景下，其货币贬值，有利于出口而不利于进口，将会使闲置资源向出口商品生产部门转移，并促使进口替代品的生产部门发展，从而促进该国扩大生产，增加就业和国民收入。相反，若该国的货币升值，则会产生相反的影响，出口减少、外商在该国投资减少，导致该国的产出、国民收入和就业降低。

汇率变动对
国内经济的影响

三、汇率变动对世界经济的影响

1. 汇率不稳，导致贸易伙伴国之间形成汇率竞争性贬值，影响国际贸易的正常发展。某些发达国家汇率不稳，利用货币贬值，扩大出口，争夺市场，引起其他国家采取报复性措施，或实行货币贬值，或采取保护性贸易措施，从而产生贸易战和货币战，破坏了国际贸易的正常发展，不利于国际经济走上良性循环。

2. 汇率不稳，影响某些储备货币的地位和作用，促进国际储备货币多元化的形成。由于某些储备货币国家的国际收支恶化，通货不断贬值，汇率不断下跌，影响它的储备货币的地位和作用，如英镑、美元；而有些国家由于国际收支持续顺差，黄金外汇储备充裕，通货稳中趋升，因此其货币在国际结算领域中的地位和作用日益加强，如日元和欧元逐渐成为主要储备货币，促进了国际储备货币多元化的形成。

3. 汇率不稳，加剧投机和国际金融市场的动荡，促进国际金融业务的不断创新。由于汇率不稳，引起外汇投机的盛行，造成国际金融市场的动荡与混乱，如1993年夏，欧洲汇率机制危机就是由于外汇投机造成的。但与此同时，汇率不稳与动荡不安，加剧了国际贸易与金融的汇率风险，又进一步促进期货、期权、货币互换等金融衍生产品交易的出现，使国际金融业务形式与市场机制不断创新。

［延伸阅读］ 广场协议

一、签订背景

1979年夏，美国为治理严重的通货膨胀，连续三次提高官方利率，实施紧缩的货币政策。美国出现高达两位数的官方利率和20%的市场利率。高利率吸引了大量的海外资金流入美国，导致美元飙升，从1979年底到1984年底，美元汇率上涨了近60%，美元对主要工业国家的汇率超过了布雷顿森林体系瓦解前所达到的水平。美元大幅升值导致美国的贸易逆差快速扩大，到1984年，美国的经常项目赤字达到创历史纪录的1 000亿美元。

二、广场协议内容

1985年9月22日，美国、日本、联邦德国、法国及英国的财政部部长和中央银行行长（简称G5）在纽约广场饭店举行会议，达成五国政府联合干预外汇市场，诱导美元对主要货币的汇率有秩序地贬值，以解决美国巨额贸易赤字问题的协议。因协议在广场饭店签署，故该协议又被称为广场协议。广场协议签订后，五国开始联合干预外汇市场，在国际外汇市场大量抛售美元，继而形成市场投资者的抛售狂潮，导致美元持续大幅贬值。1985年9月，美元兑日元在1美元兑250日元上下波动，协议签订后不到3个月的时间里，美元迅速下跌到1美元兑200日元左右，跌幅为20%。在这之后，美国不断对美元进行口头干预，表示当时的美元汇率水平仍然偏高，还有下跌空间。在美国政府强硬态度的暗示下，美元兑日元继续大幅下跌，最低曾跌到1美元兑120日元。在不到三年的时间里，美元兑日元贬值了50%，也就是说，日元兑美元升值了一倍。

三、广场协议对日本经济的影响

日本形成了资产泡沫。在签订广场协议后近5年的时间里，日本的股价以每年30%、地价以每年15%的幅度增长，而同期日本名义GDP的年增幅只有5%左右。泡沫经济破灭，日本经济陷入衰退。1989年，日本政府开始施行紧缩的货币政策，泡沫经济破灭，股价和地价短期内下跌50%，银行形成大量坏账，日本经济一落千丈。政府希望通过低利率刺激经济，但这使得国内剩余资金大量投入股市及房地产等，从而形成了20世纪90年代著名的日本泡沫经济。1991年破灭之后，日本经济便陷入二战后最大的不景气状态，一直持续了十几年，至今日本经济仍然没有复苏的迹象。

四、广场协议对中国的启示

（一）当年的日本与现在的中国的相同点

当年的日本与现在的中国在国际经济总量排位、贸易地位、经济转型局面和产能转移方面相似。首先，当年日本是全球第二大经济体，并且日本的经济保持高速增长：1970年，日本超过当时的西德成为全球第二大经济体。签订广场协议的1985年，日本GDP增长率为6.2%。而1985年美国经济总量约占世界的32%，日本的经济总量约占全球的10%，日本经济总量约达到美国经济总量的1/3。

广场协议

中美贸易摩擦期间，中国也是全球第二大经济体。2017年中国的GDP已达到美国GDP的60%以上，2017年中国的GDP增长率为6.9%，经济发展速度较快。另外，现在中国对美国贸易顺差和当年日本对美国的贸易顺差都处于持续扩大的阶段。2017年，中国对美国的贸易顺差已经扩大到3 752亿美元。此外，广场协议时期，日本处于产业结构升级的关键时期，日本日益强大的高科技产业使日本对美国出口的高科技产品不断增长。这次中美贸易摩擦中，中国也处于产业结构转型时期。中国在2016年发布了《"十三五"国家战略性新兴产业发展规划》，政府大力推进产业结构升级。

（二）当年的日本与现在的中国的不同点

首先，日本房地产在广场协议签订后进入泡沫快速增长阶段，中美贸易摩擦时期中国已开始控制房价，政策已经从"去杠杆"阶段进入"稳杠杆"阶段。另外，20世纪80年代，世界贸易组织（WTO）还没有成立，美国很多单边贸易行为不能受到有力的制约。中美贸易摩擦时期，美国单边贸易政策会受到 WTO 的约束。此外，日本属于美国的战略盟国，在军事安全上依赖于美国，所以日本容易向美国的单边条约妥协。而中国一直以来都坚持走独立自主的道路，中国和美国之间不存在任何依附关系。面对美国的单边贸易条约，中国的处理方式有别于日本。中美两国之间的出口贸易结构与广场协议时期美国和日本之间的出口贸易结构不同。日本对于美国的贸易依存度较高，美国和日本贸易出口结构相似度较大。中美贸易之间更多的是一种互补关系。

（三）中国应采取合理措施应对

2018 年以来，美国对中国采取的贸易保护主义措施不断升级。中国应吸取日本在广场协议中的教训，采取合理有效的措施来应对贸易战。

1. 采取稳健的货币政策避免泡沫产生。鉴于日本在广场协议后，日本政府实施的不合理的宽松货币政策带来了大量经济泡沫，中国应该控制好货币政策的松紧，对于货币政策的实施要保持谨慎的态度。相对稳健的货币政策能防止经济脱实向虚，较好地降低经济泡沫出现的概率。

2. 坚持进一步的改革开放。中国要坚持进一步改革开放，尽可能地促进海外贸易出口市场的多元化。广场协议时期，日本的贸易出口严重依赖于美国，这使美国更容易打击日本的出口贸易。中国应大力拓展在更多海外市场的贸易出口，同时可以通过海外直接投资来应对贸易壁垒。

3. 不断推进产业升级。广场协议后，德国通过产业升级和提高科学技术来推动经济发展。而日本则有大量资金涌入房地产和股票市场，实体经济没有得到合理的发展。中国应该吸取日本、德国的教训并借鉴它们的经验，进一步推进科技发展，推动产业升级。

资料来源：[1] 百度百科. 广场协议 [EB/OL]. http//baike. baidu. com/item/广场协议/1230721? fr = aladdin.

[2] 陈霁，王一棠. 广场协议和日本"失去的二十年"：美日贸易战对中国的启示 [R]. 2018 - 08 - 02.

本章小结

1. 外汇分为动态外汇和静态外汇：动态外汇是指把一国货币兑换成另一国货币，用于清偿国际债权债务的行为和过程；静态外汇是指实现这一过程所凭借的手段和工具，有广义和狭义之分。外汇必须具有非本币性、可偿性、可兑换性三个特征。

2. 汇率是一个国家的货币折算成另一个国家货币的比率。汇率有三种标价方式：（1）直接标价法：外币固定本币变；（2）间接标价法：本币固定外币变；（3）美元标价法：以美元为关键货币，计算各国货币兑美元的汇率。直接标价法和间接标价法是相对于不同的外汇市场而言的，且互为倒数。

3. 汇率的种类：（1）按银行买卖外汇角度不同，分为买入汇率和卖出汇率，站在报价银行的立场，被报价货币的买价在前，卖价在后。（2）按汇率制定方法不同，分为基本汇率和套算汇率，套算汇率的计算若相乘，则（小×小）／（大×大）；若相除，则（小÷大）／（大÷小）。（3）按外汇买卖交割期限不同，分为即期汇率和远期汇率，且远期汇率的买卖差价大于即期汇率的买卖差价。（4）按汇兑方式不同，分为电汇汇率、信汇汇率和票汇汇率。

4. 不同货币制度下的汇率形成机制不同：（1）国际金本位制度下的汇率形成机制，以铸币平价为基础，实际汇率受供求关系影响围绕铸币平价上下波动，以黄金输送点为界。（2）布雷顿森林体系下的汇率形成机制，是以黄金平价为基础，两国实际汇率波幅不超过1%，当市场汇率出现偏离时，各国政府有义务干预。（3）牙买加体系下的汇率形成机制，以两国货币实际购买力之比（价值量）为基础，实行浮动汇率制。在当前货币制度下，影响汇率变动的因素有国际收支状况、通货膨胀差异、利率差异、经济增长、中央银行的干预、预期因素等。

5. 汇率变动的影响（基于一国货币贬值的角度）：（1）汇率变动对国际收支的影响。在进出口贸易方面，其出口品在国际市场上以外币表示的价格会降低，从而刺激国外对该商品的需求，扩大出口；在资本流动方面，一方面，人们会根据对汇率的预期追求利润和避免损失，另一方面，会吸引外商大该国进行投资和追加投资；在外汇储备方面，会从正负两个方面影响外汇储备的规模，并影响一国外汇储备的实际价值。（2）汇率变动对国内经济的影响。在国内物价方面，将直接或间接推动国内整体物价水平的上涨，同时进口品本币上升，会带动进口替代品价格的上涨；在国民收入与就业方面，因为出口增加，进口降低，会使出口工业和进口替代工业得到大力发展，并带动国内其他行业的发展，从而使整个国民经济的发展速度加快，国内的就业机会增加，国民收入也随之增加。（3）汇率变动对世界经济的影响。如果一国实行以促进出口改善贸易逆差为主要目的的货币贬值，可能会引起其他国家和利益相关国家的反抗甚至报复，汇率战和贸易战由此而生。

实训练习：外汇与汇率

活动一　认识外汇及外国货币

中国人民银行授权中国外汇交易中心公布，2018年12月31日银行间外汇市场人民币汇率中间价为：1美元兑人民币6.8632元，1欧元兑人民币7.8473元，100日元兑人民币6.1887元，1港元兑人民币0.87620元，1英镑兑人民币8.6762元，1澳大利亚元兑人民币4.8250元，1新西兰元兑人民币4.5954元，1新加坡元兑人民币5.0062元，1瑞士法郎兑人民币6.9494元，1加拿大元兑人民币5.0381元，人民币1元兑0.60683马来西亚林吉特，人民币1元兑10.1383俄罗斯卢布，人民币1元兑2.1119南非兰特，人民币1元兑163.27韩元，人民币1元兑0.53537阿联酋迪拉姆，人民币1元兑0.54685沙特里亚尔，人民币1元兑40.9161匈牙利福林，人民币1元兑0.54732波兰兹罗提，人民币1元兑0.9517丹麦克朗，人民币1元兑1.3134瑞典克朗，人民币1元兑1.2774挪威克朗，人民币1元兑0.77151土耳其里拉，人民币1元兑2.8702墨西哥比索，人民币1元兑4.7399泰铢。

请写出主要国家或地区的货币代码。

货币名称	货币代码	货币名称	货币代码	货币名称	货币代码
人民币		美元		欧元	
日元		港元		英镑	
澳大利亚元		新西兰元		新加坡元	
瑞士法郎		加拿大元		马来西亚林吉特	
俄罗斯卢布		南非兰特		韩元	
阿联酋迪拉姆		沙特里亚尔		匈牙利福利	
波兰兹罗提		丹麦克朗		瑞典克朗	
挪威克朗		土耳其里拉		墨西哥比索	
泰铢					

活动二　正确表示汇率，掌握汇率的标价方法

2018 年 12 月 31 日，中国银行外汇牌价如下：

外汇币种	现汇买入价	现钞买入价	现汇卖出价	现钞卖出价
澳大利亚元	483.61	468.58	487.17	488.23
加拿大元	502.57	486.7	506.27	507.38
瑞士法郎	694.95	673.5	699.83	701.57
丹麦克朗	104.77	101.53	105.61	105.82
欧元	782.85	758.53	788.63	790.2
英镑	869.18	842.17	875.58	877.5
港元	87.58	86.88	87.93	87.93

1. 请用双向报价法表示上述汇率（现汇买入价和现汇卖出价）。
2. 汇率标价法包括_____、_____、_____，分别举例说明。
3. 举例说明升值、贬值。

活动三　计算套算汇率

1. 已知：GBP/USD = 1.5861/1.6052　　AUD/USD = 0.9809/0.9929 求：GBP/AUD。
2. 已知：EUR/USD = 1.3773/829　　USD/JPY = 81.458/783 求：EUR/JPY。

活动四　综合训练

　　某客户通过银行进行外汇交易，他预测英镑将相对美元升值，因此在 GBP/USD 的银行报价为 1.5641/703 时买入 10 000 英镑。一小时后，银行报价变为 1.5755/818 时，该客户随即将 10 000 英镑卖出。

　　1. 在 GBP/USD 这个汇率表示中，基准货币是_____，报价货币是_____。

　　2. 一小时后的汇率 1.5755/818，其中 GBP 的买入价是_____，卖出价是_____。

　　3. 一小时前该客户购买英镑时依照的汇率是_____，一小时后该客户出售英镑时依照的汇率是_____，它们相差_____个基点。

同步练习

一、单选题

1. 动态外汇是指（　　）。

A. 外汇的产生 　　　　　　　　　　　　B. 外汇的转移

C. 国际清算活动和行为 　　　　　　　　D. 外汇的储备

2. 金本位制下，汇率波动的界限是（　　）。

A. 黄金平价 　　　　　　　　　　　　　B. 铸币平价

C. 黄金输入、输出点 　　　　　　　　　D. 波动不能超过规定浮动

3. 浮动汇率制度下，汇率是由（　　）决定的。

A. 货币含金量　　　B. 政府机构　　　C. 商业银行　　　D. 市场供求

4. 在直接标价法下，一定单位的外币折算的本国货币增多，说明本币汇率（　　）。

A. 上升　　　　　　B. 下降　　　　　　C. 不变　　　　　D. 不确定

5. 各国中央银行往往在外汇市场上通过买卖外汇对汇率进行干预，当外汇汇率（　　）时，中央银行会卖出外币，回笼本币。

A. 过高　　　　　　B. 过低　　　　　　C. 不一定　　　　D. 以上都不是

二、多选题

1. 外国货币作为外汇的前提是（　　）。

A. 可偿性　　　　　B. 非本币性　　　　C. 一致性　　　　D. 可兑换性

E. 可接受性

2. 一国货币对外币的汇率是（　　）。

A. 两种货币的兑换 　　　　　　　　　　B. 两种货币之间的交换比率

C. 国内物价水平的体现 　　　　　　　　D. 本币内部价值的外在表现

E. 两国利率水平的体现

3. 在间接标价法下，外币数额减少，表示（　　）。

A. 本币贬值 　　　　　　　　　　　　　B. 外汇汇率上涨

C. 本币汇率上涨 　　　　　　　　　　　D. 外汇汇率下降

E. 外币升值

4. 在外汇市场上，汇率是经常变动的，影响汇率变动的主要因素有（　　）。

A. 利率差异和经济增长差异 　　　　　　B. 国际收支和市场预期

C. 各国国内物价上涨率的差异 　　　　　D. 各国的宏观经济政策

E. 国际储备的多寡

5. 一国价格水平上涨，将会导致国际收支（　　），该国的货币汇率（　　）。

A. 顺差　　　　　　B. 逆差　　　　　　C. 上升　　　　　D. 下降

E. 不变

三、简答题

1. 什么是外汇？外汇包括哪些具体形式？

2. 汇率的标价方法有几种，请分别举例说明。
3. 简述不同的汇率种类。
4. 简述不同货币制度下的汇率形成机制。
5. 论述影响汇率变动的主要因素。
6. 请结合人民币汇率变动论述汇率变动产生的影响。

项目五　汇率制度与外汇管制

　　小王高中毕业，家长打算送他去美国读大学，去美国读书一年的学费加生活费可是一笔不小的开支。开学日期临近，家长要去银行兑换美元为去美国的学费生活费等做好准备。去银行之前，小王和家长心里犯起了嘀咕：银行最多能够给我兑换多少美元呢？我国现在对于兑换外汇有什么限制吗？

学习目标

◎ 掌握汇率制度的类型及特点；
◎ 了解外汇管制的内容及类型；
◎ 理解货币自由兑换的含义及条件；
◎ 了解中国外汇管制及人民币汇率制度；
◎ 能运用所学知识分析人民币汇率改革问题。

关键词

汇率制度　固定汇率制　浮动汇率制　外汇管制　货币自由兑换

课程导入

"8·11"汇改这一年人民币经历了啥？

2015 年 8 月 11 日，央行宣布调整人民币兑美元汇率中间价报价机制，做市商参考上日银行间外汇市场收盘汇率，向中国外汇交易中心提供中间价报价。这一调整使人民币兑美元汇率中间价机制进一步市场化，更加真实地反映了当期外汇市场的供求关系。

这一次汇改，改变了什么呢？

1. 双向浮动弹性明显增强，不再单边升值。2015 年 8 月 11 日至 2016 年 8 月 11 日，人民币兑美元汇率下降 8.3%，终结人民币兑美元十年单边升值。

2. 不再紧盯美元，逐步转向参考"一篮子"货币，使人民币汇率波动摆脱了受单一美元汇率的影响。

3. 人民币中间价形成的规则性、透明度和市场化水平显著提升。央行初步形成"收盘汇率＋一篮子货币汇率变化"的机制，人民币中间价定价机制，从此市场对于判断每日中间价走势变得更加有迹可循，避免因中间价偏离市场预期而出现大幅波动。

4. 跨境资金流出压力逐步缓解。2015 年第三季度起，我国跨境资本外流形势严峻，逆差规模显著扩大，直至 2016 年上半年，开始出现改善，这反映了国内外市场环境的变化，市场情绪趋向稳定和理性。

资料来源："8·11"汇改这一年人民币经历了啥？[EB/OL]．[2016－08－29]．http：//www.gov.cn/shuju/2016－08/29/content_ 5103097. html.

💡 **思考：**汇率制度有哪些类型，人民币汇率制度是什么？外汇管理管哪些方面？人民币什么时候能够实现完全自由兑换。

📋 任务一 掌握汇率制度概况

一、汇率制度的含义

汇率制度（Exchange Rate System），又称汇率安排（Exchange Rate Arrangement），是指一国货币当局对本国汇率变动的基本方式所作的一系列安排或规定，包括货币比价变动的界限、调整手段以及维持货币比价所采取的措施等，是国际货币制度的重要内容之一。

从定义中可以看到，汇率制度具体包括以下两个方面的内容：

首先，一国汇率制度要明确规定该国汇率如何确定，是由官方制定还是由市场决定。若由官方制定，以什么依据来制定本币对外币的货币平价，该平价是固定不变还是定期进行调整，是否规定现实汇率对货币平价的波动幅度，波动幅度多大。

其次，在明确了汇率是由官方制定还是由市场决定后，一国汇率制度还要规定如何对汇率进行调整。若由官方制定该国货币对外币的货币平价及波动幅度，应采取何种方式使现实汇率维持在规定的波动幅度内。若由市场决定，货币当局是否对外汇市场进行干预，如何进行干预等。

二、汇率制度的分类

传统上，按照汇率变动的幅度，汇率制度可分为固定汇率制和浮动汇率制。自 19 世纪后期至 1973 年，在国际金本位制度和布雷顿森林体系阶段，世界各国的汇率制度大多都是固定汇率制。1973 年布雷顿森林体系崩溃后，世界主要工业国家开始实行浮动汇率制。

汇率制度的分类

（一）固定汇率制

固定汇率制（Fixed Exchange Rate System）是指将两国货币兑换比价基本固定，并把汇率波动幅度控制在一定范围内的汇率制度。固定汇率制下，政府有干预汇率稳定的义务。下面分别介绍国际金本位制下的固定汇率制和布雷顿森林体系下的固定汇率制。

1. 国际金本位制度下的固定汇率制

在国际金本位制度下，铸币平价是决定汇率的基础，汇率的波动范围自发地稳定在黄金输送点之间。因此，国际金本位制下的汇率制度是自发形成的固定汇率制，没有政府的人为干预。两国货币兑换比价固定在铸币平价，汇率波动幅度以黄金输送点为界。

固定汇率制

2. 布雷顿森林体系下的固定汇率制

在布雷顿森林体系下，国际货币基金组织要求其会员国规定本国货币的法定含金量，并通过确定与美元的黄金平价来确定各国货币与美元的汇率。同时 IMF 又规定，两国货币汇率的波动界限为其黄金平价的 ±1%。在这种固定汇率制下，两国货币兑换比价固定在黄金平价，汇率波动范围不超过 ±1%。如果在外汇市场上两国汇率的波动幅度超过规定的幅度，有关国家的货币当局有义务出来干涉、维持。

布雷顿森林体系下的固定汇率制与金本位制下的固定汇率制区别在于：国际金本位制下的固定汇率制是自发形成的，没有政府干预；而布雷顿森林体系下的固定汇率制是通过国际间的协议（《布雷顿森林协定》）人为建立起来的，各国当局通过规定虚设的金平价来定中心汇率，而且现实汇率的波动也是通过外汇干预、外汇管制或国内经济政策等措施被维持在人为规定的狭小范围内。

在当时，实行固定汇率制对于促进资本主义世界货币与外汇的稳定、推动国际贸易发展、扩大世界市场、繁荣各国经济等曾经起到积极的作用。

3. 固定汇率制的优缺点

固定汇率制的主要优点表现在以下三个方面：

（1）固定汇率制有利于促进贸易和投资。固定汇率制为国际贸易和投资的发展提供了最好的经济环境，就像采用单一货币是促进一国国内经济发展的最好方式一样，固定汇率制是在国际范围内促进贸易和投资发展的最好方式。汇率的波动导致额外的风险，从而阻碍了国际经济交易的增长和发展。英国曾经拥有日不落帝国的盛名。1816 年，英国制定《金本位制度法》，在世界上首先实行了金本位，英镑的稳定是英国强盛的一个关键因素。

（2）固定汇率制为一国宏观经济政策提供自律。在固定汇率制下，如果当局追求不负责任的宏观经济政策。比如存在大量财政赤字的情况下，中央银行增发货币为财政赤字融资，引起过度的货币增长，则对本国货币形成贬值压力。而当局为维持汇率稳定，必然要干预外汇市场，从而导致该国储备资产的减少。如果这一压力持续，该国货币最终将不得不贬值，从而固定汇率无法维持。这会被公众认为是当局对经济管理不善的象征。这将迫使当局抵制采取不合理的过度扩张的宏观经济政策，从而达到自律的效果。

（3）固定汇率制有助于促进国际经济合作。固定汇率制使各国间保持一定程度的合作和协调很有必要，当采取固定汇率制的各国在维持货币平价存在压力时，采取的措施必须保持一定程度的一致，否则固定平价无法维持。

固定汇率制也有突出的缺点：

（1）汇率不能发挥调节国际收支的作用。汇率变动会影响一国进出口，是调节国际收支的重要变量。而在固定汇率制下，汇率的波动范围被限制在一定幅度之内，汇率就基本不能发挥其调节国际收支的经济杠杆作用。

（2）货币政策缺少独立性，一国经济外部均衡和内部均衡目标有冲突。会牺牲经济的内部平衡。由于汇率不能发挥调节国际收支的经济杠杆作用，当一国国际收支失衡时，为了实现国际收支平衡就需要采取紧缩性或扩张性财政政策和货币政策，这会使国内经济增长受到抑制和失业扩大，出现经济外部均衡目标和内部均衡目标相矛盾的情况。

（3）易受投机资本的攻击，导致中央银行干预汇率稳定的成本加大，且干预基本上是无效的。

 ［案例分析 5 -1］ **苍蝇不叮无缝的蛋——索罗斯狙击英镑**

案例介绍：

1990 年，英国决定加入欧洲货币汇率体系，在这之前，英镑与德国马克的汇率已稳定在 1 英镑兑换 2.95 德国马克的水平。以如此高的汇率加入欧洲货币体系，在当时来说，代价是极其昂贵的。当时英国经济长期不景气，要刺激投资及消费，必须要降低利率。而德国政府当时由于承担两德统一的巨大开支，面临着通货膨胀的压力，不得不维持高利率抑制通货膨胀。但如果德国的利率不下调，英国单方面下调利率，会导致英镑贬值，难以维持与德国马克的固定汇率。虽然英国政府多次公开表示能够维持英镑汇率的稳定，但索罗斯认为英镑的高利率维持不下去，英镑贬值是必然。

1992 年 9 月，以索罗斯为首的对冲基金开始对英镑发起了冲击。索罗斯以"量子基金"资产作抵押，从银行借了 50 亿英镑，按 1∶2.79 的汇率兑换成 139.5 亿德国马克。果然，英镑开始下跌，英格兰银行为了救市，买进 30 亿英镑，但只撑到 1∶2.7782 的汇率水平。由于德国坚决反对降低自己的利率，英格兰银行不得不从外汇储备中抽出 269 亿美元买入英镑。但与英格兰银行抗衡的不仅仅是索罗斯一人，还有伦敦外汇市场上大量跟风炒作的投机者，英格兰银行的资金与外汇市场投机资金相比犹如杯水车薪。9 月 16 日英格兰银行将利率从 10% 提高到 15%，仍止不住英镑下跌的势头，英国政府不得不宣布退出欧洲货币汇率体系。9 月 17 日，英镑收益价比前一天下跌了 16%。索罗斯是狙击英镑行动中最大的赢家，从中获利近 10 亿美元。

案例分析：由此可见，固定汇率容易受到投机资本的冲击，要维持汇率固定，政府的干预成本是很高的。

资料来源：秦义虎. 金融的历史［M］. 北京：人民邮电出版社，2011.

（二）浮动汇率制

浮动汇率制（Floating Exchange Rate System）是指一国不规定本币与外币的兑换平价和汇率波动的界限，汇率受外汇市场供求的变化而自由上下浮动的一种汇率制度，货币当局也不再承担维持汇率波动界限的义务。浮动汇率制并非新的汇率制度，而是一种权宜之计。第一次世界大战后，法国、意大利、加拿大等国和亚非拉的一些发展中国家也曾实行浮动汇率制。例如，加拿大于 1950 年 9 月实行浮动汇率制，直到 1962 年 5 月才恢复固定汇率，但 1970 年 5 月又

浮动汇率制

实行浮动汇率。直到 1976 年 1 月，国际货币基金组织才正式承认浮动汇率制合法化。

1. 浮动汇率制的分类

从不同角度，浮动汇率制可以分为多种类型。

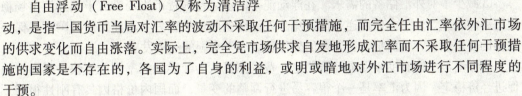

（1）按政府是否干预，分为自由浮动和管理浮动

自由浮动（Free Float）又称为清洁浮动，是指一国货币当局对汇率的波动不采取任何干预措施，而完全任由汇率依外汇市场的供求变化而自由涨落。实际上，完全凭市场供求自发地形成汇率而不采取任何干预措施的国家是不存在的，各国为了自身的利益，或明或暗地对外汇市场进行不同程度的干预。

管理浮动（Managed Float）又称为肮脏浮动，是指一国货币当局对外汇市场采取一定的干预措施，使本币朝着有利于本国的方向浮动。目前，世界上实行浮动汇率制的国家大都采用管理浮动汇率制。

（2）按浮动形式不同，分为单独浮动、钉住浮动、弹性浮动和联合浮动

单独浮动（Single Float）是指一国货币不与其他任何货币固定汇率，其汇率根据市场外汇供求关系来决定，目前，包括美国、英国、德国、法国、日本等在内的 30 多个国家实行单独浮动。

钉住浮动（Pegged Float）是指一国货币与另一种货币保持固定汇率，随后者的浮动而浮动。一般来说，通货不稳定的国家可以通过钉住一种稳定的货币来约束本国的通货膨胀，提高货币信誉。当然，采用钉住浮动方式，也会使本国的经济发展受制于被钉住国的经济状况，从而蒙受损失。目前全世界约有 100 多个国家或地区采用钉住浮动方式。

弹性浮动（Elastic Float）是指一国根据自身发展需要，对钉住汇率在一定弹性范围内可自由浮动，或按一整套经济指标对汇率进行调整，从而避免钉住浮动汇率的缺陷，获得外汇管理、货币政策方面更多的自主权。目前，巴西、智利、阿根廷、阿富汗、巴林等十几个国家采用弹性浮动方式。

联合浮动（Joint Float）是指国家集团对成员国内部货币实行固定汇率，对集团外货币则实行联合的浮动汇率。欧盟十二国 1979 年成立了欧洲货币体系，设立了欧洲货币单位（ECU），各国货币与之挂钩建立汇兑平价，并构成平价网，各国货币的波动必须保持在规定的幅度之内，一旦超过汇率波动预警线，有关各国要共同干预外汇市场。

2. 浮动汇率制的优缺点

（1）浮动汇率制的优点

①能自发调节国际收支失衡。在浮动汇率制下，一国国际收支出现失衡会导致本币贬值或升值，本币汇率的变动会对国际收支产生影响，自发调节国际收支恢复平衡，不需要专门的政策调节。例如，当一国出现国际收支逆差时，本币贬值、外币升值，导致本国出口增加、进口减少，从而改善该国的国际收支状况；反之则相反。

②提高了货币政策的独立性。不可能三角是指货币政策的独立性、固定汇率制以及

资本自由流动三个目标不可能同时实现，当局只能在三个目标中选择两个。在资本完全自由流动的条件下，货币政策的独立性和固定汇率制不可能同时实现，要维持货币政策的独立性就无法维持汇率的稳定，要维持汇率的稳定就必然会丧失货币政策的独立性。在浮动汇率制下，资本的流出与流入只会引起汇率水平的升降，而不会改变货币供给量，因此货币政策便有了更大的独立性。在浮动汇率制下，一国政府可以听任汇率在外汇市场上的波动，摆脱了稳定汇率的义务，而自主地采取货币政策来熨平经济的波动，促使内部平衡和外部平衡同时实现。

③减少了对外汇储备的需求。在浮动汇率制下，各国货币当局没有干预外汇市场稳定汇率的义务。这一方面使逆差国避免了外汇储备的流失，另一方面又使各国不必保持太多的外汇储备，从而把节省下来的外汇资金用于本国的经济发展。

④浮动汇率制有助于促进经济稳定。费里德曼认为，浮动汇率制能更快、更有效地促进经济稳定。因为汇率是一个很容易进行调整的变量，而国内价格因具有刚性很难下降。比如，当一个国家由于某种原因导致竞争力下降时，在浮动汇率制下，只需通过货币的贬值来提升下降的竞争力；而在固定汇率制下，就不得不采取紧缩性的政策，以恢复其国际竞争力，由于价格刚性的存在，紧缩政策的力度必须很大，这必然导致高失业率，因而不利于经济的稳定。

⑤防止国际游资的冲击。在浮动汇率制下，市场供求的变化可以及时在汇率的变化中体现，国际游资难以像固定汇率制下从汇率的大起大落中大幅获利。

（2）浮动汇率制的缺点

①汇率风险加大，不利于国际贸易和投资的发展。汇率的频繁波动，使国际经济交易的经济主体难以核算成本和利润，并使它们面临较大的汇率波动所造成的外汇风险损失，从而不利于国际贸易、国际投资的发展。

②助长了外汇投机活动。外汇市场上的投机者试图从汇率的波动中投机汇率，这会加剧国际金融市场的动荡与混乱。

③完全靠汇率自动调节的外汇市场中，外汇资源的配置可能不是处于最优状态。

长期以来，关于固定汇率制和浮动汇率制孰优孰劣的争论没有结果。各个国家的经济结构特征各不相同，有些国家的经济结构适合采取固定汇率制，而有些国家则适宜采取浮动汇率制。因此，现实中的汇率制度本身并不存在绝对的优劣，只有适合与不适合的区别。

（三）IMF 对汇率制度的分类

在牙买加体系下，各国汇率制度是多元化的，各国根据本国的需要确定适合的汇率制度，仅用固定汇率和浮动汇率两种类型已经无法体现各国真实的汇率制度。因此，IMF 在统计各国汇率制度的时候，基于各成员国真实的、事实上的安排进行分类。2005年，IMF 将成员国的汇率分为八类，具体如下：

1. 无独立法定货币的汇率安排。无独立法定货币的汇率安排是指一国将另一国货币作为唯一法定货币或成员国属于货币联盟共用同一法定货币，包括美元化和货币联盟两种形式。采用这种汇率制度意味着货币管理当局放弃了对本国货币政策的独立控制权。

美元化是指一国或地区采用"锚货币"，主要是美元逐步取代本币并最终自动放弃本国货币和金融主权的过程。其实质是一种彻底的不可逆转的严格固定汇率制。目前，实现完全美元化的国家有巴拉圭、波多黎各、利比里亚等。

货币联盟是指成员国共用同一法定货币，目前的欧元区就是典型的例子，其他的还包括加勒比美元区和非洲金融共同体法郎区。

2. 货币局安排汇率。货币局制度是指在法律中明确规定本国货币与某一外国可兑换货币保持固定的交换率，并且对本国货币的发行作特殊限制以保证履行这一法定义务的汇率制度。

货币局制度通常要求货币发行必须以一定的（通常是百分之百）该外国货币作为准备金，并且要求在货币流通中始终满足这一准备金要求。这一制度中的货币当局被称为货币局，而不是中央银行。因为在这种制度下，货币发行量的多少不再完全听任货币当局的主观愿望或经济运行的实际状况，而是取决于可能作为准备金的外币的数量多少，中央银行失去了货币发行者和最后贷款人的功能。目前，中国香港采取的联系汇率制就属于货币局制度。

[知识链接5 –1]　**香港联系汇率制度**

1983年9月，出现港元危机，港元兑美元跌至9.6港元兑1美元的历史低点。为挽救香港金融体系，香港政府于1983年10月15日公布联系汇率制度，港元再与美元挂钩，汇率定为7.8港元兑1美元。此后稳定下来，联系汇率制度一直实行至今。在此之前，港元曾实行与英镑挂钩、与美元挂钩、自由浮动等汇率制度。

联系汇率是与港元的发行机制高度一致的。香港没有中央银行，货币发行由汇丰银行、渣打银行、中国银行（香港）三家商业银行完成，以外汇基金为发行机制。外汇基金是香港外汇储备的唯一场所，因此是港元发行的准备金。发钞银行在发行钞票时，必须以百分之百的外汇资产向外汇基金缴纳保证，换取无息的负债证明书，以作为发行钞票的依据。

香港联系汇率制

联系汇率制度规定，汇丰银行、渣打银行和中国银行（香港）三家发钞银行增发港元时，须按7.8港元等于1美元的汇价以百分之百的美元向外汇基金换取发钞负债证明书，而回笼港元时，发钞银行可将港元的负债证明书交回外汇基金换取等值的美元。这一机制又被引入了同业现钞市场，即当其他持牌银行向发钞银行取得港元现钞时，也要以百分之百的美元向发钞银行进行兑换，而其他持牌银行把港元现钞存入发钞银行时，发钞银行也要以等值的美元付给它们。这两种联系方式对港元的币值和汇率起到了重要的稳定作用。

但是，在香港的公开外汇市场上，港元的汇率却是自由浮动的，即无论是在银行同业之间的港元存款交易（批发市场），还是在银行与公众之间的现钞或存款往来（零售市场），港元汇率都是由市场的供求状况来决定的，实行市场汇率。联系汇率与市场汇率、固定汇率与浮动汇率并存，是香港联系汇率制度最重要的机理。一方面，政府通过对发钞银行的汇率控制，维持着整个港元体系对美元汇率的稳定联系；另一方面，通过银行与公众的市场套利活动，使市场汇率一定程度地反映现实资金供求状况。联系汇率令市场汇率在1:7.8的水平上做上下窄幅波动，并自动趋近，不需要人为地去直接干预；

而市场汇率则充分利用市场套利活动，通过短期利率的波动，反映同业市场情况，为港元供应量的收缩与放大提供真实依据。

香港是一个国际金融中心，经济自由度较高，联系汇率有助于稳定香港经济，降低外国经济及汇率上的波动对香港造成的冲击，也可降低与香港从事贸易及外国投资者在香港投资的汇率风险。由于香港的原材料、食品与消费品等大部分依赖进口，联系汇率也可稳定香港的物价。但联系汇率令香港需要跟随美国调整利率，丧失了货币政策的独立性。

📖 [案例分析 5 – 2]　热钱涌入挑战香港汇率制度

案例介绍：

自美联储实行第三轮量化宽松政策（QE3）以来，大量资金持续流入香港，市场对港元的需求量突然急剧增长。这一轮流入香港的热钱，虽然规模不及 2008 年，但估计总量已超过 1 000 亿港元。这些资金在外汇市场上卖出美元、买入港元，导致了港汇持续走强，一度超出 7.75 港元的联系汇率上限。香港联系汇率制将港元兑美元汇率定为 7.8 港元兑 1 美元，允许汇价在 7.75 ~ 7.85 之间浮动。当触及 7.75 港元兑换 1 美元的水平时，香港金融管理局便会买入美元；当触及 7.85 港元兑换 1 美元的水平时则会卖出美元。为稳定港元汇率，从 10 月 19 日到 11 月 2 日，香港金融管理局已经连续 10 次入市，累计向市场注入 322.26 亿港元。

联系汇率制度饱受诟病由来已久。此轮港元汇率困境再度引发了关于联系汇率制度存废的争论。"联系汇率制度本身就容易成为国际资本攻击的目标，在香港特区政府维持联系汇率制的过程中，游资很容易找到获利的漏洞，当年索罗斯不就是这么干的？"金融问题专家赵庆明对记者说："就是因为存在 7.75 到 7.85 的区间限制，联系汇率制度自身没有弹性，对资本的流出和流入没有调节功能，这会使国际资本进入香港不存在汇率风险。基于这个前提，国际资本有恃无恐，香港三番两次遭遇这些资本的冲击，就说明了这一点。"

案例分析：

香港的联系汇率制是一种相对固定的汇率制度，在促进香港国际贸易经济发展的同时也存在其弊端，其中丧失货币政策独立性且易受国际资本冲击的弊端在美国的 QE3 政策影响下就显现出来。

资料来源：热钱涌入挑战香港汇率制度 [EB/OL]．[2012 – 11 – 13]．http：//www.bjnews.com.cn/finance/2012/11/13/233312.html.

3. 其他传统的固定钉住安排。其他传统的固定钉住安排是指一国将本国货币按照固定汇率钉住另一货币或"一篮子"货币，汇率可以围绕中心汇率上下不超过 1% 波动。在这种制度下，货币当局通过干预、限制货币政策的灵活性来维持固定汇率水平，但是货币政策的灵活性仍然很大，传统的中央银行功能可以在一定程度上实现，货币当局可以调整汇率水平，尽管实际上很少进行这种调整。

4. 水平带内钉住汇率。水平带内钉住汇率是指汇率被保持在官方承诺的汇率带内波动，其波幅为中心汇率上下各 1%。该种汇率制度通常是经过一系列间歇性的小幅贬值或升值来重新调整。

5. 爬行钉住汇率。爬行钉住是指汇率可以经常进行小幅度调整的固定汇率制。实行该制度的国家负有维持某种平价的义务，这使它在很大程度上属于固定汇率制。平价可以进行经常性的、小幅度的和持续的调整，这使该制度与普通的可调整钉住汇率制度不同，因为后者的平价调整非常偶然，而且一旦调整幅度会很大。

6. 爬行带内浮动汇率。爬行带内浮动安排又称汇率目标区，是指汇率围绕着中心汇率在一定幅度内上下浮动（如中心汇率的上下各 10%），同时中心汇率按照固定的、预先宣布的比率作定期调整。

7. 不事先公布干预方式的管理浮动制。管理浮动是指货币当局通过在外汇市场上积极干预来影响汇率的变动，而不事先宣布汇率的路径。货币当局用来管理汇率的指标范围是在很广的范围内决定的，包括国际收支、国际储备、平行市场的发展等，而且汇率的调整可以不是自动的，对外汇市场的干预既可以是直接的，也可以是间接的。

8. 独立浮动汇率。独立浮动又称自由浮动，是指汇率基本上由市场决定，偶尔的外汇干预旨在减轻汇率变动，防止汇率过度波动，而不是为汇率确定一个基准水平。这种汇率制度的灵活性最大，是典型的浮动汇率制。

如果将上述 8 种汇率制度划分为硬钉住汇率制、中间汇率制和浮动汇率制，那么硬钉住汇率制包括 1 和 2，中间汇率制包括 3 至 6，浮动汇率制包括 7 和 8。按照 IMF 的分类，自 20 世纪 90 年代以来，中间汇率制度的比重在不断缩减，并不断向硬钉住汇率制和浮动汇率制集聚。

✅ 任务二　理解外汇管制

一、外汇管制的概念及类型

（一）外汇管制的概念

外汇管制（Foreign Exchange Control），是指一国政府授权国家货币金融管理当局或其他国家机关，对外汇收支、买卖、借贷、转移以及国际间的结算、外汇汇率和外汇市场等实行的管制措施。

外汇管制始于第一次世界大战期间。第一次世界大战爆发后，世界主要发达国家都卷入战争，美国、法国、德国、意大利等参战国都产生了巨额的国际收支逆差，本币对外汇率波动剧烈，大量资本外逃。为了集中外汇进行战争，减缓汇率波动及防止本国资本外流，各国纷纷实行了外汇管制，限制黄金输出。1929—1933 年世界经济危机期间，很多在第一次世界大战后取消外汇管制的国家又重新实行外汇管制。1930 年，土耳其首先实行外汇管制，1932 年，德国、意大利、奥地利、丹麦、阿根廷等 20 多个国家也相继实行了外汇管制。第二次世界大战爆发后，参战国实行更加严格的外汇管制。1940 年，在 100 个国家和地区中，只有 11 个国家没有正式实施外汇管制，外汇管制范围也比以前更广泛。二战后，遭受战争重创的西欧国家和发展中国家仍实行外汇管制。

20 世纪 50 年代，由于各国经济的复兴，国际收支状况有所改善，从 1958 年开始，各国不同程度地恢复了货币自由兑换，并对国际贸易收支解除外汇管制。20 世纪 80 年代后，随着经济、金融全球化趋势加强，加之国际货币基金组织的极力倡导，取消外汇管制成为一种发展趋势。但由于种种原因，大多数外汇资金不宽裕的国家，仍实行不同程度的外汇管制。

（二）外汇管制的管理机构

实行外汇管制的国家，为了有效实施外汇管制的方针、政策、法令、法规和各种措施，需要指定一个政府机构来执行外汇管制职能，不过各国的国情不同，因而执行机构也不同。一般由政府授权财政部、中央银行或另外成立专门机构作为执行外汇管制的机构。如1939年英国实施外汇管制后指定英国财政部为决定外汇政策的权力机构，英格兰银行代表财政部

执行外汇管制的具体措施；日本由大藏省负责外汇管制工作；意大利设立了外汇管制的专门机构——外汇管制局，我国进行外汇管理的机构是国家外汇管理局。除官方机构外，有些国家还由其中央银行指定一些大型商业银行作为经营外汇业务的指定银行，并按外汇管制法令集中办理一切外汇业务。

（三）外汇管制的类型

事实上，完全不受管制的自由外汇交易是不存在的。世界上所有国家都实行某种程度的外汇管制，各国之间的区别只是管制松紧程度的不同。根据管制松紧程度的不同，外汇管制的类型分为三种：

第一种类型是实行严格的外汇管制，即对国际收支的所有项目，即经常项目及资本和金融项目都实行严格控制，而且不实行自由浮动的汇率制度。这类国家和地区多是发展中国家，经济不发达，出口能力弱，外汇资金匮乏，不得不实行严格的外汇管制。20世纪80年代末以前，多数发展中国家的外汇管制都是这种类型。

第二种类型是采取部分外汇管制，即原则上对经常项目不加管制，但对资本项目的收支仍不同程度地加以管制，一般实行浮动汇率制。实行这种类型外汇管制的既有工业国家，也有发展中国家，一般经济比较发达，对外贸易规模较大，经济金融状况较好。许多国家在20世纪90年代从严格的外汇管制过渡到经常项目可兑换，如印度、巴西、中国等。在IMF的180多个成员中，这类成员已经达到150多个。

外汇管制的
概念及类型

第三种类型是基本放弃外汇管制的国家，即准许本国和本地区货币自由兑换成其他国家和地区的货币，对经常项目和资本项目的收支都不加限制。一些工业发达国家和一些国际收支盈余的石油生产国属于这个类型。此外，一些经济发展较快，或者外汇收入充裕的新兴市场国家也相继放弃了资本项目的管制。

二、外汇管制的目的

外汇管制的主要目的是平衡国际收支，维护本币汇率稳定，增强本币币值，限制资本外逃等，具体如下：

（一）扩大出口，限制进口

一方面，通过实行外汇管制，可以对一切外汇交易活动和外汇资金的来源和运用进

行严格控制，限制不利于本国经济发展的商品进口，支持有利于本国经济发展的商品进口，使本国商品有一个良好的国内市场环境，促进本国经济的发展；另一方面，通过一些政策措施，鼓励加工产品、工业产品出口，多创外汇，限制原材料、能源及初级产品的出口，提高国内资源的利用率。

（二）限制资本外逃，维持国际收支平衡

资本在国际流动，尤其是短期资本的国际流动对一国国际收支会产生很大的影响。实行外汇管制，就可以通过一些管制的政策性措施，限制资本向不利于本国国际收支的方向流动。当国际收支出现逆差时，对流出本国的国内资本不予兑换，防止资本外流；而当国际收支出现顺差时，则可通过各种措施来限制外国资本流入（如存款不付息或倒收利息），以此改善国际收支顺差状况。

（三）稳定货币汇率，抑制通货膨胀

通货膨胀与外汇汇率变动有着密切的联系。本币汇率贬值会导致出口增加，外汇收入增加，而扩大对本币的需求规模，导致流通中货币量增多，引发通货膨胀。实行外汇管制，可以对一切外汇交易加以限制，在汇率波动时由政府进行干预，以保持汇率的稳定，抑制通货膨胀的发生。

（四）节约外汇支出，增加外汇储备

对于一些经济实力相对薄弱、外汇资金短缺的发展中国家来说，外汇缺口一直是制约其经济发展的主要障碍，通过实行严格的外汇管制，规定出口产品所创外汇必须出售给国家经营外汇的专业银行；进口使用外汇由国家有关部门统一审批，使有限的外汇用到急需项目上，在一定程度上缓解外汇供求矛盾，同时也有利于该国增加外汇储备，增强货币信誉。

（五）以外汇管制为手段，要求对方国家改善贸易关税政策

当前世界各国之间经济贸易关系十分密切，一些国家为了保护本国经济的发展，谋求国际收支状况的改善，往往以邻为壑，实行歧视性的贸易关税政策。实行外汇管制可以以相类似的手段对上述国家的进口实行种种限制，以便增强贸易谈判地位，迫使对方放宽贸易限制，取消歧视性的关税。

三、外汇管制的对象与内容

（一）外汇管制的对象

外汇管制的对象包括人、物、地区三个方面。人包括自然人和法人，各国外汇法令一般将人区分为居民和非居民。一般来说，由于居民的外汇收支对本国的国际收支影响较大，所以，多数国家对居民实行较为严格的外汇管制，而对非居民的管制较为宽松。对物的管理就是对外汇的管理，主要包括外国货币、有价证券和支付凭证，还有贵重金属。本国货币携带出入国境，也属外汇管制的范畴。对地区的管理就是有的国家对国内不同地区实行不同的外汇管制政策，例如，对本国的出口加工区和自由港，实行较松的外汇管制。

（二）外汇管制的内容

外汇管制的内容主要是从数量管制和成本管制两方面入手。数量管制主要就是对外汇交易的数量进行限制，通常采用进出口结汇、外汇配给、进口许可证等方式对国际收

支账户的各个项目进行管理。成本管制主要是汇率管理，一般采用复汇率制和本币高估的做法。

1. 对外汇资金输出入的管制。按照国际收支账户来分类，数量型外汇管制的主要项目有贸易外汇收支、非贸易外汇收支、资本输出/输入等。

（1）贸易外汇收支。由于贸易外汇收支在一国国际收支中比例最大，往往是外汇管制的重点。其措施有：对出口收汇的管理，规定出口商均须将其所得外汇结售给指定银行。出口商须向外汇管理机构申报出口商品价款、结算所使用的货币、支付方式和期限，出口收汇后要按某种汇价将全部或部分外汇结售给指定银行。对进口付汇的管理，由外贸管理当局签发进口许可证，获得许可证才有资格申请使用外汇，经过批准后方能购买进口所需外汇。

（2）非贸易外汇收支。非贸易外汇收支一般数量不大，但范围较广，凡属贸易收支以及资本输出入以外的收支，均属非贸易外汇收支，包括运输费、保险费、佣金、利息、股息、专利费、许可证费、版税、稿费、特许权使用费、技术劳务费、奖学金、留学生费用、旅游费用等。其中对进出口从属费用，基本按贸易外汇管理办法处理，一般无须再通过核准手续。对其他各类非贸易外汇收支，都要经过外汇管理当局的审核批准。实行非贸易外汇管理的目的，是为了集中非贸易外汇收入，限制其相应的外汇支出。

（3）资本输出/输入。由于资本进出对外汇收支的影响比贸易收支更为直接，世界各国都高度重视资本和金融项目的外汇管理。资本项目管制的措施是：限制本国资本输出；规定资本输出入的额度、期限与投资部门；国外借款必须存放在外汇指定银行；银行从国外借款不能超过其资本与准备金的一定比例；规定接受外国投资的最低额度等。一些工业发达国家为了避免本国货币汇率过分上浮，有时也采取一些限制资本输入的措施，如规定银行吸收非居民存款要交纳较高的存款准备金，规定银行对非居民存款不付利息或倒收利息，限制非居民购买本国的有价证券等，或者鼓励资本输出，如鼓励居民购买外国有价证券和投资于外国的不动产。

2. 对黄金、现钞输出/输入的管制。实行外汇管制的国家一般都禁止私人输出或输入黄金。由于国际收支关系需要输出/输入黄金时，只能由中央银行办理。

实施外汇管制的国家，对本国现钞的输出都规定了最高限额，限额内可以自由携带出国，超过限额须经外汇管理机关审批。对输入本国的现钞，有的国家规定限额，有的虽不加限制，但规定输入的现钞必须用于指定的用途。我国政府规定，一次携带出入境的最高限额为 20 000 元人民币。关于携带外币出入境，2019 年 5 月我国国家外汇管理局出台的《携带外币现钞出入境管理暂行办法》规定：出境人员携带不超过等值 5 000 美元（含 5 000 美元）的外币现钞出境的，无须申领《携带外汇出境许可证》（以下简称《携带证》）《携带证》，海关予以放行；出境人员携带外币现钞金额在等值 5 000 美元以上至 10 000 美元（含 10 000 美元）的，应向外汇指定银行申领《携带证》，海关凭加盖外汇指定银行印章的《携带证》验放；出境人员原则上不得携带超过等值 10 000 美元的外币现钞出境，对属于下列特殊情况之一的，出境人员可以向外汇局申领《携带证》：（1）人数较多的出境团组；（2）出境时间较长或旅途较长的科学考察团组；（3）政府领导人出访；（4）出境人员赴战乱、外汇管制严格、金融条件差或金融动乱的国家；（5）其他特殊情况。

 ［知识链接 5 –2］　超额未报海关将如何处置

一、出境处置

1. 走私行为。旅客明知货币现钞出境限额的规定，携带现钞超过规定数额，未向海关如实申报，并采取藏匿、伪装等方式携带出境的，构成走私行为，根据《海关行政处罚实施条例》第七条、第九条的规定，没收携带的货币现钞。

案例 1：携带美元现钞出境走私案
简要案情：

赵某从某国际机场出境，随身携带拖杆行李箱一个，选择无申报通道出境，海关工作人员在行李过机检查时发现行李箱中有 10 个罐状物体，开箱检查时发现 10 个茶叶罐中装满锡箔包装的美元现钞，经清点共计 50 万美元现钞，海关予以扣留。经调查认定，当事人赵某携带美元现金出境购房，为逃避过机检查，将现钞用锡箔包裹并装入茶叶罐中。

案件处理：

海关认定当事人赵某携带外币现钞出境未向海关申报，并采取伪装、藏匿的方式逃避海关监管，构成走私行为，根据《海关行政处罚实施条例》第七条、第九条的规定，没收 50 万美元现钞。当事人赵某不服，依法向上级海关提出复议，复议机关撤销了海关行政处罚决定，责令重新作出行政处罚，海关重新作出行政处罚决定发还 5 000 美元，没收 49.5 万美元现钞。当事人不服上述行政处罚，向当地中级人民法院起诉，要求撤销海关第二次行政处罚决定，但法院判决维持海关的行政处罚决定，没收当事人赵某的 49.5 万美元现钞。

2. 违规行为。旅客出境携带超过规定数额的外币现钞，未向海关申报或者申报不实的，但没有采取藏匿、伪装等逃避海关监管的方式，构成违反海关监管规定的行为，根据《海关行政处罚实施条例》第十九条第（三）项的规定予以处理，处以超额部分 20% 以下的罚款，超额部分不予放行。数额越大，情节越重，处罚幅度也越高，10 万美元以上处 20% 的罚款，5 万美元以上处 15% 的罚款，5 万美元以下的处 10% 的罚款。但 5 万美元以下，初次出国、留学、看病等特殊情节的，可以酌情从轻处罚。

携带超额人民币现钞出境的，根据《海关行政处罚实施条例》第十九条第（二）项、第（四）项的规定，处人民币现钞 20% 以下的罚款。

案例 2：超额携带外币现钞出境违规案
简要案情：

孙某从国内某机场出境，选择无申报通道经过海关时，工作人员对其进行了随机查验，发现其行李箱中有 10 万美元现钞，海关当场发还 5 000 美元后，对其他现钞予以扣留。经海关调查认定，当事人赵某对外币出境限制规定不甚了解，携带现钞出境是给孩子出国留学的学费和生活费。

案件处理：

海关对当事人孙某的携带外币现钞出境未申报的行为，定性违规，根据《海关行政处罚实施条例》第十九条第（三）项的规定，处以超额部分15%的罚款。

二、入境处置

旅客携带外币现钞入境，目前没有数额限制，无论携带多少金额，均可以申报入境。但是，超过5 000美元未申报或者申报不实的，海关可以根据《海关行政处罚实施条例》第十九条第（二）项、第（四）项的规定予以处理。

由于外币现钞入境无数额限制，当事人携带入境未申报不涉及海关税收、许可证管理等，所以，无论携带多少外币现钞入境未申报均不构成走私行为。目前，从法律性质上看，国家对外币现钞入境的申报规定，仅仅是一种办理海关手续的程序性要求，入境未申报行为，危害后果不明显（不涉及税款征收、许可证管理）。所以，海关在违规处理上，也是比较轻的，一般情况下，处违规未申报外币金额5%的罚款。

但携带超额人民币入境，由于存在20 000元限额问题，未申报或者申报不实，与违规出境处理一致。

案例3：超额携带外币入境违规案

简要案情：

当事人郭某搭乘香港飞往太原的航班，从太原武宿机场进境，郭某在通关时选择了无申报通道，现场关员对其携带的行李开箱查验，发现箱内装有港元1 100万元，经委托银行鉴定，郭某携带的港元全部为真钞。海关对物品做好检查记录、查问笔录，并收取许某100万元人民币保证金后，对其所携带港元予以放行，并将该线索移送海关缉私科立案调查，当事人称其所带的港元为澳门博彩所得。

案件处理：

海关根据《海关行政处罚实施条例》第十九条第（四）项的规定，对当事人科处罚款人民币50万元（约为案值的5%）。

资料来源：林倩. 旅客携带货币现钞进出境需要知道哪些事？ [EB/OL]. [2017 - 09 - 07]. http: // www. sohu. com/a/190399146 _228365.

3. 对汇率的管制。以上管制措施，偏重于数量管制。而对汇率的管制，实际上是一种成本管制，汇率管制措施分为两种：一种是施行复汇率制度；另一种是制定单一的官方汇率，往往是高估本币。

复汇率制（Multiple Exchange Rates）是指一国实行两种或者两种以上汇率的制度，包括双重汇率制和多重汇率制。通常是外汇管理部门根据不同的外汇交易规定不同的汇率，对需要鼓励的交易规定优惠的汇率，对需要限制的交易规定不利的汇率。

复汇率制按照其表现可以分为公开的和隐蔽的两种。公开的复汇率制就是政府明确公布针对不同交易应适用不同的汇率。最常见的就是贸易汇率和金融汇率的区分，前者适用于经常账户交易，而后者适用于资本和金融账户的交易。此外，还可以根据进出口商品种类的不同来规定不同的汇率，进口生活必需品和奢侈品所适用的汇率不同。我国在1981—1984年曾经实行双重汇率制，即除官方汇率外，另行规定一种适用进出口贸易结算和外贸单位经济效益核算的贸易外汇内部结算价格，该价格根据当时的出口换汇成本固定在2.80元的水平。人民币官方汇率因内外两个因素的影响，其对美元由1981年7月的1.50元向下调整至1984年7月的2.30元，人民币对美元贬值了53.3%。双重汇率的制度安排对促进当时我国企业出口起到了一定的作用。

隐蔽的复汇率制可以有多种表现形式。例如，对进出口商品按类别课征不同的关税或给予不同的财政补贴，导致实际汇率不同；采取不同的外汇留成比例也是一种隐蔽的复汇率制，也就是对不同的企业或出口商品实行不同的收汇留成比例，允许企业将其外汇留成在市场上以高于官方价格的汇率进行交易。

四、外汇管制的影响

外汇管制可以隔绝外国的冲击，使一国经济少受或不受外来因素的影响，对于改善国际收支、维持汇率稳定、稳定物价等起到积极的作用。但是外汇管制是有违市场化的行为，与经济全球化的趋势是不相一致的，外汇管制的实施也带来了一些负面影响。

1. 阻碍国际贸易的正常发展，降低资源的配置效率。实行外汇管制，限制了外汇的自由买卖与支付，这无疑会阻碍国际贸易的顺利进行和规模的扩大。另外，外汇管制人为地割裂了国内市场和国外市场的联系，使生产和贸易脱节，国际贸易无法按照比较利益原则来进行，资源的有效配置机制被破坏。

2. 外汇市场机制的作用不能得到充分发挥。在没有管制的自由外汇市场上，由于市场机制的作用，在外汇供求之间、远期汇率和利率之间，存在一定的内在平衡机制。而在外汇管制下，汇率由政府决定，外汇的供求也受到严格的控制，因此这种内在联系被破坏，而且在外汇市场上不能进行多边交易，资本也不能自由流动，这就造成国际金融市场被人为分割。

3. 导致不公平竞争。复汇率制实际上是一种变相的财政补贴，使不同企业处在不同的竞争地位，不利于公平竞争关系的建立和透明的市场关系的形成。本币高估必然形成外汇黑市，使外汇市场陷入混乱状态，并导致社会分配的不公平。

4. 带来额外的管理成本。实行复杂的外汇管制，势必涉及大量的人力成本。管理人员知识上的缺陷、信息的不完全，都有可能导致管理措施的错误运用，使经济的运行效率下降。

5. 无助于外汇失衡的消除和国际收支问题的根本解决，除非配套采取其他改善经济结构的政策措施。进行管制是"治标不治本"的措施，只能临时性地缓解矛盾，必须要辅之以根本性的改革措施才能彻底解决问题。

6. 容易引起国与国之间的摩擦与纠纷。外汇管制被认为是一种人为妨碍公平竞争的手段，所以实行严格外汇管制的国家常遭到其他国家的报复，产生国家间的贸易摩擦。近年来，国际贸易争端频繁发生，与一些国家所实施的外汇管制措施有着直接关系。因此，国际货币基金组织要求其成员国未经批准不得对经常项目的收支加以限制，并要求成员国通过各项改革逐步放松乃至取消外汇管制，以保证和促进世界经济的发展。

[案例阅读]　"汇率操纵国"到底意味着什么？

上任第一天就会把中国列为"汇率操纵国"是特朗普竞选时强调的口号，但时至今日，在其他竞选口号相继兑现的情况下，这一口号却一直未能"落地"。

据了解，美国认定"汇率操纵国"的量化标准有三个：一是某个国家对美贸易盈余超过 200 亿美元；二是该国经常性项目盈余占 GDP 的比例超过 3%；三是该国通过买入外汇促使本国货币贬值的买入量超过其 GDP 的 2%。当一个国家同时满足这三项标准时，美国就会将其认定为"汇率操纵国"。现在，中国仅满足美国所谓的第一项标准。

其实，尽管美国一直使用这一标签对他国加以威胁，但简单了解其使用原理，就不难发现这一"美国标准"的不合理。

美国最早给他国贴上"汇率操纵国"标签是在 1988 年，但 1994 年世贸组织（WTO）成立后，美国政府就不再做这种认定，因为它与 WTO 倡导的自由贸易精神相违背。"当一个国家对他国是否操纵汇率做认定时，就已经是在反映其自身的保护主义倾向，而且也超越了其自身行使国家主权的范畴。"

1992 年到 1994 年，美国曾 5 次将中国认定为"汇率操纵国"。此后尽管一直未付诸实际行动，但美国借以敲打他国的威胁声音始终未断。

以中国为例，2001 年中国加入 WTO 后，对美贸易顺差持续攀升。2003 年开始，美国再次拿出"汇率操纵国"概念指摘中国。尤其在 2008 年国际金融危机后，美国对华贸易逆差逐渐拉大，重提这一概念的调门也越来越高。2016 年 2 月，时任美国总统奥巴马签署了《2015 年贸易便利和执法法》，要求美国财政部对美国主要贸易伙伴的汇率和外向型政策加强分析，并且每半年向国会提交一份报告，具体时间就是在每年的 4 月和 10 月。

美国长期以来指责中国对人民币汇率水平的干预使中国出口商品更廉价，商品更具竞争力，损害了美国就业。可见外汇管理容易导致国家之间的摩擦，但现实中各国从本国利益出发，会实施不同程度的外汇管制。

资料来源：部分引自屡屡用来针对中国，"汇率操纵国"到底意味着什么？[EB/OL]．[2018 - 10 - 20]．http://m. hexun. com/economy/2018 - 10 - 20/194931759. html.

任务三　理解货币自由兑换

一、货币自由兑换的含义

货币自由兑换是指在外汇市场上，能自由地用本国货币购买（兑换）某种外国货币，或用某种外国货币购买（兑换）本国货币。货币自由兑换与外汇管制是相对的。实行外汇管制的国家，其货币是不可自由兑换的。如果一个国家的货币是自由兑换的，该国就不存在外汇管制。

在实践中，由于国际经济环境不同，各国经济发展程度和社会、经济、金融条件不一样，不同国家或同一国家的不同时期都采取了各种各样的措施和手段对货币的自由兑换进行限制，从而形成了不同含义的货币自由兑换。根据产生货币可自由兑换需要的国际间经济交易的性质不同，货币自由兑换通常有三层含义：经常项目下的货币可兑换，资本项目的货币可兑换，货币完全自由兑换。按照国际货币基金组织的规定，一国若能实现经常项目下的货币可兑换，

货币自由兑换

那么该国货币就被列为可兑换货币。货币自由兑换程度主要取决于一国的经济实力，同时也是一国外汇管理制度和政策选择的结果。

（一）经常项目货币可兑换

经常项目下的货币可兑换是指一国对经常项目下的对外支付解除了限制或管制。国际货币基金组织在其章程第八条第二款、第三款、第四款中规定，凡是能实现不对经常性支付和资金转移施加限制，不实行歧视性货币措施或多重汇率，能够兑付外国持有的在经常性交易中所取得的本国货币的国家，该国货币就是可兑换货币。可见，IMF 所指的可兑换实际上是经常账户下的货币可兑换。实现了经常账户可兑换的国家也即承担了IMF 第八条款所规定的义务，成为 IMF 的"第八条款国"。

此外，《国际货币基金协定》还规定实现经常账户项下可兑换应对以下四项内容的对外支付不加限制：（1）所有与对外贸易、其他经常性业务、包括服务在内以及正常的短期银行信贷业务有关的对外支付；（2）应付的贷款利息和其他投资收入；（3）数额不大的偿还贷款本金或摊提直接投资折旧的支付；（4）数额不大的家庭生活费用汇款。

根据 IMF《汇率安排与外汇管制：2017 年年报》，目前在 IMF 的 189 个成员中，已有 171 个接受了第八条款。我国于 1996 年 12 月 1 日正式成为 IMF"第八条款国"。

根据《国际货币基金协定》第十四条款的规定，成员国可以暂时保留"国际经常性往来的付款和资金转移"的限制，于是，保留严格外汇管制的成员国被称为"第十四条款国"，这类国家的货币是不可兑换货币。鉴于各国的国情不同，IMF 没有规定"暂时"是多长时间，但从《国际货币基金协定》的宗旨来看，IMF 希望成员国尽快放松外汇管制。

（二）资本项目货币可兑换

资本项目下的货币可兑换是指对资本流入和流出的兑换均无限制。《国际货币基金协定》第六条款区分了经常项目和资本项目的自由兑换，允许会员国运用必要的控制手段调节资本的转移，即成员国没有义务来实施资本项目的可兑换。在第二次世界大战结束后初期，各国都对资金流动实施了严格的控制。随着经济的发展，一些发达国家逐步取消了资本与金融账户管制。近年来，金融市场全球化的趋势又推动各国对资本与金融账户管制的进一步放开。IMF 在 1997 年香港年会上，确定了将以推动各国实行资本账户下的可兑换为目标，试图推行资本项目可兑换。然而，由于当时正处于亚洲金融危机期间，反对资本流动的呼声较高，IMF 的计划只好暂时搁置。

目前大多数 IMF 的成员国都在对资本与金融项目实行不同程度的限制。在已实行资本项目可兑换的成员中，绝大多数是发达国家。经济合作与发展组织（Organization for Economic Cooperation and Development，OECD）规定其成员有义务实现资本项目的货币可兑换，所以其成员均放弃了对资本流动的管制。此外，一些经济发展较快，或者外汇收入充裕的国家也相继实现了资本自由流动，东南亚、东欧、中东、拉美乃至非洲的一些国家都属此类。

根据国际经验，大多数国家都是先实现经常项目可兑换，再逐步创造条件，过渡到资本项目可兑换，如法国、日本、意大利等在成为"第八条款国"二十多年以后才完全取消资本项目下的外汇限制。

（三）货币的完全自由兑换

如果一国货币在经常项下和资本金融项下都实现了自由兑换，该国货币就可被称为

"完全的可自由兑换货币"。

要实现货币的完全自由可兑换，一国货币往往要经历不可兑换、经常项目有条件可兑换、经常项目可兑换、经常项目可兑换加上资本项目的有条件可兑换，直至资本项目可兑换，这其实是外汇管制不断放松的过程。

通常，经常项下的可兑换是货币自由兑换的第一步，也是最基本的一步，它往往成为各国货币自由兑换实践的突破口。纵观第二次世界大战之后的金融史，从1958年欧洲共同体实现有限度的自由兑换，1964年日本实现部分的自由兑换，到20世纪七八十年代以来的拉美国家、苏联东欧国家以及东南亚各国货币的自由兑换，再到1996年底我国实行的人民币经常项目完全可兑换，大多数国家都是以经常项目下的自由兑换作为开端，少数国家（阿根廷、波兰）率先实行资本项目下的可兑换都没有成功，造成了金融市场动荡。主要原因有以下三个方面：

（1）就经常项目和资本项目开放对于一国宏观经济的影响程度而言，后者投机性因素较强，比前者的难度与风险大得多。所以，一般实行货币自由兑换的国家比较倾向于由易到难，按照比较安全的顺序来实现货币的可兑换。（2）从国际货币基金组织来看，按IMF的定义，只要做到了经常项目自由兑换，该种货币就可以被认为是自由兑换货币了。而IMF对资本金融项下的自由兑换并无强制性规定，因此成员在资本项下取消管制的压力大为减轻。（3）从国际经济交易发展进程来看，实现经常项目下自由兑换与战后关贸总协定（GATT）和世界贸易组织所一直推动的贸易自由化有关。贸易自由化在前，资本自由化在后，是第二次世界大战后世界经济的一个重要特点。这无疑对货币自由兑换安排的阶段性产生影响。

二、货币自由兑换的条件

一国货币自由兑换之后，商品与资本的跨国流动就会对该国的宏观经济形成一定的冲击，而一国的企业也将面临激烈的来自国外的竞争。所以在考虑实现货币自由兑换之前，需要对本国经济的抵抗冲击能力进行评估，一国能否成功地实行自由兑换，需要基本满足一些条件，主要包括：

（一）健康的宏观经济状况

一国经济运行应处于正常、有序状况，没有严重通货膨胀等经济过热现象，不存在大量失业等经济萧条问题。同时，还应具备有效率的市场体系，市场上的价格应能充分反映真实供求状况，能对市场上各种因素的变动反应灵敏，且与国际市场价格差异不大。此外，政府必须能熟练有效地运用各种宏观政策工具对经济进行调控，以应付各种复杂的局面。

（二）健全的微观经济主体

要求企业必须具备现代企业制度，自主经营，自负盈亏。经营以市场为导向，能够对市场信号的变动作出及时反应，除此之外，还应具备较强的竞争能力，能够应对外来的挑战。

（三）较强的国际收支调节能力

一国实现货币自由兑换后，政府很难再以直接管制方式强有力地控制各种国际间经济交易，因此要特别关注国际收支平衡的维持，避免外汇短缺的出现。能否有效消除外汇短缺取决于本国企业的国际竞争力和国家国际储备资产的数量。在货币自由兑换后，一国不仅可能出现临时性的经常账户赤字，还可能直接面临国际资金流动，尤其是短期投机性资金的频繁冲击。如果一国不拥有及时从国际金融市场上获取大量资金的能力，则势必要花费相当数量的国际储备以维持外汇市场的稳定。

（四）恰当的汇率制度与汇率水平

汇率水平恰当不仅是货币自由兑换的前提，也是货币自由兑换后保持汇率稳定的基础，而汇率制度的选择直接关系到汇率水平的调整和稳定。一般来说，在资本可以自由流动时，选择具有更多浮动汇率特征的汇率制度更为合适。

总体来说，一国货币的自由兑换特别是资本与金融账户下的自由兑换是与该国的经济发展水平有着直接联系的，因此在条件不成熟时强行实施只会给经济带来灾难。

📖 ［案例分析 5－3］　**亚洲金融危机的教训**

案例介绍：

20 世纪 80 年代初到 90 年代初，东亚各国经济增长势头强劲，先后诞生了亚洲"四小龙"（韩国、新加坡、中国台湾、中国香港）和"四小虎"（马来西亚、泰国、印度尼西亚、菲律宾），从而吸引了全球资本的进入。1993 年到 1996 年，每年的资本流入量为 500 亿到 1 000 亿美元。但是，这些新兴市场国家在金融法规和监管方面却十分欠缺，这为金融危机的爆发埋下了隐患。

1996 年，泰国房地产泡沫破灭、金融机构不良贷款急剧增加、金融体系危机四伏，此时的泰国实施的是钉住美元的汇率制度。1997 年 1 月，以乔治·索罗斯为首的国际投机者开始对觊觎已久的东南亚金融市场发起攻击，抛售泰铢、买进美元，泰铢直线下跌。泰国央行与新加坡央行动用 120 亿美元联手入市干预，短期内稳定了泰铢汇率。但国际炒家不断筹集资金、狂抛泰铢，对泰铢发起了一波又一波的攻击，泰国政府节节败退。7 月 2 日，泰国政府不得不宣布泰铢不再钉住美元，实行浮动汇率制。随后，泰铢狂泻 20%。8 月 5 日，泰央行决定关闭 42 家金融机构，至此，泰铢终于失守。泰铢的贬值开启了一个连锁反应，马来西亚、印度尼西亚、菲律宾相继陷入危机，1997 年底韩国也放弃了对货币的保卫，亚洲金融危机爆发。

案例分析：

亚洲金融危机爆发的直接原因是索罗斯等国际炒家投机炒作所致，但其内在深层次原因是发生危机的东南亚国家一方面实施固定汇率制，另一方面在条件不成熟的时候过早放开本国资本金融账户、实施金融自由化，给国际游资进入提供了机会，在国际炒家的冲击下，无力维持汇率的稳定，最终酿成了这场大危机。

资料来源：摘编自秦义虎. 金融的历史 [M]. 北京：人民邮电出版社，2011.

三、人民币自由兑换状况

（一）人民币经常项目可兑换

1996 年 12 月 1 日，我国正式接受《国际货币基金协定》第八条款，实现了人民币经常项目可兑换。为了区分经常项目和资本项目交易，防止无交易背景的逃骗汇及洗钱等违法犯罪行为，我国经常项目外汇管理仍然实行真实性审核（包括指导性限额管理）。根据国际惯例，这并不构成对经常项目可兑换的限制。

（二）人民币资本项目部分管制

1. 资本项目可兑换的概念。

资本项目可兑换与资本项目管制（或称资本管制）是两个相对的概念。资本项目管制指对跨境资本交易（包括转移支付）和汇兑活动的限制。资本项目可兑换指取消对跨境资本交易（包括转移支付）和汇兑活动的限制。在汇兑环节，依据管制放松程度的不同，可分为可兑换、基本可兑换、部分可兑换和不可兑换四类。其中，可兑换是指对汇兑基本没有管制，经过主管部门或银行真实性审核后可以做的项目，如境内商业银行向国外发放贷款、中国居民从境外继承遗产等交易，可以直接办理，无须外汇管理部门审批；基本可兑换是指整个项目限制不多，经过核准或登记后可以做的项目，如对外直接投资，在汇兑环节没有前置性审批，只需要作境外直接投资外汇登记；部分可兑换是指经审批后部分交易可以做的项目，如境内商业银行从境外借入资金，不能超过有关部门事先核定的外债指标；不可兑换是指明文禁止的项目，包括法律上无明确规定但实际操作中不允许做或者没有发生的项目，属于禁止类管制，如居民个人不能向非居民提供贷款等交易。目前我国对于资本项目还存在部分管制，人民币还没有实现资本项目完全可兑换。

2. 我国资本项目外汇管理的历史沿革。

改革开放以前，我国既无外债，也不允许外商来华直接投资，对资本项目实行严格管制。在新中国成立后的近30年中，资本项目交易基本处于空白阶段。自1978年以来，中国开始启动了渐进的、审慎的资本账户开放进程。

1978年开始，根据改革与发展的需要，我国着重在吸引和利用外资方面放松管制，事实上启动了人民币资本项目可兑换进程。这一阶段的资本项目管理具有三大特点：一是在管理领域上，以直接投资为主，其次为外债，证券投资被严格限制；二是在管理思路上，以鼓励流入、限制流出为导向。从开放的实践看，在直接投资、债权债务等各个特定的业务种类上，流入方向的业务都是最先开放的；三是在管理实践中，曾经历放开—管制—再放开的反复过程。1996年，我国宣布实现经常项目可兑换，开始着重资本项目的开放，而1997年亚洲金融危机爆发后，中国政府加强了资本管制，尤其是资本流出的管制，如禁止购汇提前还贷等，直至危机结束后才逐步取消。

2001年以来，顺应加入世界贸易组织和融入经济全球化的挑战，根据经济发展和改革开放的客观需要，资本项目开放的步伐逐步加快，并逐步深入。与上一阶段相比，2001年以来资本项目管理的特点体现在两个方面：

（1）开放重点有所变化。在直接投资领域，管理已经相对成熟，实现了基本开放；在证券投资领域，2002年我国推出了合格境外机构投资者（QFII）制度，允许境外投资者投资于我国资本市场；随后，又相继推出了放宽银行、证券、保险等金融机构以自有资本或代客从事境外证券投资的合格境内机构投资者（QDII）政策；2011年开始允许符合条件的机构开展人民币合格境外机构投资者（RQFII）业务，进一步推进人民币国际化进程；2015年10月，李克强总理主持召开国务院常务会议，部署进一步深化上海自贸试验区金融改革试点，强调研究启动合格境内个人投资者（QDII2）境外投资试点，拓宽境外人民币投资回流渠道。

（2）从宽进严出向均衡管理转变。2002 年以来，我国开始出现经常、资本项目持续大额双顺差，外汇储备迅速增长。这既体现了我国综合国力的增强，也部分反映出我国资金利用的低效率。在这一形势下，资本项目管理开始转向鼓励资金有序流出和防止投机性资金流入、促进国际收支基本平衡。例如，在直接投资领域，改革境外投资外汇管理，支持国内企业"走出去"；在外债领域，统一中外资银行外债管理，严格外资企业外债结汇；在证券投资领域，允许境外证券投资；在资本转移领域，允许个人资本转移等。

人民币自由
兑换状况

[知识链接 5 - 3]　**QFII、QDII、QDII2、RQFII**

1. QFII。QFII 是 Qualified Foreign Institutional Investors（合格境外机构投资者）的简称，QFII 机制是指外国专业投资机构到境内投资的资格认定制度。

QFII 是一国在货币没有实现完全可自由兑换、资本项目尚未开放的情况下，有限度地引进外资、开放资本市场的一项过渡性的制度。这种制度要求外国投资者若要进入一国证券市场，必须符合一定的条件，得到该国有关部门的审批通过后汇入一定额度的外汇资金，并转换为当地货币，通过严格监管的专门账户投资当地证券市场。在这一机制下，任何打算投资境内资本市场的人士必须分别通过合格机构进行证券买卖，以便政府进行外汇监管和宏观调控，目的是减少资本流动尤其是短期游资对国内经济和证券市场的冲击。而通过 QFII 制度，管理者可以对外资进入进行必要的限制和引导，使之与本国的经济发展和证券市场发展相适应，控制外来资本对本国经济独立性的影响，抑制境外投机性游资对本国经济的冲击，推动资本市场国际化，促进资本市场健康发展。

QFII 限制的内容主要有资格条件、投资登记、投资额度、投资方向、投资范围、资金的汇入和汇出限制，等等。

2. QDII。QDII 是 Qualified Domestic Institutional Investors（合格境内机构投资者）的简称。它是在一国境内设立，经该国有关部门批准，从事境外资本市场的股票、债券等有价证券投资业务的证券投资基金。

QDII 是与 QFII 反方向操作的一种投资制度，也是一种过渡性措施，是资本项目未开放条件下的一种保护性措施。在此制度下，境内居民投资境外资本市场须通过国家核定的中介机构进行，国家可以有效地监管本国投资者的国际投资行为，从而稳定本币币值和抑制外汇资金的流失，维护本国的金融秩序。而且由于所投资资本市场的监管机构也会提出其监管要求，这将有利于境内机构投资者的健康发展。

QDII 制度的实质是对境内资本投资境外资本市场进行额度管理。其内容主要涉及投资者的资格认定、资金进出的监控以及允许投资的证券品种和比例的限制等方面。

3. QDII2 是 Qualified Domestic Individual Investor（合格境内个人投资者）的简称。与 QDII（合格境内机构投资者）类似，它也是在人民币没有实现完全自由兑换、资本项目尚未完全开放的情况下，有限度地允许境外投资的一项重要制度。但与 QDII 中的境内机构投资不同，QDII2 是指在人民币资本项下不可兑换条件下，有控制地允许境内个人投资境外资本市场的股票、债券等有价证券投资业务的一项制度安排。

4. RQFII。RQFII 是 RMB Qualified Foreign Institutional Investors（人民币合格境外投资者）的简称。RQFII 境外机构投资者可将批准额度内的外汇结汇投资于境内的证券市场，对 RQFII 放开股市投资，是侧面加速人民币的国际化。

QFII 和 RQFII
资料来源：析金法。

（三）人民币可自由兑换的展望

实现人民币资本项目可兑换具有积极的作用，能够带来的收益主要体现在：可以促进社会资源的合理配置；有利于吸引国外资本；可以推动我国金融市场的发育和完善，提高金融服务的竞争力和经济效率；提高中国的国际经济地位，推动人民币的国际化等。但是，目前我国在微观经济基础、金融体系稳定和金融监管上还有很多不足，因此，人民币资本项目可兑换应伴随着这些矛盾的化解而逐步实现。

实现人民币资本项目可兑换是我国外汇管理体制改革的长远目标。近年来，根据经济发展和改革开放的客观需要，我国在深化外汇管理体制改革，稳步推动资本账户开放方面采取了一系列措施，取得了积极进展。随着对外开放日益扩大、融入世界经济程度不断加深，外汇局将加快放松资本管制，不断朝着实现人民币资本项目可兑换的既定目标迈进。

在当前全球经济发展形势日趋复杂的背景下，为提升我国跨境投资和交易的便利化，促进资源在全球有效配置，助力经济转型升级和稳定发展，我国将继续按照"服务实体，循序渐进，统筹兼顾，风险可控"的原则，有序推进人民币资本项目可兑换。下一阶段我国将积极探索资本项目外汇管理服务实体经济发展的新领域、新方法，稳步推进跨境证券投资外汇管理改革，扩大金融市场双向开放，稳妥有序推进资本项目可兑换。进一步健全完善宏观审慎政策框架下的外债和资本流动管理体系，不断强化资本项目统计监测和事中、事后监管，切实防范跨境资本流动风险。

任务四 了解中国外汇管理状况

中国是发展中国家，金融市场发展起步较晚，长期实行较严格的外汇管理。外汇管理对促进我国国际收支平衡和汇率稳定发挥着积极作用。但同时，随着中国经济体制改革的不断深入和中国经济的快速增长，外汇管理的内容也不断发生变化。人民币汇率制度是我国外汇管理的重要构成部分，将在我国外汇管理体制沿革之后予以介绍。

一、我国外汇管理体制的沿革

改革开放前，我国实行严格的外汇集中计划管理，国家对外贸和外汇实行统一经营，外汇收支实行指令性计划管理。所有外汇收入必须售给国家，用汇实行计划分配，实行"以收定支、以出定进"，依靠指令性计划和行政办法保持外汇收支平衡。对外基本不举借外债，不接受外国来华投资；人民币汇率仅作为核算工具，由政府直接制定和统一公布，币值长期处于高估状态。

1978 年，改革开放拉开了外汇管理体制改革的序幕。1978 年以来，外汇管理体制改革大致经历了四个发展阶段。

第一阶段（1978—1993 年），外汇管理体制改革起步。这一阶段以增强企业外汇自主权、实行汇率双轨制为特征。1978 年党的十一届三中全会正式宣布我国开始改革开放。1979 年，为配合外贸体制改革和鼓励企业出口创汇，我国开始实行外汇留成制度，在外汇由国家集中管理、统一平衡的基础上，按照一定比例给予出口企业购买外汇的额度，允许企业通过外汇调剂市场转让多余的外汇，由此逐步形成了官方汇率和外汇调剂市场汇率并存的双重汇率制度。这一阶段，外汇管理体制处于由计划体制开始向市场调节的转变过程，计划配置外汇资源仍居于主导地位，但市场机制萌生并不断发育，对于促进吸引外资、鼓励出口创汇、支持国内经济建设发挥了积极作用。

第二阶段（1994—2000 年），社会主义市场经济条件下的外汇管理体制框架初步确定。1994 年初，国家对外汇管理体制进行了重大改革，取消外汇留成制度，实行银行结售汇制度，实行以市场供求为基础的、单一的、有管理的浮动汇率制，建立统一规范的外汇市场。此后，进一步改进外汇管理体制，1996 年取消了所有经常性国际支付和转移的限制，实现人民币经常项目可兑换。1997 年，亚洲金融危机爆发，给中国经济发展与金融稳定造成严重冲击。为防止危机进一步蔓延，我国作出人民币不贬值的承诺，并重点加强对逃汇骗汇等违法违规资本流动的管理和打击，成功抵御了亚洲金融危机的冲击。总体来看，这一阶段，我国初步确立适合国情、与社会主义市场经济体制相适应的外汇管理制度框架，市场配置外汇资源的决定性地位初步奠定。

第三阶段（2001—2012 年），以市场调节为主的外汇管理体制进一步完善。2001 年底加入世界贸易组织以来，我国加速融入全球经济，国际收支在较长一段时间内呈现持续大额顺差，外汇管理提出国际收支平衡的管理目标和"均衡管理"的监管理念，包括人民币资本项目可兑换等重大改革探索有序推进。2002 年，建立合格境外机构投资者制度（QFII），跨境证券投资开放取得重大进展。2003 年成立中央汇金公司，向国有商业银行注资，外汇储备探索多元化运用。以 2005 年 7 月人民币汇率形成机制改革为起点，不断理顺外汇市场供求关系，实施了取消经常项目外汇账户限额管理、对个人实行 5 万美元便利化结售汇额度管理、启动合格境内机构投资者制度（QDII）和人民币合格境外机构投资者制度（RQFII）等一系列改革举措。2008 年，结合前期外汇管理体制改革取得的丰硕成果，修订《中华人民共和国外汇管理条例》，外汇管理法制化建设迈入新阶段。2009 年，提出外汇管理理念和方式的"五个转变"，全面推进简政放权。2012 年，实施货物贸易外汇管理制度改革，取消货物贸易外汇收支逐笔核销制度，贸易便利化程度大幅提升。

第四阶段（2013 年至今），统筹平衡贸易投资自由化便利化和防范跨境资本流动风险，在维护外汇市场稳定，尤其是成功应对 2015 年底至 2017 年初外汇市场高强度冲击的同时，外汇领域改革开放取得历史性成就。2013 年，改革服务贸易外汇管理制度，全面取消服务贸易事前审批，所有业务直接到银行办理。扩大金融市场双向开放，先后推出"沪港通"（2014年）、内地与香港基金互认（2015年）、"深港通"（2016年）、"债券通"（2017年）、"沪伦通"（2019年）等跨境证券投资新机制。陆续设立丝路基金、中拉产能合作基金、中非产能合作基金，积极为"一带一路"搭建资金平台。2015年，将资本金意愿结汇政策推广至全国，大幅简化外商直接投资外汇管理，实现外商直接投资基本可兑换。2016—2017年，完善全口径跨境融资宏观审慎管理，推动银行间债券市场双向开放，建立健全开放有竞争力的境内外汇市场。2018年，进一步增加QDII额度，取消了QFII资金汇出比例限制和QFII、RQFII锁定期要求，扩大合格境内有限合伙人（QDLP）和合格境内投资企业（QDIE）试点。2015年底至2017年初，我国外汇市场经历了两次高强度冲击，外汇管理部门在党中央、国务院的坚强领导下，综合施策、标本兼治，建立健全跨境资本流动宏观审慎管理，不断改善外汇市场微观监管，我国日益开放的外汇管理体制经受住了跨境资本流出冲击的考验，有效维护了国家经济金融安全。

二、人民币汇率制度改革的历程

（一）计划经济时期的人民币汇率制度（1949—1980年）

在传统的计划经济体制下，人民币汇率由国家实行严格的管理和控制，实行固定汇率安排。1948年12月1日，中国人民银行成立，并发行了统一的货币——人民币。1949年1月1日，中国人民银行开始在天津公布人民币汇率。以后，上海、广州在中央统一管理下以天津汇率为标准，根据当地物价状况公布各自的汇率，各自执行国家统一的汇率政策，但由于当时各地的物价水平不一致，因此，地区间的汇率存在差异。1950年7月8日，随着经济秩序的逐步恢复和全国财经统一制度的建立，人民币开始实行全国统一汇率，由中国人民银行发布。

从1953年起，为反对美国对我国的经济制裁，人民币汇率钉住英镑，只是英镑贬值时才作相应调整，即在1967年11月随着英镑公开贬值14.39%，才从原来的1英镑折合6.893元调整到5.908元。而这期间人民币兑美元的汇率始终没有改变。1955—1971年，人民币兑美元的汇率一直是1美元折合2.4618元人民币。1971年12月18日，美元兑黄金的官方兑换价格宣布贬值7.89%，人民币汇率相应调整为1美元折合2.2673元人民币。

1973年3月以后，布雷顿森林体系彻底解体，西方国家普遍实行浮动汇率制。为避免西方国家通货膨胀及汇率变动对我国经济的冲击，我国从1973年开始在计算人民币汇价时，采用钉住加权的"一篮子"货币办法，所选用的篮子货币都是在我国对外贸易的计价中占比较大的外币，并以这些货币加权平均汇价的变动情况，作为人民币汇价相应调整的依据。其中，美元、日元、英镑、联邦德国马克、瑞士法郎等在货币篮子中始终占据重要地位。这段时间频繁地调整人民币的汇率，仅1978年人民币兑美元的汇率就调整了61次。

综观整个计划经济时期，人民币汇率由政府按照一定的原则制定。高度的计划性决定了市场力量对汇率几乎起不到任何作用，汇率水平变化也不对外汇收支发挥调节作用，只是作为计划经济的核算工具。

（二）向市场经济转轨初期的汇率制度（1981—1993 年）

从 20 世纪 80 年代开始，我国进入了向社会主义市场经济过渡的改革开放新时期。为鼓励外贸出口企业的积极性，我国的汇率体制从单一汇率制转为双重汇率制。经历了官方汇率与贸易外汇内部结算价并存（1981—1984 年）和官方汇率与外汇调剂价格并存（1985—1993 年）两个汇率双轨制时期。

1. 第一阶段是人民币内部结算价与官方汇率并存时期（1981—1984 年）。改革开放以前，人民币汇率长期低于出口创汇成本，但高于国内外消费物价之比。为了扩大出口，人民币需要贬值，不过人民币贬值对非贸易外汇收入不利。从兼顾贸易和非贸易两方面的需要出发，自 1981 年 1 月 1 日起在官方汇率之外实行贸易内部结算汇率，它以全国出口平均换汇成本加一定幅度的利润计算出来，明显低于官方汇率。贸易外汇内部结算价，按当时全国出口商品平均换汇成本加 10% 利润计算，定为 1 美元折合 2.8 元人民币，适用于进出口贸易的结算，同时继续公布官方汇率，1 美元折合 1.5 元人民币，沿用原来的"一篮子"货币计算和调整，用于非贸易外汇的结算。两个汇率对鼓励出口和照顾非贸易利益起到了一定作用，但在使用范围上出现了混乱，给外汇核算和外汇管理带来不少复杂的问题。随着国际市场美元汇率的上升，我国逐步下调官方汇率，到 1984 年底，官方汇率已接近贸易外汇内部结算价。1985 年 1 月 1 日取消内部结算价，重新实行单一汇率，汇率为 1 美元折合 2.8 元人民币。

2. 第二阶段是官方汇率与外汇调剂市场汇率并存时期（1985—1993 年）。为了配合外贸改革和推行承包制，我国逐步取消财政补贴，从 1988 年起增加外汇留成比例，普遍设立外汇调剂中心，放开调剂市场汇率，形成官方汇率和调剂市场汇率并存的局面。1985—1990 年根据国内物价的变化，多次大幅调整汇率。由 1985 年 1 月 1 日的 1 美元折合 2.8 元人民币，逐步调整至 1990 年 11 月 17 日的 1 美元折合 5.22 元人民币。近几年人民币汇率的下调主要是依据全国出口平均换汇成本上升的变化，汇率的下调滞后于国内物价的上涨。从 1991 年 4 月 9 日起，对官方汇率的调整由以前大幅度、一次性调整的方式转为逐步缓慢调整的方式，即实行有管理的浮动，截至 1993 年底调到 1 美元折合 5.72 元人民币，比 1990 年 11 月 17 日下调了 9%。同时，放开外汇调剂市场汇率，让其随市场供求状况浮动，汇率波动较大。在国家加强宏观调控和中国人民银行入市干预下，1993 年底回升到 1 美元折合 8.72 元人民币。

（三）汇率并轨，有管理的浮动汇率制阶段（1994 年至 2005 年 7 月）

1994 年 1 月 1 日，人民币官方汇率与外汇调剂价并轨，实行以市场供求为基础的、单一的、有管理的浮动汇率制。1994 年以后，我国实行以市场供求为基础的管理浮动汇率制，但人民币兑美元的名义汇率除了在 1994 年 1 月到 1995 年 8 月小幅度升值外，始终保持相对稳定状态。亚洲金融危机以后，由于人民币与美元脱钩可能会导致人民币升值，不利于出口增长，中国政府进一步收窄人民币汇率的浮动区间。学术界普遍认为中国的汇率体制已经演变为事实上的单一钉住制。1999 年，IMF 对中国汇率制度的划分也从"管理浮动"转为"钉住单一货币的固定钉住制"。

钉住制成功地保持了人民币汇率水平的稳定，有力地促进了外贸和投资的发展。同时也带来不少问题，突出表现在：第一，对外贸易不平衡状况加剧。自 1994 年以来（1998 年除外），中国一直保持国际收支"双顺差"的格局，特别是进入 21 世纪以后，

"双顺差"规模持续扩大，2004 年经常账户盈余已达到当年 GDP 的 4.2%。第二，"双顺差"造成中国的外汇储备迅速增加并带来了货币冲销操作的压力，货币政策的独立性受到挑战。第三，粗放的出口增长方式使我国出口品的技术含量低，出口企业的国际竞争力不强，部分出口产品的资源和能源消耗大、对环境破坏严重，不利于实施可持续发展战略。第四，国际收支顺差的持续增长遭到了来自日本、美国等国家的指责，贸易摩擦频频发生，国际压力越来越大。

（四）参考"一篮子"货币进行调节的管理浮动汇率制阶段（2005 年 7 月 21 日至今）

1. 2005 年汇改内容。

为建立和完善我国社会主义市场经济体制，充分发挥市场在资源配置中的基础性作用，建立健全以市场供求为基础的、有管理的浮动汇率制，进行汇率形成机制改革，2005 年 7 月 21 日，中国人民银行发布 5 号公告，宣布改革人民币汇率形成机制，具体内容如下：

（1）自 2005 年 7 月 21 日起，我国开始实行以市场供求为基础、参考"一篮子"货币进行调节、有管理的浮动汇率制。人民币汇率不再盯住单一美元，形成更富弹性的人民币汇率机制。

（2）中国人民银行于每个工作日闭市后公布当日银行间外汇市场美元等交易货币对人民币汇率的收盘价，作为下一个工作日该货币对人民币交易的中间价。

（3）2005 年 7 月 21 日 19 时，美元兑人民币由 1 美元兑 8.2765 元人民币交易价格调整为 1 美元兑 8.11 元人民币，作为次日银行间外汇市场上外汇指定银行之间交易的中间价，外汇指定银行可自此时起调整对客户的挂牌汇价。

（4）现阶段，每日银行间外汇市场美元兑人民币的交易价仍在人民银行公布的美元交易中间价上下 3‰的幅度内浮动，非美元货币对人民币的交易价在人民银行公布的该货币交易中间价上下一定幅度内浮动。

这次汇率制度改革对我国经济的长远发展意义重大，对我国贯彻以内需为主的经济可持续发展战略，增强货币政策的独立性，促使企业转变经营机制，增强自主创新能力，改变外贸增长方式，都有积极的推动作用。由于汇率调整幅度和时机选择适当，前期准备充分，这次人民币汇率形成机制改革实施状况平稳。改革方案实施后，人民币汇率波动体现了国际主要货币之间汇率的变化，弹性逐渐增强。

2. 2005 年之后汇率制度的调整。

2005 年 7 月 21 日汇改之后，我国又实施了一系列措施，为汇率机制改革提供微观市场基础。

（1）扩大银行间外汇市场交易主体，引进询价交易方式和做市商制度。2005 年 8 月 8 日起，允许更多符合条件的非银行金融机构和非金融性企业进入银行间即期外汇市场；2006 年 1 月 4 日起，在银行间即期外汇市场上引入询价交易方式（简称 OTC 方式），同时在银行间外汇市场引入做市商制度，为市场提供流动性。

（2）优化人民币汇率中间价的制度安排。2006 年 1 月 4 日，引入询价交易方式和做市商制度，当日开市前向做市商询价，去掉最高价和最低价后加权平均作为当日基准价。2015 年 8 月 11 日，中国人民银行宣布人民币中间价形成机制改革，即做市商在每日银行间外汇市场开盘前提供中间价报价时，参考上日银行间外汇市场收盘汇率，并综合考虑外汇供求情况以及国际主要货币汇率变化向中国外汇交易中心提供中间价报价。新的中间价形成机制更凸显了外汇市场供求因素对汇率的影响，也表明人民币汇率市场化又有了新的进展。

（3）扩大银行间市场人民币兑美元交易价浮动幅度。2005年7月21日汇改之初，银行间市场（批发市场）人民币兑美元汇率日间有管理的波幅为中间价（或基准价）的上下3‰。2007年5月21日起，银行间即期外汇市场人民币兑美元交易价浮动幅度由3‰扩大至5‰。2012年4月16日起，银行间即期外汇市场人民币兑美元交易价浮动幅度由5‰扩大至1%。2014年3月17日起，银行间即期外汇市场人民币兑美元交易价浮动幅度由1%扩大至2%。

（4）取消了银行零售业务汇率浮动区间限制。2005年9月起，银行对客户办理结售汇业务非美元货币兑人民币的挂牌汇率浮动区间限制被取消。2014年3月17日起，银行为客户提供当日美元最高现汇卖出价与最低现汇买入价之差不得超过当日汇率中间价的幅度由2%扩大至3%。2014年7月起，银行对客户的美元兑人民币挂牌汇率浮动不再受限，买卖价差限制被取消，银行可根据市场供求自主定价。

3. 2005年汇改以来人民币汇率水平的变化。

2005年汇改后，人民币汇率真正浮动起来，到2013年底，人民币兑美元汇率总体上呈上升趋势。2006年3月15日，人民币汇率"破8"，达到7.9982；2008年4月10日，人民币兑美元汇率中间价首度升值"破7"，进入"6时代"，达到6.9920。

2008年7月国际金融危机后，人民币升值速度放缓，基本维持在6.83附近，人民币重回盯住美元的状态。2010年，以美国为首的一些国家再次要求人民币升值，并进一步向"以市场为导向的汇率机制"过渡，并欲将中国划为"汇率操纵国"，人民币汇率问题再起波澜。对此，2010年6月，人民银行再次重申要推进人民币汇率机制改革，增强汇率弹性。在2008年国际金融危机最严重的时候，许多国家货币兑美元大幅贬值，而人民币汇率保持了基本稳定，为抵御国际金融危机发挥了重要作用，为亚洲乃至全球经济的复苏作出了巨大贡献，也展示了我国促进全球经济平衡的努力。当前全球经济逐步复苏，我国经济回升向好的基础进一步巩固，经济运行已趋于平稳，有必要进一步推进人民币汇率形成机制改革，增强人民币汇率弹性。这次重申之后，人民币汇率再次进入升值通道。2011年1月13日，人民币汇率破6.6（当日中间价为6.5997）；2011年4月29日，人民币汇率破6.5（当日中间价为6.4990）；2011年8月11日，人民币汇率破6.4（当日中间价为6.3991）；2012年2月10日，人民币汇率破6.3（当日中间价为6.2937）；2013年4月11日，人民币汇率破6.2（当日中间价为6.1980）；2013年12月31日，美元兑人民币中间价升破6.1（当日中间价为6.0969），标志着人民币兑美元汇率中间价创2005年汇改以来新高。2013年全年，人民币汇率中间价已经累计41次创新高，上涨1984个基点，升值幅度几乎是2012年的3倍。自2005年汇率改革至2013年12月31日，人民币升值幅度达35%。

2014年以来，人民币兑美元汇率由单边升值转变为双向波动弹性增强。进入2014年，人民币持续大幅贬值，美元兑人民币汇率中间价由2013年12月31日的6.0969降至2014年3月31日的6.1521，下跌552个基点，贬值幅度达0.91%。2014年第一季度美元兑人民币贬值幅度已达到2013年整年升值幅度的95%以上。这是自1994年人民币与美元非正式挂钩以来持续时间最长、幅度最大的贬值，一举打破了20年以来人民币持续升值的预期。随着人民币汇率形成机制日趋灵活，人民币顺应市场变化呈现有涨有跌的正常波动（见图5-1）。

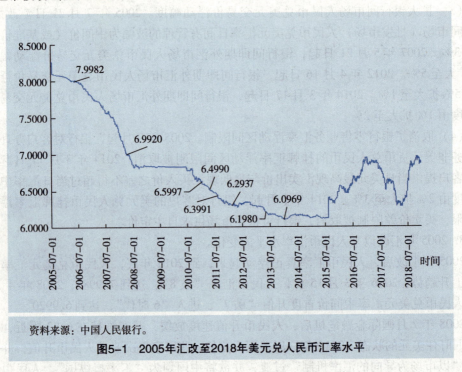

资料来源：中国人民银行。

图5-1　2005年汇改至2018年美元兑人民币汇率水平

进一步推进人民币汇率形成机制改革，重在坚持以市场供求为基础，参考"一篮子"货币进行调节。继续按照已公布的外汇市场汇率浮动区间，对人民币汇率浮动进行动态管理和调节。中国将继续按照主动性、可控性、渐进性原则，稳步推进人民币汇率形成机制改革。

🌙 ［延伸阅读］　**中美汇率之争**

国家之间的汇率战是指各国试图通过本国货币相对外国货币适度贬值来达到改善本国贸易状况的目的。其基本工具包括外汇市场操作、国内宏观政策量化宽松、预期管理与其他手段。汇率战最终产生的效果根据实际情况有所不同，汇率贬值不一定带来经常项目的改善。

一、美国挑起汇率争端历史回顾

历史上美国曾多次参与或对他国发起汇率争端以期改善美国贸易状况，然而事实上汇率争端并未达到其预期效果，各国经济表现分为三类：一是多败俱伤，世界贸易萎缩，经济萧条，20世纪30年代大萧条反映了这一点；二是美国贸易逆差短期恶化，长期无改善，非美国家采取错误宏观政策导致泡沫破裂，如20世纪80年代美日贸易争端；三是美国贸易逆差短期恶化，长期无改善，非美国家通过稳健货币政策、推动供给侧结构性改革实现经济持续发展，美德汇率争端体现了这一点。

1. 大萧条汇率争端：多败俱伤，世界贸易萎缩，经济萧条。美国引发贸易争端，各国以邻为壑竞争性贬值，先贬值国家经济恢复速度较快。1929 年美国国会通过《斯姆特—霍利关税法》，将平均关税水平由 40% 提高至 47%。此举引发全球贸易大战，各国竞相报复性提高关税，相继脱离金本位制，实施以邻为壑的竞争性贬值。而在英美等国大幅贬值之际，以法国为首的部分国家坚持金本位，使币值高估、贸易大幅受损，最终退出金本位、贬值本币，但其经济恢复速度比放弃金本位制较早的国家明显偏慢。

各国加入汇率战导致多败俱伤，世界贸易萎缩。大萧条汇率争端期间，竞争性贬值使各国国际收支逆差改善幅度较小、持续时间较短，叠加提高关税、施加贸易壁垒，世界贸易大幅萎缩，各国经济遭受冲击。1929—1933 年，世界贸易指数下滑超过 40%，全球经济陷入萧条泥沼。

2. 美日汇率争端：日元被迫升值，短期内美国贸易逆差扩大，日本宏观政策失误，泡沫破裂。1985 年 9 月，美国、日本、英国、法国、德国五国签订广场协议，协调美元持续贬值，各国央行干预外汇市场叠加市场预期导致日元快速升值，一年内日元兑美元升值超过 30%。然而尽管部分出口厂商受损，但出口黏性的存在以及进口巨幅下滑使美日贸易逆差进一步扩大，直至 1988 年才有所下降，而自 1991 年后继续上升。

宽松宏观政策叠加金融自由化，日本经济泡沫堆积破灭，经济陷入持续萧条。在外部美国施压以及内部经济决策失误的情况下，日本在 20 世纪 80 年代持续下调利率，同时实施扩张的财政政策，提出扩大内需，改善市场准入环境，加快金融自由化，出现了"日元升值、高投资率、低利率"并存的局面。在宽松宏观政策与金融自由化的催化下，日本股价、地价不断高涨，在紧急加息和抑制地价后，泡沫破裂。从 20 世纪 90 年代起，日本产业竞争力下降、经济长期低迷。

3. 美德汇率争端：德国马克被迫升值，短期内美国贸易逆差扩大，德国坚持稳健货币政策，推动供给侧结构性改革，成为经济强国。与日本处境类似，1985 年签订的广场协议，使德国马克兑美元持续升值，1985—1987 年德国马克升值达 101.3%。而美国对德国发动的汇率争端并未改善美国对德贸易逆差，直至 1988 年才有所下降，而自 1992 年后迅速攀升。

中性稳健货币政策叠加供给侧结构性改革，德国短期内经济受冲击，长期经济高质量发展。德国在马克升值后经济短期内受到冲击，但德国货币政策始终维持中性稳健（1990 年东西德统一造成货币增速异常波动），甚至在 1987 年卢浮宫协议后顶住压力，提高利率防止通货膨胀率攀升。同时，德国坚持推动供给侧结构性改革，减轻税负，重视科技研发和职业教育，发展先进制造业。1986—1987 年德国经济短期下滑至 1.4%，但随后强劲反弹，经济基本保持平稳增长态势，并逐步发展为高端制造业经济强国。

4. 国际汇率争端启示。美国贸易赤字根本原因在自身，汇率争端两败俱伤。过去历次汇率争端表明，汇率争端只会导致两败俱伤，他国汇率升值对美贸易赤字改善非常有限，其贸易赤字根本原因在于自身，具备长期性和根本性，包括美国经济结构、全球价值链分工、美元国际储备货币地位、美元嚣张的特权、美国低储蓄过度消费模式、限制对他国高科技出口、美国大量跨国企业在海外投资等。

二、中美汇率争端

汇率升值短期来看或对经济造成负面冲击，保持中性稳健的货币政策环境有利于结构调整，供给侧结构性改革是出路。20 世纪 80 年代，日本、德国均经历本币大幅升值，短期内经济皆受冲击，而德国稳健货币政策、推动供给侧改革，日本选择"大水漫灌"刺激国内经济。最终两国经济分化，日本陷入"失落的二十年"，德国成为高端制造业强国。历史上中国曾连续 3 年被美国判定为"汇率操纵国"，但当前中国不符合国际汇率操纵国评判标准，且人民币基本不再被低估。当前美国对"汇率操纵国"定义为有大量对美贸易顺差（200 亿美元）、巨额经常账户盈余（占 GDP 3%）、对外汇市场持续单向干预。尽管历史上美国曾在 1992—1994 年判定中国为"汇率操纵国"，但当前人民币定价机制日趋透明，人民银行基本退出常态性干预，不符合美国对汇率操纵国评判标准，且 IMF 认定人民币汇率基本符合经济基本面。

沙盘推演中美汇率争端形势，主要有三种情形：

（1）美国指责中国为"汇率操纵国"，施压人民币升值，后续或将持续施压逼迫中国过激开放金融市场，进一步展开金融战、经济战、资源战和地缘战，具有长期性和日益严峻性。

（2）主动放缓美元升值，当前特朗普政府为振兴美国制造业、改善贸易逆差，对美元过快升值持批评态度，有迹象以及内在动力通过干预市场预期主动放缓美元升值。

（3）人民币主动贬值，人民币贬值在一定程度上可改善出口，但主动贬值在当前内外经济条件下易加剧市场贬值预期、资本外逃以及在国际贸易谈判中丧失主动性。未来若面对美国的无理指责及压迫，中国短期内可向 IMF 申请裁决、保持定力，防止市场顺周期行为，维持人民币汇率在反映经济基本面的一定区间内双向波动；对美国发起制裁，限制美国企业投资；中期内加快双边谈判争取欧盟、日本、韩国及"一带一路"等地区，签订新的投资、贸易协定；长期内制定新的立国战略、供给侧结构性改革等措施。

结合国际经验与沙盘推演，提出以下四点建议：

（1）继续推动人民币汇率市场化，坚守核心利益，凸显底线思维；

（2）经济基本面是汇率的决定因素，保持定力，维护国内宏观政策独立性、前瞻性；

（3）坚持对外开放，加快对欧日韩双边谈判、"一带一路"建设，扩大贸易自由化和投资自由化，但要控制资本项下金融自由化的步伐；

（4）汇率适度升值并不可怕，关键在于培育具有竞争优势的先进产业，推动内部供给侧结构性改革。

资料来源：任泽平，贺晨，甘源. 中美汇率摩擦：历史、现状与前景［EB/OL］.［2018 - 09 - 10］. https：//baijiahao. baidu. com/s? id = 1611212653777558934&wfr = spider&for = pc.

本章小结

1. 汇率制度是指一国货币当局对本国汇率变动的基本方式所作的一系列安排或规定，包括货币比价变动的界限、调整手段以及维持货币比价所采取的措施等，是国际货币制度的重要内容之一。传统的两分法将汇率制度分为固定汇率制和浮动汇率制。在牙买加体系下，各国汇率制度是多元化的，为体现各国真实的汇率制度，IMF按事实分类法将各国汇率制度分成八类。

2. 固定汇率制是指将两国货币兑换比价基本固定，并把汇率波动幅度控制在一定范围内的汇率制度。在固定汇率制下，政府有干预汇率稳定的义务。固定汇率制有利于促进贸易和投资，为一国宏观经济政策提供自律，有助于促进国际经济合作，但是在固定汇率制下汇率不能发挥调节国际收支的作用，各国货币政策缺少独立性，易受投机资本的攻击。

3. 浮动汇率制是指一国不规定本币与外币的兑换平价和汇率波动的界限，汇率受外汇市场供求变化影响而自由上下浮动的一种汇率制度，政府也不再承担维持汇率波动界限的义务。在浮动汇率制下，汇率能自发调节国际收支失衡，有助于促进经济稳定，防止国际游资的冲击，且各国货币政策具有一定的独立性，可以降低各国对外汇储备的需求。但是各国面临的汇率风险加大，不利于国际贸易和投资的发展，助长了外汇投机活动，而且外汇资源的配置可能不是处于最优状态。

4. 外汇管制是指一国政府授权国家货币金融管理当局或其他国家机关，对外汇收支、买卖、借贷、转移以及国际间的结算、外汇汇率和外汇市场等实行的管制措施。根据管制松紧程度的不同，外汇管制的类型分为三种：（1）实行严格的外汇管制；（2）采取部分外汇管制；（3）基本放弃的外汇管制。

5. 货币自由兑换是指在外汇市场上，能自由地用本国货币购买（兑换）某种外国货币，或用某种外国货币购买（兑换）本国货币。一国可以实行货币自由兑换的条件是：健康的宏观经济状况、健全的微观经济主体、较强的国际收支调节能力、恰当的汇率制度与汇率水平。

6. 改革开放前，我国实行严格的外汇集中计划管理，改革开放拉开了外汇管理体制改革的序幕，大致经历了四个发展阶段：（1）1978—1993年，实行汇率双轨制；（2）1994—2000年，确立适合国情、与社会主义市场经济体制相适应的外汇管理制度框架以及市场配置外汇资源基础；（3）2001—2012年，完善以市场调节为主的外汇管理体制；（4）2013年至今，改善外汇市场微观监管，维护外汇市场稳定，逐步开放外汇市场。

7. 我国人民币汇率制度的三个重大转折点：（1）1994年之前，主要由国家外汇管理局进行人民币汇率的制定和公布工作；（2）1994—2005年，主要由中国银行负责人民币汇率的确定和公布工作，在此期间我国以市场供求关系为基础，实行名义上浮动的人民币汇率制度；（3）从2005年开始，我国依据国际"一篮子"货币策略，实行有管理浮动人民币汇率制度。

 同步练习

一、单选题

1. 在布雷顿森林体系下，汇率制度的类型是（　　）。

A. 联系汇率制　　　　B. 固定汇率制　　　C. 浮动汇率制　　　D. 联合浮动

2. 1973年春以后的国际汇率制度性质是（　　）。

A. 固定汇率制　　　　B. 钉住汇率制　　C. 联系汇率制　　D. 浮动汇率制

3. 人民币自由兑换的含义是（　　）。

A. 经常项目的交易中实现人民币自由兑换

B. 资本项目的交易中实现人民币自由兑换

C. 国内公民实现人民币自由兑换

D. 经常项目和资本项目下都实现人民币自由兑换

4. 金融国际化程度较高的国家，可采取的汇率制度弹性（　　）。

A. 中等　　　　　　B. 适当　　　　　C. 较小　　　　　D. 较大

5. 下列各种汇率安排中，对国内货币政策的独立性影响最小的是（　　）。

A. 货币局制度　　　　　　　　　　B. 清洁浮动制度

C. 可调整的钉住汇率制　　　　　　D. 汇率目标区制度

二、多选题

1. 属于固定汇率制的国际货币体系有（　　）。

A. 国际金本位制　　　　　　　　　B. 布雷顿森林体系

C. 牙买加体系　　　　　　　　　　D. 国际金汇兑本位制

E. 以上都是

2. 与固定汇率制相比，浮动汇率制的主要优点是（　　）。

A. 自动调节国际收支　　　　　　　B. 保证一国货币政策的独立性

C. 缓解国际游资的冲击　　　　　　D. 避免国际性的通货膨胀传播

E. 维持汇率的稳定

3. 按照政府对汇率是否干预，浮动汇率制可分为（　　）。

A. 单独浮动　　　　B. 清洁浮动　　　C. 联合浮动　　　D. 肮脏浮动

E. 盯住浮动

4. 一般来说，实行经常账户自由兑换的基本前提是（　　）。

A. 满足马歇尔—勒纳条件　　　　　B. 充分的外汇储备

C. 健全的货币管理机制　　　　　　D. 完善的金融市场

E. 资本账户已经自由兑换

5. 汇率政策的目标在于（　　）。

A. 促进本国经济增长　　　　　　　B. 物价稳定

C. 充分就业　　　　　　　　　　　D. 维持国际收支平衡

E. 维持币值稳定

三、简答题

1. 什么是汇率制度？汇率制度的类型有哪些？

2. 简述固定汇率制的优缺点。

3. 简述浮动汇率制的优缺点。

4. 什么是外汇管制？其目的是什么？

5. 什么是货币自由兑换？其类型有哪些？

6. 简述我国外汇管理体制的改革历程。

7. 简述2005年7月人民币汇率制度改革的主要内容。

项目六　传统外汇交易

　　小王身边有不少人进行股票交易、购买理财产品等投资，小王也想试试看，他听说外汇交易是个不错的选择，尤其是外汇交易可以在晚上交易，时间灵活，与日常工作时间没有冲突。小王还想进一步了解一下外汇交易都有哪些类型，不同类型的交易原理是什么，想在初步了解后再做选择。

学习目标

◎ 了解外汇市场的参与者、类型、特点等基本情况；
◎ 理解并掌握即期外汇交易的原理及运用；
◎ 理解并掌握远期外汇交易的原理及运用；
◎ 理解并掌握套汇外汇交易的原理及运用；
◎ 理解并掌握套利外汇交易的原理及运用；
◎ 理解并掌握掉期外汇交易的原理及运用；
◎ 了解传统外汇交易在我国的开展情况；
◎ 能运用这些交易工具设计外汇交易方案。

关 键 词

外汇市场　即期外汇交易　远期外汇交易　套汇交易　套利交易　掉期交易

课程导入

外汇市场交易最火

全球金融市场哪个领域最火？是股票、债券还是大宗商品？都不对，是外汇市场。根据国际清算银行（BIS）2016年9月的外汇市场季报数据调查，截至2016年4月，全球外汇市场的单日交易规模达到5.1万亿美元（见图6-1），约为日本全年经济产出的

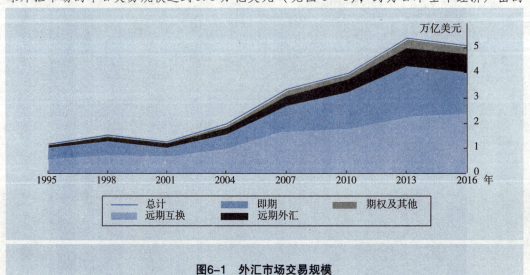

图6-1　外汇市场交易规模

103%。外汇交易由于其流动性高、有效和透明，近年来外汇市场的交易规模增加迅速，今后还有望进一步上升。

资料来源：国际清算银行，2016 - 09。

✅ 任务一　了解外汇市场

一、外汇市场的概念

外汇市场是指由外汇供给方、外汇需求方以及买卖中介机构等参与的进行外汇买卖的交易场所或交易网络，是金融市场的重要组成部分。在外汇市场上，货币成了买卖交易的对象。国际上因贸易、投资、旅游等经济往来，总不免产生货币收支关系。但各国货币制度不同，要想在国外支付，必须先以本国货币购买外币；另外，从国外收到外币支付凭证也必须兑换成本国货币才能在国内流通。这

外汇市场的
概念和组成

样就发生了本国货币与外国货币的兑换问题，这也是外汇市场出现的直接原因。外汇市场产生后，除满足客户的换汇需求外，市场参与者也进行基于不同目的的交易，如中央银行参与的交易很大程度上是为了稳定本国汇率、外汇经纪人参与的交易主要是为了获取投机收益等。

🖱️ ［知识链接 6 -1］　人民币国际支付份额排名

全球金融同业合作组织 SWIFT（环球银行金融电信协会）最新公布的"人民币追踪"报告显示，2019 年 2 月，人民币保持国际支付第五大最活跃货币（按境内和国际支付货币中的份额）的地位，份额为 1.85%；排名前四位的依次是美元（支付份额占比39.07%）、欧元（34.99%）、英镑（7.34%）和日元（3.51%）。

若只按国际支付份额计算，排除欧元区内的支付后，2019 年 2 月人民币的支付排名为第八，份额为 1.15%；排名前七位的依次是美元、欧元、日元、英镑、加拿大元、澳大利亚元、瑞士法郎，其中美元和欧元占据近八成的支付份额，分别为 43.4%、35.68%。

此外，按照客户发起的支付和机构支付金额计算，除中国外，全球使用人民币最多的 15 个经济体依次是中国香港（占比 75.96%）、英国（6.01%）、新加坡（4.47%）、中国台湾、美国、韩国、法国、澳大利亚、日本、德国、卢森堡、比利时、加拿大、荷兰、瑞典。

资料来源：SWIFT：今年 2 月人民币国际支付份额排名全球第五 ［EB/OL］. ［2019 - 03 - 28］. https：//www. fxshell. com/article/37136.

二、外汇市场的主要参与者

（一）外汇银行

外汇银行又称外汇指定银行，是经本国监管部门批准授权经营外汇业务的银行。外

汇银行在外汇市场中的交易额占外汇交易总量的绝大部分，因此是外汇市场最重要的参与者。外汇银行参与外汇市场的目的主要包括：一是受客户委托从事外汇买卖，满足客户货币兑换和结算需求，银行从中获取手续费收入；二是以自己的账户进行外汇交易，调整本身的外汇头寸以降低汇率风险，或进行外汇投机以获得盈利。外汇市场的其他参与者通常向商业银行询问所能提供的汇率，充当做市商的商业银行通常会愿意承担汇率风险并经常从事投机交易。

外汇银行是外汇市场中重要的做市商。外汇市场做市商是指经批准在银行间外汇市场向市场持续提供买、卖双向报价并在规定范围内承诺按所报价格成交的机构。做市商制度是一种市场交易制度，由具备一定实力和信誉的法人充当做市商，不断地向投资者提供买卖价格，并按其提供的价格接受投资者的买卖要求，以其自有资金与投资者进行交易，从而为市场提供即时性和流动性，并通过买卖价差实现一定利润。简单地说就是报出价格，并能按这个价格买入或卖出。以中国银行间外汇市场为例，除了工商银行、农业银行、中国银行、建设银行及国家开发银行外，还有一些股份制银行（如光大银行、交通银行、兴业银行等），以及外国银行在本国的分支机构（如德意志银行、花旗银行和东京三菱银行）。

外汇交易员是外汇银行中专门从事外汇交易的人员，交易员向客户报价，代银行进行外汇买卖。根据承担工作的责任不同，交易员可分为首席交易员、高级交易员、交易员、初级交易员和实习交易员。首席交易员一般负责好几种主要外汇的买卖，交易金额不受限制。高级交易员负责较重要的外汇交易，在交易金额上也很少进行限制。交易员、初级交易员和实习交易员则负责一种货币的交易，而且根据经验规定交易限额，超限额时要请示高级交易员或首席交易员。

（二）中央银行

中央银行是外汇市场的特殊参与者，它进行外汇买卖不是为了谋取利润，而是为了监督和管理外汇市场，干预汇率水平、引导汇率变动方向，使之有利于本国宏观经济政策的贯彻或符合国际协定的要求。当本币过度升值时，中央银行要在外汇市场上进行买外币、抛本币的操作来抑制本币升值；反之，当本币过度贬值时，中央银行要在外汇市场上进行买本币、抛外币的操作来抑制本币贬值。

（三）一般客户

一般客户指外汇市场上除外汇银行之外的外汇交易参与者，他们是外汇的最初供应者和最终需求者，主要包括从事进出口贸易的企业，进行跨国投资的企业和偿还外币负债的企业，以及需要汇款的个人等。一般客户的外汇买卖活动反映了外汇市场的实质性供求，尽管这部分交易在外汇市场交易中比重不大，但对一国国民经济却产生实际影响。

（四）外汇经纪人

外汇经纪人是专门介绍外汇买卖业务、促使买卖双方成交的中间人。外汇经纪人分为两类：一类叫做一般经纪人，他们要用自有资金参与买卖中介活动，并承担损益；另一类叫做跑街经纪人，俗称掮客，他们不参与外汇买卖活动，仅凭提供信息收取佣金，代客户买卖外汇。外汇经纪人主要依靠提供最新、最可靠、对客户最有利的信息而生存，因此他们拥有庞大的信息网和先进的通信网，善于捕捉并利用信息，开发获利渠道。外汇经纪人在外汇市场上是一支非常活跃的队伍，即使许多大银行能够独立进行外汇买卖，它们也愿意通过经纪人进行交易，因为经纪人不仅能报出最有利的价格，而且大银行免于暴露自己的经营活动，可以保护自己，顺利实施其市场战略。

三、外汇市场的分类

（一）按照外汇交易主体的不同，可分为银行间外汇市场和客户市场

银行间外汇市场（Interbank Foreign Exchange Market）是由外汇银行之间相互买卖外汇而形成的市场。该市场是现今外汇市场的主体，其交易量占整个外汇市场交易量的90%以上，又称做外汇批发市场。

客户市场（Customer Foreign Exchange Market）是指外汇银行与一般客户进行交易的市场。客户市场的交易量占整个外汇市场交易总量的比重不足10%，又称做外汇零售市场。

外汇市场的
类型与现代外汇
市场的特征

[知识链接6-2] 中国外汇交易中心

中国外汇交易中心暨全国银行间同业拆借中心（以下简称交易中心）于1994年4月18日成立，为中国人民银行直属事业单位，主要职能是：提供银行间外汇交易、信用拆借、债券交易系统并组织市场交易。办理外汇交易的资金清算、交割，负责人民币同业拆借及债券交易的清算监督；提供网上票据报价系统；提供外汇市场、债券市场和货币市场的信息服务；开展经人民银行批准的其他业务。交易中心总部设在上海，备份中心建在北京。国家外汇管理局为外汇市场的监管部门，中国人民银行公开市场业务操作室为外汇市场调控部门，交易中心负责外汇市场组织运行。外汇市场实行会员制的组织形式，凡符合规定条件的银行及其分支机构、非银行金融机构或非金融企业，可向交易中心申请会员资格。银行间外汇市场的交易品

种包括：人民币外汇即期，人民币外汇远期，人民币外汇掉期，人民币外汇货币掉期，人民币外汇期权，外币对的即期、远期与掉期交易，外币拆借等。

资料来源：根据中国人民银行网站、中国货币网相关资料整理。

（二）按外汇市场的外部形态进行分类，可分为有形外汇市场和无形外汇市场

有形外汇市场（Visible Foreign Exchange Market）也称为具体的外汇市场，是指有具体的固定场所的外汇市场。这种市场最初流行于欧洲大陆，故其组织形式被称为大陆方式。有形外汇市场的主要特点是：第一，固定场所一般指外汇交易所，通常位于世界各国金融中心。第二，从事外汇业务经营的双方都在每个交易日的规定时间内进行外汇交易。在自由竞争时期，西方各国的外汇买卖主要集中在外汇交易所。但进入垄断阶段后，银行垄断了外汇交易，致使外汇交易所日渐衰落。

无形外汇市场（Invisible Foreign Exchange Market）也称为抽象的外汇市场，是指没有固定、具体场所的外汇市场。这种市场最初流行于英国和美国，故其组织形式被称为英美方式。现在，这种组织形式不仅扩展到加拿大、东京等其他地区，而且也渗入欧洲大陆。无形外汇市场的主要特点是：第一，没有确定的开盘与收盘时间。第二，外汇买卖双方无须进行面对面的交易，外汇供给者和需求者凭借电传、电报和电话等通信设备进行与外汇机构的联系。第三，各主体之间有较好的信任关系，否则，这种交易难以完成。目前，除了个别欧洲大陆国家的一部分银行与客户之间的外汇交易还在外汇交易所进行外，世界各国的外汇交易均通过现代通信网络进行。无形外汇市场已成为今日外汇市场的主导形式。

（三）按照空间范围，可分为区域性外汇市场和国际性外汇市场

区域性外汇市场是指由某一个国家或地区的外汇指定银行、外汇经纪人和客户组成，仅限于居民参加交易的外汇市场。

国际性外汇市场是指居民和非居民都可以参加交易的外汇市场，如伦敦、新加坡、东京、香港外汇市场。国际性外汇市场币种比较集中，大多数交易所用的货币主要集中在美元、欧元、日元、英镑和瑞士法郎上。

（四）按外汇所受管制程度进行分类，可分为自由外汇市场、外汇黑市和官方市场

自由外汇市场是指政府、机构和个人可以买卖任何币种、任何数量外汇的市场。自由外汇市场的主要特点是：第一，买卖的外汇不受管制。第二，交易过程公开。例如，美国、英国、法国、瑞士的外汇市场皆属于自由外汇市场。

外汇黑市是指非法进行外汇买卖的市场。外汇黑市的主要特点是：第一，是在政府限制或法律禁止外汇交易的条件下产生的。第二，交易过程具有非公开性。由于发展中国家大多执行外汇管制政策，不允许自由外汇市场存在，所以这些国家的外汇黑市比较普遍。

官方市场是指按照政府的外汇管制法令来买卖外汇的市场。这种外汇市场对参与主体、汇价和交易过程都有具体的规定。在发展中国家，官方市场较为普遍。

四、外汇市场的特点

（一）24 小时全天候交易

外汇市场是一个全球性的市场，可以 24 小时全天候交易。这主要是因为一方面各地外汇市场交易对象具有同质性，是美元、欧元、日元、英镑、澳元、瑞士法郎、加元、港元、新加坡元等可自由兑换货币。另一方面，全球各金融中心的地理位置不同，亚洲市场、欧洲市场、美洲市场因时间差的关系，一地外汇市场即将闭市时，另外一地外汇市场恰好开市，时间上此起彼伏，连接成一个全天候 24 小时连续作业的全球外汇市场。全球外汇市场从美东时间周日下午 5 点至周五下午 5 点 24 小时开市，交易者可以自由安排交易时间。

以北京时间为例，4：00，新西兰的惠灵顿市场开盘，拉开了新一天交易的序幕；6：00，澳大利亚悉尼市场开盘；8：00，日本东京市场开盘；9：00，中国香港市场开盘；14：30，德国法兰克福市场开盘；15：30，英国伦敦市场开盘；20：30，美国纽约市场开盘。如此 24 小时不间断运行，外汇市场成为一个不分昼夜的市场，只有星期六、星期

日以及各国的重大节日，外汇市场才会关闭。这种连续作业为投资者提供了没有时间和空间障碍的理想投资场所，投资者可以寻找最适合的时机进行交易。这是其他金融投资方式所不具备的优势，使外汇市场吸引越来越多的交易者加入进来。

（二）最大最公平透明的市场

由于外汇交易是全球性的交易，并且集中几种主要货币进行交易，因此外汇市场是规模最大、流通性最好的金融市场。在这个市场上，很难有机构可以操纵市场，这也是外汇市场公平的主要原因。外汇交易以通过无形市场进行的在线交易为主，经纪商会为交易者提供实时更新的、可执行的报价，并且全球外汇市场信息能够很快被交易者所了解，这确保了交易者的所有价格都是透明的。

（三）零和游戏

外汇交易是"零和游戏"，一方的盈利来自交易对手的亏损。在外汇市场上，汇率是两国货币的兑换比率，汇率的变化也就是一种货币价值的减少与另一种货币价值的增加。比如在2004年底，欧元兑美元的汇率达到历史最高的1.3666，到2006年6月30日，欧元兑美元的收盘汇率为1.2790，这说明这一年半的时间欧元币值在下降，而美元币值在上涨，如果我们恰好持有数量相等的这两种货币，那无论它们之间汇率怎样变化，也不会对总价值造成任何影响。外汇交易并不会产生价值，只会导致财富在不同交易者之间的再分配。而股票市场是能通过上市公司的发展而产生价值的。

五、外汇市场的功能

外汇市场的功能主要表现在三个方面：一是实现购买力的国际转移，二是提供资金融通，三是提供外汇保值和投机的市场机制。

（一）实现购买力的国际转移

国际贸易和国际资金融通至少涉及两种货币，而不同的货币对不同的国家形成购买力，这就要求将本国货币兑换成外币来清理债权债务关系，使购买行为得以实现。而这种兑换就是在外汇市场上进行的。外汇市场所提供的就是这种购买力转移交易得以顺利进行的经济机制，它的存在使各种潜在的外汇售出者和外汇购买者的意愿能联系起来。当外汇市场汇率变动使外汇供应量正好等于外汇需求量时，所有潜在的出售和购买愿望都得到了满足，外汇市场处于平衡状态之中。这样，外汇市场提供了一种购买力国际转移机制。同时，由于发达的通信工具已将外汇市场在世界范围内连成一个整体，使货币兑换和资金汇付能够在极短的时间内完成，购买力的这种转移变得更加迅速和方便。

（二）提供资金融通

外汇市场向国际间的交易者提供了外汇资金融通的便利。外汇的存贷款业务集中了各国的社会闲置资金，从而能够调剂余缺，加快资本周转。外汇市场为国际贸易的顺利进行提供了保证，当进口商没有足够的现款提货时，出口商可以向进口商开出汇票，允许延期付款，同时以贴现票据的方式将汇票出售，拿回货款。外汇市场便利的资金融通功能也促进了国际借贷和国际投资活动的顺利进行。美国发行的国库券和政府债券中很大部分是由外国官方机构和企业购买并持有的，这种证券投资在脱离外汇市场的情况下是不可想象的。

（三）提供外汇保值和投机的市场机制

在以外汇计价成交的国际经济交易中，交易双方都面临着外汇风险。由于市场参与者对外汇风险的判断和偏好的不同，有的参与者宁可花费一定的成本来转移风险，而有的参与者则愿意承担风险以实现预期利润。由此产生了外汇保值和外汇投机两种不同的行为。在金本位和固定汇率制下，外汇汇率基本上是平稳的，因而就不会形成外汇保值和投机的需要及可能。而浮动汇率下，外汇市场的功能得到了进一步的发展，外汇市场的存在既为套期保值者提供了规避外汇风险的场所，又为投机者提供了承担风险、获取利润的机会。

六、世界主要外汇市场介绍

（一）美国纽约外汇市场

美国纽约外汇市场是美国规模最大的外汇交易市场，纽约外汇市场为了提高交易质量，建立了现代化的电子计算机系统，客户通过计算机系统利用电话、电传、互联网等现代通信手段进行交易。它的计算机系统和监测系统已被纳入外汇交易和信贷的全部程序，客户通过此系统，可以随时随地了解主要货币的即期汇率、远期汇率及货币市场汇率的变化，并且可以随时与经纪人和经营外汇的银行取得联系，由于这种密切的联系，从而组成了纽约银行间的外汇市场。

由于美元在国际贸易货币体系中的特殊地位，美国政府对经营外汇业务的银行不加以限制，因此，有关外汇业务主要是通过商业银行来办理，所以，商业银行在外汇交易中有着重要的作用。在外汇监管方面，美国的有关职能部门对外汇市场的交易进行了改革。一是改变了过去银行间的外汇交易必须通过经纪人的做法，允许银行之间直接进行交易；二是美国从事外汇业务的经纪人，可以从事国际间的外汇经济活动，可以直接接受国外银行的外汇报价；三是改变了外汇报价的标价方法，由过去的直接标价法改为间接标价法，方便了汇率的换算，由此使纽约外汇市场的业务不断扩大，造成欧洲大陆的一些主要货币及加拿大元、日元、港元等在纽约外汇市场大量交易，使纽约外汇市场在世界外汇市场中占有主导地位。该市场同时也是世界贸易美元交易的清算中心，是当今世界上最为主要的外汇交易市场。

（二）英国伦敦外汇市场

英国伦敦外汇市场是有着悠久历史的国际外汇市场，拥有非常现代化的电子通信网络，且交易量大，是当今世界上最大的外汇交易市场。

英国伦敦外汇市场由英格兰银行指定的外汇交易银行和外汇经纪人组成，由外汇银行和外汇经纪人协同组成了行业自律组织伦敦外汇银行家委员会和外汇经纪人协会，伦敦是欧洲货币市场的中心，大批国外银行在伦敦设立分支机构，通过现代化的通信设备进行外汇交易，是欧洲外汇市场的交易中心。

（三）日本东京外汇市场

随着日本推行金融自由化及政策国际化，在取消外汇管制和制定《外汇修正法》的基础上，东京外汇市场从过去的区域性外汇交易，发展成为当今世界上仅次于伦敦和纽约的第三大外汇交易市场。东京外汇市场由银行间市场和客户市场组成，银行间的市场是外汇市场的核心，成员由外汇经营行、经纪行及地方银行和在日本的外国银行组成。

东京外汇市场的交易种类多样,最大的交易是日元/美元的交易,因为日本的对外贸易大部分是以美元计算的。随着日本境外美元资产的增加,以及美国近年来经济增长放缓,日元/美元的交易量也随之下降,从而导致日元/欧元的交易量增加。

(四)新加坡外汇市场

新加坡外汇市场是由国内及国外商业银行和货币经纪商参与经营的,市场交易主要以即期交易为主,同时远期和投机交易也非常活跃,由于时差原因,交易商利用现代化电子通信及网络设备,将该市场与世界其他主要外汇市场联系起来,使全世界外汇交易不间断。参与新加坡外汇市场的主要机构有本国银行、外国银行及分支机构、外汇经纪商、新加坡金管局、政府机构、企业、公司和个人。

(五)瑞士苏黎世外汇市场

瑞士苏黎世外汇市场主要由瑞士银行、瑞士信贷银行、瑞士联合银行、瑞士国家银行、国外银行及分支机构、国际清算银行及国际金融业的各种银行组成。苏黎世外汇市场具有良好的组织和监管,其特别之处是,在进行外汇交易时,银行之间通过电话和电传进行,而不经过外汇经纪人或外汇中间商进行。美元在瑞士苏黎世外汇市场是主要币种,外汇的交易价格不是以瑞士法郎而是以美元来标价的,以此造成客户买卖的不是瑞士法郎而是美元。美元已成为瑞士中央银行干预外汇市场的重要工具。

 [知识链接6-3] 我国银行间外汇市场做市商

在我国,银行在外汇市场中起着重要作用。作为做市商,银行在外汇市场中充当交易对手,对客户连续报价,保证了外汇市场的流动性和交易的活跃程度。

银行间外汇市场做市商分为即期做市商、远期掉期做市商和综合做市商。即期做市商是指在银行间即期竞价和询价外汇市场上做市的银行。远期掉期做市商是指在银行间远期、外汇掉期和货币掉期市场做市的银行。综合做市商是指在即期、远期、外汇掉期和货币掉期等各外汇市场开展做市的银行。

银行间外汇市场做市商应履行以下义务:

(一)在规定的交易时间内,连续提供人民币对主要交易货币的买、卖双向价格,所报价格应是有效的可成交价格;

(二)在银行间即期竞价和询价外汇市场上,报价不得超过人民银行规定的银行间市场交易汇价的浮动幅度;

(三)在外汇市场诚实交易,不利用非法或其他不当手段操纵市场价格;

(四)严格遵守外汇市场交易和结售汇综合头寸的相关管理规定,及时报送结售汇综合头寸日报表;

(五)每季度报送本机构的资本充足率、外币资产负债情况、本机构和境外关联金融机构的重大事件(如资信评级调整)及外汇局要求报送的其他资料。综合做市商还须每月向外汇局报告客盘结售汇变化及原因分析、报告期内对客户远期签约期限分布和报告期末对客户远期未到期敞口期限分布、国际外汇市场走势及重大事件分析和判断、境外资产运用情况及外汇局要求报送的其他资料。

资料来源:《银行间外汇市场做市商指引》,国家外汇管理局。

任务二　应用即期外汇交易

一、即期外汇交易的概念

即期外汇交易（Spot Exchange Transactions）又称为现汇交易，是指外汇买卖双方以固定汇率成交，并在成交后当天或两个交易日内办理交割的外汇交易。即期外汇交易是外汇市场上最常见、最普遍的交易形式，在国际外汇市场上进行的外汇交易，除非特别指定日期，一般都为即期交易。

1. 交割日期。交割日（Spot Date）又称结算日，也称有效起息日（Value Date），是进行资金交割的日期。成交日是指达成买卖外汇协议日，而交割日是指实际办理外汇收付日。确定即期交割日的规则如下：

（1）交割日必须是两种货币共同的营业日，至少应该是付款地市场的营业日。

（2）交易必须遵循价值抵偿原则，即一项外汇交易合同的双方必须在同一时间进行交割，避免其中任何一方承担信用风险或利息损失。

（3）成交后的两日若是非营业日，则即期交割日后延。

（4）即期外汇交易的交割日期有三种：当日交割（T+0），即在买卖成交的当日办理货币收付；次日交割（T+1），即在买卖成交后的第一个营业日办理交割；标准交割（T+2），即在买卖成交后的第二个营业日办理交割。

不同外汇市场的交割习惯有所不同。如伦敦、纽约、苏黎世等欧美外汇市场的惯例是成交后第二个营业日办理交割；东京外汇市场是在成交后第一个营业日办理交割；香港外汇市场对港元与美元的兑换当日交割，对日元、新加坡元、马来西亚林吉特和澳大利亚元次日交割，对其他币种在成交后第二个营业日办理交割。

即期外汇交易

一般而言，居民和旅客的外币现钞、旅行支票及其他小额外汇交易，在当日成交和交割。银行同业间的即期外汇买卖，在两个营业日内交割。

2. 即期外汇交易的作用

（1）满足客户外汇支付需要。通过即期外汇买卖业务，客户可将手上的一种外币即时兑换成另一种外币，用于应付进出口贸易、投标、海外工程承包等的外汇结算或归还外汇贷款等。

（2）调整外币币种结构。如某公司遵循"不要把所有的鸡蛋放在同一个篮子里"的原则，通过即期外汇买卖，将其全部外汇的15%由美元调整为欧元，10%调整为日元，通过此种组合可以分散外汇风险。

（3）外汇投机获利。当今的浮动汇率制度下，外汇行情起落不定，甚至暴涨暴跌，从而使国际货币的价格产生差价（Spread），这正是进行投机操作的基础。例如，某日即期市场上每欧元兑1.40美元，投机者预期欧元将升值，以1.40美元的即期价格购买欧元并存到银行赚取利息，3个月后再以1.50美元的即期价格卖出欧元，则该投机者每欧元赚取了0.10美元的利润。

二、即期外汇交易的应用

（一）外汇银行之间的即期外汇业务

银行与银行之间的即期外汇业务主要是外汇银行平衡外汇头寸的交易（又称平盘）。当某种外汇处于多头地位时，为了防止该种外汇汇率下降，必须将多头部分的外汇及时卖出；当某种外汇处于空头地位时，为了防止该种外汇汇率上升，必须将空头部分的外汇及时补进。当一些银行处于多头地位时，总有另一些银行处于空头地位，它们之间在银行同业市场上相互交易，各自得到平衡。

（二）外汇银行与客户之间的即期外汇业务

1. 汇出汇款。需要对外国支付外币的客户，如有外币可向银行直接支付外币，如无外币，则要由本币兑换成外币后，委托银行向国内的收款人汇出外汇。银行接受了汇款人的委托，便请求收款人的往来银行从本行的外币结算账户中借记相当金额，支付给收款人。

2. 汇入汇款。汇入汇款是收款人从国外收到以外币支付的款项后，可以存入自己的外币账户，也可将外汇收入结售给银行取得本币。通常，办理汇款的外国银行事先就将外币资金转入接受汇款银行的结算账户。

3. 出口收汇。出口商将出口货物装船后，立即开立以双方商定的结算货币计价的汇票，并在汇票下面附上有关单证，请银行议付，以便收回出口货款。银行将汇票等单据寄往开证行，按照汇票即期支付的条件，接受以外币的款项，并让支付行将应付款记入自己的外汇结算账户中。

4. 进口付汇。进口商的银行，在信用证或托收结算下，按照出口商开出的附有全部单证的即期汇票条件，将外币计价的进口货款通过外币结算账户垫付，然后向进口商提示汇票，请其按照即期付款条件支付，进口商经本币（或外币）向银行支付进口货币；或者在电汇结算下，应进口商的申请，凭商业发票、贸易合同等单据对外支付，进口付汇就完成了。

三、即期外汇交易的程序

（一）银行间即期外汇交易程序

银行同业间进行即期外汇交易是通过先进的电信、网络工具进行，具有快捷、高效、差错率低等特点。交易步骤大致分为选择交易对手、自报信息、询价、报价、成交（或放弃）、交易确认、交割。

下面举例说明银行间即期外汇交易的程序。美国某公司想用美元购买 100 万英镑，经过询价，该公司认为英国巴克莱银行的英镑即期汇率较合适，于是决定与其进行此笔外汇交易。下面是交易双方询价、报价、成交的通话记录。

询价方：What's your spot GBP/USD, pls?（请问英镑兑美元的即期汇率?）

报价方：1.2139/69.（英镑兑美元汇率为 1.2139/1.2169。）

询价方：Mine GBP 1.（我买入 100 万英镑。）

报价方：OK, done.（好的，成交了。）

报价方：Sell GBP 1, Spot At 1.2169, Value 02/08/19.（我卖给你 100 万英镑，汇

率为 1.2169，起息日为 2019 年 8 月 2 日。）

询价方：GBP1 to National City BK，A/C No. 3889765.（我买入的英镑请付至花旗银行，账户为 3889765。）

报价方：USD pls to Barclays BK，A/C No. 67789521.（我的美元请付至英国巴克莱银行，账户为 67789521。）

上述交易过程在很短的时间内结束，这意味着英国巴克莱银行在 1.2169 的美元汇率上卖出英镑，美国某公司以 121.69 万美元买入 100 万英镑。至此，这笔外汇交易的最后环节就是交割，即在这笔交易成交后的两个营业日内将各自货币解付至对方指定的银行以及账户上。

从上述交易过程可见，银行同业间的交易术语简单规范，变化迅速的汇率行情要求交易双方以最短的时间成交，因此交易员通常使用简语或行语。同时，交易双方必须恪守信用，共同遵守"一言为定"的原则，交易一经成交就不能反悔、变更。

（二）银行与客户间即期外汇交易程序

这里主要以中国银行对公司客户交易为例，说明银行为客户即期外汇买卖的程序。

（1）开立账户：公司客户申办即期外汇交易，需在银行开立外币账户，并具有贸易背景或自有资金保证交割。

（2）签订协议：申请者在与中国银行叙做即期外汇交易以前，需与中国银行签订保值外汇买卖总协议和办理外汇买卖申请书。

（3）询价：申请者通过书面委托形式确定即期外汇交易的细节，以此向中国银行询价，填写《分行内部买卖委托书》，注明交易细节、金额，并提供相关业务背景证明文件。

（4）成交：交易一旦达成，中国银行以书面形式向申请者发送交易证实。

（5）结算：在交割日进行实际交割。

任务三　应用远期外汇交易

一、远期外汇交易的概念和特点

远期外汇交易（Forward Exchange Transaction）又称期汇交易，是指外汇买卖双方先签订合同，规定买卖外汇的币种、数额、汇率和交割日期，在合同到期日以合同约定的汇率进行交割的外汇交易业务。远期外汇交易最大的特点是合同签订时就把未来交割的汇率事先确定。买卖双方在签订远期外汇交易合同时，要写明买卖的币种、金额、汇率及交割期限。

远期外汇交易的交割期限通常在一年以内，常见的有 1 个月、2 个月、3 个月、6 个月、9 个月或 12 个月。也有期限在 1 年以上的超远期，也有的期限短至几天。根据交割日的不同，远期外汇交易可分为固定交割日交易和择期交割日交易两种。固定交割的日期是买卖双方事先约定的某个确定日期，择期交割的日期是在合约有效期内的任何一天。

远期外汇交易

远期结售汇主要指人民币对外币的远期外汇交易。在人民币汇率形成机制不断市场化的背景下，人民币汇率浮动空间增大，企业面临的汇率风险加大，如何防范汇率风险成为了外贸企业遇到的一道难题。远期结售汇业务成了企业理想的选择。

二、远期外汇交易的报价

在远期外汇交易中，汇率报价较为复杂。因为远期汇率不是已经交割或正在交割的实现的汇率，它是人们在即期汇率的基础上对未来汇率变化的预测。根据国际惯例，远期外汇交易的报价通常有两种方式：完整汇率报价方式和掉期率报价方式。

远期汇率
及其标价方法

（一）完整汇率报价方式

完整汇率（Outright Rate）报价方式是直接完整地报出不同期限远期外汇买卖实际成交的买入价和卖出价。这种报价方式一目了然，通常应用于银行对客户的远期外汇报价。在日本和瑞士银行同业间的远期交易也采用这一报价方式。如某日美元兑日元的 3 个月远期汇率为 USD/JPY = 106.40/106.54，美元兑欧元的 6 个月远期汇率为 USD/EUR = 0.9020/0.19040。

（二）掉期率报价方式

掉期率报价方式是指用即期汇率和掉期率（远期汇水）共同报出远期汇率的方法。当远期外汇交易采用掉期率报价方式时，通常给出的是双向报价，即买价/卖价。掉期率（Swap Rate）指某一时点远期汇率与即期汇率的汇率差，有升水、贴水、平价三种情况。

（1）当远期汇率高于即期汇率时，称为升水或溢价（At Premium）。

（2）当远期汇率低于即期汇率时，称为贴水或折价（At Discount）。

（3）当远期汇率与即期汇率相同时，则称为平价（At Par）。

注意升水、贴水是相对的概念。

1. 远期汇率的计算

远期汇率即根据掉期率报价计算出完整的远期汇率。作为银行来说，从事外汇交易的利润来源主要就是买入卖出汇率之间的差价，在远期外汇业务中银行所承担的风险要比从事即期外汇业务的风险大，因而也要求有较高的收益，表现在外汇价格上就是远期外汇的买卖差价要大一些。因此计算远期汇率的依据是计算出的远期汇率的买卖差价大于即期汇率的买卖差价。

例如，某日，A 客户向银行就英镑兑美元询价时，银行用掉期率标价法报出远期英镑价格：

即期汇率：GBP/USD = 1.2140/50

远期汇水： 30 - day   2/3

　　　　　 90 - day   28/30

　　　　　 180 - day   30/20

计算 30 - day 的远期汇率情况，试用加法，将远期汇水加到即期汇率上，则远期汇率为 1.2142/53，买卖差价为 0.0011，大于即期外汇的买卖差价（0.0010），可判定加法是对的；再试用减法，用即期汇率减远期汇水，则远期汇率为 1.2138/47，买卖差价为

0.0009，小于即期外汇的买卖差价（0.0010），判定减法是错的。同理可得出90 - day 的远期汇率也应采用加法，而对 180 - day 的远期汇率，尝试的结果表明应采用减法。上述远期汇率的计算结果如表6 - 1 所示。

表6 - 1　　　　　　　　　　　　**远期汇率的计算结果**

外汇交易类型	银行买价	银行卖价
即期	1. 2140 USD	1. 2150 USD
30 - day	1. 2142 USD	1. 2153 USD
90 - day	1. 2168 USD	1. 2180 USD
180 - day	1. 2110 USD	1. 2130 USD

综上所述，远期汇率的计算方法为，如果远期汇水呈现为前面数字小、后面数字大，则要把远期汇水加到即期汇率上；如果远期汇水呈现为前面数字大、后面数字小，则要从即期汇率中减掉远期汇水。

2. 远期升贴水的判断

根据远期汇率的计算我们知道，当银行给出的掉期率斜线左边的点数小于斜线右边的点数时，应把掉期报价的点数加到即期汇率上，此时单位货币相对报价货币远期升水。相反，当银行给出的掉期率斜线左边的点数大于斜线右边的点数，应把掉期报价点数从即期汇率中减去，此时单位货币相对报价货币远期贴水（见表6 - 2）。

表6 - 2　　　　　　　　　　　**远期汇率的计算及升贴水的判断方法**

掉期率	远期汇率计算	远期升贴水判断
小/大	即期汇率 + 掉期率	单位货币远期升水 报价货币远期贴水
大/小	即期汇率 - 掉期率	单位货币远期贴水 报价货币远期升水

三、远期外汇交易的应用

（一）事先锁定汇率，规避汇率风险

在进出口贸易活动中，进出口商从签订贸易合同到收付款日之间通常需要较长的时间（30 ~ 90 天甚至更长），在这段期间内，汇率的变动可能导致进出口商实际付出或收到的货款兑换成本币的金额发生变动，这种因汇率变动可能遭受的损失即汇率风险。除了进出口商外，未来有外汇债务付出或债权收入的外汇债权债务持有者也有可能面临这种汇率风险。在人民币汇率形成机制越来越市场化的背景下，汇率波动带来的汇率风险愈加突出。运用远期外汇交易能够事先锁定汇率，有利于规避汇率风险，下面分别从进出口商的角度举例说明远期外汇交易在防范汇率风险时的作用。

1. 进口商未来付汇，运用远期外汇交易防范汇率风险

例1：假设泰国 A 公司于 2018 年 12 月 1 日向美国 B 公司购买了一批货物，金额为 100 万美元，2019 年 2 月 1 日支付货款。A 公司

进口商如何运用
远期交易套期保值

为避免承受美元升值的风险，在 12 月 1 日与 C 银行签订 2 个月后买入 100 万美元的远期外汇合约，汇率是 1 美元 = 35 泰铢。到 2019 年 2 月 1 日，无论美元的汇率如何变动，两者只能按 1:35 交易，即 A 公司向 C 银行支付 3 500 万泰铢，C 银行必须付给 A 公司 100 万美元。

在这笔业务中，叙做远期外汇交易实现了锁定汇率，利于成本核算。无论 2019 年 2 月 1 日的即期市场汇率如何变化，A 公司在 12 月 1 日就已经知道未来支出的金额，而不用担心未来汇率波动对成本的影响。

假设到了 2019 年 2 月 1 日，美元对泰铢的即期市场汇率发生了以下情况，试分析做远期外汇交易对泰国 A 公司有什么影响。

情况一，2019 年 2 月 1 日，美元对泰铢的即期市场汇率变为 1:45，如果不做远期外汇交易，A 公司需支付 4 500 万泰铢才能买到 100 万美元。相比之下，通过叙做远期外汇交易，A 公司节省支出 1 000 万泰铢。

情况二，2019 年 2 月 1 日，美元对泰铢的即期市场汇率变为 1:30，如果不做远期外汇交易，A 公司只需支付 3 000 万泰铢就能买到 100 万美元。相比之下，通过叙做远期外汇交易，A 公司多支出 500 万泰铢。

可见，做远期外汇交易对泰国 A 公司也是有风险的，A 公司选择远期外汇交易的出发点是基于对美元升值的预测。如果预测准确，做远期对该公司有利；如果预测错误，做远期对该公司可能造成损失。

做远期外汇交易相比即期购汇减少了资金占用。在此例中，假如 A 公司为了锁定汇率，在 12 月 1 日就以 1:33 的即期汇率以 3 300 万泰铢购买 100 万美元以备 2 月 1 日支付，在 12 月 1 日至 2 月 1 日，3 300 万泰铢就无法用于公司日常经营，实际上构成了公司的潜在损失。通过叙做远期外汇交易，A 公司只需在 12 月 1 日向银行交纳一定比例的保证金，其余购汇资金于 2 月 1 日到位即可。

2. 出口商未来收汇，运用远期外汇交易防范汇率风险

例 2：10 月 8 日，美国出口商签订向英国出口价值 10 万英镑仪器的贸易合同，2 个月后才会收到英镑货款。10 月 8 日的即期汇率为 GBP/USD = 1.6770/80，2 个月为 50/30。美国出口商预测 2 个月后英镑将贬值。

出口商如何运用
远期交易套期保值

（1）请问美国出口商如何利用远期外汇交易防范汇率风险？

（2）假若 2 个月后收款日英镑贬值，即期汇率为 GBP/USD = 1.6600/10。请比较做与不做远期外汇交易哪种方式对美国出口商更有利。

答：

（1）出口商在 10 月 8 日与银行签订一份 2 个月远期外汇交易合同，卖出 GBP10 万，汇率为 GBP/USD = 1.6720/50。

（2）出口商 12 月 8 日收到货款 GBP10 万时，按照远期外汇合约中汇率，能兑换到

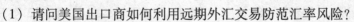

$$100\ 000 \times 1.6720 = 167\ 200\ （USD）$$

如果不做远期外汇交易，则要根据 12 月 8 日的即期市场汇率，能兑换到

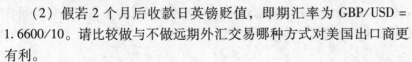

$$100\ 000 \times 1.6600 = 166\ 000\ （USD）$$

可见，做远期比不做远期能多兑换 1 200USD，做远期对美国出口商更有利。

（二）投机获利

有的远期外汇交易参与者并没有实体经济交易为背景，而是为赚取投机性收入而买卖远期外汇。预期外汇升值者，往往购买远期外汇，此类交易称为买空；预期外汇贬值者，往往出售远期外汇，此类交易称为卖空。例如，假设日本东京市场美元/日元 6 个月远期汇率为 126.00－10，若某投机商预测 6 个月后即期汇率为 130.20－30，若预测准确，该投机商买入 6 个月远期 100 万美元，等交割日把买入的美元即期兑换为日元，获利金额＝（130.20－126.10）×100＝410（万日元）。

在我国，由于外汇管理环境相对严格，境内企业叙做远期外汇交易都需要有实际收付背景，因此不能通过远期外汇交易进行买空卖空，以获取投机收益。在远期结售汇交易中，也要求企业有真实的远期收付汇的贸易背景，银行在受理远期结售汇业务时，需要审核企业的贸易合同、发票等资料，在确认贸易背景真实的情况下才予以受理业务。

（三）外汇银行平衡其外汇头寸（Foreign Exchange Position）

进出口商为避免汇率风险与银行进行远期外汇交易，实质上是把汇率变动的风险转嫁给了外汇银行。外汇银行在与客户进行了多种外汇交易以后，会产生一天的外汇综合持有额或总头寸（Overall Position），在这当中难免会出现期汇和现汇的超买或超卖现象。这样，外汇银行就处于汇率变动的风险之中。为此，外汇银行就设法把它的外汇头寸予以平衡，即要对不同期限不同货币头寸的余缺进行抛售或补进，由此实现期汇头寸的平衡。

例如，某银行在某月的远期外汇交易中，共买入 12 万英镑、卖出 8 万英镑，这家银行就持有 4 万英镑的期汇多头。若英镑在一个月内贬值，该银行的英镑多头就会遭受损失。因此，该外汇银行应该在外汇市场中卖出 4 万英镑的期汇，平衡外汇头寸。

 ［知识链接 6－4］ 中国银行远期结售汇业务简介

一、期限

客户可在该行 3 年以内任意期限远期结售汇业务（包括标准期限和非标准期限），同时还可以办理择期业务。标准期限的远期交易分为 7 天、20 天、1 个月、2 个月、3 个月、4 个月、5 个月、6 个月、7 个月、8 个月、9 个月、10 个月、11 个月、12 个月等，非标准期限的远期交易可以根据客户需求任意选择。择期交易期限由择期交易的起始日和到期日决定，择期交易的最远期限也为 3 年。

二、申请条件

1. 经常项目下，凡根据《结汇、售汇及付汇管理规定》可办理结售汇的外汇收支均可办理远期结售汇业务。客户在远期结售汇交易到期交割时，需提供结售汇业务所要求的全部有效凭证。

2. 资本项目下的远期结售汇限于以下方面：偿还中行自身的外汇贷款；偿还经国家外汇管理局登记的境外借款；经外汇管理局登记的境外直接投资外汇收支；经外汇管理局登记的外商投资企业外汇资本金收入；经外汇管理局登记的境内机构境外上市的外汇收入；经国家外汇管理局批准的其他外汇收支。

三、业务流程

1. 申请办理远期结售汇业务的客户应在中国银行开立相关账户。

2. 签订远期结汇/售汇总协议书。办理远期结售汇业务的客户需与中国银行签订《远期结汇/售汇总协议书》，一式两份，客户与银行各执一份。

3. 委托审核。客户申请办理远期结售汇业务时，需填写《远期结汇/售汇委托书》，同时向中国银行提交按照结汇、售汇及付汇管理规定所需的有效凭证；中国银行对照委托书和相关凭证进行审核。客户委托的远期结汇或售汇金额不得超过预计收付汇金额，交易期限也应该符合实际收付汇期限。

4. 交易成交。中国银行确认客户委托有效后，客户缴纳相应的保证金或扣减相应授信额度；交易成交后，由中国银行向客户出具"远期结汇/售汇交易证实书"。

5. 到期日审核和交割。到期日中国银行根据结汇、售汇及收付汇管理的有关规定，审核客户提交的有效凭证及/或商业单据，与客户办理交割。

6. 展期。客户因合理原因无法按时交割的可申请展期。

7. 违约。客户未能完全履约的，银行有权于最后交割日后对未履约交易部分主动进行违约平仓。

资料来源：中国银行［EB/OL］. ［2005 – 07 – 07］. http://www.bankofchina.com/cbservice/cb4/cb41/200807/t20080707_908.html? keywords = 远期结售汇业务.

四、择期交割远期外汇交易

上述介绍的远期外汇交易的交割日期是固定的，属于固定交割日交易类型。下面简要介绍择期交割的远期外汇交易类型。

1. 概念

择期交割远期外汇交易是指一个在合约有效期内任何一天，有权要求银行交割的一种远期外汇业务，它给予了远期外汇交易客户在收付时间上一定的灵活性。

假设某公司于5月4日向银行提出要用美元购买欧元，预计对外付款日为同年7月4日至8月4日，目前尚无法确定准确付款日期。该公司希望提前锁定换汇成本，但远期外汇交易合约需要一个固定的交割日期，显然不现实。有了择期外汇买卖，公司与银行签订一份择期交割的远期外汇合约来锁定汇率风险，交割日为同年7月4日至8月4日中的任何一个银行工作日，远期汇率是1.3212，无论汇率如何变化，公司都可在上述期间任意一天按1.3212的汇率从银行买入欧元。

2. 特点

（1）优点：具有灵活性。在国际贸易中，进出口商签订了买卖商品的合同，但往往不能确定哪一天收到货款或支付货款。如果签订了固定的远期合约，一旦到期不能履约，都需承担违约责任，而企业又希望通过远期交易稳定贸易成本，避免外汇风险，这时，择期交易是一个不错的选择。

（2）风险：成本高。择期交易的企业必须在规定期限内按合约所规定的币种和数量履行交割义务，企业只是有权在有限时间内选择交割日期的先后。但是，为了获得选择权，投资者应付出相应代价，将比远期交易损失更多的贴水或升水收益。一般而言，银行在择期外汇交易报价中始终收取择期期间最高升水，付出最低贴水。

✅ 任务四　应用套汇交易

一、套汇交易的概念

广义的套汇交易（Arbitrage）是指利用不同外汇市场的汇率差异（地点套汇）、不同货币的利率差异（套利交易）、不同的交割期限上汇率差异（时间套汇），贱买贵卖，赚取利润的外汇交易。利息套汇就是套利交易，时间套汇就是掉期交易，我们将在任务五、任务六中详细介绍。狭义套汇的概念即指地点套汇，也就是我们在此任务中要学习的内容。

套汇交易是一种投机性很强的外汇交易方式。由于空间的分割，不同外汇市场对影响汇率变化的因素反应速度和反应程度不完全一样，因此在不同外汇市场上相同两种货币之间的即期汇率可能出现差异。套汇者通过在汇率较低的市场买入、在汇率较高的市场卖出，从中赚取汇差收益。套汇交易有直接套汇和间接套汇两种类型，下面分别介绍。

二、直接套汇

直接套汇（Direct Arbitrage）又称两地套汇，是指利用同一时间两个外汇市场的汇率差异，进行贱买贵卖，以赚取汇差收益的外汇交易。

例如，某日在同一时刻不同外汇市场的汇率报价如下：

伦敦市场 GBP1 = USD1.4815/1.4825

纽约市场 GBP1 = USD1.4845/1.4855

两地套汇

经比较发现，GBP 在纽约市场的价格高于在伦敦市场的价格。某套汇者有初始资金 100 万英镑，可以先在纽约市场以 GBP1 = USD1.4845 的价格卖出 100 万英镑，得到 148.45 万美元；然后在伦敦市场以 GBP1 = USD1.4825 的价格卖出 148.45 万美元，得到 100.1 349 万英镑。经过套汇，投资者获利 1 349GBP（未扣除各项费用）。

由于从事直接套汇的交易商带有不同的目的，因而直接套汇又可以分为积极型和非积极型两种。积极型直接套汇属于一种完全以赚取汇率差额为目的的套汇活动。而非积极型套汇是因自身资金国际转移的需要或以此为主要目的而利用两地不平衡的市场汇率，客观上套汇获利，在一定程度上降低汇兑成本。例如，一纽约客户因从伦敦进口货物，需向伦敦出口商支付 20 万英镑，当日伦敦市场上英镑买入汇率为 GBP1 = USD1.52，纽约市场上英镑买入汇率为 GBP1 = USD1.51，客户既可以先把 30.4 万美元汇到伦敦当地银行，委托当地银行以伦敦汇率把美元兑换成 20 万英镑用于支付，也可以把 30.2 万美元先在纽约市场上兑换成 20 万英镑，再委托银行支付至伦敦出口商处。结果是后一种汇兑方式资金成本较低。

📝 ［案例阅读］　聪明的农民

美国和墨西哥的边境住着一个精于算计的农民，别人都以种地维持生计，而他却另辟蹊径，仅仅依靠自己的 10 美元积蓄便能享受算得上小康的生活。

早晨起来，他在美国这边的酒店花 1 美元买一杯啤酒和一盘牛排，吃完后，他拿着剩下的 9 美元来到墨西哥。这时已经过了中午，他在当地银行按 1:3 的汇率，将 9 美元换成 27 比索，然后拿出 3 比索，在当地饭店继续喝一杯啤酒，吃一盘牛排。晚上的时候，他拿着剩余的 24 比索回到美国这边，再按美国 1:2.4 的汇率，换成 10 美元。这样，一天下来他等于白白享用了啤酒和牛排，第二天他再次重复这个行程。这 3 比索的啤酒和牛排就是农民一天的套汇收益。

三、间接套汇

间接套汇（Indirect Arbitrage）又称三地套汇，是指套汇者利用三个以上不同地点的外汇市场在同一时间内存在的汇率差异，同时在这些市场上低买高卖，套取汇差收益的外汇交易。

例如，假设某日某一时刻，纽约、法兰克福、伦敦三地市场的外汇行市如下：

纽约市场　　　　EUR1 = USD1.1457/1.1473　　①
法兰克福市场　　GBP1 = EUR1.0797/1.0807　　②
伦敦市场　　　　GBP1 = USD1.2927/1.2937　　③

问：套汇是否有利可图？如有，假设套汇者具有初始资金 1 000 万美元，该如何进行套汇？

三地套汇

间接套汇的前提是三地市场的汇率不均衡，存在汇率差异。如何迅速判断三地市场的汇率是否均衡呢？在外汇实务中，常用的判断方法主要有以下两种：

方法一：套算比较法

这是通过几个市场汇率套算，判断市场之间是否有差价存在的方法。该例中，可以将①、②两个汇率进行套算，套算得到的汇率是 GBP1 = USD1.5875/1.5908，与已知汇率③进行比较，发现存在汇率差异，说明三地的汇率是不均衡的，套汇有利可图。将套算出的汇率与③进行比较，发现 USD 在伦敦外汇市场上价格较低、在纽约市场价格较高，因此第一步在美元价高的市场上卖出美元，套汇步骤如下：

第一步，在纽约卖 1 000 万美元，得到 871.6116 万欧元；
第二步，在法兰克福卖 871.6116 万欧元，得到 806.5250 万英镑；
第三步，在伦敦卖 806.5250 万英镑，得到 1 042.5949 万美元。

最终，套汇收益为 42.5949 万美元（不考虑套汇费用）。

方法二：汇价积数判断法

这是将各市场汇率均换成统一的标价法（直接标价或间接标价），通过连乘所得积数来判断是否存在价差的方法。如果各市场汇率的连乘积数不为 1，则表明各市场汇率不均衡或有价差，可以套汇；如果积数等于 1，则表明各市场汇率均衡或无差价，不可套汇。此例中，我们将三地汇率统一为直接标价法后的汇率为：

纽约市场　　　　　　　　EUR1 = USD1.1457/1.1473

法兰克福市场   GBP1 = EUR1.0797/1.0807

伦敦市场   USD1 = GBP0.7730/0.7736

接下来，套汇者完成一个套汇周期。第一步，在纽约卖 1 000 万美元，得到 871.6166 万欧元；第二步，在法兰克福卖 871.6116 万欧元，得到 806.5250 万英镑；第三步，在伦敦卖 806.5250 万英镑，得到 1 042.5949 万美元。最终，套汇收益为 42.5949 万美元（不考虑套汇费用）。

注意每一种货币套汇均有两条路线，其中一个赚钱、一个亏本，此例中，首先从纽约卖出美元是赚钱，如果首先从伦敦卖出美元则是亏本，后者是错误的套汇路线。

四、套汇交易需要说明的问题

1. 套汇应具备以下前提条件：同种汇率在不同外汇市场存在汇率差价；套汇者必须拥有一定数量的资金，且在主要外汇市场拥有分支机构或代理行；套汇者必须具备一定的技术和经验，能够判断各外汇市场汇率变动及其趋势，并根据预测迅速采取行动。当然，套汇能否顺利进行，还要考虑到套汇成本，包括电传、佣金等套汇费用。如果套汇成本太高或接近套汇利润，则获利很小甚至无利可图，也就没有必要进行套汇交易了。

2. 套汇交易的结果：会造成汇率低的货币供不应求，促使原本较低的汇率上涨，而汇率高的货币供大于求，促使原本较高的货币汇率下跌，从而使不同外汇市场的汇率差异很快消失。套汇交易会促使不同市场上的汇率趋于一致。目前，由于通信设备先进，交易手段发达，信息灵便，各地外汇市场之间的货币汇率差异日趋缩小，地点套汇的机会很难得。即使存在套汇机会，通过套汇交易，这种差异很快就会拉平，套汇机会稍纵即逝。

3. 套汇的特点：大型商业银行是最大的套汇业务投机者；套汇买卖的数额一般较大，套汇利润相应颇丰；套汇业务都利用电汇方式。

任务五　应用套利交易

一、套利交易的概念

套利交易（Interest Arbitrage Transaction）是指利用不同国家短期利率的差异，把资金从低利率国调往高利率国以赚取利差收益的外汇交易。在一般情况下，各个国家的利息率的高低是不相同的，有的国家利息率较高，有的国家利息率较低。利息率高低是国际资本活动的一个重要的因素，在没有资金管制的情况下，资本就会越出国界，从利息率低的国家流到利息率高的国家进行套利活动。套利的类型分为非抵补套利和抵补套利两种，下面分别予以介绍。

二、非抛补套利

非抛补套利（Uncovered Interest Arbitrage）又称不抵补套利，是指资金持有者利用两个不同金融市场上短期利率的差异，将资金从利率较低的国家调往利率较高的国家，从而谋取利率的差额收入的一种套利形式。这种交易不必同时进行反方向交易轧平头寸，但要

非抛补套利

承担高利率货币贬值的风险。

假设美国 6 个月定期存款的利率为 4%，而英国伦敦市场上 6 个月期的国库券收益率为 6%，某投资商拥有 300 万美元资产，其试图将资金从美国调往伦敦进行套利。下面分别通过计算来比较套利与不套利情况下该投资者的收益情况。

如果不套利，该投资商在美国存为 6 个月的定期存款，利率为 4%，本利共计 312 万美元。如果他进行套利，首先要把美元兑换成英镑，假设即期汇率为 GBP1 = USD1.5000，该投资商卖出 300 万美元，获得 200 万英镑，他用 200 万英镑购买英国 6 个月的国库券，收益率为 6%，6 个月后投资商可以获得本利 212 万英镑。

6 个月后，如果英镑兑美元的即期市场汇率没有发生变化，投资商获得的本利 212 万英镑能够兑换成 318 万美元（212 万英镑×1.5000），比他不进行套利多赚 6 万美元，这种纯粹的套利即为非抛补套利。

但是在目前浮动的汇率制度下，6 个月内英镑兑美元的汇率不可能不发生变化。如果 6 个月后，英镑兑美元的即期市场汇率下跌至 GBP1 = USD1.4500，212 万英镑的本利只能换回 307.4 万美元（212 万英镑×1.4500），比存在美国的银行获利少 4.6 万美元（312 万美元 - 307.4 万美元）。此时，投资商套利还不如不套利。套利过程分析如图 6 - 2 所示。

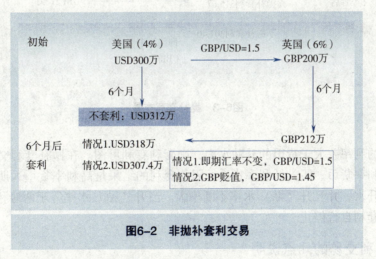

图6-2 非抛补套利交易

可见，非抛补套利有利可图的前提条件是，利率差大于预期汇率变动率与套汇交易的手续费之和。

从此例中可以看出，投资商面临着 6 个月后汇率变动的风险，这直接影响投资商的套利收益。利用前面学习的知识，投资商可以在进行套利的同时做远期外汇交易防范汇率风险，即下面要学习的抛补套利。

三、抛补套利

抛补套利（Covered Interest Arbitrage）又称抵补套利，是指资金持有者在把资金从低利率国调往高利率国进行套利的同时，做一笔远期外汇交易（在外汇市场上卖出远期高利率货币）来避免汇率风险的一种套利形式。这实际是将套利和远期交易结合起来，从外汇买卖的形式上看，抛补套利是一种掉期交易。

上例中，假设该投资商在套利的同时，叙做一笔卖出6个月212万英镑的远期外汇交易，远期汇率为 GBP1 = USD1.4890，就规避了套利交易中的汇率风险，6个月到期时，可把212万英镑按照锁定的汇率换成 315.67 万美元（212 万英镑 × 1.4890），比存在美国的银行多获利 3.67 万美元（315.67 万美元 – 312 万美元）。此套利过程如图 6 – 3 所示。

抛补套利

可见抛补套利获利的前提条件是，在不考虑各种交易费用的情

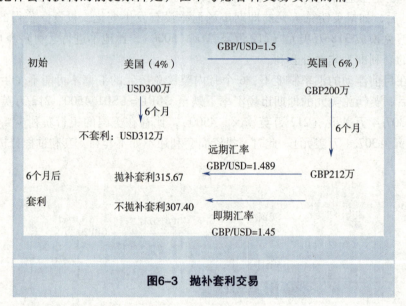

图6-3　抛补套利交易

况下，两地的利率差大于货币的升贴水率，则套利有利可图。在抛补套利交易中，由于远期卖出高利率货币、买入低利率货币，因此套利的结果是高利率货币远期贴水、低利率货币远期升水，并且升（贴）水率不断增大。当升（贴）水率等于两地利差时，达到均衡状态，套利自行停止。

四、套利交易的几点说明

1. 套利活动须以有关国家对货币的兑换和资金的转移不加任何限制为前提。

2. 所谓两国货币市场上利率的差异，是就同一性质或同一种类金融工具的名义利率而言，否则不具有可比性。

3. 套利活动涉及的投资属于短期性质，期限一般都不超过1年。

4. 抛补套利是市场不均衡的产物，随着抛补套利活动的不断进行，货币市场与外汇市场之间的均衡关系又会重新得到恢复。

5. 抛补套利涉及一些交易成本，如佣金、手续费、管理费、杂费等，因此，不必等到利差与远期升（贴）水率完全一致，抛补套利就会停止。

6. 由于去国外投资会冒巨大的政治风险或国家风险，投资者一般对抛补套利持谨慎态度，特别是在最佳资产组合已经形成的情况下，除非抛补套利有足够大的收益来补偿资产组合的重新调整所带来的损失，投资者一般不会轻易进行抛补套利。

7. 套利活动不仅使套利者赚到利润，在客观上也起到了自发地调节资本流动的作用。一个国家利息率较高，意味着那里的资本稀缺，急需资本。一个国家利息率较低，意味着那里资本充足。套利活动以追求利润为动机，使资本由较充足的地方流到缺乏的地方，使资本更有效地发挥了作用。通过套利活动，资本不断地流到利息率较高的国家，那里的资本不断增加，利息率会自发地下降；资本不断从利息率较低国家流出，那里的资本减少，利息率会自发地提高。套利活动最终使不同国家的利息率水平趋于相等。

任务六　应用外汇掉期交易

一、外汇掉期交易的概念

外汇掉期（Foreign Exchange Swap）也称为外汇掉期、货币掉期，是指在买进或卖出某种货币的同时，卖出或买进期限不同的同种货币。

外汇掉期交易的特点包括买与卖是有意识地同时进行的；买与卖的货币种类相同，金额相等；买卖交割期限不相同。

外汇掉期交易

二、外汇掉期的种类

（一）即期对远期的掉期

即买入（或卖出）某种货币即期外汇的同时，卖出（或买入）同种等额的远期外汇，以覆盖外汇头寸，消除汇率风险。这是最常见的掉期交易，进行这种交易的目的就在于避免风险，并从汇率的变动中获利。例如，美国一家银行某日向客户按 USD1 = EUR0.9020 的汇率，卖出 1 000 万美元，收入 902.0 万欧元。为防止将来美元升值或欧元贬值，该银行就利用掉期交易，在卖出即期美元的同时，又买进 3 个月的远期美元，其汇率为 USD1 = EUR0.9237。这样，虽然卖出了即期美元，但又补进了远期美元，使该银行的欧元、美元头寸结构不变。虽然在这笔远期买卖中该行会损失若干美元的贴水，但这笔损失可以从较高的欧元利率和这笔现汇交易的买卖差价中得到补偿。

（二）远期对远期的掉期

即指买进（或卖出）一笔远期外汇的同时，卖出（或买进）币种金额相同，期限不同的另一笔远期外汇交易。例如，某公司 3 个月后将收汇 100 万欧元，6 个月后将进口设备支付 100 万欧元，该公司日常使用货币为美元。为了固定成本、规避汇率风险，该公司可采用卖出 3 个月期 100 万欧元对买入 6 个月期 100 万欧元的掉期外汇交易。这样不仅可在欧元收付期内满足美元的日常使用，又可锁定汇率风险。

远期对远期的掉期又分为两种形式：一种是买进较短交割期的远期外汇（如 30 天），卖出较长交割期的远期外汇（如 90 天）；另一种是买进较长交割期的远期外汇，卖出较短交割期的远期外汇。

（三）即期对即期的掉期

即期对即期的掉期指买进（或卖出）一笔即期外汇的同时，卖出（或买进）币种金额相同，交割日不同的另一笔即期外汇交易。如今日掉明日（Today/Tomorrow）、明日掉后日（Tomorrow/Next）和即期掉次日（Spot/Next）。今日对明日掉期交易中，一笔即期交易交割日在今天，另一笔即期交易交割日在明天；明日对后日掉期交易中，一笔即期交易交割日在第一个营业日，另一笔即期交易交割日在第二个营业日。这类掉期交易主要用于外汇银行之间的交易，目的在于避免同业拆借过程中存在的汇率风险。

三、外汇掉期的作用

1. 对企业，为国际贸易和投资活动提供有效的保值，防范汇率风险。当进出口商收到外汇和使用外汇的时间不同时，可利用复远期调换，效果如上面复远期调换例子中所述。

2. 对银行，利用掉期交易调节外汇资产结构，消除与客户和其他银行单独进行即期、远期交易产生的风险头寸，平衡外汇交易中的交割期限结构。银行在满足客户外汇交易需求后，总会有外汇头寸暴露，面临汇率风险。银行采用掉期交易平衡外汇头寸具有更好的适用性和灵活性。例如，某银行3个月远期美元超买200万元，6个月远期美元超卖200万元，如果银行对多头空头分别进行抵补，需要很多笔交易，付出成本较高。如果做一笔卖出3个月美元期汇对买入6个月美元期汇的掉期交易，能以一笔交易和较低费用实现抵补。

3. 对央行，外汇掉期被作为货币政策工具，用于从市场上收回流动性或向市场投放流动性。一些国家（如瑞士、德国、英国、新加坡、泰国等）中央银行都曾（或正在）使用外汇掉期作为公开市场操作工具。以瑞士中央银行为例，由于瑞士政府财政赤字很小，央行公开市场操作缺乏短期政府债券工具，因此瑞士央行曾主要运用外汇掉期来调节银行体系的流动性，1993年瑞士央行未平仓外汇掉期合约金额最高曾达到基础货币的50%左右。

 ［案例阅读］ **我国央行开展外汇掉期业务实例**

2005年11月底，经过连续12次升息，美国联邦基金利率已从1%上升到4%。同期，美元一年期LIBOR也达到4.70%左右，高出相应期限的人民币货币市场利率2%~3%。外汇资金运用能力较强的商业银行倾向于增持美元资产，提高盈利能力，缓解人民币流动性带来的短期投资压力；同时，为规避汇率风险，商业银行希望在未来仍然能以当前汇率水平换回人民币，并愿意从美元资产的投资收益中拿出一部分补偿交易对手。在这种情况下，2005年11月25日，为适度回收流动性，保持货币市场利率的平稳运行，中国人民银行选择国家开发银行等10家银行开展外汇掉期交易，央行即期卖出美元，同时约定1年后以相同汇率买回美元，并相应收取美元与人民币的利差补偿。该次掉期交易量为60亿美元，央行收回基础货币484.83亿元人民币。

四、银行外汇掉期交易的具体业务操作介绍

（一）客户申办条件

客户符合以下任何一个条件，银行可为其提供外汇掉期业务：

1. 客户具有相应的进出口贸易背景或其他经济背景。

2. 代客远期外汇买卖业务，银行可以在保值背景的有效期内，在客户完全自愿的基础上，为客户进行交易。

3. 客户为提高收益率而进行的掉期外汇买卖交易。

（二）客户需提供的资料

申办客户需提交申请书及符合规定的相应凭证，在银行开立相关账户，并与银行签订《中国银行间市场金融衍生产品主协议（2009 年版）补充协议》《外汇买卖总协议》《掉期外汇买卖委托书》等协议文本。

（三）行内审批处理流程

1. 资金部门负责交易的报价、平仓，中台相关的风险管理工作。

2. 后线资金结算部门负责相关的账务处理，资金划拨，保证金/授信额度的管理和动态监控，发送交易证实，监控交易行为，监控授信额度是否充足等工作。

3. 风险管理和公司部门负责授信政策的管理等工作。

（四）标准费率

外汇掉期交易按照总分行平仓的方式进行，盈利通过交易点差体现，不涉及相关费用。

（五）定价机构

银行交易室。

本章小结

1. 外汇市场是指由外汇供给方、外汇需求方以及买卖中介机构等参与的进行外汇买卖的交易场所或交易网络，是金融市场的重要组成部分。外汇市场的主要参与者包括外汇银行、中央银行、一般客户和外汇经纪人。外汇市场按照外汇交易主体的不同，可分为银行间外汇市场和客户市场；按外汇市场的外部形态进行分类，可分为有形外汇市场和无形外汇市场。外汇市场的特点：（1）24 小时全天候交易；（2）最大最公平透明的市场；（3）零和游戏。外汇市场的功能主要表现在：（1）实现购买力的国际转移；（2）提供资金融通；（3）提供外汇保值和投机的市场机制。

2. 即期外汇交易是指外汇买卖双方以固定汇率成交，并在成交后当天或两个交易日内办理交割的外汇交易。即期外汇交易主要用于满足客户外汇支付需要、调整外币币种结构和外汇的投机获利。

3. 远期外汇交易是指外汇买卖双方先签订合同，规定买卖外汇的币种、数额、汇率和交割日期，在合同到期日以合同约定的汇率进行交割的外汇交易业务。远期外汇交易的报价通常有两种方式：完整汇率报价方式和掉期率报价方式。其中，当远期汇率高于即期汇率时，称为升水或溢价；当远期汇率低于即期汇率时，称为贴水或折价；当远期

汇率与即期汇率相同时，则称为平价。远期外汇交易的作用主要表现在：（1）事先锁定汇率，规避汇率风险；（2）投机获利；（3）外汇银行平衡其外汇头寸。

4. 广义的套汇交易是指利用不同外汇市场的汇率差异（地点套汇）、不同货币的利率差异（套利交易）、不同的交割期限上的汇率差异（时间套汇），贱买贵卖，赚取利润的外汇交易。套汇交易分为直接套汇和间接套汇两种类型：直接套汇是指利用同一时间两个外汇市场的汇率差异，进行贱买贵卖，以赚取汇差收益的外汇交易；间接套汇是指套汇者利用三个以上不同地点的外汇市场在同一时间内存在的汇率差异，同时在这些市场上低买高卖，套取汇差收益的外汇交易。

5. 套利交易是指利用不同国家短期利率的差异，把资金从低利率国调往高利率国以赚取利差收益的外汇交易。套利的类型分为非抵补套利和抵补套利：非抵补套利是指资金持有者利用两个不同金融市场上短期利率的差异，将资金从利率较低的国家调往利率较高的国家，从而谋取利率的差额收入；抵补套利是指资金持有者在把资金从低利率国调往高利率国进行套利的同时，做一笔远期外汇交易来避免汇率风险。

6. 外汇掉期也称为货币掉期，是指在买进或卖出某种货币的同时，卖出或买进期限不同的同种货币。外汇掉期对不同类型的交易方有着不同的作用：对企业，为国际贸易和投资活动提供有效的保值，防范汇率风险；对银行，利用掉期交易调节外汇资产结构；对央行，外汇掉期被作为货币政策工具，用于从市场上收回流动性或向市场投放流动性。

实训练习

实训练习一：即期、远期外汇交易的应用

活动一　进行银行间即期外汇交易

某外汇交易员进行外汇交易，他预测英镑将相对美元升值，因此在 GBP/USD 的对手银行报价为 1.5740/60 时买入 500 万英镑。一小时后，银行报价变为 1.5775/95 时，该交易员即将 500 万英镑卖出。问：该交易员的利润是多少？

活动二　进行国际贸易背景下即期外汇交易

1. 某日，A 公司购买一批进口布料，需购汇 10 万美元，当日汇率为 6.6450/6.6560。需要支付多少元人民币？

2. 该日，B 公司出口一批服装，价值 15 万美元，需结汇 15 万美元，可换得多少元人民币？

活动三　进行个人即期外汇交易

1. 王先生一家准备出境旅游，需要兑换 2 000 美元。2019 年 6 月 20 日，王先生在中国银行按当日即期外汇牌价用人民币兑换 2 000 美元，当日外汇牌价为：

USD100 = CNY684.01/686.91　678.45（现钞买入价）

请计算兑换美元需支付多少元人民币？

2. 2019 年 7 月 19 日，王先生一家旅游回来后，还剩 800 美元，到中国银行兑换成人民币，当日外汇牌价为：

USD100 = CNY686.08/688.99　680.50（现钞买入价）

请计算可以换回多少元人民币？

活动四 远期汇率的计算及升水、贴水判断

某日，某外汇市场的远期汇率报价表：

	USD/HKD	USD/JPY	EUR/USD
即期汇率	7.7800/10	108.6540/860	1.143/95
1 个月	20/40	50/30	33/48
6 个月	90/120	109/88	92/109

1. 对远期汇率升水、贴水的判断：
- 美元相对于港元；
- 日元相对于美元；
- 欧元相对于美元。
2. 计算以上远期汇率的完整报价。

活动五 运用远期外汇交易套期保值

1. 某瑞士出口商向美国出口一批电脑，价值 10 万美元，2 个月后收汇。假定外汇市场行情如下：即期汇率为 USD1 = CHF0.9890/950，2 个月远期汇水为 20/10，问：出口商如何利用远期业务进行套期保值？

A. 向银行买进 2 个月远期美元 10 万美元，运用汇率为 USD/CHF = 0.9870
B. 向银行卖出 2 个月远期美元 10 万美元，运用汇率为 USD/CHF = 0.9870
C. 向银行卖出 2 个月远期美元 10 万美元，运用汇率为 USD/CHF = 0.9940
D. 向银行买进 2 个月远期美元 10 万美元，运用汇率为 USD/CHF = 0.9940

2. 6 月 3 日，美国进口商 A 与法国出口商 B 签订了一份贸易合同，进口设备一套，金额为 100 万 EUR，货款结算日为 9 月 4 日。6 月 3 日即期汇率为 EUR/USD = 1.3610/13，3 个月的远期汇水为 30/50。A 预测 3 个月后欧元会升值，该如何运用远期外汇交易进行套期保值？

假设 9 月 4 日欧元对美元的即期汇率为 EUR/USD = 1.3820/23，比较做与不做远期外汇交易，做远期外汇交易是否起到了规避汇率风险的作用？

活动六 运用远期外汇交易进行头寸管理

英国某外汇银行发生超买现象，表现为美元 3 个月期汇头寸"超"100 万美元，假定即期汇率为 USD1 = GBP0.8149，3 个月远期汇率为 USD1 = GBP0.8158，在只考虑汇率因素而不考虑银行自身外汇头寸运用的情况下，银行该如何操作才能既消除汇率风险又

获得一定的收益？如果 3 个月远期汇率为 USD1 = GBP0. 8141，又该如何操作？

实训练习二：套汇、套利、掉期交易的应用

活动一　应用套汇交易获利

1. 两地套汇交易。

假定某日伦敦外汇市场上 GBP/USD = 1. 3050/1. 3145，在纽约外汇市场上 GBP/USD = 1. 2925/1. 2975。

试问：投资者有 200 万英镑，应如何套汇以获利？

2. 三地套汇交易。

纽约外汇市场 USD/JPY = 83. 325/410

东京外汇市场 HKD/JPY = 10. 480/520

香港外汇市场 USD/HKD = 7. 7720/90

某投资者拥有投资本金 100 万美元。

（1）判断套汇是否有利可图？

（2）如有，应如何进行套汇，利润是多少？

活动二　应用套利交易获利

3 月 21 日，美国 6 个月存款利率为 3%，英国为 4%，当日即期汇率 GBP/USD = 1. 8354/68，美国套利者有资金 300 万美元，进行套利。

（1）假设 9 月 21 日即期汇率为 GBP/USD = 1. 6261/75，与不套利相比收益情况如何？

（2）投资者预测 6 个月后英镑兑美元的汇率下跌，因此在套利交易的同时，与银行签订远期外汇买卖合同，6 个月汇水 85/66。此时，与非抛补套利相比，收益情况如何？

活动三　应用外汇掉期交易

某客户进行买入即期 1 000 万美元对卖出 3 个月远期 1 000 万美元的外汇掉期交易，如果即期汇率为 GBP1 = USD1. 5520/30，3 个月掉期率为 60/40，计算客户进行该笔掉期交易的盈亏情况。

同步练习

一、单选题

1. 一般情况下，利率高的国家的货币，其远期汇率表现为（　　）。

A. 贴水　　　　B. 升水　　　　C. 平价　　　　D. 无法判断

2. 在间接标价法下，升水时远期汇率等于即期汇率（　　）。

A. 加上升水点数　B. 减去升水点数　C. 乘以升水点数　D. 除以升水点数

3. 在伦敦外汇市场上，即期汇率为 1 英镑兑换 1. 5893 美元，90 天远期汇率为 1 英镑兑换 1. 6382 美元，表明美元的远期汇率为（　　）。

A. 升水　　　　　　　B. 平价　　　　　　　C. 贴水　　　　　　　D. 无法判断

4. 在买进或卖出一种交割日外汇的同时，卖出或买进相同金额同一货币的另一种交割日外汇的外汇交易是（　　）。

A. 即期交易　　　　　B. 套汇交易　　　　　C. 远期交易　　　　　D. 掉期交易

5. （　　）时银行需将短缺部分的外汇买进，或者说将同种外汇补进，以保持外汇头寸的平衡。

A. 多头　　　　　　　B. 平衡　　　　　　　C. 空头　　　　　　　D. 无法判断

二、多选题

1. 若一笔即期外汇交易于星期一成交，则交割的日期可以是该周的（　　）。

A. 星期一　　　　　B. 星期二　　　　　C. 星期三　　　　　D. 星期四

E. 星期五

2. 掉期交易是一种复合性外汇买卖，它要求两笔交易（　　）。

A. 方向相反　　　　B. 期限不同　　　　C. 金额相等　　　　D. 币种相同

E. 期限相同

3. 外汇市场主要由（　　）构成。

A. 外汇银行　　　　B. 中央银行　　　　C. 外汇经纪公司　　　D. 客户

E. 银行

4. 当远期外汇交易的交割日难以确定时，可以选用择期远期外汇交易来避免汇率变动所造成的风险损失。关于择期远期外汇交易，下列说法正确的是（　　）。

A. 出口商可同银行签订买入择期远期外汇交易合约

B. 出口商可同银行签订卖出择期远期外汇交易合约

C. 进口商可同银行签订买入择期远期外汇交易合约

D. 进口商可同银行签订卖出择期远期外汇交易合约

5. 中央银行既是外汇市场的管理者，也是外汇交易的参加者。它参加外汇市场交易活动的目的是（　　）。

A. 贯彻执行汇率政策，干预汇率　　　　　B. 外汇投机

C. 进行外汇储备的货币结构的管理　　　　D. 套期保值

E. 监管市场

三、简答题

1. 什么是外汇市场？外汇市场的交易者有哪些？

2. 简述外汇市场的特点和功能。

3. 什么是即期外汇交易？其具有哪些作用？

4. 什么是远期外汇交易？请举例说明如何运用远期外汇交易规避汇率风险。

5. 什么是升贴水？请举例说明如何判断升贴水。

6. 什么是套汇交易？请举例说明如何通过套汇交易获利。

7. 什么是套利交易？简述套利交易的类型。

8. 什么是掉期交易？简述掉期交易的作用。

项目七 衍生外汇交易

期货、期权交易小王都听说过，但外汇期货、
外汇期权交易小王还不清楚其交易原理是怎样的，
这两种交易有什么区别，是否也能实现套期保值？
小王对外汇交易越来越感兴趣，想了解更多类型的
衍生外汇交易。

学习目标

◎ 掌握外汇期货的概念和特点；
◎ 了解外汇期货交易的规定及交易流程；
◎ 理解外汇期货交易的操作原理；
◎ 掌握外汇期权的概念和种类；
◎ 了解外汇期权交易的规则；
◎ 理解外汇期权交易的操作原理；
◎ 能灵活运用这两种交易工具设计外汇交易方案。

关 键 词

外汇期货　外汇期权　看涨期权　看跌期权

课程导入

外汇期货品种亟待推出

进入 2016 年后，人民币汇率意外大幅走弱，进一步引起了市场关于人民币汇率的担忧。人民币汇率风险加大，境内企业和个人的避险需求必然加大，用于避险的外汇期货品种亟待推出。境内至今仍没有人民币外汇期货产品，境外已经有 10 余家交易所抢先推出了人民币外汇期货，交易量呈现出显著的增长势头。

当前企业防范汇率风险的主要工具是远期结售汇，目前我国银行间市场中的外汇远期交易量很小，且非标准合约、询价交易机制和双边清算等使场外市场缺乏足够的流动性。随着人民币汇率波动加剧，这可能难以满足企业日益增长的外汇风险管理需求。而外汇期货实行撮合成交和中央对手方清算，并且采用标准化合约，有助于积聚市场流动性，提高外汇衍生品市场的深度，从而服务于企业的风险管理需求，促进场内与场外外汇市场的统一互联、协调发展。此外，推出外汇期货可以进一步完善我国人民币汇率形成机制，也顺应了人民币国际化进程。同时，还可以进一步丰富人民币风险管理工具，有利于对外贸易中使用人民币结算，助推人民币成为国际结算和储备货币。

外汇期货是世界上第一个金融期货产品，是金融市场汇率风险管理不可缺少的工具。目前，我国对外贸易依存度很高，中国企业在巨额的汇兑损失面前，尽快推出外汇期货更显其紧迫性。

资料来源：衍生品研究网. 国际市场外汇期货交易激增，呼吁境内尽快推出人民币外汇期货 [EB/OL]. [2016 - 10 - 13]. http：//toutiao. manqian. cu/wz _ 57ff3eqbe4bOdf42ad72edzf. html.

启发：什么是外汇期货、外汇期权？两者有什么异同点？这两种工具对我国外汇市场的发展和完善有什么作用？经济实体如何灵活运用它们实现特定目的？通过本项目的学习，大家要能够理解这两种工具，并能够运用这两种工具设计外汇交易方案。

任务一　应用外汇期货交易

一、外汇期货的概念

外汇期货交易（Foreign Exchange Futures）是以外汇及汇率为标的物的标准化期货合约为对象进行的交易。外汇期货合约中约定在未来某一时间，依据现在约定的汇率，买卖一定数量的某种货币，是以汇率为标的物的期货合约。它是金融期货中最早出现的品种。自1972年5月芝加哥商品交易所的国际货币市场分部推出第一张外汇期货合约以来，随着国际贸易的发展和经济全球化进程的加快，外汇期货交易一直保持着旺盛的发展势头。它不仅为广大投资者和金融机构等经济主体提供了有效的套期保值工具，也为套利者和投机者提供了新的获利手段。

［知识链接7-1］　外汇期货的起源与发展

1972年5月，芝加哥商业交易所正式成立国际货币市场分部，推出了七种外汇期货合约，从而揭开了期权市场创新发展的序幕。从1976年以来，外汇期货市场迅速发展，交易量激增了数十倍。1978年纽约商品交易所也增加了外汇期货业务，1979年，纽约证券交易所也宣布，设立一个新的交易所来专门从事外币和金融期货。1981年2月，芝加哥商业交易所首次开设了欧洲美元期货交易。随后，澳大利亚、加拿大、荷兰、新加坡等国家和地区也开设了外汇期货交易市场，从此，外汇期货市场便蓬勃发展起来。

目前，外汇期货交易的主要品种有美元、英镑、欧元、日元、加拿大元、澳大利亚元等。从世界范围看，外汇期货的主要市场在美国，其中又基本上集中在芝加哥商业交易所的国际货币市场（IMM）、中美洲商品交易所（MCE）和费城期货交易所（PBOT）。国际货币市场主要进行澳大利亚元、英镑、加拿大元、欧元、日元的期货合约交易；中美洲商品交易所进行英镑、加拿大元、欧元、日元的期货交易；费城期货交易所主要交易欧元、英镑、加拿大元、澳大利亚元、日元。此外，外汇期货的主要交易所还有伦敦国际金融期货交易所（LIFFE）、新加坡国际货币交易所（SIMEX）、东京国际金融期货交易所（TIFFE）、法国国际期货交易所（MATIF）等，每个交易所基本都有本国货币与其他主要货币交易的期货合约。

国际主要期货
交易所有哪些？
资料来源：腾讯视频。

二、外汇期货交易的主要规则

（一）合约标准化

外汇期货合约是由交易所制定的标准化合约，其内容包括交易单位、最小变动单位、最小变动值、每日价格波动限制、交割月份和交割日、交割时间、最后交易日、交割地点等。另外，在合约中用代码来表示外汇期货，交易所和期货佣金商以及期货行情表也都是用代码来表示外汇期货，分为大厅交易代码和电子盘交易代码。例如电子盘交易代码：澳大利亚元 GAD、英镑 GBP、加拿大元 GCD、美元指数 USD、欧元 GEC、欧元 GJY、瑞士法郎 GSF。

1. 交易单位。每份外汇期货合约都由交易所规定标准交易单位，也就是合约大小。例如，澳大利亚元期货合约的交易单位是每份100 000 澳元，英镑是 62 500 英镑，加拿大元是 100 000 加拿大元，欧元是 125 000 欧元，日元是 12 500 000 日元，瑞士法郎是 125 000 瑞士法郎。

2. 最小变动单位。最小变动单位是买卖外汇期货合约时，期货合约价格最小变动额，通常用点数来表示。在交易场内，经纪人所做的出价或叫价只能是最小波动幅度的倍数。英镑最小变动单位是 0.0002 美元（2 点），加拿大元是 0.0001 美元（1 点），欧元最小变动单位是 0.0001 美元（1 点），日元是 0.000001 美元（1 点，日元比较特殊，百万分之一是 1 点），瑞士法郎是 0.0001 美元（1 点），澳大利亚元是 0.0001 美元（1 点）。

3. 最小变动值。最小变动值是整份期货合约的变动值，是最小变动单位与交易单位的乘积。例如，以下外汇期货合约的最小变动值为：1 份澳大利亚元合约是 0.0001 × 100 000 = 10.00（美元）；1 份英镑合约是 0.0002 × 62 500 = 12.5（美元）；1 份日元合约是 0.000001 × 12 500 000 = 12.50（美元）。

4. 每日价格波动限制。即每日价格波动的最大允许幅度，既可以用每日点数最大波动幅度表示，也可以用每份合约的价格最大波动幅度表示。例如，瑞士法郎期货合约规定每日价格波动幅度为 150 点，每份合约交易单位是 125 000，所以，每日每份合约价格最大波动幅度为 0.0150 × 125 000 = 1 875（美元）。

5. 交割月份和交割日。国际货币市场所有外汇期货合约的交割月份都是一样的，为每年的 3 月、6 月、9 月和 12 月。交割月的第三个星期三为该月的交割日。

6. 交易时间。芝加哥商业交易所规定场内公开叫价交易（大厅交易）为芝加哥时间星期一至星期五的上午 7:20 至下午 2:00，到期合约在最后交易日上午 9:16 收盘。

7. 最后交易日。最后交易日是指已经临近交割月份的合约最后可以交易的日期，通常是在交割日前的两个营业日。

8. 交割地点。交割地点在结算所指定的货币发行国银行。

（二）保证金制度

凡是期货交易均实行保证金制度，以保证期货交易者履行合约，其实是保障交易对手、期货经纪公司和期货交易所的利益。

保证金是期货交易的抵押金，用做清偿损益的本金和履约保证金。保证金按照期货合约价值的一定比例计算缴纳，一般为 5% ~ 10%，甚至更高，这由期货交易所规定。

保证金分为交易保证金和结算保证金。交易保证金是期货交易所会员或客户在其专用结算账户中被已经成交而未平仓的合约占用的、确保履约的保证金。结算保证金又称为结算准备金，是期货交易所向会员，或者期货经纪公司向客户收取的、存入专用结算账户中为了交易结算而预先准备的资金，是未被合约占用的保证金。

保证金制度也体现了期货交易的一个重要特征：杠杆交易，也就是用"小钱"进行"大交易"。比如规定保证金比例为10%，也就意味着可以用1 000元进行10 000元价值的交易。如此，收益率和亏损率均被放大。

（三）价格制度

价格制度包括交易单位的规定、最小变动单位的规定和每日价格最大波动限制的规定。如果报价超过了每日价格最大波动幅度（包括最大涨幅和最大跌幅），则不能成交。一般以合约的上一交易日结算价格为基准，合约的上一交易日结算价加上允许的最大涨幅，就是当日价格上涨的上限，叫涨停板；合约的上一交易日结算价减去允许的最大跌幅，就是当日价格下跌的下限，叫跌停板。涨跌停板制度能够控制当日汇率波动幅度，降低风险程度。

（四）每日结算制度

买卖双方在成交以后，互相就没有关系了，买卖双方都变成了期货交易结算所的交易对手，与结算所进行结算。

结算所结算时遵循无负债原则，采用每日结算制度。即在每日交易结束后，结算所按照当日结算价格来结算所有未平仓合约的盈亏、交易保证金、手续费等，对应收应付款项进行划转，对保证金不足的交易者，发出追加保证金的通知。

三、外汇期货交易的应用

（一）应用外汇期货套期保值

套期保值是外汇期货市场首要的经济功能。所谓套期保值，是指交易者为回避或减少外汇风险，而在外汇期货市场建立与其外汇现货市场相反的头寸部位，并在外汇期货合约到期日前实行对冲以结清头寸部位的交易方式。套期保值的交易方式之所以可以回避或减少外汇风险，是因为在一般情况下，外汇期货价格与外汇现货价格是呈同一方向变动的，现货市场与期货市场的价格随期货合约到期日的临近而趋向一致。交易者在外汇期货市场建立了与现货市场相反的部位之后，若汇价发生变动，则其必然在一个市场受损，而在另一个市场获利，以获利抵补亏损，即可达到套期保值的目的。外汇期货的套期保值分为卖出套期保值和买入套期保值两种。

1. 卖出套期保值。卖出套期保值又称空头套期保值，指在期货市场上先卖出、再买进。当预测外汇汇率将要下跌时，为避免汇率变动带来的损失，可采用卖出套期保值。

例如，美国某跨国公司设在英国的分支机构急需2 500 000英镑现汇支付当期费用，此时在美国的母公司正好有一笔暂时闲置现金，于是美国母公司在3月12日到银行兑换2 500 000英镑后汇给其分支机构，约定分支机构3个月后偿还。当日的即期汇率为GBP1 = USD1.5790/1.5806，3个月的远期汇率为GBP1 = USD1.5800/1.5803。为避免汇率变动带来的风险，由于担心3个月后英镑贬值，美国母公司便在外汇期货市场上做英镑空头套期保值业务。假设6月12日即期汇率为GBP1 = USD1.5600/1.5603，其交易过程及盈亏状况如表7-1所示。

表7-1 卖出套期保值交易过程及盈亏状况分析

	现汇市场	期货市场
3月12日	即期汇率 GBP1 = USD1.5806 买入 2 500 000 英镑，支付 3 951 500 美元	卖出 40 份 6 月到期的英镑期货合约（每份 62 500 英镑） 价格：GBP1 = USD1.5800，40 份合约共收入 3 950 000 美元
6月12日	即期汇率 GBP1 = USD1.5600 卖出 2 500 000 英镑，收入 3 900 000 美元	买入 40 份 6 月到期的英镑期货合约（每份 62 500 英镑） 价格：GBP1 = USD1.5603，40 份合约共支付 3 900 750 美元
盈亏情况	亏损 51 500 美元	盈利 49 250 美元
结果	以期货市场的盈利弥补了部分现汇交易的损失，最终亏损为 2 250 美元	

2. 买入套期保值。买入套期保值又称多头套期保值，指在期货市场上先买入，后卖出。当预测未来外汇汇率将要上升，为避免汇率变动带来的损失，可采用买入套期保值。

例如，一家美国公司在3月以优惠利率借入 1 000 万加拿大元，借期 3 个月，公司将借入的加拿大元在外汇市场上按即期汇率 1 加拿大元 = 0.835 美元换成 835 万美元使用。公司担心 3 个月后加拿大元对美元升值，会使还款的美元成本加大，因此决定同时在期货市场上买进加拿大元的期货合约，3 个月后再卖出相同数量的加拿大元期货合约，以期保值（见表 7-2）。

表7-2 买入套期保值交易过程及盈亏状况分析

	现汇市场	期货市场
3月	将借入的 1 000 万加拿大元换成 835 万 美元 按即期汇率 1 加拿大元 = 0.835 美元	买进 100 份 6 月加拿大元期货合约（每份合约10万加拿大元） 价格：1 加拿大元 = 0.834 美元 100 份合约共 834 万美元
6月	买进 1 000 万加拿大元以偿还借款 按即期汇率 1 加拿大元 = 0.838 美元 共用 838 万美元	卖出 100 份 6 月加拿大元期货合约 价格：1 加拿大元 = 0.8377 美元 100 份合约共 837.7 万美元
交易损益	由于加拿大元升值公司损失 3 万美元	获利 3.7（837.7 - 834）万美元(不考虑手续费)
结果	以期货交易的获利弥补现汇交易的损失，相抵后仍获利 7 000 美元	

（二）应用外汇期货交易投机获利

投机也是外汇期货市场的经济功能之一。所谓投机是指期限较短、风险较高、可获暴利的活动。外汇期货市场上的投机者，是指那些自认为可以正确预测外汇汇率的未来走势，甘愿利用自己的资金，不断地买进和卖出外汇期货合约，希望从汇价的经常变化中获得利润的机构和个人。外汇期货市场之所以具有投机的功能，是因为参与外汇期货交易活动所要缴纳的保证金比例比较低，这就为投机者提供了以小额资金获取巨额利润的机会。投机者总要千方百计地把握这种以小本谋大利的机会，通过买空或卖空外汇期货合约进入外汇期货市场进行投机活动。

例如，某年 3 月 5 日，芝加哥期货交易所欧元 3 月到期的期货合约价格为 EUR1 = USD1.3527，张某预测欧元价值将下跌，于是开仓卖出 10 手欧元期货，每手欧元期货 125 000 欧元，期货价格为 CAD = USD1.3527。3 个月后，欧元期货价格跌到 EUR1 = USD1.3127，张某按照此汇率平仓对冲，买入 10 手欧元合约。不考虑交易成本，张某的损益是多少？

$$盈利 = 1\ 250\ 000\ 欧元 \times （1.3527 - 1.3127）= 50\ 000（美元）$$

无论是外汇期货套期保值交易还是外汇期货投机交易，盈利的前提是汇率走势与预测结果一致，否则就会亏损。

四、外汇期货与远期外汇交易的比较

外汇期货与远期外汇交易都具有锁定汇率风险的功能，但两者的区别也非常明显，主要体现在以下方面：

（一）交易者不同

外汇期货交易，只要按规定缴纳保证金，任何投资者均可通过外汇期货经纪商从事交易，对委托人的限制不如远期外汇交易。在远期外汇交易中，参与者大多是专业化的证券交易商或与银行有良好业务关系的大厂商，没有从银行取得信用额度的个人投资者和中小企业极难有机会参与远期外汇交易。

（二）交易保证金制度不同

外汇期货交易双方均须缴纳保证金，并通过期货交易所逐日清算，逐日计算盈亏，而补交或退回多余的保证金。而远期外汇交易是否缴纳保证金，视银行与客户的关系而定，通常不需要缴纳保证金，而且远期外汇交易盈亏要到合约到期日才结清。

（三）交易方式不同

外汇期货交易是以在期货交易所公开喊价的方式进行的，交易双方互不接触，而各自通过清算所结算中间人进行交易，承担信用风险。期货合约对交易货币品种、交割期、交易单位及价位变动均有限制。货币局限在少数几个主要币种。而远期外汇交易是在场外交易的，交易以电话或传真方式，由买卖双方互为对手进行，而且无币种限制，对于交易金额和到期日，均由买卖双方自身决定，在交易时间、地点、价位及行情揭示方面均无特别的限制。

（四）交易币种不同

在外汇期货交易中，通常以本国货币作为代价买卖外汇，如在美国市场仅以美元报价，除美元外的其他币种如欧元与日元之间的避险，只能以美元为中介买卖日元或欧元从而构成两笔交易。而在远期外汇交易中，不同币种之间可以直接交易。

（五）结算方式不同

外汇期货交易由于以清算所为交易中介，金额、期限均有规定，故一般不实施现货交割，对于未结算的金额，逐日计算，并通过保证金的增减进行结算，期货合约上虽标明了交割日，但在此交割日前可以转让，实行套期保值，减少和分散汇率风险。当然，实际存在的差额部分应进行现货交割，而且这部分所占比例很小。而在远期外汇交易时，要在交割日进行结算或履约。

五、外汇期货市场的构成

外汇期货市场主要由外汇期货交易所、外汇期货交易结算所、外汇期货交易经纪商、外汇期货交易的投资者组成。

（一）外汇期货交易所

外汇期货交易所是专门为外汇期货交易提供交易场所和所需各种设施，制定和执行外汇期货交易的规章制度，组织和管理外汇期货交易活动的公共组织。它本身并不参与期货交易，一般也不以营利为目的。

外汇期货交易所采取会员制的组织结构，是一种会员制的团体机构。其会员有两种，一种是自营商，另一种是经纪商。会员中又有正式会员和非正式会员（准会员）之分，都不是终身制，可以申请加入和退出。会员既有权利，也有义务。为了维持正常营业所需费用等项开支，期货交易所要向其会员收取会费和期货合约交易费等各项费用。

外汇期货交易所有极其严格的组织管理。第一，进入期货交易所的经纪公司、法人组织和个人会员与团体会员，都必须经过严格的考核，才能成为期货交易所的正式会员；第二，在期货交易所交易大厅的工作者、经纪商、期货交易顾问、经纪代理人等，均须登记注册，经过批准获得执照，才能取得在期货交易所充当从业人员的资格；第三，期货交易合约的交易程序必须标准化，并严格执行期货交易的保证金制度等，以维护交易双方正当的权利与义务，确保外汇期货交易正常、有序地进行。

目前，世界上最有影响的外汇期货交易所是美国芝加哥国际货币市场和中美洲商品交易所、英国伦敦国际金融期货交易所。这三家外汇期货交易所的交易内容，包括欧元、英镑、加拿大元、日元、瑞士法郎和澳大利亚元期货。

（二）外汇期货交易结算所

每一家外汇期货交易所都要指定一个结算所负责外汇期货合约交易的登记和结算工作。结算所可以是外汇期货交易所的附属机构，也可以是独立的组织，或者为外汇期货交易所的全体或部分会员所拥有。它同样采取会员制，对会员资格的审查也很严格。结算所会员从外汇期货交易所的会员中产生。也就是说，只有外汇期货交易所的会员，才能成为结算所的会员。作为结算所的会员，必须有雄厚的资本、良好的金融信誉，并向结算所缴纳一笔现款作为外汇期货合约交易结算的保证金。如出现亏损，必须随时补充保证金。

外汇期货交易结算所的主要任务是每日将所有外汇期货交易参与者在期货交易所内完成的外汇期货合约买卖进行财务清算和平衡，以保持期货市场在财务上的健全和统一。也就是说，所有参与外汇期货合约买卖的交易者的清单，必须由外汇期货交易结算所进行中介处理。在外汇期货交易中，期货交易结算所起着重要作用，对在外汇期货市场进行外汇期货合约买卖的买方充当卖方角色，对卖方则充当买方角色，承担未平仓外汇期货合约的财务责任。所谓未平仓外汇期货合约，是指客户手中所持有的已买入或已卖出的外汇期货合约。

（三）外汇期货交易经纪商

经纪商是代表客户参与期货交易的中介组织，分为经纪公司和经纪人，本身并不买卖外汇期货合约。它的基本职能是接受那些不拥有期货交易所会员资格的客户的委托，代表客户在期货交易所里下达指令，从事外汇期货交易，征收并单列客户履约保证金，提供基本会计记录，传递市场信息和从事市场研究，对客户交易提供咨询服务，并从客户那里收取佣金以作为收入。因此，国际上又把期货经纪商叫做期货佣金商。

（四）外汇期货交易的投资者

外汇期货交易的投资者是指在外汇期货市场进行投资的机构和个人，他们是外汇期货市场投资的主体，直接或委托经纪商参与外汇期货合约的买卖，承担汇价波动的风险。按照参与外汇期货交易的目的和操作方式的不同来分，外汇期货市场的参与者可分为套期保值者、投机者和套利者三大类。

1. 套期保值者。外汇期货交易的套期保值者是指那些把外汇期货市场当做转移外汇风险的场所，在外汇现货市场买进或卖出某种外汇（外币）的同时，在外汇期货市场卖出或买进数量相等、方向相反的某种外汇（外币），以期以一个市场的盈利来抵补另一个市场的亏损的交易者。这类交易者进入外汇期货市场的目的不是为了盈利，而是为了规避外汇风险，以保证其经营活动正常有效地进行。他们是外汇期货市场的主要参与者。

2. 投机者。外汇期货交易的投机者是指那些利用外汇期货市场上外汇期货合约的价格变动，通过低买高卖或高卖低买的买空卖空操作，来赚取外汇差价，以获取利润的交易者。

3. 套利者。外汇期货交易的套利者与单纯的投机不同，他们是利用外汇期货市场本身的机会，寻求价差利润的一种期货投机交易者。他们往往利用同种外汇期货合约在不同交割月份之间、不同市场之间，或在同一交割月份、同一市场的不同外汇期货合约之间暂时存在的不合理的价格关系，通过同时买进或卖出数量相等、方向相反的外汇期货合约，以赚取价差利润。套利者一般不关心外汇期货合约的绝对价格水平，只关注外汇期货合约之间的价差。

六、外汇期货交易流程

（一）开户

交易者要在经纪公司（一般是期货经纪公司）开设账户，足额缴纳原始保证金。交易者要参加外汇期货合约的买卖，须委托期货经纪公司进行。交易者选择期货经纪公司时，应该事先了解期货经纪公司的基本情况，如服务态度、交易环境、交易手段、交易通道、资本实力、内部管理制度、佣金标准等，选择客户最满意的经纪公司。

（二）委托下单

委托下单就是客户向经纪公司下达交易指令，内容一般包括交易品种、买卖方向、买卖价格、买卖数量、日期、交易所名称、客户编码和账户等。交易者可以通过经纪公司规定的委托方式（如电话委托、网上委托等）向经纪公司下达委托指令。

（三）竞价成交

期货经纪公司接到客户的交易指令后，首先会对客户的指令进行审核。由于有现代化的电子审核程序，所以审核速度极快。审核无误后，期货经纪公司通过交易系统将指令传达给期货交易所场内的经纪人，场内经纪人根据客户指令在交易所内进行竞价。竞价方式有两种：公开喊价方式和计算机撮合成交方式。一般是通过计算机按照"价格优先"和"时间优先"的原则自动撮合成交。

（四）清算

竞价成交后，场内经纪人将交易记录通知结算所，由结算所进行当天结算。结算一般分为两个层次：一是结算所与会员（经纪公司一般是会员）结算；二是会员与客户结算。期货经纪公司要将执行指令的结果通知客户，由客户确认。客户可以通过电话或者交易网络主动查询成交结果。

七、我国外汇期货发展情况

自 1994 年外汇管理体制改革以来，我国对外汇期货交易曾进行过积极的尝试。但由于我国外汇期货业务当时处在起步阶段，交易机构离规范经营的目标尚有一定距离，加之该业务本身风险较大，一部分交易委托者对该业务的理解不够到位，导致该业务在实践中出现了一些问题。鉴于此，中国证监会、国家外汇管理局、国家工商行政管理总局、公安部于 1994 年联合下发《关于严厉查处非法外汇期货和外汇按金交易活动的通知》，暂停了该业务的开办，并对开办外汇期货交易的机构进行了检查，查处了一批非法经营外汇期货业务的机构和交易操作不符合规范的机构。

外汇期货在价格发现、避险等方面有积极的作用。与场外衍生品相比，作为场内产品的外汇期货具有如下优势：第一，由于外汇期货是匿名的标准化合约，因此对中小企业没有规模歧视，而外汇远期则要求企业有较高的信用度，并且交易金额的大小直接影响企业的交易成本和所接受的服务质量；第二，外汇期货的价格由市场决定，具有公开性、连续性和权威性等特点，可以为外汇远期的定价提供重要参考依据，降低企业套保成本；第三，外汇期货市场属于场内市场，信息透明度较高，便于监管，可以较好地防范系统性金融风险。在已有外汇远期市场的基础上推出外汇期货产品，既可以使企业在管理风险时多一种可选择的避险工具，也可以使企业在使用避险工具时的成本更加透明合理。

2005 年之后，我国已经陆续推出了外汇远期、外汇掉期和外汇期权等场外外汇衍生品。外汇期货是唯一一类没有推出的重要外汇衍生品种类。随着我国资本市场对外开放程度的不断深入，人民币外汇期货的市场需求将相应提升，条件逐渐成熟。此外，2013 年以来离岸人民币外汇期权和结构化产品市场的迅速发展（产品加速创新、市场流动性增加），也有助于推动人民币外汇衍生品市场向更专业化迈进。随着中国经济的发展，人民币跻身世界第五大货币，目前已经有 60 多个国家将人民币纳入外汇储备，我们亟须建设一个统一公开透明的外汇衍生品交易市场为企业提供多元化的外汇避险工具，以外汇期货为代表的场内外汇衍生品市场空白亟待填补。从国内来看，人民币外汇期货的推出，不仅可以弥补目前远期结售汇市场存在的一些不足，如交易成本较高、交易机制不够灵活等，还可以帮助境内企业管理经常项目收支、引进外资、对外投资等资本项目中面临的汇率风险。从全球来看，人民币外汇期货将丰富国外投资者管理汇率风险的工具，集中交易的外汇期货市场与分散的场外市场相配合，能够为全球各地的投资者提供统一的服务。随着我国人民币自由兑换进程的推进、外汇改革的不断深入以及外汇市场的不断成熟，相信在不久的将来，我国会重启外汇期货交易。

[知识链接7-2]　海外人民币期货遍地开花

2006年8月全球最大的期货交易所——芝加哥期货交易所CME，率先推出了人民币兑美元、人民币兑日元以及人民币兑欧元三种标的的期货及期权合约。2010年11月9日，南非约翰内斯堡证券交易所启动了南非兰特对人民币期货交易。随后，2011年8月15日，巴西在同时上线的6种货币期货合约中，同样引入了人民币期货。而在间隔不到7天的时间内，8月22日，CME又在已有第一款以人民币为基准货币的外汇期货合约基础上，上市了新款更加符合中国投资者交易习惯、以美元为基准货币的人民币期货。2012年9月NASDAQ-OMX也上线了人民币期货，继而2012年9月17日香港交易所也上市了以香港人民币进行实物交割的人民币期货。2014年10月20日，新加坡交易所正式推出人民币期货合约，包括美元兑离岸人民币期货和人民币兑美元期货合约，合约规模分别为10万美元和50万元人民币。2015年7月20日，台湾期货交易所挂牌两档人民币汇率期货商品，分别为合约规模2万美元的小型美元兑人民币汇率期货及合约规模10万美元的美元兑人民币汇率期货。2018年2月，《境外人民币外汇衍生品市场月度报告》显示，截至2月底，共有10家交易所的人民币期货仍在交易，其中新加坡交易所、香港交易所、台湾期货交易所三家交易所成交量占全市场的99.86%，成交金额占整个市场的99.84%。

资料来源：[1] 中国金融期货交易所. 海外人民币期货遍地开花 [EB/OL]. [2013-12-13]. http：//cifd.com.cn/static/foreignexchange/20131213/548.html.

[2] 期货日报. 境外人民币汇率期货发展较为迅猛 [EB/OL]. [2018-04-23]. http：//finance.sina.com.cn/money/future/fmnews/2018-04-23/doc-ifyuwqfa4732208.shtml.

任务二　应用外汇期权交易

思考：欧洲某公司3个月后将对外支付100万美元用于购买机器设备，公司预计3个月后美元汇率上涨，拟通过进行外汇交易提前锁定汇率风险。公司可以采用远期外汇交易的方式锁定3个月后购汇的汇率，或采用外汇期货交易的方式用期汇收益抵补现汇兑换的损失。但是，如果3个月后，美元汇率不升反降，无论是远期外汇交易还是外汇期货，都使实际购汇成本大于即期购汇成本，但如果不采取任何风险防范措施，公司又难免遭受美元汇率上涨带来的风险。有没有一种工具，既能在美元汇率上升时帮助公司防范汇率风险，又能在美元汇率下降时，以即期市场的低汇率享受购汇成本降低的好处？

一、外汇期权的概念

外汇期权（Foreign Exchange Options）也称为货币期权或外币期权，指合约购买方在向出售方支付一定期权费后，所获得的在未来某一特定时间以协定价格买入（或卖出）某种一定数量外汇的权利。期权费也称期权价格，是订立期权合同时期权买方支付给期权卖方的无追索权的费用。无论期权持有者在期权有效期内是否执行期权，期权费概不退还。协定价格又称执行价格、协议汇率、履约价格，是指外汇期权规定的将来交割某种货币时的汇率。

外汇期权交易买卖的对象是一种权利。外汇期权买方，在向卖方支付期权费后则享有在合约到期日或之前选择或放弃按照协定价格执行合约的权利。当市场行情对期权买方有利时，买方会选择按照协定价格买进（或卖出）该种外汇资产；如果市场行情对期权买方不利时，买方会放弃行使期权，不按照协定价格买进（或卖出）该种外汇资产。而外汇期权的卖方，由于收取了买方支付的期权费，则有义务在买方要求履约行使期权时，卖出（或买入）期权买方的该种外汇资产。例如，法国某公司买入一份期限 3 个月，执行价格为 EUR/USD = 1.3911，买入 1 000 美元的期权。3 个月后到期时，如果即期市场汇率美元升值为 EUR/USD = 1.3800，则该公司选择行使期权，以 1.3911 的汇率买入 1 000 美元；如果到期时即期市场汇率美元贬值为 EUR/USD = 1.4000，则该公司选择放弃执行该期权，以即期汇率买入美元。

1983 年，芝加哥商业交易所（CME）第一次把外汇期权作为交易品种在国际货币市场分部（IMM）挂牌上市，之后交易规模不断扩大，交易品种不断增加。目前，外汇期权交易的标的物有澳大利亚元、英镑、加拿大元、欧元、日元、瑞士法郎六种货币的外汇现货期权；有澳大利亚元、英镑、加拿大元、欧元、日元和瑞士法郎六种货币的外汇期货期权。

二、外汇期权的种类

（一）按外汇期权买卖的方式来分，有外汇看涨期权、外汇看跌期权、外汇双向期权

外汇看涨期权（Call Option），又称买权，是指外汇期权的购买者拥有在期权合约到期日或期满前按执行价格买进一定数量外币或外汇期货合约的权利。

［知识链接 7 - 3］ 中国银行"期权宝"产品介绍（买入期权）

"期权宝"是中国银行个人外汇（或贵金属）期权产品之一，是指客户根据自己对外汇汇率未来变动方向的判断，向银行支付一定金额的期权费后买入相应面值、期限和协定汇率的期权（看涨期权或看跌期权），期权到期时如果汇率变动对客户有利，则客户通过执行期权可获得收益；如果汇率变动对客户不利，则不执行期权。

交易时间：柜台交易时间为每个营业日北京时间 09：00 至 17：00，国际金融市场休市期间停办。网银及客户端交易时间为每个营业日北京时间 09：00 至 22：00。（以银行最新公告为准）

交易币种：美元、欧元、日元、英镑、澳大利亚元、瑞士法郎、加拿大元、黄金、白银，现钞或现汇均可。

期权面值起点金额暂定为 100 美元或 0.1 盎司黄金。

期权交易的标的汇价为欧元兑美元、美元兑日元、澳大利亚元兑美元、英镑兑美元、美元兑瑞士法郎、美元兑加拿大元、黄金兑美元、白银兑美元。

大额客户还可以选择非美货币（不含贵金属）之间的交叉汇价作为标的汇价。（需要通过柜台办理）

交易期限：最长期限为三个月，最短为一天，具体期限由中国银行当日公布的期权报价中的到期日决定。

资料来源：中国银行［EB/OL］. http：//www. bankofchina. com/pbservice/pb3/200806/t20080626 _ 744. html？keywords＝%E6%9C%9F%E6%9D%83%E5%AE%9D.

外汇看跌期权（Put Option），又称卖权，是指外汇期权的购买者拥有在期权合约到期日或期满前按执行价格出售一定数量外币或外汇期货合约的权利。

［知识链接 7－4］ **中国银行"两得宝"产品介绍（卖出期权）**

"两得宝"是指客户在存入一笔存款（可以是纸黄金、纸白银）的同时，根据自己的判断向银行卖出一个外汇（或贵金属）期权，客户除收入存款利息（扣除利息税，纸黄金、纸白银无利息）外，还可得到一笔期权费。期权到期时，如果汇率变动对银行不利，则银行不行使期权，客户可获得高于存款利息的收益；如果汇率变动对银行有利，则银行行使期权，将客户的存款本金按协定汇率折成相对应的挂钩货币。

交易时间：柜台交易时间为每个营业日北京时间09：00至17：00，国际金融市场休市期间停办。网银及客户端交易时间为每个营业日北京时间09：00至22：00。（以银行最新公告为准）

"两得宝"交易不可提前平盘。

交易币种：美元、欧元、日元、英镑、澳大利亚元、瑞士法郎、加拿大元、黄金、白银，现钞或现汇均可。

期权面值起点金额暂定为100美元或0.1盎司黄金。

期权交易的标的汇价为欧元兑美元、美元兑日元、澳大利亚元兑美元、英镑兑美元、美元兑加拿大元、美元兑瑞士法郎、黄金兑美元、白银兑美元。

大额客户还可以选择非美货币（不包含贵金属）之间的交叉汇价作为标的汇价。（需要通过柜台办理）

交易期限：一般期限为一周、一个月，具体期限由中国银行当日公布的期权报价中的到期日决定。

资料来源：中国银行［EB/OL］. http：//www. bankofchina. com/pbservice/pb3/200806/t20080626 _ 745. html？keywords＝%E4%B8%A4%E5%BE%97%E5%AE%9D.

外汇双向期权是指外汇期权的购买者在同一时间内以同一协定价格同时买入看涨期权和看跌期权。这种双向期权费虽比单一期权费高，但获利机会要高于单独购入任何一种类型的单一看涨期权或看跌期权。

（二）按外汇期权执行时间的不同来分，可分为欧式期权和美式期权

欧式期权（European Options）是指买入期权的一方必须在期权到期日当天才能行使的期权。目前国内的外汇期权交易都是采用欧式期权合同方式。

美式期权（American Options）是指在到期日前任何一天都可以行使的期权，但也有一些美式期权合同规定一段比较短的时间可以履约，如到期日前两周。

欧式期权本少利大，但在获利的时间上不具灵活性；美式期权虽然灵活，但付费十分高昂。因此，目前国际上大部分的期权交易都是欧式期权。

（三）按外汇期权的标的物来分，有外汇现货期权和外汇期货期权

外汇现货期权（Options on Foreign Currency）是指以某种外币（货币）作为标的物的期权，如英镑期权、欧元期权等。

外汇期货期权（Options on Foreign Currency Futures）是指以某种外汇（货币）期货合约作为标的物的期权，如以澳大利亚元期货合约、加拿大元期货合约等作为标的物的期权。与外汇现货期权的区别在于，外汇期货期权在执行时，买方将获得或交付标的货币的期货合约，而不是获得或交付标的货币本身。

（四）按外汇期权交易的场所来分，外汇期权可分为场内期权和场外期权

场内期权又称交易所交易期权或交易所上市期权，是指在集中性外汇期权交易所进行的标准化的外汇期权合约的交易，其交易数量、执行价格、到期日以及履约时间均由交易所统一规定。

场外期权（OTC Option），又称柜台式期权，或店头市场期权，是指在非集中性的交易场所进行的非标准化的外汇期权合约的交易，其交易数量、执行价格、到期日及履约时间等均由期权交易双方自由议定。

（五）按外汇期权的卖者在出售看涨期权时，是否拥有该期权合约所规定的标的资产来分，分为有担保看涨期权和无担保看涨期权

有担保看涨期权是指期权合约的卖者，在出售外汇看涨期权合约时，实际拥有该期权合约所规定的标的外汇资产，并将它作为履约保证存放于经纪人处。对于期权合约的卖者来说，卖出这种有担保看涨期权，可免交保证金，其潜在损失只限于他购进标的资产的价格与期权合约协定价格之间的差额，其损失是有限的。

无担保看涨期权是指期权合约的卖者，在出售外汇看涨期权合约时，并不拥有该期权合约所规定的标的外汇资产。对于期权合约的卖者来说，卖出这种无担保看涨期权时，必须向经纪人缴纳保证金，在期权合约的买者要求执行该期权合约时，他必须以任何可能的市场价格购进标的资产，并以较低的协定价格卖给期权购买者，其潜在损失较大。

三、外汇期权交易的应用

外汇期权交易的功能主要有两方面：一是避险保值；二是投机获利。下面分别从这两方面介绍外汇期权交易的应用。

（一）应用外汇期权交易避险保值

在进出口业务中，为了防止汇率变动可能产生不利影响，可以利用外汇期权交易防范风险。例如，美国某进口商3个月后需要支付一笔欧元货款，并预期欧元汇率将上升，为了避免3个月后实际支付欧元时汇率变动可能造成的损失，需要将进口成本固定下来。为此，该进口商提前购入一份欧元看涨期权，协定价格为 EUR/USD = 1.2050。3个月后，即期市场汇率可能会出现欧元升值、欧元贬值、欧元汇率不变三种情况，下面分别分析三种情况下期权避险保值的效果，见表7-3。

表7-3 应用外汇期权交易避险保值效果分析

到期时即期汇率与协定价格比较	期权买方选择	保值效果
情况一：欧元升值为 EUR/USD = 1.3000	行使期权	避免了汇率变动带来的损失
情况二：欧元贬值为 EUR/USD = 1.2000	放弃行使期权，按即期汇率买入欧元	能得到欧元贬值带来的收益，总共损失不会超过支付的期权费
情况三：汇率不变 EUR/USD = 1.2050	可以行使期权，也可以放弃行使期权	最大损失是期权费，没有汇率变动损失

（二）应用外汇期权交易投机获利

当投机者预期汇率趋涨时，做多头投机交易，购入外汇看涨期权。例如，某投机者预期3个月后加拿大元兑美元的汇价将上升，于是按协定汇价购买1份加拿大元看涨期权。这样，他获得了在未来3个月内随时按协定汇价购买加拿大元的权利。3个月后，如果加拿大元汇价正如该投机者所预期的那样上升了，他就执行期权，按协定汇价购入加拿大元，然后再按即期的加拿大元汇价卖出加拿大元，收入的美元大于协定价格加期权费，就可以获利。如果3个月后，加拿大元的汇价没有变化或者反而下降了，该投机者可放弃执行期权，其损失仅为他在期初所支付的期权费。

衡量交易动机是避险保值还是投机的主要标准是期权合约的买入者是否基于贸易交易背景来购入期权合约。如果基于贸易交易背景而购入期权合约，就是避险保值；如果没有贸易交易背景而单纯购入期权合约，就是投机。

四、外汇期权交易的主要规则

（一）保证金制度

在外汇期权交易中，交易所只要求外汇期权合约的卖方开立保证金账户，缴纳保证金。外汇期权的卖方，并非一定要以现金缴纳保证金不可，如果他在出售某种外汇看涨期权时，实际上拥有该种期权的标的外汇资产，并预先存放于经纪人处作为履约保证，则他也可以不交保证金。交易所之所以不要求外汇期权的购买者——买方缴纳保证金，是因为保证金的作用在于确保履约，而外汇期权的买方，没有必须履约的义务。

（二）头寸限制

在外汇期权交易中，交易所实行头寸限制制度。所谓头寸限制（Position Limit），又称头寸限额，是指交易所对每一账户在市场行情看涨看跌中可持有的某种外汇期权合约的最高限额。这主要是为了防止某一投资者承受过大的风险或者对市场有过大的操纵能力。不同的期权交易所有不同的头寸限额的规定，有的以外汇期权合约的数量作为实行头寸限额的标准，有的则以外汇期权合约的总值作为实行头寸限额的标准。

（三）对冲与履约制度

为了保证外汇期权交易正常进行，期权交易所要求参与外汇期权交易的投资者，必须遵守对冲与履约制度。按照交易所的规定，在场内外汇期权交易中，如果交易者不想继续持有未到期的期权头寸（或部位），就必须在最后交易日之前或在最后交易日，通过反向交易即对冲加以结清。如果在最后交易日或在最后交易日之前，期权的购买者所持有的期权部位没有平仓，则应行使其享有的权利，要求履约；而期权的出售者必须按外汇期权合约的规定无条件履约，并按期权交易所的清算制度进行清算。

（四）清算制度

在场内外汇期权交易中，无论是对冲还是履约，按照期权交易所的规定，都要通过期权清算公司加以配对和清算。在这种配对和清算过程中，期权清算公司充当了期权买卖双方的中介人。在外汇期权交易中，当期权的购买者想要执行期权时，首先，需要通知其经纪人，然后，由经纪人再通知负责结清其交易的期权清算公司（OCC）的会员，由该会员向期权清算公司发出指令。这时，期权清算公司需要在所有出售该种期权的投资者的经纪商中随机选一个加以配对，向其发出期权执行通知单。当该经纪商接到通知后，则应从其出售该种期权的客户中选择一个或几个加以配对，向其发出期权执行通知单。该客户一旦被选中，就要采取一定的方式进行履约清算。这种履约清算，对外汇现货期权来说，就是要以协定价格作现货交割；而对外汇期货期权来说，则是要以协定价格将外汇期权部位转化为相对应的外汇期货部位。

五、外汇期货交易与外汇期权交易的区别

（一）交易内容不同

外汇期货交易的内容是标准化的外汇期货合约；外汇期权交易的内容是权利，即在未来远期支付一定数量和等级的实物商品的标准化合约；而在未来某一时间按协定价格，买卖某种标的物的权利。

（二）买卖双方权利、义务不同

在外汇期货交易中，买卖双方的权利与义务是对称的，都有要求对方履约的权利和自己履约的义务。但是外汇期权交易中，期权买方只有权利而没有义务，期权卖方却只有义务而没有权利，交易双方的权利与义务存在明显的不对称。

（三）买卖双方风险、收益不同

在外汇期货交易中，买卖双方的盈亏是随市场行情变化的，交易双方潜在的亏损和盈利都是无限的。而在外汇期权交易中，期权的买方盈利无限、亏损有限，期权的卖方则盈利有限、亏损无限。外汇期权本身是一种零和博弈，即买方的盈利是卖方的亏损；而卖方的盈利则是买方的亏损。

（四）保证金的规定不同

在外汇期货交易中，交易双方都必须开立保证金账户，并按规定缴纳履约保证金。而在外汇期权交易中，只有期权的卖方需要缴纳保证金，以保证其履行期权合约所规定的义务，期权的买方不需要缴纳保证金。

（五）交割价格不同

期货到期交割的价格是竞价形成的，这个价格的形成来自市场上所有参与者对该合约标的物到期日价格的预期，交易各方注意的焦点就在这个预期价格上；而期权到期交割的价格在期权合约推出上市时就按规定敲定，不易更改，是合约的一个常量，标准化合约的唯一变量是期权权利金，交易双方注意的焦点就在这个权利金上。

（六）交割方式不同

期货交易的商品或资产，除非在未到期前卖掉期货合约，否则到期必须交割；而期

权交易在到期日可以不交割，致使期权合约过期作废。

六、外汇期权市场的构成

1. 外汇期权交易所。外汇期权交易所是专门为外汇期权交易提供交易场所和所需各种设施，制定和执行交易规章制度，组织和管理交易的会员制团体组织。其会员有两种，一是自营商，二是经纪商，非会员必须委托交易所会员代为交易。在交易所上市交易的外汇期权合约是标准化的。目前，在美国，有三个最重要的外汇期权交易所，即费城证券交易所（PHLX）、芝加哥期权交易所（CBOE）和芝加哥商业交易所（CME）。

2. 外汇期权经纪公司。作为外汇期权交易所会员的经纪商——外汇期权经纪公司，本身并不买卖外汇期权合约，而是接受那些不拥有期权交易所会员资格的客户的委托，代理客户在期权交易所下达指令，从事外汇期权交易，并从客户那里收取佣金和手续费作为其收入。

3. 外汇期权造市者。又称造市商或市场制造者，他们负责在经纪人询价时，立即报出某种外汇期权的买价和卖价，造市者所报出的卖价总是高于买价，这种买卖差价就是造市者的收益。外汇期权交易所一般对买卖差价的上限都有明确规定。

4. 外汇期权交易的参与者。包括期权的出售者、购买者、买卖转换者等，他们是外汇期权市场上交易的主体。外汇期权的出售者（Seller）又称期权合约签发人（Writer），是出卖外汇期权合约的当事人或写契人。出售者一般是大户投资者。外汇期权的购买者（Buyer）又称期权持有者（Holder），是指购入外汇期权合约的当事人。买卖转换者的作用在于调节外汇期权买卖双方的供需。一般而言，期权购买者多倾向于买空期权交易，而期权出售者为取得较多的期权费，多倾向于卖空期权交易。这样的结果往往会出现卖空期权与买空期权供需不平衡的情况，从而需要期权买卖转换者自由地穿梭于期权的购买者与出售者之间，反向调节外汇期权买卖的供需情况。

5. 外汇期权清算公司。外汇期权清算公司（The Options Clearing Corporation，OCC）是保证外汇期权合约履约的清算机构。OCC 跟交易所一样实行会员制度，要求其会员开立保证金账户，缴纳保证金，以确保外汇期权的履约。OCC 的会员要求外汇期权的签发人（外汇期权的出售者）开立保证金账户，缴纳保证金，确保履行外汇期权合约。但对外汇期权的购买者，则没有保证金要求。

七、我国外汇期权交易发展情况

近些年，随着国内市场的开放和对外贸易的发展以及外汇存款规模的不断扩大，人们期望有新的外汇投资渠道和更加有效的防范汇率风险的渠道，"期权"这个词也开始在中国金融市场频繁出现。中国人民银行 2001 年发布的《商业银行中间业务暂行规定》及以后陆续发布的其他法律法规中，没有对外汇期权业务作出统一规定，仅要求申报银行制定综合性的规章制度，详细列出所包括的具体业务品种，并针对不同业务品种制定相应的业务操作流程。因而，国内各主要商业银行都陆续推出了外汇期权交易品种，并根据自身情况申报外汇期权业务，但在进入门槛、到期时间、交易方式和点差等方面都存在较大的差异。有外汇交易背景的企业可向开办外汇期权交易品种的商业银行申请叙做外汇期权交易。我国外汇期权交易较快增长。2018 年，期权市场累计成交 8 474 亿美元，较 2017 年上升 40.7%。在市场分布上，银行对客户期权市场累计成交 2 363 亿美元，较 2017 年增长 2.4%；银行间外汇期权市场累计成交 6 111 亿美元，较 2017 年增长 64.6%。

在个人外汇期权领域，中国银行于 2002 年 12 月率先推出我国个人外汇期权交易品种"两得宝"。"两得宝"属于结构化存款产品，客户在银行存一定数额的某种外币，然后和银行签订"两得宝"合约，选择另外一种货币作为挂钩货币，客户从银行获得一笔期权费，等合约到期时，银行根据外汇市场实际情况有权将客户的存款货币按照协定汇率转换为挂钩货币。对于"两得宝"，客户作为期权的卖方，而银行是期权的买方。2003 年 5 月，中国银行上海市分行又推出了新的外汇期权产品"期权宝"。与"两得宝"不同的是，在"期权宝"合约中客户是作为期权的买方，而银行则是期权的卖方。花旗银行于 2003 年宣布推出外汇定期存款与外汇货币期权的组合产品"优利账户"，成为首家涉足个人外汇投资的在华外资银行。与中国银行的"两得宝"一样，"优利账户"对客户来说也是卖出期权。随着我国外汇期权市场的发展，交通银行、建设银行、招商银行、光大银行等陆续推出相关类似业务。

由于我国外汇期权市场还处于发展初期，自然也存在一些问题，如客户买入期权费较高、点差调整和冻结投资者交易账户事件时有发生、报价机制不够完善等。这些问题有待解决，以促进外汇期权市场的发展和完善。

［知识链接 7－5］ 人民币外汇期权

中国外汇交易中心自 2011 年 4 月 1 日起，在银行间外汇市场推出人民币对外汇期权交易。人民币对外汇期权交易是指在未来某一交易日以约定汇率买卖一定数量外汇资产的权利。期权买方以支付期权费的方式拥有权利；期权卖方收取期权费，并在买方选择行权时履行义务（普通欧式期权）。期权交易币种、金额、期限、定价参数（波动率、执行价格、即期价格/远期汇率、本外币利率等）、成交价格（期权费）和结算安排等由交易双方协商议定。

- 交易方式：双边询价。
- 交易币种：USD/CNY、HKD/CNY、JPY/CNY、EUR/CNY、GBP/CNY。
- 交易时间：北京时间 9:30 ~ 16:30（周六、周日及法定节假日不开市）。
- 清算方式：由交易双方按约定方式进行清算，目前主要采用双边清算。
- 市场准入：符合规定条件的银行间外汇市场远期会员，如单独申请开办银行间外汇市场期权交易，可向交易中心递交申请材料，交易中心初审合格后报外汇局备案；如同时申请开办银行间外汇市场期权交易和对客户期权业务，则直接向外汇局备案。

全国银行间外汇市场人民币对外汇期权交易规则

资料来源：中国货币网。

资料来源：人民币外汇期权［EB/OL］. http://www.chinamoney.com.cn/fe/Channel/10825.

八、银行外汇期权交易的业务操作介绍

（一）客户申办条件

申办客户需在银行开立外币账户。客户具有相应的进出口贸易背景或其他实需背景以及自有资金保证交割。

（二）客户需提供的资料

申办客户需与银行签订期权交易协议书及委托书。

（三）银行内部审批处理流程

1. 资金部门负责交易的报价、平仓，中台相关的风险管理工作。

2. 后线资金结算部门负责相关的账务处理，资金划拨，保证金/授信额度的管理和动态监控，发送交易证实，监控交易行为，监控授信额度是否充足等工作。

3. 风险管理、公司部门和业务发起部门负责授信政策的管理、客户资料的审核等工作。

（四）标准费率

期权面值的一定百分比。

（五）定价机构

金融市场总部。

🌙 ［延伸阅读］ **运用外汇交易避险的选择与分析**

　　A 公司的财务人员最近遇到一些问题：企业准备向美国出口一批货物。双方在某年 3 月 1 日签订合同，约定以美元支付总额为 500 万美元的货款，结算日期为同年 6 月 1 日。虽然担心由于美元贬值而使其结汇人民币减少，但他们不知道应该选择何种避险工具。

　　银行外汇专家推荐，目前流行的汇率风险治理工具包括远期、掉期、期权、掉期期权以及它们的组合。具体使用哪个或哪些工具组合，要看企业使用外汇的实际情况。

　　针对 A 公司的情况，银行为其设计了三种方案。

　　第一种方案是用远期结汇交易锁定结汇汇率，即在 6 月 1 日以实现约定的价格（1 美元兑 7.9620 元人民币）结汇。这样就规避了汇率变动可能带来的风险，到时候 A 企业可以用 7.9620 的汇率换回 3 981 万美元。

　　第二种方案是企业同时买入一笔看跌期权、卖出一笔看涨期权。"炒汇平台"买入和卖出期权的标的都是美元兑人民币，执行价都为 7.98，期限也都是 3 个月，名义本金都为 500 万美元。按照当时彭博社的报价，看跌期权的期权费是 3.193 万美元，而看涨期权的期权费则是 3.4275 万美元。通过买卖期权，企业就有 2 345 美元收入，并用即期汇率 8.0330 换回 18 837.39 元人民币。期权到期日，美元兑人民币的汇率如果低于 7.98 就执行看跌期权，如果高于则执行看涨期权，无论哪种方法，企业用 500 万美元换回来的都是 3 990 万元人民币。

　　第三种方案则是企业卖出一个标的为美元兑人民币的看涨期权，名义本金 500 万美元，执行价 8.01，期限 3 个月，期权费 1.1335 万美元；同时买入一个以美元兑人民币为标的，名义本金、期限都与前者一样的看涨期权，但执行价格为 8.0850（1 美元兑人民币，下同），期权费是 1.0955 万美元，买卖期权的收入是 380 美元，按照当时 8.0330

的汇率可换入 3 052.54 元人民币。

到期日，如果美元兑人民币汇率小于 8.01，则企业用即期汇率兑换 500 万美元；如果价格在 8.0100 ~ 8.0850，则执行价格为 8.01 的看涨期权，另一个不执行。也就是说，500 万美元可以换回 4 005 万元人民币；如果价格高于 8.0850，两个期权都被执行，同时以即期汇率结汇，假设以 8.0850 结汇，意味着企业可以收入 4 005.3053 万元人民币。美元兑人民币价格越高，则企业的收入也会越多。"企业要想了解什么样的外汇避险工具适合自己，首先必须有自己的汇率风险治理框架（ERMF）。"某银行北京分行外汇专家解释，ERMF 是指企业对自身业务需求和相应风险的识别，以及风险量化和风险治理目标的确立，这些将决定企业风险治理工具的选择和确定。

如果 A 企业的避险目标是避免美元贬值所带来的风险。那么采取锁定远期结汇汇率即可，银行提出的第一种方案和第二种方案都是可行的。

如果 A 企业厌恶风险，只想把未来利润锁定在一定区间内，那么方案一和方案二都可行。如果财务人员不能理解期权，简单锁定远期结汇汇率的方案一就成了最佳选择，其代价就是企业要支付相应的贴水点差。

而选择方案三的企业，首先必须有承受风险的心理准备，因为如果汇率水平低于 8.01 时，企业将蒙受一定损失。同时企业先期对汇率走向也有一定的推断，即美元可能对人民币贬值，如果推断准确，那么方案三就保留了企业在这个趋势中的盈利可能。

本章小结

1. 外汇期货交易是以外汇及汇率为标的物的标准化期货合约为对象进行的交易。外汇期货交易的主要规则主要包括合约标准化、保证金制度、价格制度、每日结算制度等。应用外汇期货交易可用于套期保值以及投机获利。应用外汇期货进行套期保值主要包括卖出套期保值和买入套期保值。卖出套期保值又称空头套期保值，指在期货市场上先卖出、再买进。当预测外汇汇率将要下跌时，为避免汇率变动带来的损失，可采用卖出套期保值。买入套期保值又称多头套期保值，指在期货市场上先买入，后卖出。当预测未来外汇汇率将要上升，为避免汇率变动带来的损失，可采用买入套期保值。

外汇期货与远期外汇交易都具有锁定汇率风险的功能，但两者的区别也非常明显，主要体现在：交易者不同、交易保证金制度不同、交易方式不同、交易币种不同、结算方式不同。

外汇期货市场主要由外汇期货交易所、外汇期货交易结算所、外汇期货交易经纪商、外汇期货交易投资者组成。外汇期货交易流程包括开户、委托下单、竞价成交、清算等环节。

2. 外汇期权也称为货币期权或外币期权，指合约购买方在向出售方支付一定期权费后，所获得的在未来某一特定时间以协定价格买入（或卖出）某种一定数量外汇的权利。外汇期权交易买卖的对象是一种权利。

外汇期权的种类按外汇期权买卖的方式来分，有外汇看涨期权、外汇看跌期权、外汇双向期权；按外汇期权执行时间的不同来分，可分为欧式期权和美式期权；按外汇期权的标的物来分，有外汇现货期权和外汇期货期权；按外汇期权交易的场所来分，外汇期权可分为场内期权和场外期权；按外汇期权的卖者在出售看涨期权时，是否拥有该期权合约所规定的标的资产来分，分为有担保看涨期权和无担保看涨期权。外汇期权交易的功能主要有两方面：一是避险保值，二是投机获利。

外汇期权交易的主要规则包括保证金制度、头寸限制、对冲与履约制度、清算制度等。外汇期货交易与外汇期权交易的区别包括交易内容不同；买卖双方权利、义务不同；买卖双方风险、收益不同；保证金的规定不同；交割价格不同；交割方式不同。外汇期权市场的构成包括外汇期权交易所、外汇期权经纪公司、外汇期权造市者、外汇期权交易的参与者、外汇期权清算公司。

 实训练习：外汇期货、外汇期权交易的应用

活动一　**应用外汇期货交易进行多头套期保值**

美国某进口商从德国进口一批设备，预计 3 个月后必须在现货市场买进 500 万欧元，以支付这批设备的货款，为避免 3 个月后因欧元升值而花费更多的美元，该进口商可先行在期货市场上买进 40 份欧元期货合约，总额 500 万欧元。

假设签订贸易合同时现货市场汇率为 EUR/USD = 1.4042，期货市场汇率为 EUR/USD = 1.4142，3 个月后现货市场为 EUR/USD = 1.4642，期货市场为 EUR/USD = 1.4742。请说明套期保值的效果。

活动二　**应用外汇期货交易进行空头套期保值**

美国某出口商与英国在 3 月 1 日签订了一份出口合同，货款金额为 250 万英镑，9 月 1 日付款。该出口商预测英镑会下跌，为了避免英镑汇率下跌造成的损失，决定利用期货合约进行套期保值。假设签订贸易合同时现货市场汇率为 GBP/USD = 1.5010，期货市场汇率为 GBP/USD = 1.5210；6 个月后现货市场为 GBP/USD = 1.4510，期货市场为 GBP/USD = 1.4710。请说明套期保值的效果。

活动三　**应用外汇期权交易**

美国一家公司买 20 份看涨期权合约，每份合约 125 000CHF，期权费为每 CHF0.01 美元。若执行价格为 0.2140USD，到期日汇率为 CHF/USD = 0.2160。

问：该公司是否选择执行期权？比较执行与不执行期权的收益情况。

 **同步练习**

一、单选题

1. 当预测外汇汇率要下跌时，为避免汇率变动带来的损失，可采用（　　　）。

A. 卖出套期保值　　B. 买入套期保值　　C. 多头套期保值　　D. 以上都不对

2. 在下列哪类交易中，买卖双方都必须开立保证金账户并按规定缴纳履约保证金

（　　　）。

　　A. 外汇期权交易　　B. 远期外汇交易　　C. 外汇期货交易　　D. 以上都是

　　3. 外汇期权的购买者拥有在期权合约到期日或期满前按执行价格买进一定数量外币或外汇期货合约的权利，这种期权称为（　　　）。

　　A. 外汇看跌期权　　B. 外汇看涨期权　　C. 外汇双向期权　　D. 以上都不对

　　4. 按照（　　　）来分，期权可分为欧式期权和美式期权。

　　A. 外汇期权买卖方式不同　　　　　　B. 外汇期权执行时间不同

　　C. 外汇期权的标的物　　　　　　　　D. 外汇期权的交易场所

　　5. 国际货币市场对外汇期货合约的交割月份作出规定，下列哪个不是规定的交割月份（　　　）。

　　A. 3 月　　　　　　B. 6 月　　　　　　C. 9 月　　　　　　D. 11 月

二、多选题

　　1. 外汇期货与远期外汇交易的区别包括（　　　）。

　　A. 交易者不同　　　　　　　　　　　B. 交易保证金制度不同

　　C. 交易方式不同　　　　　　　　　　D. 交易币种不同

　　E. 结算方式不同

　　2. 外汇期货交易对于价格制度的规定主要包括（　　　）。

　　A. 规定交易单位　　　　　　　　　　B. 规定最小变动单位

　　C. 规定每日价格最大涨幅　　　　　　D. 规定每日价格最大跌幅

　　E. 规定交易价格

　　3. 外汇期货合约是由交易所制定的标准化合约，其内容主要包括（　　　）。

　　A. 交易单位　　　　　　　　　　　　B. 最小变动单位

　　C. 最小变动值　　　　　　　　　　　D. 每日价格波动限制

　　E. 交割时间

　　4. 下列关于期权买卖双方的权利义务表述正确的是（　　　）。

　　A. 当市场行情对期权买方有利时，买方会选择按照协定价格买进（或卖出）该种外汇资产

　　B. 如果市场行情对期权买方不利时，买方会放弃行使期权，不按照协定价格买进（或卖出）该种外汇资产

　　C. 期权的卖方有义务在买方要求履约行使期权时，卖出（或买入）期权买方的该种外汇资产

　　D. 当市场行情对期权卖方不利时，卖方可选择不履约行使期权

　　E. 期权的买卖双方都有权利选择是否履行期权

　　5. 外汇期权市场的构成主要包括（　　　）。

　　A. 外汇期权交易所　　　　　　　　　B. 外汇期权经纪公司

　　C. 外汇期权造市者　　　　　　　　　D. 外汇期权交易的参与者

　　E. 外汇期权清算公司

三、简答题

　　1. 简述外汇期货交易的概念，并比较其与远期外汇交易的区别。

2. 简述外汇期货市场的构成。

3. 简述外汇期货交易的保证金制度。

4. 简述外汇期权交易的概念，并比较其与外汇期货交易的区别。

5. 简述外汇期权的种类。

6. 简述外汇看涨期权与外汇看跌期权。

7. 请举例说明如何运用外汇期货交易进行套期保值。

8. 请举例说明如何运用外汇期货交易进行投机获利。

9. 请举例说明如何运用外汇期权交易进行套期保值。

10. 请举例说明如何运用外汇期权交易进行投机获利。

8 项目八　汇率风险

　　小王上次出国从美国回来没花完的美元一直存在银行，听到新闻中不断报出美元兑人民币汇率下跌的消息，小王担心自己那点美元存款会不断缩水。个人的外汇存款还是小数目，对于进出口企业来说，汇率变动产生的影响就更大了。难道只能坐等损失的发生吗？有没有办法可以帮助企业和个人防范汇率变动导致的风险？小王很想好好了解一下。

学习目标

◎ 掌握汇率风险的概念、构成要素及主要类型；

◎ 理解并掌握防范汇率风险的主要措施；

◎ 了解国际贸易融资在汇率风险防范中的应用；

◎ 能运用所学知识综合设计汇率风险防范方案。

关 键 词

汇率风险　交易风险　会计风险　经济风险　风险防范　国际贸易融资

课程导入

人民币汇率波动加大　企业汇率风险不容忽视

近年来，人民币汇率双向浮动弹性不断增强。2017 年 5 月以来，人民币兑美元汇率由贬转升，全年人民币兑美元汇率中间价升值6%，在岸即期汇率升值6.4%。2018 年 1 月，人民币兑美元汇率中间价进一步升值3%，在岸即期汇率升值3.3%，2 月中旬以来，人民币兑美元汇率又出现小幅回调。

随着人民币汇率双向浮动弹性不断增强，人民币汇率单边走势和单边预期被打破，可预测性不断降低。相应地，企业面临的汇率风险也不断增大。继 2015—2016 年人民币兑美元汇率贬值，造成三大航空公司连续两年出现百亿元的汇兑损失后。2017—2018 年由于人民币兑美元汇率升值，又有不少企业出现汇兑损失。2 月 1 日，广东汕头超声电子股份有限公司预告汇兑损失，因人民币升值，预计 1 月产生汇兑损失约 4500 万元。

资料来源：中国网财经. 人民币汇率波动加大　企业汇率风险不容忽视 [EB/OL]. [2018 - 03 - 03]. http://finance.ifeng.com/a/20180303/16008059_0.shtml.

启发：汇率风险主要有哪些类型？汇率风险对我国经济会产生哪些影响？在人民币不断升值的背景下国内企业应该如何防范汇率风险？

任务一　识别汇率风险

一、汇率风险的定义

汇率风险（Exchange Risk）又称外汇风险，指经济主体在持有或运用外汇的经济活动中，因汇率变动而蒙受损失的可能性。

汇率风险的特点主要有以下几种：

1. 不确定性。汇率风险既有可能使经济主体蒙受损失，也可能给经济主体带来收益。汇率风险的大小会随着汇率波动及其他因素的影响而发生变化。

2. 客观性。无论意识到与否，汇率风险对于涉外经济主体而言都是客观存在的，时时刻刻都可能发生。

3. 普遍性。对于卷入全球化浪潮中的企业而言，汇率风险具有普遍性，是无处不在、无时不有的。

虽然人们一直希望认识和控制汇率风险，但时至今日，也只能说在有限的空间和时间内改变其存在和发生的条件，降低其发生的频率，在一定程度上减少损失，不可能完全消除汇率风险。

二、汇率风险的构成要素

构成汇率风险的要素有三个：本币、外币和时间。在国际经济活动中，通常情况下，从交易达成到应收账款的最后收进、应付账款的最后付出之间有一个时间段，这就是时间因素。在这段时间内，外币与本币之间的兑换比率可能发生变化，从而产生汇率风险。汇率风险的三个构成要素中，缺少任何一个，都无法构成汇率风险，现分别举例如下：

1. 没有本币因素。例如，我国某企业用出口得到的 100 万美元从美国进口 100 万美元的商品，此时该企业没有进行本外币兑换，没有本币因素，因而不存在汇率风险。

2. 没有外币因素。例如，美国企业从中国进口价值 200 万美元的商品，用美元进行结算，对于美国企业来说，不涉及外币，因此美国企业没有汇率风险。

3. 没有时间因素。例如，我国出口企业要求对方在签订贸易合同时预先支付货款，此时企业按签约当天的汇率收汇，不存在汇率风险。

不是所有的外汇资金都存在汇率风险，只有那些外汇敞口头寸才是面临汇率风险的。在外汇头寸轧平的情况下，并没有汇率风险，因为汇率变动对资产的影响可以被其对负债的反向影响所抵消。因此，外汇敞口头寸越多，风险就越大。因此可以通过减少汇率敞口头寸的办法减少汇率风险。

时间因素对汇率风险有着重要影响，时间越长，汇率变动的可能性就越大，汇率风险就越大。因此通过改变时间要素也是减少汇率风险的重要方法，如缩短一笔债权、债务的收取或偿付时间。

三、汇率风险的类型

通常来说，汇率风险有广义和狭义之分。广义的汇率风险是指由于汇率、利率变化以及交易者到期违约和外国政府实施外汇管制可能给外汇交易者带来的损失或收益，包括一切以外币计价的经济活动产生的交易风险、会计风险、经济风险、信用风险、国家风险、流动性风险等。从狭

义的角度看，汇率风险指的是在国际贸易中常常遇到的风险，最常见的分类是按照风险产生的时点将汇率风险分为交易风险、会计风险和经济风险。

（一）交易风险

交易风险通过利润表影响一个企业的盈利能力，它来源于企业的日常交易，即商品或服务的买卖。

📖 [案例分析 8-1] **交易风险**

案例介绍：

浙江某出口企业向美国出口一批价值 1 000 万美元的商品，3 月 1 日双方正式签订买卖合同，合同规定以美元作为清算计价货币，3 个月后即 6 月 1 日一次性付款结清。假定签订合同时美元兑人民币的汇率为 1 美元等于 6.5706 元；6 月 1 日回收货款时汇率变为 1 美元等于 6.4837 元。浙江出口商在外汇风险中蒙受了损失。

案例分析：

在此案例中，我们可以看到浙江出口商由于合同签订日的美元兑人民币的汇率和 3 个月后付清货款时的汇率不同，美元汇率下跌，人民币汇率上升，导致了该企业收到 1 000 万美元货款后，能兑回的人民币总金额减少了，比原来预计的少收了 8.69 万元 [1 000 万 × （6.5706 - 6.4837） =8.69 万元]，这就是因为汇率变化带来的交易风险。

（二）会计风险

会计风险又称外币折算风险，是指对财务报表，尤其是资产负债表的资产和负债进行会计折算时产生的波动，主要影响资产负债表和利润表。

📖 [案例分析 8-2] **会计风险**

案例介绍：

一家英国公司在 1 英镑兑 10 克朗（丹麦货币单位）时借入 1 000 万克朗。当时如果将这笔借款计入资产负债表，则应按 100 万英镑入账。不过第二年，英镑下跌至 1 英镑兑 8 克朗，这笔借款现在折合 125 万英镑。很明显，公司年末账簿上将显示亏损 25 万英镑。但是，如果不予偿还，这笔借款在下一年或几年后可能"扭亏为盈"，亏损也可能减少或者增加。

案例分析：

由上述案例可以看出由于汇率变动给公司财务报表的款项数值带来了影响。虽然会计风险只是资产负债表和损益表账面价值的波动，并不影响现金流量。但企业在资本市场上的形象可能因指标的变化而发生改变。此案例中，会计风险产生的损益波动会影响归属于不同利益相关者的价值。杠杆比率过高，可能导致银行按照借款协议条款直接对贷款收取较高的利息或由于公司信用评级降低而间接按高利率收取利息。

（三）经济风险

经济风险是指由于未预料的汇率变化导致企业未来的纯收益发生变化的外汇风险，

影响一个企业在汇率变化时的竞争地位。经济风险不会出现在资产负债表上，但会影响利润表。风险的大小取决于汇率变化对企业产品的未来价格、销售量以及成本的影响程度。

例如，当一国货币贬值时，对出口商来说，一方面，因为出口商品外币价格下降，有可能刺激出口，使其出口额增加而获益；另一方面，如果出口商进行生产所使用的原材料为进口品，因本币贬值，会提高以本币表示的进口原料的价格，企业的生产成本会增加。材料进口与产品出口对于汇率波动来讲处于相反的方向运动，但大量的进口原材料和大量的产品出口更加深了企业现金流量对于汇率波动的复杂性和不确定性。

可能导致经济风险的事件包括：

1. 企业决定从外国购入资源，比如在意大利购买设备，目的是为中国市场提供产品或服务。在这种情况下，该公司的成本是以欧元计价，而预期收入是以人民币计价。一旦人民币相对于欧元走弱，那么，从运营成本来看，这并不划算。

2. 企业坚持仅以本国货币进行交易，以避免折算风险，但是这样可能导致供货商和客户更愿意与竞争对手交易的风险。

3. 企业为在某国（如英国）启动一项营销活动投入资金，目的是提供产品或服务，并在随后的几个月中与当地的生产商竞争。一旦人民币相对于英镑走强，那么，适当的英镑价格折合成人民币后，可能无法收回投资。

任务二　防范汇率风险

人民币汇改之后，对于涉外经济主体而言，人民币对外币，特别是美元，由于汇率波动而产生的汇率风险已无法回避。经济主体应该直面汇率风险，用积极、主动的方式进行汇率风险管理，将汇率波动对自身的影响降到最低。很多企业对此已经有所行动。比如选择基本不接国外客商下的远期订单，对一些利润低的订单采取快速接单快速交货的方式，避开可能产生的汇率大幅浮动。还有一些企业委托银行进行避险，如叙做贸易融资、运用金融衍生产品等，还有的企业改变贸易结算方式、提高出口产品价格、改用非贬值货币结算、增加内销比重和使用外汇理财产品等，通过多种避险工具和避险方式的灵活运用，成功地将汇率风险化解到最小。

一、调整计价货币

经济实体面临的汇率风险是由于各种货币汇率的波动而导致成本增加、收入减少的可能性。当营业收入和营业支出的币种不同时，汇率变化可能导致实际收入或支出的变动；当借入资金是一种货币，而还款来源是另一种货币时，两种货币间汇率的变化可能导致借贷成本的增加。

选择好计价结算货币是经济实体避免外汇风险的一种最普遍、最基本的方法。事实上，不只是进出口贸易涉及币种选择，币种选择还关系到企业的资产负债管理。选择计价货币时应遵循的基本原则如下：

（一）本币计价

在贸易实务中，通过协商、谈判等方式尽可能地用本币进行支付，即出口商获得人民币资金，进口商用人民币支付货款，由于这里面不存在外币与人民币的折算问题，进出口商不需要买卖外汇，也就不承担汇率变动的风险。本币计价法可以说是完全避免外汇风险的一种最好的方法。但事实上，这种方法给绝大多数贸易谈判带来困难。原因有两个方面：一方面，用本币进行交易实际上是将外汇风险完全转嫁给了对方，所以除非在价格或期限上作出让步，作为给对方的风险补偿，否则交易无法做成；另一方面，人民币还不是完全自由兑换的货币，在国际贸易中使用有限，在兑换时也存在一定的不利因素，这导致我们很多进出口企业在对外贸易和引进技术设备时不得不采用其他外汇。

随着人民币国际化进程不断推进，我国进出口企业可以用人民币进行跨境贸易结算，有效规避了汇率风险。2009 年 7 月 2 日，人民银行等六部委联合制定《跨境贸易人民币结算试点管理办法》，该办法规定，国家允许指定的、有条件的企业在自愿的基础上以人民币进行跨境贸易的结算，支持商业银行为企业提供跨境贸易人民币结算服务。目前，全国所有企业进口贸易都可以自由采用人民币进行结算，出口企业的货物贸易收入在经有关部门核准的情况下，可以采用人民币进行结算，其他收入可以自由采用人民币进行结算。需要提醒的是，对于一些世界性的交易商品，如石油、森林产品和某些原材料等，惯例就是用美元计价结算，没有商量的余地。

关注跨境人民币
结算规避汇率风险
资料来源：中央电视台
《经济信息联播》栏目。

 [知识链接 8 - 1] 企业进行跨境贸易人民币结算的相关流程

一、针对出口企业

1. 买卖双方签订人民币计价的贸易合同。
2. 备货、质检、保险、出口报关、运输。
3. 境外买方通过其银行向国内卖方支付货款。
4. 境外付款银行向境内银行付款。
5. 资金的清算通过港澳清算行或境内代理银行。
6. 银行在完成贸易真实性审核后向企业解付货款。
7. 出口企业办理收支申报和出口退税。

二、针对进口企业

1. 买卖双方签订人民币计价的贸易合同。
2. 境外买方备货、保险、运输，国内买方办理进口报关（人民币）。
3. 国内买方向境内结算银行提出付款申请。
4. 境内银行在完成贸易真实性审核后对外付款，国内买方办理收支申报、贸易信贷登记（如有）等。
5. 资金的清算通过港澳清算行或境内代理银行。
6. 境外银行向境外企业解付人民币，境外企业可根据其需求留存人民币或结转其他通用货币。

（二）收硬付软

习惯上，人们把汇率稳定或者趋于升值的币种称为硬币，把币值不稳定或者预计会贬值的币种称为软币。需要注意的是，硬并不代表优，软也不代表劣，软币和硬币，各有各的好处，各有各的用途。区别软币和硬币的意义如下：

首先，在国际贸易往来中，企业如果不能争取到零风险的人民币计价方式，选择合适的软币或者硬币也不失为规避汇率风险的良方。贸易商在签订出口合同时，钟情于以硬币作为合同的计价货币，这样在货款收回后，可以挽回当初预期相对贬值的本币，甚至可以在硬币升值时赚上一笔。而当进口时，贸易商会更加偏爱软币，因为在保本之余，一旦软币贬值可以换回更多的本币。

其次，影响企业手中外汇的去留。如果企业持有软币，从保值的角度看，建议立刻到银行换成本币或者其他硬币，否则企业资金的购买力会逐步下降。

因此，在实行单一货币计价的情况下，付款用软币，收款用硬币，是贸易商需要牢记的原则之一。当然，这与人民币计价一样不容易推广，因为这同样是将风险转嫁给了交易对方。尽管如此，企业还是应对此有所了解，一方面在有条件时可借此避免汇率风险，另一方面则可以防止国外企业向国内企业转嫁风险。

收硬付软原则在实务中的比较可行的方法是软硬货币组合法，即贸易额一半用软币计价，一半用硬币计价，使买卖双方互利互惠，交易更为公平。对于交易额很大、期限较长的合同，可以考虑采取更多的货币计价，如两种硬币、两种软币。不同币种在同一时期变动的方向不同，变动的幅度存在差异，通过这样的互补，可以减小甚至消除汇率突变的风险，避免其中一方遭受重大损失。

💡 **思考**：浙江某进出口企业主要以出口服装为主，主要市场是美国和澳大利亚，某年第一季度出口美国一批货物，贸易额达到100万美元，当时美元预计兑人民币将继续维持贬值趋势，该公司了解到美国公司和澳大利亚公司也有业务往来，可以用澳大利亚元。当时澳大利亚元的汇率比较坚挺。请思考：在这样的情况下，该浙江进出口企业如何收款更有利？

（三）进出口货币一致

对于既有进口业务，又有出口业务的企业，在进口业务中选择了某种货币结算，在出口业务中也应考虑采用此种货币，如此一来，无论计价货币升值还是贬值，企业都可以通过一收一支降低或消除汇率风险。对于进口与出口时间错配的情况，可采用上面介绍的外汇掉期交易，在满足企业日常货币使用的前提下，规避汇率风险。

（四）借、用、收、还货币一致

该原则主要适用于有外部融资的企业。只要存在汇兑环节，存在收付的时间差异，就存在汇率风险。每一种货币都会经历无数次的潮起潮落，因此，保险的做法之一是在企业借款的整个过程——借、用、收、还四个环节中，保持币种一致，按时偿还，有助于避免汇率风险。

例如，某企业因扩大生产的需要，拟从美国进口设备一台，企业计划使用该设备生产纺织产品，主要出口至欧洲各国。考虑到出口收汇的币种主要是欧元，企业应争取在进口设备环节以欧元计价结算，进口价款中的融资部分也采用欧元计价，还款来源是出口收取的欧元货款。如此可实现借、用、收、还货币一致。如果国外设备出口商坚持以美元等其他币种计价，该企业也可将借得的欧元贷款与银行进行上面介绍的货币互换交易，换得美元以对外支付。如此则避免了汇率风险。

二、签订保值条款

在汇率不稳定的环境下，若贸易合同中采用的计价货币对贸易一方不利，这一方可通过在合同中订立合适的货币保值条款，把所承担的汇率风险考虑进去。

货币保值条款（Exchange Rate Proviso Clause）是指在交易谈判时，双方协商在合同中（往往是长期合同中）加入适当的保值条款，以防汇率多变的风险，一般在合同中规定一种（或一组）保值货币与本国货币之间的比价，如支付时汇价变动超过一定幅度，则按原定汇率调整，以达到保值的目的。常见类型如下：

（一）黄金保值条款

布雷顿森林体系崩溃以后，各国货币与黄金脱钩，黄金平价失去作用，浮动汇率制取代了固定汇率制。因而国际经济活动中的外汇风险大大增加，为此，有的国家采用市场黄金价格来保值。其具体做法是：在订立合同时按签约日的黄金价格将支付货币的金额折合为若干一定数量的黄金，到支付日再将特定数量的黄金按当时的金价转换成一定数量的计价货币。如果黄金价格上涨，则支付货币金额要相应增加，反之，则相应减少。实行黄金保值条款的前提是黄金价格保持稳定，目前黄金价格本身不断波动，这种方法已不能起到规避风险的作用。

（二）硬货币保值条款

可以将其理解为把黄金保值条款中的标的物黄金替换成了某种硬货币。该条款根据计价和结算货币的不同可以分成三种：第一，硬币计价，软币支付。在合同中明确支付时按照支付货币的现行牌价进行支付。第二，软币计价，硬币支付。即将商品单价或总金额按照计价货币与支付货币当时的汇率，折合成另一种硬币，按另一种硬币的金额进行支付。第三，计价货币与支付货币均为同一软币。在签订合同时确定该软币与另一种硬币的汇率，支付时按当时汇率折算成原货币支付。例如，某进口合同规定，计价和结算货币均为日元，按合同成立日日元与欧元买进牌价之间的比例折算，合同价值相当于100万欧元。在付款日，按当天公布的日元与欧元买进牌价之间的比例，由出口商决定将应付的全部或部分欧元金额折合成日元支付。第三种情况的例外是，进出口商商定软币和硬币的汇率，如果软币和硬币的比价超过该汇率的一定幅度时，再重新调整原来的价格。这个方法比较灵活，适用于交往密切或者长期合作的客户之间，如果软币对硬币的贬值幅度比较小（如不超过1%），货价不作调整的举动，显示了出口商对客户的关照，有利于双方关系的长远发展。总之，以上三种方式中，合同价值都需与硬币进行挂钩，以达到保值作用。

（三）"一篮子"货币保值条款

"一篮子"货币的含义是多种货币的组合。在浮动汇率制下，各种货币的汇率每时每刻都在变化，但变动的幅度和方向并不一致。用"一篮子"货币保值就是在合同中规定用多种货币对合同金额进行保值。具体做法是：在签订合同时，双方协商确定支付货币与"一篮子"保值货币之间的汇率，并规定出各种保值货币与支付货币之间汇率变动的调整幅度。如果到支付期时汇率的变动超过规定的幅度，则要按合同中已规定的汇率调整，从而达到保值的目的。由于"一篮子"货币中，货币的汇率有升有降，汇率风险分散化，这就可以有效避免外汇风险，把较大的外汇风险限制在规定的幅度内。目前在国际支付中，对一些金额较大、期限长的合同和贷款，用特别提款权和欧洲货币单位等"一篮子"货币保值的极为普遍。

三、善用结算方式

在国际贸易中，常用的结算方式包括电汇、托收、信用证。每种结算方式在规避汇率风险方面作用不同，可以视情况灵活掌握。

（一）电汇

电汇（Telegraphic Transfer，TT）是汇款人将一定款项交存汇款银行，汇款银行通过电报或电传给目的地的分行或代理行（汇入行），指示汇入行向收款人支付一定金额的一种汇款方式。在使用电汇这一结算方式时，可根据汇率的变动情况，采取提前收付或拖延收付法，改变外汇头寸的时间结构，以达到减少汇率风险的目的。

对出口商而言，在人民币汇率有升值预期时，或者作为计价货币的外汇汇率呈下跌趋势时，可加速履行合同，多使用预收货款的结算，减少使用赊销结算，争取提前结汇。根据现行的外汇管理规定，预收货款属于经常项目收汇，企业在核定的账户限额之内既可保留现汇，又可随时办理结汇，企业可根据自己对外汇市场的判断决定何时办理结汇。相反，在出口商对人民币汇率有贬值预期，或者计价的外汇汇率呈上升趋势时，由于收款日期越向后推就越能收到汇率变动的收益，故企业应在合同规定的履约期限内尽可能推迟出运货物，或向外方提供赊销结算方式，以延长出口收汇期限，少使用预收货款的结算。

对进口商而言，适用的情况正好相反。在人民币汇率有升值预期时，减少使用预付货款的结算，增加使用延期付款的结算；在人民币汇率有贬值预期时，可以多使用预付货款的结算，减少使用延期付款的结算。例如，我国某进口商要向美国出口商支付100万美元，预计美元有贬值趋势（如从1美元兑6.7元人民币下降到1美元兑6.5元人民币），就可以争取延迟付款，以等汇率下降后再支付货款；如果预计美元有升值趋势（如从1美元兑6.7元人民币上升到1美元兑6.8元人民币），则通过提前支付货款可以避免将来汇率上升之后受到损失。

（二）托收

托收（Collection）是债权人（出口方）委托银行向债务人（进口方）收取货款的一种结算方式。其基本做法是出口方先行发货，然后备妥包括运输单据（通常是海运提单）在内的货运单据并开出汇票，把全套跟单汇票交出口地银行（托收行），委托其通过进口地的分行或代理行（代收行）向进口方收取货款。

托收结算方式分为付款交单托收（Documents Against Payment，D/P）和承兑交单托收（Documents Against Acceptance，D/A），在承兑交单托收下，进口商可以得到延期付款的便利，而出口商也因进口商承兑了远期汇票而得到了一定程度上的收款保障。所以，对于出口商而言，在人民币汇率有贬值预期时，可采用D/A方式推迟收汇，防范风险，在人民币汇率有升值预期时，可采用D/P方式即期结算，尽早收汇。对进口商而言，在人民币汇率有贬值预期时，可采用D/P方式即期结算，尽早付汇，在人民币汇率有升值预期时，可采用 D/A 方式延期付款。

（三）信用证

信用证（Letter of Credit，L/C）是一种开证银行根据申请人（进口方）的要求和申请，向受益人（出口方）开立的有一定金额、在一定期限内凭汇票和出口单据，在指定地点付款的书面保证。根据 UCP600（《跟单信用证统一惯例 2007 年修订本，国际商会第 600 号出版物》），信用证是指一项不可撤销的安排，无论其名称或描述如何，该项安排构成开证行对相符交单予以承付的确定承诺。通俗地说，信用证是进口商申请、银行向出口商出具的一种付款的书面保证文件，只要出口商提供信用证规定的相关单据，银行将履行付款义务。不同信用证的兑付方式是不一样的。比如，银行在收到进口商提供的相关单据后立即付款的，称为即期付款信用证（Sight Payment L/C）；银行收到单据后，于事前约定的到期日付款的，称为延期付款信用证（Deferred Payment L/C）；银行收到单据后，先办理汇票承兑手续，再在到期日履行付款义务的，称为承兑信用证（Acceptance L/C）。

从规避汇率风险的功能来看，在选择信用证的时候，对出口商而言，当人民币汇率有升值预期时，应尽量多使用即期信用证结算，以便尽早收汇；当有贬值预期时，应尽量多使用延期付款/承兑信用证结算。对进口商而言情形正好相反，当汇率有升值预期时，应尽量多使用延期付款/承兑信用证结算，以便推迟付汇；当汇率有贬值预期时，应尽量多使用即期付款信用证结算，尽早付汇，也可以在开立信用证时就办理购汇手续，以提前锁定汇率风险。

由于信用证方式流程相对复杂，当事方较多，而银行又要负较大责任，所以处理信用证的银行费用一般比电汇和托收要高。尽管如此，由于信用证机制对于付款安全的保障，而且当事各方都遵循国际商会制定的 UCP600 及相关惯例和规定，各国也都对于信用证机制给予了法律保障，从而使信用证成为国际贸易中使用最为广泛的支付方式之一。

四、进行易货交易

易货交易是指交易各方不用现金而进行的商品和服务的等价交换。易货交易的概念可以追溯到人类最早的生产生活活动，它不需要货币作为交换媒介。现代易货交易始于20 世纪 50 年代的美国。从 20 世纪 80 年代起，现代易货交易公司在美国、加拿大、澳大利亚等国蓬勃发展，成为这些国家减少现金用量、增加销售、减少库存、开发新客户、开辟新市场、促进经济发展的重要方式。在防范汇率风险方面，易货交易也有其独特的作用。由于无须使用现金，企业在卖出商品时无须持有作为交换对价的货币，在买入商品时也无须用货币进行支付，从而彻底避免了汇率风险。

易货贸易在实际做法上比较灵活。例如，在交货时间上，可以进口与出口同时成交，也可以有先有后；在支付办法上，可用现汇支付，也可以通过账户记账，从账户上相互冲抵；在成交对象上，进口对象可以是一方经济实体，而出口对象则是由该经济实体指定的另一个经济实体等。

易货在国际贸易实践中主要表现为下列两种形式：

（1）直接易货。又称为一般易货。这种直接易货形式，往往要求进口和出口同时成交，一笔交易一般只签订一个包括双方交付相互抵偿货物的合同，而且不涉及第三方。它是最普遍也是目前应用最广泛的易货形式。对需要通过运输运送货物的交易方来说，由于这种易货形式一般要求进出口同时进行，因此，应用中存在困难。于是在实际业务中就产生了一些变通的做法，最常见的即为通过对开信用证的方式进行易货贸易。在采用对开信用证进行易货时，交易双方先签订换货合同，双方商定彼此承诺在一定时间购买对方一定数量的货物，各自出口的商品按约定的货币计价，总金额一致或基本一致，货款通过开立对开信用证的方式进行结算，即双方都以对方为受益人，开立金额相等或基本相等的信用证。由于交货时间的差异，双方开立信用证的时间也就有先有后，先开证的一方为了使对方也履行开证义务，一般都在信用证内规定该证以对方按规定开出信用证为生效条件；或规定，该证的金额只能用来作为对方开立回头证之用，以此控制对方。

（2）综合易货。综合易货多用于两国之间根据记账或支付（清算）协定而进行的交易。由两国政府根据签订的支付协定，在双方银行互设账户，双方政府各自提出在一定时期（通常为一年）提供给对方的商品种类、进出口金额基本相等，经双方协商同意后签订易货协定书，然后根据协定书的有关规定，由各自的对外贸易专业公司签订具体的进出口合同，分别交货。商品出口后，由双方银行凭装运单证进行结汇并在对方国家在本行开立的账户进行记账，然后由银行按约定的期限结算。应注意的是，一定时期终了时，双方账户如果出现余额，只要不超过约定的幅度，即通常所说的"摆动额"，原则上顺差方不得要求对方用自己的外汇支付，而只能以货物冲抵，即通过调整交货速度，或由逆差方增交货物予以平衡。

五、借款避险保值

借款避险保值是指经济实体针对国际往来中产生的应收和应付款项，采取提前借入款项，并在应收应付日以偿还的方式，进行汇率风险防范和资金保值。

针对应收款项，可采用先期从银行借入未来要收进的外汇金额，期限与收汇期限相同，并将其在现汇市场出售获得既定本币额。当借款到期时用所收外汇货款偿还银行借款。例如，2010年10月14日，某公司签订了一份海产品出口订单，预计3个月后将从美国进口商处得到50万美元的货款。公司为了防范人民币升值带来的汇率风险，从银行借入期限3个月金额50万美元的贷款，立即结汇成人民币，并投资于其他项目以获得收益，3个月后，用到期的应收货款归还银行贷款，并用人民币投资收益的一部分支付了利息。通过上述操作，公司不仅防范了汇率风险，还获得了额外的投资收益。

针对应付款项，可采用先期从银行借入与未来要支付的外汇金额等额的本币，期限与付汇期限相同，并将其在现汇市场出售获得与将来支付时等额同币种的外汇。当借款到期时用该部分外汇对外支付，用筹得的本币购汇偿还银行借款。例如，某公司3个月后要支付国外出口商10万欧元，由于预计欧元汇率将要上升，该公司选择从银行借入89.1万元人民币，期限3个月，并按照欧元买入价兑换成10万欧元，之后将10万欧元进行投资。3个月后，公司收回投资后偿付了应付账款，用筹得的人民币即期购汇偿还银行借款，并用欧元的投资利润的一部分支付了利息。

六、外汇交易法

经济主体通过在外汇市场上进行外汇交易来防范汇率风险，也是一种有效的方法。能够防范汇率风险的外汇交易有远期外汇交易、外汇掉期交易、外汇期货交易、外汇期权交易等。运用这些交易进行套期保值已经在项目七和项目八中予以介绍，此处不再赘述。

七、国际贸易融资

国际贸易融资在国际贸易中为进出口双方提供金融支持，同时也是防范汇率风险的有效手段。通过恰当地选择贸易融资方式，能够起到降低汇率风险的作用，我们将在任务三中进行具体介绍。

任务三　了解国际贸易融资

国际贸易融资就是主要由银行对进口商或出口商提供的资金融通便利，这种便利与进出口商的国际贸易结算业务紧密联系，成为促进进出口贸易的金融支持手段之一。可供出口商选择的贸易融资方式包括出口押汇、票据贴现、福费廷业务、出口保理、远期即付信用证等，进口商则可以考虑选择远期即付信用证、进口押汇、授信开立远期/延期付款信用证等方式。

国际贸易融资除了能加快进出口商资金周转外，还因具有提前收款时间、延后付款时间的功能而使进出口商能对汇率进行有效管理。例如，A出口商在一笔订单下向国外进口商发货300万美元，约定3个月后收汇，出口商预计美元有走跌的趋势，便向银行申请叙做出口融资，收到融资款后即期结汇，成功规避了美元波动的汇率风险。B进口商在一笔贸易合同项下需即期支付500万美元，进口商预计美元有走跌的趋势，便向银行申请叙做进口融资，由银行先行垫付货款，进口商在4个月后用自有人民币资金购汇偿还银行融资款，成功利用了美元贬值降低进口成本。

下面，对国际贸易融资中的主要品种进行简要介绍。

一、针对出口商的国际贸易融资

（一）出口押汇

出口押汇（Export Bill Purchase）是目前应用最为广泛的出口贸易融资业务。它是指出口地银行应出口商要求，有追索权地购买出口商发运货物后提交的全套出口单据，向出口商预支该笔出口货物项下的全部或者部分外汇款项（通常为应收外汇款项的80%左右）的短期贸易融资活动。按照结算方式，出口押汇分为出口托收押汇和出口信用证押汇。

对出口商而言，押汇融资加快了企业资金周转，可以将未来的应收账款转化为现金，可以根据不同货币的利率水平选择融资币种，从而节约财务费用；相对于银行贷款而言，融资手续简便易行，期限、金额方面没有限制。同时，由于出口商可以即时得到货款，根据现行规定，出口商办理出口押汇后所取得的外汇款项可办理结汇手续，避免了未来汇率波动可能给自己带来的损失。

不过，需要注意的是，出口押汇是对出口商有追索权的融资，如果押汇银行未能按时从国外收回款项，有权要求出口商立即归还押汇融资本息。同时，出口押汇通常期限较短，从出口商提交出口单据之日起至预计从国外收回款项的日期为止，短则几天，长不超过几个月。

📖 [案例分析 8-3] **出口押汇业务实例**

案例介绍：

江苏某纺织品进出口企业 A 公司年营业额超过 5 亿元，常年向欧美出口毛纺织产品。国际金融危机后，纺织业受到冲击，从前通常采用的赊销交易方式风险加大，且进口商的资金也不宽松，其国内融资成本过高，经商议，双方达成以开立远期信用证的方式进行付款。该做法虽在某种程度上避免了 A 公司收不到货款的风险，但从组织货物出口到拿到货款仍需较长一段时间，这让 A 公司的流动资金出现了短缺。另外，A 公司担心较长的付款时间会承担一定的汇率风险。在上述矛盾的情况下，A 公司求助于银行帮其制定能够缓解资金短缺又能规避汇率风险的解决方案。

案例分析：

银行专业人员分析认为，A 公司出口一向较为频繁，且该公司履约记录良好。结合具体情况，设计融资方案如下：在押汇总额度内，为 A 公司提供 50% 的出口押汇和 50% 的银行承兑汇票，借此降低客户的融资成本。A 公司按美国某银行开立的金额为 200 万美元，期限为提单后 90 天付款的远期信用证出运货物后，公司将全套单据提交给某商业银行南京 B 分行，申请办理出口押汇业务。而后，B 银行将单据寄往美国开证行，对方向我国银行开来承兑电，承诺到期付汇。于是 B 银行答应放款，并与 A 公司协商以人民币押汇，以免除客户的汇率风险。融资金额扣除自贴现日至预计收汇日间利息及有关银行费用后，总计 1 400 万元人民币，提供 700 万元人民币贷款，700 万元银行承兑汇票额度支付给出口商。待进口信用证到期，B 银行将汇票提交开证行托收，按期收到信用证项下款项，除归还银行押汇融资外，余款均划入 A 公司账户。这样一来，公司通过出口押汇业务实现了提前办理外汇结汇，既满足了出口发货与收汇期间的现金流需要，又规避了汇率风险。

（二）福费廷

上述出口押汇业务，银行保留对出口商融资的追索权。下面所要介绍的福费廷业务，银行对出口商的融资无追索权，出口商通过叙做福费廷，将远期应收账款转变为即时现金，同时避免了银行向其追索的风险。

福费廷（Forfeiting）也称包买票据，指银行应出口商要求无追索权地买断已经金融机构承兑的未到期的远期票据或远期债权。在大多数情况下，这种债权是以汇票或本票的形式体现的。除非债务人（进口商）信誉卓著，通常这些汇票或本票经过银行承兑、保付或担保。信用证和托收项下的买断构成了福费廷业务的大多数。叙做福费廷业务，出口商需要放弃对所出售债权的一切权益；而只要出口商所出售的债权是合法有效的，叙做福费廷的银行也必须放弃对出口商所支付款项的追索权。

　　融资银行放弃追索权是有一定前提的。银行通常会在与出口商签订的福费廷业务协议中约定，如果因为法院止付令、冻结令等司法命令而使该行未能按期收到债务人或承兑/承付/保付银行的付款，或有证据表明出口商出售给该行的不是源于正当交易的有效票据或债权时，银行对出口商保留追索的权力。

　　总体来看，福费廷业务惠及出口商。不但与应收账款有关的商业信用风险、国家风险、汇率风险等所有收汇风险完全由融资银行承担，而且获得的银行融资无须占用授用额度，企业可以将节省下的授信额度用于其他资金需求。同时，银行提供福费廷融资主要关注承兑/承付/保付银行的信誉，无须特别审查出口企业的资信状况和还款能力，与流动资金贷款等相比，手续快捷方便得多。此外，由于不再承担资产管理和应收账款回收的工作及费用，出口企业可以节约财务管理费用。当然，相应地，出口商需要支付给银行的费用更高。

[案例分析8-4]　福费廷业务实例

案例介绍：

　　我国机械设备制造企业A公司向中东某国B公司出口设备。因为该设备市场为买方市场，卖方面临激烈的市场竞争，虽然A公司具有雄厚的实力和产品价格优势，但要赢得此笔业务还面临以下几个问题：（1）B公司资金紧张，且在国内融资成本很高，希望A公司给予远期付款便利，期限为一年。而A公司正处在业务快速发展期，对资金的需求也很大，在各银行的授信额度基本用完。（2）B公司规模不大，信用状态一般。虽然B公司同意用信用证结算，但是为其开立信用证的C银行规模也较小，且A公司对该银行的了解甚少。（3）受国际金融危机的影响，国际坏账不断增加，而且人民币一直处在升值通道，若等一年后收回货款，将面临很大的汇兑风险。为此，A公司向国内D银行申请福费廷业务。D银行考虑到C银行资信尚可接受，虽然所在国家存在处在一定国家风险的可能，但预计短期内不会影响该国银行对外支付，并且出口商A公司所生产的设备质量及售后服务均良好，贸易背景真实可靠。D银行同意为该笔业务提供福费廷服务。C银行开来见票360天远期承兑信用证，A公司备货发运后，缮制单据交到D银行审核，确认无误后寄单至C银行，再次审核无误后承兑，确立其到期付款的责任。融资申请行为A公司进行无追索权贴现融资并结汇入账，A公司凭此办理出口收汇核销和退税手续。

案例分析：

　　从此案例可以看出，我国机械设备制造企业A公司处于两难境地，一方面要努力争取订单，增加收入，另一方面又要承担B公司可能拖延甚至不付货款的风险，即使能够如期收回货款，还要承担由于人民币可能升值而带来的汇兑损失，减少应收账款实际金额。具体的问题分析如下：（1）A公司授信额度基本用完，而业务的快速发展需要有充分的资金，B公司的远期付款会影响A公司的资金流。（2）为B公司开立信用证的银行规模小，知名度不高，而且A公司对其了解甚少，这也在一定程度上动摇了A公司对C银行在这笔远期债权下的担保作用的信心。（3）由于人民币汇率处于升值通道，一年后即便能收回汇款，企业也将面临相当大的汇兑损失。而通过向D银行申请福费廷融资服务，将可能的风险转嫁给了银行。A公司很快获得了货款，既缓解了资金短缺的困难，也消除了一年后收回货款的汇兑损失。

（三）出口保理

出口押汇和福费廷业务是主要基于托收和信用证结算方式的国际贸易融资品种。近年来，我国非信用证结算方式在国际贸易结算中所占的比重越来越大，出口企业亟须在赊销过程中的贸易融资，出口保理业务应运而生。

出口保理（Export Factoring）是指出口商将其现在或将来的基于其与进口商（债务人）订立的货物销售合同项下产生的应收账款转让给出口保理商（通常为出口商所在地银行），再由出口保理商将受让的应收账款转让给国外进口保理商，由出口保理商为出口商提供贸易融资、销售分户账户管理，并由进口保理商为其提供应收账款的催收及信用风险控制与坏账担保等服务。简单地说，这是一种应收账款买卖业务，出口商将持有的应收账款出售给出口保理商，并将进口商的信用风险转移给出口保理商，出口保理商可以向出口商支付相应对价，使出口商提前收回部分货款。它集结算、管理、担保和融资于一体，既是一种可供选择的新型的国际贸易结算方式，又是一种短期的贸易融资方式。

出口保理主要涉及四方当事人，即出口商、进口商、出口保理商和进口保理商。出口商可以向出口保理商提出业务申请，出口保理商会向进口保理商提出申请，要求进口保理商为进口商核定保理业务额度，随后出口商可以与出口保理商签署保理协议。出口商发货时需要在发票上打上表明发票已转让给出口保理商的转让条款，然后将全套单据寄给进口商，将发票及相关单据副本提交出口保理商。如果需要，出口商还可以从出口保理商处获取一般不超过发票金额80%的融资。出口保理商收到进口保理商的付款或担保付款后，扣除保理费用及融资本息，将余额记入出口商账户。基本流程如图8-1所示。

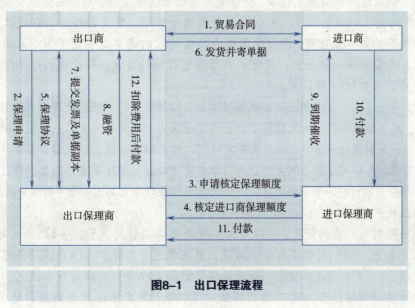

图8-1　出口保理流程

225

出口保理融资是一种无追索权的融资，有利于企业改善财务指标。即出口保理商在与出口商签订保理合同并为出口商融通资金后，如果进口商因为贸易纠纷以外的原因无力或拒绝支付货款，则由进口保理商承担债务人不支付货款的信用风险，放弃向出口商追索货款的权利。当然，与福费廷业务一样，出口保理的无追索权特性也是相对的。保理商对出口商融资的无追索限于因进口商的信用风险和所在国家风险所造成的应收账款无法回收的情形。如果由于出口商本身在执行出口贸易合同方面存在缺陷而造成应收账款无法按时回收，则保理商有权向出口商追索融资本息。

在我国，出口商采用出口保理融资，可以提前办理收汇核销和出口退税。按照国家外汇管理局一般核销的规定，企业只有在出口收汇后，银行才能为其出具出口收汇核销专用联，企业才能据此办理核销和退税。而出口保理项下出口保理商提供的是无追索权的融资服务，出口保理商可以在提供融资时，即以融资额为准向出口商出具出口收汇核销专用联，出口商可以凭此先办理收汇核销及出口退税，不必等到进口商付款后再办理。同时，出口商提前获得的应收外汇账款，根据现行外汇管理规定可办理结汇手续，这样就达到了规避汇率风险的目的。

 [案例分析 8－5] 出口保理业务实例

案例介绍：

A公司是一家出口美国纺织服装的中小企业，其产品质量稳定，销售顺畅，发展前景良好，结算方式为提单后赊销（O/A）90天，由于没有相应的抵押或担保条件，该企业在银行一直难以得到充足的资金支持，限制了业务的长远发展。最近又接到了800万美元的订单，面对巨大的资金压力，却难以通过自有资金正常周转，企业进退两难。招商银行客户经理向A公司推荐了国际保理产品。保理就是保付代理，由保理商为企业提供坏账担保，如果进口商赖账不付，保理商承担全额付款责任，该产品无须提供抵押或担保，也不占用企业的授信额度。A企业提出保理申请后，招商银行为其在进口方寻找了一家资信良好的进口保理商，进口保理商为其在美国的进口商核定了300万美元的信用额度。出口商安排第一批生产，发货后向招商银行转让发票，转让当天即从招商银行得到了相应发票金额80%的融资。

叙做保理业务后，A公司立刻将该笔保理融资款项投入下一批生产中，在出口保理业务的支持下，通过逐笔融资，大大缓解了企业的资金压力，以更有竞争力的赊销结算方式扩大了出口规模，同时通过无追索权的融资提前结汇，提前核销退税，既规避了汇率风险，又解决了融资需求。A公司业务不断发展壮大，年自营出口量达800万美元以上，通过"出口保理"业务与招商银行结下了不解之缘，一直选择招商银行作为其国际业务的唯一结算行。

案例分析：

国际保理对出口商的好处：（1）100%规避进口商信用风险。（2）采用赊销方式，更有市场竞争力。（3）发货即可获得融资，解决营运资金需求。（4）享受保理商提供的货款催收服务。（5）无追索权出口保理将应收账款债权直接转换为现金流入，可提前收汇核销和退税。国际保理对进口商的好处：（1）免费享受由保理商提供的信用担保。（2）无须开证，先收货，后付款，享受赊销便利。（3）获得账务管理服务。

二、针对进口商的国际贸易融资

（一）进口押汇

进口押汇（Import Bill Advance）是银行在进口信用证或进口代收项下，凭有效凭证和商业单据代进口商对外垫付进口款项的短期资金融通。特点如下：

1. 专款专用和逐笔申请、逐笔使用；
2. 进口押汇是短期融资，期限一般不超过 90 天，远期信用证一般不予叙做进口押汇；
3. 押汇利率按银行当期流动资金贷款利率执行，按实际押汇天数计收；
4. 押汇金额占贷款的比率、押汇期限等按实际情况决定；
5. 对逾期的进口押汇款项，银行保留追索权。

银行受理进口押汇有一定条件：进口商须在银行开有外汇账户；进口商须具有良好的资信、经营、偿还能力等；向银行提供相应的担保；当进口商的进口押汇申请批准后，银行凭借款凭证代客户办理对外付款。

进口商通过向银行申请办理进口押汇业务，可推迟购汇时间，从而在加速资金周转之余也达到规避汇率风险的目的。

［案例分析 8－6］　进口押汇业务实例

案例介绍：

浙江某进出口企业因进口设备于 2012 年 3 月 15 日需对外支付 100 万欧元，进口合同确定的欧元兑人民币汇率为 1:9.9380，付汇当日汇率为 1 欧元 = 10.076 元人民币，是近期最高点。由于欧元的升值给企业带来了一定的风险，企业需多付人民币来换取等值的欧元。该企业财务人员通过查看近 1 个月以来的汇率走势，发现欧元兑人民币汇率波动区间为 9.8320 ~ 10.076，而且波动剧烈，因此决定办理进口押汇融资业务，先行付款，待利率回调时再买入欧元，归还银行贷款。最终企业办理了一个月期限的全额进口押汇，利息为 2 666.67 欧元，到 4 月 10 日欧元汇率下调至 9.9080，企业立即买进 1 002 666.67 欧元，共支付人民币 993.44 万元。

案例分析：

该企业财务人员采用的进口押汇是一种贸易融资业务。从汇率风险防范的角度看，进口贸易融资可以通过推迟企业购汇时间，避开汇率的高点，先由银行垫付资金对外付汇，待汇率下跌时再购汇归还银行本息，从而降低购汇成本；出口贸易企业在结算货币汇率预期下跌时，可预先从银行取得贷款，办理结汇，待实际从国外收汇时再归还银行本息，从而避免汇率下跌的风险。以上述进口押汇为例分析可行性：银行当期欧元流动资金贷款利率为 3.2%，月利率为 2.67‰。因此一个月内只要出现一次欧元汇率下调超过 2.67‰的情况，融资就有收益。从近期欧元汇率波动来看，日波动幅度最大达到 2.42%，波动幅度超过 1% 的天数超过 8 天，因此融资是可行的。而从实际来看，企业办理了一个月期限的全额进口押汇，利息为 2 666.67 欧元，到 4 月 10 日欧元汇率下调至 990.8/100，企业立即买进 1 002 666.67 欧元，共支付人民币 993.44 万元，较直接购汇付汇节省人民币 100 × 1 007.6/100 − 994.96 = 12.64 万元。

（二）授信开立远期/延期付款信用证

开证行在开立信用证时一般都要求开证申请人缴纳全额保证金作为开证担保，但银行为了吸引资信好的进口商，或者和进口商早就建立了良好的合作关系，在进口商未足额缴存开证保证金的情况下，银行为其开立远期/延期付款信用证。这实际上也是银行为进口商提供的一种资金融通，不仅减少了进口商的资金占压，而且在本币存在升值预期时可以达到延迟付汇的目的，从而规避汇率风险。

此外，当本币汇率有贬值预期时，货物进口后，进口商会希望通过尽早付汇来规避汇率风险，为此可通过向银行申请办理授信开立即期付款信用证来实现。

 ［案例阅读］ 商业银行利用贸易融资，规避汇率风险

某生产出口型企业，成立于2003年，公司产品90%以上自营出口，主要出口美国、加拿大、西班牙等欧美国家。该出口企业近两年每年出口量均在3 000万美元以上，其结算方式主要以后T/T（汇款）方式为主，货款回笼周期一般在120天左右，出口商的应收账款长时间被进口商所占用，导致企业的资金周转紧张，资金需求量较大，而且在美元汇率持续下跌的形势下，面临汇率风险较大。在深入了解企业的生产经营情况后，商业银行客户经理向该企业提出叙做出口商业发票贴现业务的建议。经企业了解银行的业务流程后，向商业银行提出办理该项贸易融资业务的申请。商业银行于2017年初核定其300万美元的出口商业发票贴现额度，融资期限为120天以内，融资金额为发票面额的80%，并与该公司签订了出口商业发票贴现合作协议。目前企业在商业银行的出口商业发票贴现融资余额为230万美元。操作步骤及实施的具体情况说明如下：

（1）银行根据该企业的申请，为其核定出口商业发票贴现额度300万美元，该额度纳入企业授信管理，完成额度审批后，与企业签订《出口商业发票贴现协议》，并落实好相关担保措施。（2）12月20日，该企业向银行提交《出口商业发票贴现申请书》、合同、商业发票、运输单据副本、正本报关单、海关电子口岸IC卡，发票金额为89.25万美元，B/L装期为12月2日，付款期限为提单后120天，经银行审核审查，同意办理单笔融资并完成审批流程，发放融资款71.4万美元，期限至2018年4月9日。当天美元结汇价为7.0334。（3）寄单。由于客户资信较好，该笔出口商业发票贴现业务项下单据由客户自行寄送，副本单据留存我行。（4）收汇及还贷。4月7日，收到国外进口商付款，企业于当天提前归还贷款71.4万美元，当天美元结汇价为6.3114。该项融资极大地解决了该企业的临时性资金周转不足的困境，加速了企业的资金回笼，帮助规避了汇率风险。以上述案例为例，企业在出口收汇后还贷，由于叙做出口商业发票贴现后规避了汇率风险，因此汇率波动以12月20日到4月9日的波动测算，规避汇率波动成本=71.4万美元×（6.6066-6.3114）≈21.08万美元。

出口商业发票贴现是一种新的国际贸易融资产品，可以使采用非信用证远期付款方式结算的出口商便利地得到银行融资，加速企业资金回流，规避远期收汇风险，具有流程简单、手续简便、费用相对低廉等特点，也具有较强的针对性和实用性。(1)出口商提前收回货款，规避了不可预计的汇率风险，大大增强了资金的流动性，提高企业经营效率。(2)办理出口商业发票融资简单，可以免除信用证方式下繁杂的手续，办理手续也比传统的出口押汇、出口托收贷款更加简便、快捷。(3) 出口商依靠公司的信誉和良好的财务表现获得资金融通，提高用赊销方式销售货物的业务比例，有效降低业务成本。(4) 出口商可以对进口商提供远期付款的优惠条件，提高讨价还价能力，增强出口货物的竞争力，从而扩大业务量。

但该项融资同样存在潜在的风险，主要是汇率波动的不可预测性。从2018年5月开始，美元开始反弹，这让一些结算产品失去了原本的"魅力"。7月24日，人民银行公布的美元兑人民币汇率中间价为1美元兑6.8110元人民币，与3月27日的接近突破6.2684的汇率相比，美元已经回涨了8.66%，处于近3个月来的高位。不少金融分析机构预测，美元贬值周期出现逆转，新的强势美元周期已经基本确立。认为美元在短期内将震荡波动，但中期强势不可逆转。国际汇市不断变化，让生产企业的经营受到了越来越大的影响，尤其出口生产型企业更是难以把握汇率风险。如果融资3~4个月后的美元汇率高于融资时的汇率，那么企业选择原币贸易融资将得不到汇率上升带来的收益，在预测美元中期走强的形势下，可以考虑按当日汇率折算后以人民币发放贸易融资，同时叙做远期结汇业务锁定汇率。

[延伸阅读] 中行韩元债务保值案例解析

（一）背景

1997年，受亚洲金融风暴影响，韩国金融市场乌云密布，一场暴风雨就要来临。

1997年9月22日，受起亚集团申请破产的影响，韩国综合股价指数不断跌落，很快创下半年来的新低。外汇市场也出现异动，抢购美元之风愈演愈烈。

之后，韩元持续暴跌，外汇市场美元供不应求，韩国外汇储备将近枯竭，各种贷款利率急剧上升，韩国金融市场剧烈动荡。韩国政府对此焦虑不安，社会各界反应强烈。

为稳定金融市场，当时的韩国总统金泳三调整了政府经济官员，并在一系列紧急措施未能奏效后向国际货币基金组织请求援助。金泳三还就当前国家经济形势发表特别谈话，呼吁社会各界同舟共济，消除危机。

（二）企业债务分析

当时，中国的一家运输企业负有巨额韩元政府贷款，贷款期限12年，利率为韩国政府优惠固定利率。面对动荡的韩国金融市场，如何抓住有利时机保证其韩元贷款的安全，成为该企业当时的头等大事。

这家企业采用优惠固定利率，汇率成本在1美元兑850韩元。如何在较低价位用美元购买韩元，用于归还韩元贷款，或者说，如何锁定汇率风险，是其在债务期间需主要控制的风险来源。

根据以往经验，韩元大幅贬值的不可控性十分明显，如何应对，需要丰富的实践经验和市场判断能力，为此这家企业选择中国银行为其韩元债务提供保值方案。

（三）专家分析建议

中行交易员为此成立专门的风险分析小组。经过缜密分析，为该企业制定了三套可选择方案。

方案一：提前还款。好处：在韩元大幅贬值的情况下，用美元购入韩元，结清该笔债务。弊端：采用该方法既需要客户当期支出大笔美元，又使客户无法享受到该笔贷款的优惠利率。

方案二：用美元买韩元，存入中行，用于偿还该贷款。好处：由于当时韩元存款利率高于该笔贷款的借款利率，客户可以获得利差收益。弊端：还是需要客户当期拿出一笔美元。

方案三：外汇掉期，即期将韩元贷款兑换成美元使用，远期将美元换回韩元。好处：把韩元汇价锁在较低水平，这样既可减轻偿债负担，又不必当期支付美元。只不过外汇掉期属于金融衍生产品，叙做难度大，对交易人员的综合素质要求高，在当时国内银行中只有中国银行可以开展该种业务。

综上分析，鉴于当时的市场情况，在企业与中行交易员进行多次沟通后，最终决定选择韩元/美元的外汇掉期对其债务进行风险管理。

（四）交易情况及结果

为了将客户的韩元汇率锁在相对低点，努力为客户节约外汇资金，中国银行的交易员开始了紧张又辛苦的盯盘工作。外汇市场的每次变动都使交易员承受着巨大的心理压力，做还是不做，交易员每天都面临艰难选择。

韩元曾创出三天内暴跌 24.3% 的纪录，并出现历史低点 1 美元兑 1 995 韩元。鉴于韩元在这一低点以后出现回调，并且大幅上下震荡，交易员判断韩元可能见底。

机会稍纵即逝，交易员果断抓住市场有利时机，将客户的韩元债务汇率锁定在 1 美元兑 1 800 韩元。在叙做此笔外汇掉期后，韩元果然改变趋势走高，由 1 美元兑 1 700 韩元、1 600 韩元、1 500 韩元逐级走升，在 1998 年 3 月底回到 1 美元兑 1 400 韩元左右并趋于稳定。

这笔外汇掉期交易由于将韩元汇率锁定在相对低点，仅本金一项就为企业节约 670 万美元，且美元在当时属于低息货币，企业与中行叙做掉期交易后，需要支付的美元利率还低于韩元的优惠利率，这样，企业又节省了利息支出 360 万美元。

在该项交易中，中行的交易员还创新出对此笔交易的交割方式不采用实际支付，而采用了支付双方采用美元轧差的方式进行支付，确保交易顺利进行。

本章小结

1. 汇率风险又称外汇风险，是指经济主体在持有或运用外汇的经济活动中，因汇率变动而蒙受损失的可能性。构成汇率风险的要素有三个：本币、外币和时间，汇率风险的三个构成要素中，缺少任何一个，都无法构成汇率风险。汇率风险分为交易风险、会计风险和经济风险。

2. 防范汇率风险的措施主要包括：（1）调整计价货币，具体包括以本币计价，收硬付软，进出口货币一致，借、用、收、还货币一致等；（2）签订保值条款，具体包括黄金保值条款、硬货币保值条款、"一篮子"货币保值条款等；（3）善用结算方式；（4）进行易货交易；（5）借款避险保值；（6）外汇交易法；（7）国际贸易融资。

3. 国际贸易融资就是主要由银行对进口商或出口商提供的资金融通便利。可供出口商选择的贸易融资方式包括出口押汇、票据贴现、福费廷业务、出口保理、远期即付信用证等，可供进口商选择的贸易融资方式包括远期即付信用证、进口押汇、授信开立远期/延期付款信用证等。国际贸易融资因具有提前收款时间、延后付款时间的功能而使进出口商能对汇率进行有效管理。

同步练习

一、单选题

1. （　　）指经济主体在持有或运用外汇的经济活动中，因汇率变动而蒙受损失的可能性。

A. 利率风险　　　　B. 汇率风险　　　　C. 经济风险　　　　D. 投资风险

2. （　　）是指由于未预料的汇率变化导致企业未来的纯收益发生变化的外汇风险，会影响一个企业在汇率变化时的竞争地位。

A. 交易风险　　　　B. 会计风险　　　　C. 经济风险　　　　D. 信用风险

3. 在进行国际贸易结算时，下列哪种做法可以防范汇率风险（　　）。

A. 出口企业选择用硬币结算　　　　B. 进口企业选择用硬币结算

C. 出口企业选择用软币结算　　　　D. 以上都不对

4. （　　）是债权人委托银行向债务人收取货款的一种结算方式。

A. 电汇　　　　B. 信用证　　　　C. 票汇　　　　D. 托收

5. 对于我国进出口企业而言，在电汇时采用哪种措施有利于防范汇率风险（　　）。

A. 进口商预期人民币升值时，预付货款　　B. 进口商预期人民币贬值时，延期付款

C. 出口商预期人民币升值时，预收货款　　D. 出口商预期人民币贬值时，预收货款

二、多选题

1. 汇率风险的构成因素包括（　　）。

A. 本币　　　　B. 外币　　　　C. 时间　　　　D. 进出口贸易

E. 债权人

2. 防范汇率风险的措施包括（　　）。

A. 调整计价货币　　B. 签订保值条款　　C. 善用结算方式　　D. 进行易货贸易

E. 外汇交易法

3. 在进出口贸易中，可通过调整计价货币来规避汇率风险的具体办法包括（　　）。

A. 用本币计价　　　　B. 收硬付软

C. 进出口货币一致　　D. 借、用、收、还货币一致

E. 收软付硬

4. 通过签订保值条款来防范汇率风险的具体做法包括（　　）。

A. 签订黄金保值条款　　　　B. 签订硬货币保值条款

C. 签订"一篮子"货币保值条款　　D. 借款避险保值

E. 进行外汇交易

5. 用信用证结算来防范汇率风险时，下列做法正确的是（　　）。

A. 对出口商而言，当人民币汇率有升值预期时，应尽量多使用即期信用证结算，以便尽早收汇

B. 对出口商而言，当人民币汇率有贬值预期时，应尽量多使用延期付款/承兑信用证结算

C. 对进口商而言，当人民币汇率有升值预期时，应尽量多使用延期付款/承兑信用证结算，以便推迟付汇

D. 对进口商而言，当人民币汇率有贬值预期时，应尽量多使用即期付款信用证结算，尽早付汇，以提前锁定汇率风险

E. 对出口商而言，当人民币汇率有贬值预期时，应尽量多使用即期信用证结算，以便尽早收汇

三、简答题

1. 在国际贸易中，外贸企业面临的汇率风险主要有哪些？

2. 简述规避汇率风险的措施。

3. 简述会计风险对企业的影响途径。

4. 简述经济风险的管理方法。

5. 简述如何通过调整计价货币防范汇率风险。

6. 简述如何通过签订保值条款防范汇率风险。

7. 我国某出口企业向美国出口一批商品，合同金额为800万美元。合同签订后，根据外汇专业机构预测，美元将在近期出现较大幅度贬值。美元的预期贬值也将波及国内外汇市场。作为该企业的经理，你准备怎么办？

8. 某公司业务蒸蒸日上，营业额和利润不断增长，但是，由于公司生产需要大量的原材料从日本进口，以日元支付货款，而公司主要收入是美元，公司需要将美元兑换成日元后用于支付，而美元/日元汇率波动剧烈，给公司造成很大风险。在这种情况下，公司应该采取什么措施规避汇率风险？

9. 请选择一家出口企业，了解分析其目前存在的汇率风险，并为其制定一份合理的规避风险的方案。

项目九　国际金融市场

　　小王听说炒黄金既能保值也能赚钱，于是2012年在银行购买一些金条，然而2013年国际黄金现货价格一路下探，小王持有的黄金价值也在不断缩水。是继续持有还是卖出避免更大幅度贬值，小王很犹豫，看来参与黄金交易的风险也很大啊。什么是黄金市场？什么又是国际金融市场，小王也想借这次教训来好好学习一下国际金融市场的知识。

学习目标

◎ 掌握国际金融市场的概念及分类；

◎ 了解国际金融市场的发展历程；

◎ 掌握传统国际金融市场各子市场的概念、业务及作用；

◎ 掌握欧洲货币市场的概念及特点，了解其发展、业务及作用；

◎ 了解历史上几次典型金融危机，并能就其对国际金融市场的影响作初步分析。

关键词

国际金融市场　国际货币市场　国际资本市场　国际黄金市场
欧洲货币市场

课程导入

华尔街

华尔街是美国资本市场和经济实力的象征，它早已不是一个单纯的地理名词。现在，绝大多数金融机构与这条 500 米长的街道不再发生直接的物理关联，华尔街人也完全成为一种精神归属，资本已经进入无眠时代。不仅是 2008 年席卷全球的金融风暴，贪婪与疯狂似乎是上天专门为华尔街设下的魔咒，它始终弥漫在华尔街的每一处空间。华尔街在不断为他人创造着财富，但又在不断地剥夺着他人的财富，华尔街在固守着自己的生存法则，但又在不断冲破传统的束缚。华尔街是矛盾的结合体，它在自身双面性的较量中，不断遭到毁灭，又不断得到重生。

图9-1　纽约证券交易所

资料来源：CCTV 纪录片《华尔街》第一集 [EB/OL]. http：//tv.cctv.com/2017/08/10/VIDET-zuCQ9hcGiZ63OahZwPf170810. shtml.

思考：什么是国际金融市场？国际金融市场包括哪些子市场？各个子市场又有什么特征？

✓ 任务一　了解国际金融市场

在国际经济领域中，国际金融市场显得十分重要。商品与劳务的国际性转移，资本的国际性转移、黄金输出/输入、外汇的买卖到国际货币体系运转等各方面的国际经济交往都离不开国际金融市场。国际金融市场上新的融资手段、投资机会和投资方式层出不穷，金融活动也凌驾于传统实质经济活动之上，成为推动世界经济发展的主导因素。

一、国际金融市场的概念

国际金融市场（International Financial Market），是指国际资金借贷关系或国际资金融通的场所。

国际金融市场的概念有广义和狭义之分。广义的国际金融市场是指进行各种国际金融业务活动的场所。这些业务活动包括长期、短期资金的借贷和外汇与黄金的买卖。这些业务活动分别形成了货币市场（Money Market）、资本市场（Capital Market）、外汇市场（Foreign Exchange Market）和黄金市场（Gold Market）。这几类国际金融市场不是截然分离，而是互相联系的。狭义的国际金融市场是指在国际间经营借贷资本即进行国际借贷活动的市场，因而也称为国际资金市场，它包括短期资金市场和长期资金市场两个部分。一般指的是广义概念。

国际金融市场与国内金融市场既有区别，又有联系。两者的区别在于：国际金融市场的交易活动发生在本国居民与非居民或非居民与非居民之间；其业务范围不受国界限制；交易的对象不仅限于本国货币，还包括国际主要可自由兑换的货币以及以这些货币标价的金融工具；业务活动比较自由、开放，较少受某一国政策、法令的限制。同时，国际金融市场与国内金融市场又有密切联系，主要表现为：（1）国内金融市场是国际金融市场发展的基础。世界上一些主要的国际金融市场，都是在原先国内金融市场的基础上发展而成的。（2）国内金融市场的货币资金运动与国际金融市场的货币资金运动互为影响。国内金融市场的利率发生变动，会通过各种方式影响到国际金融市场上利率的变化，国内金融市场上货币流通发生变化形成币值变动，也同样会影响国际金融市场上汇率的变动。（3）国内金融市场上的某些大型金融机构，同样也是国际金融市场运作的主要参与者。

二、国际金融市场的分类

国际金融市场可以按照不同的角度进行分类。

（一）传统国际金融市场和新型国际金融市场

按国际金融市场的性质，国际金融市场可分为传统国际金融市场和新型国际金融市场。

传统国际金融市场又称为在岸金融市场（On－shore Financial Market），是指从事市场所在国的国际信贷和国际债券业务，交易主要发生在市场所在国的居民与非居民之间，并受市场所在国的金融法律法规约束的金融市场。传统的国际金融市场经历了由地方性金融市场到全国性金融市场，最后发展成为国际性金融市场的历史发展过程，如伦敦、纽约、苏黎世、巴黎、法兰克福和米兰等金融市场，都属于这类国际金融市场。

新型国际金融市场又称为离岸金融市场（Off-shore Financial Market）或境外市场（External Market），是指专门从事非居民之间的资金筹集和资金运用，同市场所在国的国内金融体系完全分离，并不受市场所在国政府管制的金融市场。由于它最早起源于欧洲，所以又被称为欧洲货币市场（Euro-currency Market）。这是一种真正意义上的国际金融市场。与传统的国际金融市场的发展过程不同，新型的国际金融市场的形成和发展不需要以国内金融市场的发展为基础。只要政府采取鼓励性的政策措施，并且具备了基本的组织设施和优越的地理条件，任何地区都有可能发展成为新型的国际金融市场，如卢森堡、巴拿马和开曼群岛等金融市场，都属于新型国际金融市场。

传统国际金融市场与新型国际金融市场的区别如表 9-1 所示。

表 9-1　　　　　　　传统国际金融市场与新型国际金融市场的比较

	传统国际金融市场	新型国际金融市场
交易对象	市场所在国货币	境外货币
交易主体	居民与非居民	非居民与非居民
受所在国管制程度	管制	不受管制

（二）国际货币市场和国际资本市场

按资金融通的期限，国际金融市场分为国际货币市场和国际资本市场。国际货币市场（International Money Market）是指由非居民参加的、资金借贷期在 1 年以内（含 1 年）的交易市场，也称为短期资金市场。包括同业拆借市场、票据市场、国库券市场、回购协议市场等。国际资本市场（International Capital Market）是指由非居民参加的、资金借贷期在 1 年以上的中长期信贷与证券发行和交易市场，也称为长期资金市场，包括债券市场、股票市场等。

（三）国际资金市场、外汇市场和国际黄金市场

按经营业务种类，国际金融市场可分为国际资金市场、外汇市场和国际黄金市场等。国际资金市场是进行长、短期资金借贷的市场。外汇市场（Foreign Exchange Market）是进行外汇交易的市场。国际黄金市场（International Gold Market）是集中进行黄金交易的市场。

（四）现货市场、期货市场和期权市场

按金融资产交割方式，国际金融市场可分为现货市场、期货市场和期权市场。现货市场是指现货交易活动及场所的总和。期货市场的主要交易类型有外国货币期货、利率期货、股指期货和贵金属期货等。期权市场则是投资者进行期权交易的场所。

三、国际金融市场的形成与发展

国际金融市场是随着国际贸易的发展、扩大、深化而产生与发展的。它从最早的国际清算中心，到最早的国际金融市场，直至今天极具特色的欧洲货币市场等，历经了几个世纪的发展过程。大体可以分为以下几个阶段：

（一）最早国际金融市场的出现

第一次世界大战前，伦敦率先发展为国际金融中心，成为当时世界上最主要的国际

金融市场。主要原因有：一是英国资本主义高度发展并成为世界最大的工业强国；二是英国与世界各国进行广泛的贸易，使伦敦积聚了大量的财富；三是英国当时政局稳定，银行制度发达、健全，遍布英国国内和世界各国主要地区的银行代理关系逐渐完备，银行结算、信贷制度基本建立，使英镑成为当时世界上主要的国际结算货币和储备货币。一战后，英国经济实力的衰退和 20 世纪 30 年代大危机后被迫采取的外汇和外贸管制等金融措施都使英镑作为国际结算货币与储备货币的地位急剧跌落，从而削弱了伦敦的国际金融中心地位。但直至今天，伦敦仍拥有世界上最大的外汇交易市场。

（二）三大国际金融市场的形成

第二次世界大战后，纽约、苏黎世和伦敦成为三大国际金融市场。

二战期间，美国的经济实力迅速膨胀。二战后初期，美国在工业生产、国际贸易、外汇储备等方面以绝对的优势成为资本主义世界经济的霸主。瑞士从 1815 年起成为永久中立国，没有受到历次战争的破坏，瑞士法郎又长期保持自由兑换，因此，在国际局势紧张时期，瑞士成为别国游资的避难场所，黄金、外汇交易十分兴隆。二战后欧洲经济的恢复和发展促进了苏黎世金融市场的发展。所以在这一阶段，纽约、伦敦和苏黎世成为西方世界的三大金融市场。

（三）欧洲货币市场的产生

20 世纪 60 年代后，美国国际收支出现了持续的巨额逆差，黄金流失，美元信用动摇，美国政府被迫采取了一系列限制美国资本外流的管制措施。然而，这些严厉的措施不但没有达到预期的目的，反而加剧了美元资金的外逃。同时，很多东欧国家担心其在美国的资产被冻结，而将美元存款转存到伦敦的银行，形成了巨额境外美元资金的来源。但当时英国政府对英镑实行严格管制，所以英国银行纷纷转存境外美元，使伦敦逐步形成了一个新的国际金融市场，即欧洲美元市场。该市场存在于美元发行国之外，所以其他国家各银行之间的美元存放对美国而言，均是境外的美元交易，这类交易不受美国和英国及其他有关国家的法律管制，这就是最早出现的离岸国际金融市场。

欧洲美元市场形成后，其经营范围不断扩大，经营对象也不仅仅局限于境外美元，还扩展到境外的其他货币，这些货币被统称为欧洲货币。欧洲货币市场的出现，使信贷交易国际化，改变了金融中心必须主要向国内提供资金的旧传统，为国际金融中心的分散化、国际化创造了条件。

（四）发展中国家金融市场的兴起

20 世纪 70 年代以后，国际金融市场不再局限于少数传统的国际金融中心，发展中国家的兴起对国际金融市场的发展产生了很大影响。在亚洲，新加坡、马来西亚、菲律宾和泰国等国家的金融市场都有较大的发展。在拉丁美洲、非洲等发展中国家的金融市场也逐步兴起。尤其是发展中国家中的石油生产国，由于掌握大量的石油美元而带来国际收支巨额顺差，从而在国际金融市场中占有重要地位。

[知识链接 9–1]　　**上海位居全球金融中心第五名**

根据 2019 年 3 月 11 日英国智库 Z/Yen 集团与中国（深圳）综合开发研究院联合在

迪拜"全球金融峰会"期间发布的第 25 期全球金融中心指数（GFCI 25），全球前十大金融中心排名依次为纽约、伦敦、香港、新加坡、上海、东京、多伦多、苏黎世、北京、法兰克福。

2009 年 4 月 29 日，国务院出台了关于推进上海建设国际金融中心的意见。近年来，上海的排名稳步上升。2017 年，上海的全球排名从上一期的第 13 位跃升为第 6 位，首次进入全球前 10。2018 年 9 月开始，上海正式跻身第 5。此次上海进一步巩固了第 5 的排名。除了排名晋级，上海的金融市场总量近两年不断增加，体系不断完善。2017 年，上海金融业实现增加值 5 330 亿元，占 GDP 比重超过 17%。

2019 年开始，上海建设国际金融中心进入决胜阶段。按照《上海国际金融中心建设行动计划（2018—2020 年）》，到 2020 年，上海将建成"六大中心"，形成"一个系统"，即全球资产管理中心、跨境投融资服务中心、金融科技中心、国际保险中心、全球人民币资产定价、支付清算中心和金融风险管理与压力测试中心。这也标志着上海国际金融中心建设已进入冲刺阶段。

GFCI 指数从营商环境、人力资源、基础设施、发展水平、国际声誉等方面对全球重要金融中心进行了评分和排名。纽约依旧占据领先位置，伦敦和香港的评分与上期基本持平，新加坡、上海的评分略有上升，多伦多排名有较大幅度上涨，从第 11 上升至第 7。

资料来源：上海巩固"第五名"：国际金融中心如何再进一步？［EB/OL］.［2019 - 03 - 17］. https：//baijiahao. baidu. com/s? id = 1628253596090401506&wfr = spider&for = pc.

四、国际金融市场的作用

国际金融市场的作用主要表现在以下四个方面。

1. 提高资源国际化配置效率。国际金融市场利用利息杠杆和信贷融通，以及多方面的分配渠道，引导资金从盈余国家投向资金缺乏的国家，改善了国际资金分配状况，提高了世界资源配置效率。第二次世界大战后西欧的复兴、日德经济的发展、发展中国家的经济建设，都大量利用了国际金融市场的资金。

2. 调节国际收支。国际金融市场的扩展，为国际收支逆差国开辟了新的调节国际收支的渠道。原来只能动用有限的国际储备，现在可到国际金融市场去举债或筹资，从而更能灵活地规划经济发展，可在更大程度上缓和国际收支失衡的压力。

3. 提高银行信用的国际化水平。在国际金融市场进行业务活动的，主要是世界各国经营外汇业务的银行及其他金融机构，它们为了发展国际金融业务，不断加强联系，互相代理业务，逐渐结合成为有机的整体，不少大银行在国外设立分支机构，成为跨国银行。这样就使各国国内银行信用发展为国际间的银行信用，推动了银行信用国际化水平的进一步提高。

4. 促进国际贸易与投资的迅速增长。国际金融市场的产生和发展是国际贸易和国际投资发展的结果，而国际金融市场的发展和完善又极大地便利了国际资金的划拨与结算，为国际贸易与投资的进一步发展创造了有利条件。

应当指出的是，国际金融市场的迅速扩展对世界经济的发展也产生了一些消极的作用，主要表现为国际间的大量资本流动不利于一国货币政策的执行效果；国际金融市场为货币投机活动创造了条件；助长了世界性通货膨胀，加剧了经济危机。

☑ 任务二　认识传统国际金融市场

传统国际金融市场，根据其业务性质可划分为外汇市场、货币市场、资本市场、黄金市场，外汇市场的相关内容将在项目七中介绍，此处不再赘述，在此主要介绍国际货币市场、国际资本市场和国际黄金市场。

一、国际货币市场

（一）国际货币市场的概念

国际货币市场（International Money Market）也称国际短期资金市场，一般是指国际间从事资金的借贷期限在 1 年以内（含 1 年）的交易市场。国际货币市场是国际金融市场的重要组成部分。

在国际货币市场上，由于各个国家的传统习惯不同以及各个专业市场短期资金融通方式不同，各种国际短期资金市场的业务、中介机构的地位均有所不同。例如，英国伦敦的短期资金市场上的贴现业务多，贴现公司的地位十分重要；而美国的短期资金市场以银行信贷和短期债券为主，所以商业银行居于重要地位。

（二）国际货币市场的组成及业务活动

国际货币市场一般包括短期信贷市场、短期证券市场和贴现市场。

1. 短期信贷市场（Short-term Credit Market）。短期信贷市场是指国际银行同业间的拆借或拆放，以及银行对工商企业提供短期信贷资金的场所，其目的主要是弥补临时性短期流动资金的不足。

目前，短期信贷市场中银行间同业拆借市场最重要。同业拆借的交易对象是各金融机构的多余头寸，由资金多余的金融机构放给临时资金不足的金融机构，前者可视为一项短期投资，后者则用于补充准备金不足或票据交换发生的应付差额。19 世纪 60 年代，在伦敦出现了银行与银行同业间的英镑资金拆借市场，后来世界各国银行也参加了交易，使伦敦同业拆借市场成为世界上最著名的银行间同业拆借市场，伦敦银行间同业拆借利率（London Interbank Offered Rate，LIBOR）成为国际贷款制定利率的基础。在国际货币市场上，银行短期拆放利率以伦敦银行间同业拆放利率为基准，加息率的大小根据情况由借贷双方自行议定，一般在 0.25% ~ 1.25%。银行同业拆借的最短期限为日拆，另外还有 1 周、1 个月、3 个月及 6 个月等，最长期限不超过 1 年。

2. 短期证券市场（Short-term Securities Market）。短期证券市场是国际间进行短期证券发行和交易的场所。短期证券是指各种期限不超过 1 年的可流通转让的信用工具，主要包括国库券、大额可转让存单、商业票据和银行承兑汇票等。

（1）国库券（Treasury Bill）是一国政府发行的短期债券。由于其信用高于银行信用和商业信用，而且流动性很强，已成为短期资金市场上最好的投资对象。国库券期限主要有 3 个月和 6 个月两种，它按票面金额以折扣方式发行，在市场上以竞价方式进行交易，到期按票面金额偿还。

（2）大额可转让存单（Negotiable Certificate of Deposit）是银行作为借款人向投资者发行的大面额、不记名、可转让的定期存单。通常标准面额为 100 万美元，大多数是以直接发行的方式出售给市场上的投资者，一般期限是 1~6 个月，最长时间为 1 年。

（3）商业票据（Commercial Paper，CP）是由大公司或企业凭信用发行的无抵押借款凭证。商业票据是 20 世纪 70 年代以来西方国家较为流行的短期融资工具。由于商业票据票面金额不限，所以发行面额和总金额大，发行面额 1 万美元至几万美元不等，每次发行的金额少则几千万美元，多则几亿美元。

（4）银行承兑汇票（Banks' Acceptance Bill）是经过银行承兑过的商业汇票。这种汇票由商业信用变为银行信用，提高了流动性，因此在市场上较易流通。

3. 贴现市场（Discount Market）。贴现市场是指对未到期票据按贴现方式进行融资的交易场所。贴现是客户用未到期的票据向银行融通资金，银行按贴现利率扣除从贴现日至到期日之间的利息及相应的手续费后，以票面余额付给持票人资金的一种业务。

贴现业务是短期资金市场上融通资金的一种重要方式。贴现的票据主要有政府国库券、短期债券、银行承兑票据和商业票据等。贴现利率一般高于银行贷款利率。贴现业务的主要经营者是贴现行。持票人向贴现行办理贴现业务后，贴现行或从事贴现业务的银行还可向中央银行进行再贴现。目前，世界上最大的贴现市场在英国。

（三）国际货币市场的作用

国际货币市场一方面发挥着积极作用：一是国际货币市场借助于各种短期资金融通工具将资金需求者和资金供应者联系起来，保持资金的融通，为季节性、临时性资金的融通提供了便捷途径；二是国际货币市场通过其业务活动的开展，促使微观经济行为主体加强自身管理，提高经营水平和盈利能力；三是国际货币市场和资本市场作为金融市场的核心组成部分，前者是后者规范运作和发展的物质基础。发达的货币市场减少了资金供求变化对社会造成的冲击，也为资本市场提供了稳定充裕的资金来源。

另一方面，由于该市场上的资金数额巨大而且流动性强，因而易对国际金融秩序造成猛烈的冲击，引发金融危机。

二、国际资本市场

（一）国际资本市场的概念

国际资本市场（International Capital Market）也称国际中长期资金市场，一般是指国际间从事资金的借贷期限在 1 年以上的交易市场。国际资本市场也是国际金融市场的重要组成部分。

国际资本市场能融通长期资本，为客户（包括企业、公司、政府等）提供中长期贷款，以满足国民经济生产、发展的需要。随着世界经济的发展，国际经济金融形势的动荡，国际游资的不断增加，公司资本国际化、证券化程度的加深以及金融工具的不断创新等，国际资本市场得到了进一步发展。

（二）国际资本市场的组成及业务活动

国际资本市场一般包括国际银行中长期信贷市场和国际证券市场。

1. 国际银行中长期信贷市场。国际银行中长期信贷市场是指国际金融市场上各种金融机构特别是国际银行提供中长期信贷资金的场所。

（1）国际银行中长期信贷的特点。一是资金供应充分，借用方便。国际银行中长期信贷的资金供应比较充分，供应能力远在一国金融市场之上，而且还可自由选择币种。借款者只要资信可靠，具有偿还能力，就能筹集到自己所需的大量资金。

二是资金使用较自由，贷款方式灵活。国际银行中长期信贷在资金的用途方面一般不受放贷银行的限制，无须与任何项目相联系，也不必附带相关的商品采购条款，借款人可以自行安排贷款用途，所以也被称为自由外汇贷款。国际信贷市场上的借贷方式一般较为灵活，借贷金额、期限、偿还方式都可由借贷双方协商而定，选择的空间较大。

三是借贷条件严格，资金成本高。国际银行中长期信贷市场是一个规范化的国际金融市场，借贷双方必须签订借贷合同，并严格规定合同双方应遵守的权利与义务条款。国际银行中长期信贷利率较高，而且受国际资本市场供求的变化影响较大。另外，除贷款利息外，贷款人还要收取代理费、管理费等其他费用。

（2）国际银行中长期信贷的条件。信贷条件也称贷款条件，是指借贷合约中规定的借贷双方必须遵守的权利与义务条款。信贷条件主要包括以下三个方面的内容。

一是贷款币种选择。对借款人而言，一般选择贷款到期时看跌的货币（软币）较为有利，因为借款人能从软币的币值下浮中减轻债务负担；对贷款人而言，选用贷款到期时看涨的货币（硬币）较为有利，因为贷款人能从硬币的币值上涨中增加本息收益。但在实践中，选择币种时还应把汇率与利率因素结合起来考虑，因为一般软币的利率较高，而硬币的利率较低，所以应权衡利弊，作出正确的选择判断。

二是贷款利息和其他费用。国际银行中长期信贷普遍采用浮动利率，其确定方式一般是以伦敦银行间同业拆借利率（LIBOR）为基础再加上一个附加利率构成。除利息费用以外，贷款的其他费用还包括：①管理费用，也称佣金，是借款人支付给辛迪加贷款中的牵头银行的费用；②代理费，是辛迪加贷款中由借款人向代理行支付的用于通信等办公方面的费用；③承担费，即借款人未能依约按期使用协定贷款资金而向贷款人支付的赔偿性费用等。

三是贷款期限与偿还。国际银行中长期信贷的期限是指借款人从借入到偿还完全部本息所经历的期限，一般中期信贷为3~5年，长期信贷为5~10年或10年以上。偿还方式有三种：一是分期支付利息，本金到期一次性支付，这种贷款的实际期限就等于名义贷款期限；二是有宽限期规定，本息分次等额偿还，在宽限期内，借款人只付息不用还本；三是无宽限期规定，本息分次等额偿还。

（3）国际银行中长期信贷的方式。

一是独家银行贷款。也称双边贷款，是一国贷款银行向另一国银行、政府、公司企业等借款人发放的贷款。这种贷款比较灵活，手续比较简单，贷款用途自由。

二是辛迪加贷款。又称银行集团贷款，是指由一家银行牵头，多家商业银行组成一个集团联合向某一借款人提供巨额资金的中长期贷款。这种贷款与独家银行贷款相比有四个特点：信贷规模大，信贷期限长，风险小，专款专用。辛迪加贷款是由几家甚至十几家银行共同向某一客户提供贷款，其中一家银行做牵头行，若干家银行做管理行，其余银行做参与行。牵头行通常也是管理行，收取牵头费和管理费，并与其他管理行一起承担贷款的管理工作。一般来说，银团贷款金额大，期限长，贷款条件较优惠，既能保障项目资金的及时到位，又能降低建设单位的融资成本，是重大基础设施或大型工业项目建设融资的主要方式。辛迪加贷款主要是追求利息回报，由于通常数额巨大，期限较长，可达 10 年或 20 年之久，需要有可靠的担保，一般由政府担保。辛迪加贷款的成本较高，利率是在伦敦银行间同业拆借利率上加一定加息率，而且借款人还需要承担其他借款费用。

 [知识链接 9 - 2]　我国银团贷款发展

自 1996 年中国人民银行发布的《贷款通则》中首次明确银团贷款以来，我国银团贷款业务得到了不断发展，势头良好。2006 年中国银行业协会成立了"银团贷款与交易专业委员会"，致力于推进我国银团贷款一级市场发展以及推动银团贷款二级市场建设，规范银团贷款操作，分散和防范信贷风险，提高贷款流动性，促进同业合作，鼓励有序竞争，维护银团贷款与交易市场秩序，引导银团贷款与交易市场的健康稳定发展。

在国际上，银团贷款已有 60 多年的发展历史，是一种比较成熟的贷款产品和技术。尽管最近几年来，国内银团贷款市场呈现出快速发展的趋势，但由于银团贷款在我国起步较晚，无论从占比还是从技术的成熟度方面，与发达国家相比还存在一定的差距。截至 2018 年上半年，我国银团贷款余额 6.97 万亿元人民币，占全部公司贷款余额的比例为 10.47%，银团贷款的资金投向紧密对接实体经济融资需求，取得了较好的社会效应与经济效益。银团贷款在信贷市场中的占比日益提高，反映出银团贷款越来越受到金融市场的重视，国家加大了对银团贷款的支持力度，市场成员也日益接受银团贷款模式，银团贷款市场仍有较大发展空间。

资料来源：中国银行业协会银团贷款与交易专业委员会。

2. 国际证券市场。国际证券市场是指从事有价证券发行和买卖，主要是股票及债券发行和交易的场所。国际证券市场按照交易的对象划分为国际股票市场和国际债券市场。

（1）国际股票市场。国际股票市场由股票发行市场和股票交易市场构成。

股票是股东在股份公司中拥有股权的凭证。股票发行有两种情况：一是新设立的股份公司发行股票，二是原有股份公司增资扩股发行。新设立的股份公司需要初始资本，因此通过发行股票来筹集资金。新设发行可以分为发起设立与募集设立两种。发起设立的股份公司的全部股本由法律所规定的足够发起人认缴完股本后即可宣告成立；募集设立有最低发起人数要求。已成立的股份公司在需要扩大公司规模、增强竞争能力、筹措流动资金等情况下，可以通过股票形式来筹措资金。

股票交易市场是股票流通的市场，又称二级市场，以证券交易所作为股票交易市场的中心，由证券经纪人、证券自营商、投资人及证券监管机构等组成，按照一定的规则进行股票交易的市场。股票交易市场的行情往往被誉为一国经济的晴雨表，因为从其价格波动中可以反映该国的经济发展状况。而国际股票市场的行情不仅反映出市场所在国的经济状况，而且还可以反映出世界经济的发展状况。

（2）国际债券市场。国际债券是一国政府、金融机构、公司及国际性组织等在国外市场上以外币为面值货币发行的债券。国际债券市场是国际债券发行和转让的市场，其目的是满足中长期资金的需要。国际债券的种类一般有外国债券和欧洲债券两类。

外国债券是指借款人在其本国以外的某个国家发行的、以发行地所在国的货币为面值的债券。在某些国家发行的外国债券具有特定的名称，如在日本发行的外国债券称为武士债券，在美国发行的外国债券称为扬基债券，在英国发行的外国债券称为猛犬债券，在中国发行的外国债券称为熊猫债券。

欧洲债券是指借款人在其本国以外的市场上发行的、不以发行所在地国家的货币为面值的债券。欧洲债券的发行人主要是信用级别较高的外国政府、国际经济组织和跨国公司等，其面值货币一般为可自由兑换货币。期限以 5~10 年居多，也有 20 年以上的。欧洲债券的交易是在货币发行国国境以外进行，不受任何国家金融法规的制约，手续简单，因此发展迅速。

全球债券是指在全球各主要资本市场同时大量发行，并且可以在这些市场内部和市场之间自由交易的一种国际债券。其特点是它的发行在全球范围内进行，且覆盖全球主要资本市场；具有高度流动性；发行人信用级别高，一般为政府机构。

［知识链接 9-3］　熊猫债券市场发展迅速

熊猫债是指境外和多边金融机构等在华发行的人民币债券。根据国际惯例，在一个国家的国内市场发行本币债券时，一般以该国最具特征的吉祥物命名。

中国熊猫债市场起步于 2005 年。2005 年 10 月，经国务院批准，国际金融公司（IFC）和亚洲开发银行（ADB）等 2 家国际金融机构分别在银行间市场发行了一期 11.3 亿元和 10 亿元的人民币债券，成为首批在华发行熊猫债券的境外发行人。然而，在之后的近 8 年多时间里仅有上述两家机构分别在 2006 年和 2009 年又发行了 2 只规模共计 18.7 亿元人民币的熊猫债，并没有进一步的政策退出或新的发行人到境内发债，熊猫债市场发展几乎停滞。

时隔多年后，我国债券市场对外开放以及人民国际化进程都有了进一步的发展，2014 年 3 月戴姆勒股份公司获准在银行间市场发行了一期金额为 5 亿元的熊猫债，这是我国首只非金融机构发行的熊猫债券，不但标志着熊猫债市场开始重启，发行主体由金融机构进一步延伸至非金融机构也意味着发行限制开始放开。2015 年后，中国政府开始着力推动人民币加入 IMF 的特别提款权（SDR），人民币国际化进程进一步加快，熊猫债市场也获得了明显的提速。

截至 2018 年 5 月，熊猫债总发行量已超过 2 300 亿元。其中，银行间市场"熊猫债"发行量从 2015 年的 100 余亿元，上升至 2017 年的逾 600 亿元。2018 年以来，熊猫债券市场热度持续走高。目前已有阿联酋沙迦酋长国政府、三菱东京日联银行和瑞穗银行等境外发行人成功发行熊猫债券。华润置地、招商局港口等中资企业海外分支也发行了熊猫债。

熊猫债指引
发布加快中国债市
对外开放
资料来源：腾讯视频。

在中国债券市场双向开放持续加深的背景下，预计会有来自全球更多国家和地区的政府及企业发行人登陆熊猫债券市场。

资料来源：熊猫债值得购买吗［EB/OL］．［2018 – 03 – 28］．https：//www.wstimes.cn/article/33871.htm.

三、国际黄金市场

（一）国际黄金市场的概念

黄金市场是集中进行黄金买卖的交易场所。黄金交易所一般都是在各个国际金融中心。国际黄金市场就是由世界各地的黄金交易所构成，是国际金融市场的重要组成部分。

在黄金市场上买卖的黄金形式多种多样，主要有各种成色和重量的金条、金币、金丝和金叶等，其中最重要的是金条。大金条量重价高，是专业金商和中央银行买卖的对象，小金条量轻价低，是私人和企业买卖、收藏的对象。金价按纯金的重量计算，即以金条的重量乘以金条的成色。

国际黄金市场的参加者。作为卖方出现的参加者主要有：产金国生产黄金的企业；拥有黄金需要出售的集团或个人；为解决外汇短缺和支付困难的各国中央银行；预测金价下跌做"空头"的投机商等。作为买方出现的参加者主要有：为增加官方储备的各国中央银行；为投机或投资的购买者；预测金价上涨做"多头"的投机商；以黄金作为工业用途的工商企业等。此外，一些国际金融机构，如国际清算银行和国际货币基金组织等也参与黄金市场的买卖活动。黄金市场上的交易活动，一般都通过黄金经纪人成交。

［知识链接 9 – 4］ 金条与金币的主要区别

1. 成色不同。一般金条的成色（纯金含量）高于金币。金条成色通常有三种，即995金、9995金、99995金。金交所会员出售的金条，成色达99.99%纯金。而金币成色一般略低些，以2001年发行的金币为例，大部分为99.9%，只有"西藏和平解放"纪念金币为99.99%。

2. 重量不同。以"羊年贺岁金条"为例，分别为50克、100克、200克、500克4种规格，而金币常有1/20盎司、1/10盎司、1/4盎司、1/2盎司、1盎司、5盎司等规格，绝大多数金币品种重量要轻于金条。

3. 铸造成本不同。金币的升水（加工费、税收、利润）一般高于金条，其中彩金币的溢价最高，普制金币的溢价最低。金条的黄金交易所交易费1公斤大约需要500元。

4. 变现程度不同。金币比金条变现容易。金条一般较重，所需资金较大，而且对于"杂牌"金条，其成色、重量等都要经过权威部门鉴定后才能放心交割，十分麻烦。而金币在这方面困难要小得多，尤其是普制金币，是国际公认的投资金币。商业银行有挂牌收购的业务，变现较方便。而且，随着时间的推移，收藏、投资金币的群体会不断增加，容易换手。

5. 存世量不同。从长远来说，由于各国都十分重视对黄金的开采，加之开采中科技含量的提高，黄金的供应量和储备量会不断增大，作为黄金直接载体的金条也会受这些因素的制约。而金币是限量发行的，随着时间的推移，存世量只会减少，不会增加。

6. 收藏性不同。金条只是黄金便捷交易和计算的一种形式。金币（普制除外）有明确的发行量，而且很小，又具有艺术品范畴的美学特征，其题材、设计、铸造、画面及由此传递出的诸多信息，使金币的收藏价值大为提高。而且随着收藏群体的不断扩大，供求关系趋紧，收藏性将更加显现。由于国家发行的金银纪念币为法定货币，币面标有面额，使其更具有收藏性。

（二）国际黄金市场的类型

1. 主导性市场和区域性市场。这是根据其性质和对整个世界黄金交易的影响程度来划分的。所谓主导性市场，是指其价格的形成及交易量的变化对其他黄金市场起主导性作用的市场。这类市场主要有伦敦、纽约、苏黎世、芝加哥、香港等。所谓区域性市场，主要指交易规模有限，且大多集中在本地区并对整个世界市场影响不很大的市场。这类市场主要有巴黎、法兰克福、布鲁塞尔、卢森堡、新加坡、东京等。

2. 现货交易市场和期货交易市场。这是根据交易类型和交易方式的不同来划分的。所谓现货交易，是指交易双方成交后两个营业日内交割的一种交易方式。现货交易又分为定价交易和报价交易两种，定价交易只在规定时间内报出单一价格，没有买卖差价，成交后经纪人或黄金商只收取佣金。它是伦敦市场上特有的交易形式，成交的金价既为黄金现货成交价，又是世界黄金行市的晴雨表，各地依此调整各自金价。报价交易则是由买卖双方自行达成，虽价格水平在很大程度上受定价交易制约，但有买卖差价之分，并在成交数量上要多于定价交易。伦敦、苏黎世等是以现货交易为主。所谓期货交易是指交易双方按签订的合约，在未来的某一时间内交割的一种交易方式，一般期限为3个月、6个月或1年。其价格以现货价格为依据，再加上期货限期的利息而定。纽约、芝加哥、香港等是以期货交易为主。此外还有购买选择权的另一种期货交易形式，类似于期权交易。

3. 自由交易市场和限制交易市场。这是根据对黄金交易管理程度的不同划分的。所谓自由交易市场，是指黄金可以自由输出入，居民和非居民均可自由买卖的黄金市场，如苏黎世。所谓限制交易市场，是指对黄金的输出/输入和市场交易主体实行某种限制的市场，如巴黎。但这并不意味着它同国际黄金市场没有联系，事实上黄金也可以流入，且在黄金的交易价格上是相互影响的。

（三）主要国际黄金市场

1. 伦敦黄金市场。伦敦黄金市场历史悠久，是世界主要的现货市场。由5家大黄金交易公司组成。伦敦黄金市场并不是一个实际存在的交易场所，而是一个通过各大金商的销售网络连成的无形市场。交易所会员由英国汇丰银行、加拿大丰业银行、洛希尔国际投资银行和德意志银行等五大金商及一些公认为有资格向它们购买黄金的企业组成，然后再延伸至各个加工制造商、中小商店和公司。

二战前，伦敦是世界上最大的黄金市场，黄金交易的数量巨大，约占全世界经营量的80%，是世界上唯一可以成吨购买黄金的市场。二战后，英国的政治、经济地位下降，经济尚未恢复，英镑大幅度贬值，伦敦黄金市场现在虽然不是世界最大的黄金市场，但仍不失为世界主要的黄金现货交易市场，其价格变化，被看做国际黄金市场价格的晴雨表。

伦敦黄金市场交易的黄金数量巨大，多采用批发交易。该市场每天上午和下午进行两次黄金定价，由五大金商定出当日的黄金市场价格，该价格一直影响纽约和香港的交易。市场黄金的供应者主要是南非。1982年以前，伦敦黄金市场主要经营黄金现货交易，1982年4月，伦敦期货黄金市场开业。该市场现货交易由美元计价，期货交易由英镑计价。

2. 苏黎世黄金市场。苏黎世黄金市场是二战后发展起来的世界性黄金自由市场。苏黎世黄金市场没有正式的组织结构，由瑞士三大银行——瑞士银行、瑞士信贷银行和瑞士联合银行负责清算结账。三大银行不仅可为客户代行交易，而且黄金交易也是这三家银行本身的主要业务。与伦敦金商不同的是，他们不但充当经纪人，还掌握大量黄金储备进行黄金交易。苏黎世黄金总库（Zurich Gold Pool）建立在瑞士三大银行非正式协商的基础上，不受政府管辖，作为交易商的联合体与清算系统混合体在市场上起中介作用。苏黎世黄金市场无金价定盘制度，在每个交易日任一特定时间，根据供需状况议定当日交易金价，这一价格为苏黎世黄金官价。全日金价在此基础上的波动无涨停板限制。瑞士不仅是世界上新增黄金的最大中转站，也是世界上最大的私人黄金的存储中心。苏黎世黄金市场已成为世界最大的黄金现货交易中心。苏黎世黄金市场在国际黄金市场上的地位仅次于伦敦。

3. 美国黄金市场。纽约和芝加哥黄金市场是于20世纪70年代中期发展起来的，主要原因是1977年后，美元贬值，美国人（主要是以法人团体为主）为了套期保值和投资增值获利，使黄金期货迅速发展起来。目前纽约商品交易所和芝加哥商品交易所是世界最大的黄金期货交易中心。两大交易所对黄金现货市场的金价影响很大。目前纽约和芝加哥黄金市场对黄金的吸收量约占世界总吸收量的25%，它们对国际金价的动向起着越来越大的作用。

纽约黄金市场（New York Gold Market）建立于1975年，以黄金期货交易为主。这一巨大的国际黄金市场的形成是由于1975年美国宣布允许其居民持有、买卖黄金，且纽约是最大的国际金融中心之一。另外，美国财政部和国际货币基金组织在牙买加会议后大量在纽约拍卖黄金，同时美国国内的黄金需求量又不断扩大，因此，纽约黄金期货市场建立不久，就成为世界黄金市场的重要组成部分。纽约的黄金期货交易市场是由大的国际金融机构、贵金属商、若干经纪商组成的，有4家金商起着重要作用：美国阿龙金商、莫克塔金属商、夏普·皮克斯利公司和菲力普兄弟公司。纽约共和国国民银行也是一家金商。但纽约黄金期货交易的投机活动十分活跃，美国金融管理部门为控制投机活动，稳定市场运行，对黄金市场的期货交易制定了管理条例，建立了商品交易委员会，对黄金交易进行严格的监督。

4. 香港黄金市场。香港黄金市场的形成以香港金银贸易场的成立为标志。香港金银贸易场成立于 1910 年，最初称为"金银业行"。香港的黄金交易集中在金银贸易场。1974 年，香港政府撤销了对黄金进出口的管制，此后香港金市发展极快。由于香港黄金市场在时差上刚好填补了纽约、芝加哥市场收市和伦敦开市前的空当，可以连贯亚、欧、美，形成完整的世界黄金市场。其优越的地理条件引起了欧洲金商的注意，伦敦五大金商、瑞士三大银行等纷纷来港设立分公司。它们将在伦敦交收的黄金买卖活动带到香港，逐渐形成了一个无形的当地"伦敦金市场"，促使香港成为世界主要的黄金市场之一。

目前，香港黄金市场由三个市场组成：（1）香港金银贸易场，以华人资金商占优势，有固定买卖场所，主要交易的黄金规格为 5 个司马两一条的 99 标准金条，交易方式是公开喊价，现货交易。（2）香港伦敦金市场，以国外资金商为主体，没有固定交易场所。（3）香港黄金期货市场是一个正规的市场，其性质与美国的纽约和芝加哥的商品期货交易所的黄金期货性质是一样的。交投方式正规，制度也比较健全，可弥补金银贸易场的不足。实金交易由香港金银贸易商经营。无形黄金交易、纸黄金投资由香港伦敦黄金交易所经营。黄金衍生产品由香港黄金期货交易所经营。上述交易规模是亚太地区最大的交易规模，且交易中大部分为投资型金融黄金的交易。

 [案例阅读]　影响黄金价格的因素

1. 黄金的供求关系。20 世纪 70 年代，随着布雷顿森林体系的终结，浮动汇率制度登上历史舞台，黄金的货币性职能受到削弱，作为储备资产的功能得到加强。由于黄金有国际储备功能，黄金被当做具有长期储备价值的资产广泛应用于公共以及私人资产的储备中。其中黄金的官方储备占有相当大的比例，截至 2017 年，全球已经开采出来的黄金约 15 万吨，各国中央银行的储备金就约有 4 万吨，个人储备的有 3 万多吨。因此，国际上黄金官方储备量的变化将会直接影响国际黄金价格的变动。各国官方黄金储备量增加，直接导致了 20 世纪 70 年代之后，国际黄金价格大幅度上涨。

影响黄金价格的因素
资料来源：腾讯视频。

20 世纪八九十年代，各国中央银行开始重新看待黄金在外汇储备中的作用。中央银行日渐独立以及日益市场化，使其更加强调储备资产组合的收益。在这种背景下，没有任何利息收入的黄金（除了参与借贷市场能够得到一点收益外）地位有所下降。部分中央银行决定减少黄金储备，结果 1999 年比 1980 年的黄金储备量减少了 10%，正是由于主要国家抛售黄金，导致当时黄金价格处于低迷状态。

近年来，由于主要西方国家对黄金抛售量达成售金协议——《华盛顿协议（CBGA1）》，规定 CBGA 成员每年售金量不超过 400 吨，对投放市场的黄金总量设定了上限，同时还有一些国家特别是亚洲国家在调整它们的外汇储备——增加黄金在外汇储备中的比例。

2. 石油供求关系。由于世界主要石油现货与期货市场的价格都以美元标价，石油价格的涨落一方面反映了世界石油供求关系，另一方面也反映出美元汇率的变化、世界通货膨胀率的变化。石油价格与黄金价格间接相互影响。通过对国际原油价格走势与黄金价格走势进行比较可以发现，国际黄金价格与原油期货价格的涨跌存在正相关关系的时间较多。

3. 国际政局动荡、战争。国际上重大的政治、战争事件都将影响金价。政府为战争或为维持国内经济的平稳增长而大量支出，政局动荡让大量投资者转向黄金保值投资等，都会扩大对黄金的需求，刺激金价上扬。如二战、美越战争、1976 年泰国政变、1986 年"伊朗门"事件，都使金价有不同程度的上升。再如 2001 年的"9·11"事件曾使黄金价格飙升至当年的最高价 300 美元/盎司。

4. 其他因素。除了上述影响金价的因素外，国际金融组织的干预活动，本国和地区的中央金融机构的政策法规，也会对世界黄金价格的走势产生重大影响。

资料来源：影响黄金价格的因素 [EB/OL]. [2018 – 05 – 03]. http://www.dyhjw.com/gold/20180503 – 44054. html.

📋 任务三　认识欧洲货币市场

一、欧洲货币市场的概念

欧洲货币市场又称离岸国际金融市场、境外金融市场或化外市场，是世界各地离岸金融市场的总称，该市场以欧洲货币为交易货币。各项交易在货币发行国境外进行，或在货币发行国境内通过设立"国际银行业务设施"进行，是一种新型的国际金融市场。

欧洲货币市场中的"欧洲"已失去了地理上的意义，因为该市场已经扩展到了亚洲、北美和拉丁美洲。被赋予经济上的含义，实际上等同于"境外的"或"化外"的意思。欧洲货币市场不仅包括经营欧洲货币业务的欧洲各金融中心，如伦敦、巴黎等，还包括中东、远东、加勒比海地区、加拿大和美国各主要金融中心。之所以称"欧洲"，是因为离岸金融市场最早产生于欧洲。

"欧洲货币"也不意味着在现实中真的存在一种称为欧洲货币的货币（尤其要区别欧元概念），而是泛指欧洲货币市场上交易的各种"境外货币"，又称离岸货币。例如，在日本境外存贷的日元资金。各种欧洲货币同该种货币发行国境内流通的货币是相同的。之所以称为欧洲货币，是因为在一国境外交易该国发行的货币（开始是美元）最早出现在欧洲。

"货币市场"也不能说明欧洲货币市场只进行短期资金交易，而是包括了中长期资金交易。

二、欧洲货币市场的类型

（一）内外一体型、内外分离型和簿记型

欧洲货币市场按照功能划分，可分为内外一体型、内外分离型和簿记型。内外一体

型的特点是在岸金融市场业务与离岸金融市场业务融为一体，可以同时经营，居民和非居民都可以参加外币存贷活动。伦敦、香港、巴黎等金融中心就是内外一体型市场。内外分离型的特点是在岸金融市场业务与离岸金融市场业务严格分开，以防止离岸金融业务冲击本国货币金融政策的贯彻实施。纽约、东京、新加坡等金融中心属于此类型。簿记型的特点是几乎没有实质性的离岸金融市场业务交易，只进行借贷投资等业务的记账、转账或注册等事务手续，其目的是逃避税收和金融管制。中美洲的一些离岸金融中心，如开曼群岛、巴拿马、拿骚和百慕大等即属此类。

（二）功能型中心、名义型中心、基金型中心和收放型中心

欧洲货币市场按照资金来源和流动方向划分，可以分为功能型中心、名义型中心、基金型中心和收放型中心。功能型中心的特点是集中了诸多外资银行和其他金融机构，从事具体的存贷、投资和融资业务。名义型中心的特点是不经营具体融资业务，只从事借贷、投资等业务的转账或注册业务。基金型中心的特点是吸收国际游资贷放给本地区资金需求者，如新加坡金融中心。收放型中心的特点是筹集本地区多余境外货币贷放给世界各地的资金需求者，如亚洲巴林金融中心。

三、欧洲货币市场的形成与发展

（一）欧洲美元市场的产生

欧洲货币市场的前身是欧洲美元市场。欧洲美元市场产生于20世纪50年代，60年代规模扩大。在美国境外办理美元存放款业务的市场首先出现在欧洲，所以称为欧洲美元市场。东西方"冷战"期间，一些美元资金转存到美国境外的银行，其中多数美元资金存放到了英国伦敦的各大商业银行。欧洲的其他银行也先后开办境外美元存贷款业务。欧洲美元市场的雏形由此形成。1957年，英镑危机爆发，英国政府加强了外汇管制，英国各大商业银行为了逃避外汇管制，维持其在国际金融市场中的地位，便转向经营美元业务，大量吸收美元存款，向海外客户提供美元贷款。这样，在美国境外大规模经营美元存放款业务的欧洲美元市场在伦敦形成。20世纪60年代以后，美国为遏制收支逆差，采取了一系列的美元管制措施，美国联邦储备银行限制境内银行的定期存款利息率，但不限制境外银行的存款利息率。20世纪60年代中期，市场利率上升，大量存款从美国境内银行流向欧洲货币市场以追求高利率，美国联邦储备银行还规定美国境内商业银行对国外银行的负债要缴纳存款准备金，而国外的欧洲美元不必缴纳存款准备金，这促使大量的国内存款外流，变成了欧洲美元存款。欧洲美元市场得以进一步发展。

（二）欧洲货币市场的形成

当在货币发行国境外市场上交易的货币由美元扩大到了英镑、德国马克、法国法郎、日元等自由兑换货币时，欧洲美元市场便发展为欧洲货币市场。

欧洲货币市场形成和扩大的原因主要有两个：（1）西欧国家外汇管制的放松。从20世纪50年代末开始，西欧主要资本主义国家相继恢复了其货币的自由兑换，放松或取消了外汇管制，资金可以自由流动。在西欧，外币具有三大优势：一是免缴存款准备金，银行无存款准备金的负担；二是存款利率没有上限，对外币构成吸引力；三是贷款利率低于传统国际金融市场，借款人的筹资成本较低。因而，大量的美元以外的境外货

币向欧洲货币市场流去，使欧洲货币市场的币种扩展到了英镑、德国马克、法国法郎、日元等自由兑换货币，欧洲美元市场演变成为欧洲货币市场。（2）汇率的波动和金融市场的动荡。20 世纪 60 年代，美元危机爆发，人们纷纷抛售美元、抢购黄金和其他硬通货，投机性短期资本流向联邦德国、瑞士、日本等硬通货国家。这些国家为了维护本国金融市场的稳定，抑制通货膨胀，分别规定对非居民持有的德国马克、瑞士法郎、日元存款不计利息，而对非居民持有的外币存款则给予鼓励。这促使大量的硬通货资金离开其发行国，形成了欧洲瑞士法郎、欧洲德国马克、欧洲英镑、欧洲日元、欧洲法国法郎等欧洲货币，欧洲货币市场得以快速发展。

（三）亚洲货币市场的出现

1973—1974 年，国际市场石油价格大幅上涨。由于美元是石油的计价货币，所以中东的石油输出国赚取了巨额的美元，并形成了以地区为中心的美元借贷。同时，随着日本东京、中国香港、东南亚的新加坡等其他亚洲国家或地区逐渐成为重要的国际金融中心，在这些地方也出现了美元等境外货币的交易活动。于是，欧洲货币市场向亚洲拓展。在亚洲的欧洲货币市场又被称为亚洲货币市场。亚洲货币市场是由亚洲、太平洋地区的美元存款、放款活动而形成的金融市场。这个市场是为满足亚太地区的经济发展需要而产生的，其发展对亚太地区的资金融通以及全球性国际金融市场的业务扩展都起到了积极的作用。亚洲货币市场的特点有：一是交易额的 90% 以上是美元；存款净额仅为整个欧洲市场的 9%。二是以短期借贷为主的市场，实际上是银行同业间市场。三是在时差上填补欧洲和美洲，从而形成了全球 24 小时运转的金融服务网。四是政府诱导而形成，以新加坡为代表。五是东京已发展成为仅次于伦敦和纽约的世界第三大金融中心。

（四）欧洲货币市场在拉丁美洲的延伸

在亚洲出现欧洲货币市场的同时，拉丁美洲的一些国家为了吸引境外货币来本地进行交易，也出台了一系列优惠政策，从而在这些国家或地区如巴哈马、开曼群岛，也形成了从事境外货币交易的欧洲货币市场。

四、欧洲货币市场的特点

1. 经营自由。传统的国际金融市场必须受所在地政府的政策法令的约束，而欧洲货币市场则不受国家政府管制与税收限制。因为一方面，这个市场本质上是一个为了避免主权国家干预而形成的"超国家"的资金市场，它在货币发行国境外，货币发行国无权施以管制；另一方面，市场所在地的政府为了吸引更多的欧洲货币资金，扩大借贷业务，则采取种种优惠措施，尽量创造宽松的管理气候。因此，这个市场经营非常自由，几乎不受任何管制。当然，巴塞尔委员会就银行的国际业务制定的规则，为各国协调对欧洲货币市场的监管提供了依据和便利。

2. 资金规模较大。欧洲货币市场的经营以银行间交易为主，银行同业间的资金拆借占有很大比重。欧洲货币市场是以批发交易为主的市场，大部分借款人和存款人都是大客户，每笔交易的数额很大，少则数万美元，多则可达数亿美元甚至数十亿美元。该市场的资金来自世界各地，数额极其庞大，各种主要可兑换货币应有尽有，充分满足了各国不同类型的银行和企业对不同期限及不同用途的资金的需求。

3. 利率体系独特。欧洲货币市场利率较之国内金融市场独特，具体表现在，其存款利率略高于国内金融市场，而放款利率略低于国内金融市场。存款利率较高，是因为一方面国外存款的风险比国内大，另一方面不受法定准备金和存款利率最高额限制。而贷款利率略低，是因为欧洲银行享有所在国的免税和免缴存款准备金等优惠条件，贷款成本相对较低，故以降低贷款利率招徕顾客。存放利差很小，一般为 0.25% ~ 0.5%，因此，欧洲货币市场对资金存款人和资金借款人都极具吸引力。

4. 高度依赖管制政策。传统的国际金融市场通常是在国际贸易和金融业务极其发达的中心城市，而且必须是国内资金供应中心，但欧洲货币市场突破了国际贸易与国际金融业务汇集地的限制，只要某个地方管制较松、税收优惠或地理位置优越，能够吸引投资者和筹资者，即使其本身并没有巨量的资金积累，也能成为一个离岸的金融中心。这个特点使许多原本并不著名的国家或地区如卢森堡、拿骚、开曼群岛、巴拿马、巴林及百慕大等发展为国际金融中心。

五、欧洲货币市场的构成

欧洲货币市场由欧洲货币信贷市场与欧洲货币债券市场组成。

（一）欧洲货币信贷市场

1. 欧洲货币短期信贷市场。该市场主要进行 1 年以内的短期资金拆放，最短的为日拆，多数为 1 ~ 7 日。但随着国际金融业务的不断拓展，有的期限也延至 1 ~ 5 年。该市场借贷业务主要靠信用，无须担保，一般通过电话或电传即可成交，成交额以百万美元或千万美元以上为单位。这个市场的存款大多数是企业、银行、机关团体和个人在短期内的闲置资金；这些资金又通过银行提供给另一些国家的企业、银行、私人和官方机构作短期周转。如英国政府多年来就是从该市场借入欧洲货币，换成英镑，用于正常开支。

欧洲货币短期信贷市场的业务有五个特点：（1）期限短，一般多为 3 个月以内。（2）批发性质，一般借贷额都比较大，每笔起点一般为 100 万美元，有 1 亿美元甚至更大的交易。（3）灵活方便，即在借款期限、借款货币种类和借款地点等方面都有较大的选择余地，这也是欧洲货币市场对借款人的最大吸引力之一。（4）利率由双方具体商定，一般低于各国专业银行对国内大客户的优惠放款利率，但比伦敦银行间同业拆放利率高，由经营欧洲货币业务的大银行于每个营业日按伦敦银行间同业拆放利率商定公布。（5）主要靠信用，无须签订协议。短期借贷通常发生在彼此熟悉的银行与企业、银行与银行之间，双方明晰各种条件与责任，一般通过电信联系，即可确定贷款金额与主要贷款条件。

2. 欧洲货币中长期信贷市场。这个市场与欧洲货币债券市场合称为欧洲资本市场。该市场信贷期限都在 1 年以上。这个市场的筹资者主要是世界各地私营或国营企业、社会团体、政府以及国际性机构。资金绝大部分来自短期存款，少部分来自长期存款。该市场贷款额多在 1 亿美元以上，往往由几家或十几家不同国家的银行组成银团，通过一家或几家信誉卓著的大银行牵头贷款，即辛迪加贷款。由于这类贷款期限较长，贷款人与借款人都不愿承担利率变动的风险，因此，该种贷款利率多为浮动利率，并根据市场利率变化每 3 个月或半年调整一次。利率一般以伦敦银行间同业拆放利率为基础，再根据贷款金额大小、时间长短以及借款人的资信，再加上不同幅度的附加利息（一般为0.25‰~0.5‰）。由于中长期信贷金额大、期限长，因此，借贷双方都需签订合同，有的合同还需经借款方的官方机构或政府方面担保。

欧洲货币中长期信贷市场的业务也有四个特点：（1）期限长，数额大，一般为 1~3 年，有的是 5 年或更长，最长的可达 10 年以上。（2）以辛迪加贷款为主，分散了提供中长期贷款的风险。（3）吸引力强，它对贷款人和借款人都非常方便，从而极具吸引力。（4）必须签订贷款协定，有的还需政府担保，协定主要包括币种、期限、数量、利率、货币选择权条款、违约和保证条款等。

（二）欧洲货币债券市场

欧洲货币债券市场是指发行欧洲货币债券进行筹资而形成的一种长期资金市场。它是国际中长期资金市场的重要组成部分，也是欧洲货币市场的重要组成部分。欧洲货币债券市场产生于 20 世纪 60 年代初，是在一个以银行融资为主导的经济背景下发展起来的。1961 年 2 月 1 日在卢森堡发行了第一笔欧洲货币，1963 年正式形成市场。20 世纪 70 年代后，各国对中长期资金的需求日益增加，以债券形式出现的借贷活动迅速发展。在欧洲债券结构中，主要有欧洲美元债券、联邦德国马克债券、欧洲瑞士法郎债券、欧洲荷兰盾债券等，欧洲日元债券在 1980 年对非政府机构开放。欧洲货币债券是一种新型的国际债券，它是一种境外债券，像欧洲货币不在该种货币发行国内交易一样，也不在面值货币国家债券市场上发行。

欧洲货币债券的发行者、债券面值和债券发行地点分属于不同的国家。例如，A 国的机构在 B 国和 C 国的债券市场上以 D 国货币为面值发行的债券，即为欧洲债券。欧洲债券实际上是一种无国籍债券，其主要发行人是各国政府、大跨国公司和国际金融机构。欧洲债券发行方式以辛迪加为主，一般由一家大专业银行或大商人银行或投资银行牵头，联合十几家或数十家不同国家的大银行代为发行，大部分债券是由这些银行买进，然后转到销售证券的二级市场或本国市场卖出。欧洲债券的发行一般不需经过有关国家政府的批准，不受各国金融法规的约束，比较自由灵活。

六、欧洲货币市场的作用及影响

（一）积极作用

欧洲货币市场对世界经济产生了不可低估的作用，主要表现在以下几个方面：

1. 欧洲货币市场密切了国际金融市场的联系。欧洲货币市场打破了各国间货币金融关系的相互隔绝状态，它将大西洋两岸的金融市场与外汇市场联系在一起，从而促进了国际资金流动。因为欧洲货币市场上的套利套汇活动，使两种欧洲货币之间的利率差别等于其远期外汇的升水或贴水，超过这个限度的微小利率差别都会引起大量资金的流动，于是这个市场所形成的国际利率，使各国国内利率更加相互依赖。它促进了国际金融的一体化，符合世界经济发展的基本趋势。

2. 欧洲货币市场促进了一些国家的经济发展。欧洲货币市场在很大程度上帮助西欧和日本恢复它们的经济并使其得到迅速发展。欧洲货币市场是日本 20 世纪 60 年代以来经济高速发展所需巨额资金的重要补充来源。发展中国家也从这个市场获得大量资金。据世界银行统计，从 1973 年到 1978 年 6 月底，发展中国家从国际货币市场上借进 621 亿美元，其中绝大部分是从欧洲货币市场上借来的。第三世界运用这些资金加速了经济建设，扩大了出口贸易。因此，它加强了第三世界和第二世界的经济力量。

3. 欧洲货币市场加快了国际贸易的发展。在不少国家，对外贸易是刺激经济增长的重要途径。20 世纪 60 年代中期以来，如果没有欧洲货币市场，西方国家对外贸易的迅速增长是不可能的。

4. 欧洲货币市场有利于平衡国际收支。欧洲货币市场方便了短期资金的国际流动，特别是促进了石油美元的回流。据国际货币基金组织估计，1974—1981 年，世界各国的国际收支经常项目逆差总额高达 8 100 亿美元，但各国通过国际金融市场筹集的资金总额即达 7 530 亿美元，这在很大程度上缓和了世界性的国际收支失调问题。在这期间，欧洲货币市场所吸收的石油出口国的存款就达 1 330 亿美元，从而发挥了重要的媒介作用。

（二）消极影响

当然，欧洲货币市场也给世界经济带来了不可低估的不稳定性，主要表现在以下几个方面：

1. 经营欧洲货币业务的银行风险增大。欧洲货币的拆放具有复杂的国际连锁关系。借款人除了本国客户外，尚有外国客户，或虽系本国客户，但又转手放给外国客户。同时，借款金额巨大，而又缺乏抵押保证，有时把资金转借出去，几经倒手，最后甚至连借款人是谁也不能完全掌握。

2. 影响各国金融政策的实施。对参与欧洲货币市场的国家来说，如果对欧洲美元等资金运用过多，依赖过深，或这种资金流入流出过于频繁，数额过大，那么，在一定程度上将会影响到该国国内货币流通的状况。

3. 加剧外汇证券市场的动荡。欧洲货币市场上的资金具有很大的流动性，每当某一主要国家货币汇率出现动荡将贬值下浮时，它的流动性将进一步加剧。

［案例阅读］ 伦敦稳居人民币最大离岸中心地位

伦敦金融城与中国人民银行驻欧洲代表处日前联合发布的《伦敦人民币业务季度报告》显示，"脱欧"久拖不决使英国经济持续陷入前所未有的不确定性中，但伦敦依然保持了其人民币最大离岸中心地位。2018 年第四季度，伦敦人民币日均交易量为 766 亿英镑，同比增长 45%。与此同时，中国与英国之间的跨境收入和支付规模也出现了显著增长，2019 年 2 月达到约 299 亿元人民币，同比增长约 50%。报告显示，中国国内良好的经济增长势头和人民币兑美元汇率走势稳定提升了海外投资者对人民币计价资产的投资信心。

2019 年 2 月，三只新的人民币计价点心债券在伦敦证券交易所上市，总发行规模达 6.4 亿元人民币。目前，伦敦证券交易所共上市交易 113 只点心债券（2018 年新增 30 多种点心债券），总发行规模达 328.5 亿元人民币。对于点心债券市场的增长前景，伦敦证券交易所集团认为，中国国内债券市场发展同点心债券市场规模扩大密切相关，随着人民币国际化的推进，两个市场的规模都将进一步扩大。2017 年 6 月，内地与香港债券市场互联互通合作（"债券通"）全面运行，截至 2019 年 1 月，境外投资者持有中国债券规模已经达到 1.75 万亿元，未来这一规模将继续扩大。随着境外投资者对中国国内债券市场关注度的提升，人民币计价点心债券市场将会更加活跃。此外，"一带一路"建设的推进将大幅提高人民币在相关国家和地区贸易、投资中的使用频率，国际投资者可以通过人民币债券市场参与到"一带一路"项目融资中，促进人民币离岸市场在相关国家和地区持续发展。

资料来源：伦敦稳居人民币最大离岸中心地位［EB/OL］．［2019－05－06］．http：//finance. sina. com. cn/roll/2019－05－06/doc－ihvhiews0034228. shtml.

［延伸阅读］ 美国次贷危机对全球金融市场的影响

美国次贷危机（Subprime Crisis）又称次级房贷危机，也译为次债危机。它是指一场发生在美国，因次级抵押贷款机构破产、投资基金被迫关闭、股市剧烈震荡引起的金融风暴。它致使全球主要金融市场出现流动性不足危机。美国"次贷危机"是从 2006 年春季开始逐步显现的。2007 年 8 月开始席卷美国、欧盟和日本等世界主要金融市场。次贷危机的爆发不仅引起全球主要金融市场的动荡，还波及实体经济，引起了全球性的经济衰退。

进入 21 世纪以来，美国长期的低利率导致房地产市场持续繁荣。美国的次级房贷［所谓次级房贷，是次级住房抵押贷款（Subprime Mortgage Loans）的简称，是相对于优先级（Prime）和次优先级（Alt－a）房贷而言的，特指金融机构向那些信用记录较差或低收入的购房者发放的住宅抵押贷款，由于违约风险明显高于后两种贷款，其利率也要高得多］发放额也随之大幅度增加，占全美未清偿抵押贷款总额的比重由 2001 年的 2.6% 猛涨到 2006 年第四季度的 13.7%。

不仅如此，围绕次级抵押贷款还形成了一个金融创新链条：购房者向商业银行等房贷机构申请贷款，房贷机构为了提高资金周转率又将贷款卖给房利美（联邦国民抵押贷款协会）、房地美（联邦住房抵押公司）和投资银行等，后者将次级抵押贷款打包成抵押贷款支持证券（Mortgage Backed Securities, MBS），然后出售给包括商业银行、保险公司、养老基金、对冲基金等在内的全球投资者，以转移风险。其间，保险公司，如美国国际集团等，还为这种次债提供担保。这样就"形成了一个由各类机构和个人组成的复杂利益链条，并且随着链条的不断拉长，原始的借贷关系变得越来越模糊不清，责任约束变得越来越松散，致使链条中的各个参与主体为了追求自身利益最大化而发生了不同程度的行为异化"。当房价上涨时，这个利益链条很"完美"，链条上所有的参与者，住房建筑商、购买住房消费者、贷款银行、商业银行、投资银行，各取所需，皆大欢喜；而当房价下跌导致借款人违约时，利益链条就发生了断裂，风险也必然沿着利益链条开始蔓延，从而产生"多米诺骨牌效应"。

2004 年 6 月，美联储进入加息周期，联邦基金利率从 1% 一路升至 2006 年 7 月的 5.25%。受其影响，美国房地产市场从 2005 年夏季开始降温，新屋开工数量、新房和二手房销售量均大幅下降，与此同时，约 4 000 亿美元可调整房贷的利率开始重新设定，还款利率陡增导致次级房贷的违约率大幅上升（根据美国按揭银行家协会的最新估计，

2006 年获得次贷的美国人，有 30% 可能无法及时偿还贷款），被低估的风险开始逐步暴露出来。

由于房贷公司不可能把自己持有的次级房贷全部证券化，因此，次级房贷违约率上升首先打击了次级房贷公司。2007 年 4 月，美国第二大次级房贷公司新世界金融公司（New Century Financial）申请破产保护。2007 年 8 月，美国房地产投资信托公司（American Home Mortgage）申请破产保护。据不完全统计，从 2006 年 11 月到 2007 年 11 月，全美共有 80 多家次级抵押贷款公司宣布停业，其中 11 家已经宣布破产。由于大量次级房贷已被证券化，而且购买美国次级债的也包括许多其他国家的机构投资者，信用危机很快从房贷市场蔓延到美国的整个金融市场，进而蔓延到全球金融市场。美国次贷危机本质上是一场史无前例的信用危机与信用衍生品危机。

在次贷危机发生前，美国的虚拟资产每天都在增加，且交易量巨大。正是这些有关房地产、股票的交易，以及发行债券和其他金融创新而产生的巨量货币收入，支撑着美国的高消费和经济运行。在金融自由化的气氛下，美国的金融创新造就了股市泡沫和房地产泡沫。

次贷危机后的美国房地产和金融市场大幅萎缩。从 2008 年 6 月开始，美国住宅开工项目连续下降，2009 年 1 月美国新房开工量只有 47 万个，环比下降 16.8%，同比下降 56%，仅为 2006 年高峰时的 1/5。不仅仅是住宅房地产市场受到严重冲击，总价值约 5 万亿美元的美国商业房地产市场（办公楼宇、宾馆、零售物业等）也已经进入严重恶化的状态。公开数据表明，美国商业房地产的贷款拖欠率，在 2008 年第四季度已经上升到 2.6%，达到 13 年来的新高。

次贷危机也导致美国的信贷市场大幅萎缩。2008 年美国贷款发放总额为 7 640 亿美元，远低于 2007 年的 1.69 万亿美元，为 1994 年以来的最低水平，越来越多的银行更愿意持有现金。据统计，美国的银行目前所持有的现金总额已达到 1 万亿美元。2009 年年初，摩根大通、花旗银行和美国银行等美国三大银行业巨头又同时宣布，一共削减了原先给予企业的 1.5 万亿美元信贷额度。

受危机影响，美国股票市值大幅萎缩。美国股票市场道琼斯指数从 2007 年的 14 000 点，一度下跌到 2009 年 3 月的 7 000 点下方，跌至近 12 年来的最低点，市值大幅度缩水近 10 万亿美元。

此次危机也加剧全球资本流动的波动。从短期来看，为了弥补亏损，缓解资本充足率压力，美国金融机构纷纷从全球市场抽回投资，国际短期资本的流动方向是从其他国家流入美国。从中期来看，美国金融机构为了重新盈利，以及美联储继续降息和美国经济持续疲软，将会导致国际短期资本从美国流向新兴市场国家进行套利，从而助涨新兴市场国家的资产价格。

这一风暴逐渐席卷全球，金融危机逐渐演变成经济危机，造成欧洲、俄罗斯、日本、中国香港等诸多国家和地区股市暴跌，金融机构破产，消费者信心锐减，全球经济陷入恐慌。纽约大学经济学家格特勒（Mark Gertler）称这是 "（1929）大萧条以来最严重的金融危机"。

　　资料来源：[1] 吕刚. 美国次级债危机及其对我国经济的影响 [J]. 调查研究报告，2007（163）：1 - 12.

[2] 潘锐. 美国次贷危机的成因及其对国际金融秩序的影响 [J]. 美国问题研究, 2009, 18 (1): 3-11.

[3] 次贷危机背后美国房地产和金融市场困境 [EB/OL]. [2009-05-25]. http://finance. people. com. cn/BIG5/9357755. html.

本章小结

1. 国际金融市场是指国际资金借贷关系或国际资金融通的场所。广义的国际金融市场是指进行各种国际金融业务活动的场所。这些业务活动分别形成了货币市场、资本市场、外汇市场和黄金市场。按国际金融市场的性质，国际金融市场可分为传统国际金融市场和新型国际金融市场；按资金融通的期限，国际金融市场分为国际货币市场和国际资本市场；按经营业务种类，国际金融市场可分为国际资金市场、外汇市场和国际黄金市场等；按金融资产交割方式，国际金融市场可分为现货市场、期货市场和期权市场。国际金融市场是随着国际贸易的发展、扩大、深化而产生与发展的。它从最早的国际清算中心，到最早的国际金融市场，直至今天极具特色的欧洲货币市场等，历经了几个世纪的发展过程。国际金融市场的作用主要表现在以下四个方面：提高资源国际化配置效率、调节国际收支、提高银行信用的国际化水平、促进国际贸易与投资的迅速增长。

2. 传统国际金融市场，根据其业务性质可划分为外汇市场、货币市场、资本市场、黄金市场。国际货币市场也称国际短期资金市场，一般是指国际间从事资金的借贷期限在1年以内（含1年）的交易市场。国际货币市场一般包括短期信贷市场、短期证券市场和贴现市场。国际资本市场也称国际中长期资金市场，一般是指国际间从事资金的借贷期限在1年以上的交易市场。国际资本市场一般包括国际银行中长期信贷市场和国际证券市场。国际黄金市场就是由世界各地的黄金交易所构成，类型包括主导性市场和区域性市场；现货交易市场和期货交易市场；自由交易市场和限制交易市场。

3. 欧洲货币市场又称离岸国际金融市场、境外金融市场或化外市场，是世界各地离岸金融市场的总称，该市场以欧洲货币为交易货币。"欧洲货币"泛指欧洲货币市场上交易的各种"境外货币"，又称离岸货币。欧洲货币市场的类型有：按照市场功能划分可分为内外一体型、内外分离型和簿记型；按照资金来源和流动方向划分可分为功能型中心、名义型中心、基金型中心和收放型中心。欧洲货币市场的特点包括：经营自由，资金规模较大，利率体系独特，高度依赖管制政策。欧洲货币市场由欧洲货币信贷市场与欧洲货币债券市场组成。欧洲货币市场既有积极作用，也有消极影响。积极作用主要体现在：欧洲货币市场密切了国际金融市场的联系；欧洲货币市场促进了一些国家的经济发展；欧洲货币市场加快了国际贸易的发展；欧洲货币市场有利于平衡国际收支。消极影响主要体现在：经营欧洲货币业务的银行风险增大；影响各国金融政策的实施；加剧外汇证券市场的动荡。

 同步练习

一、单选题

1. 下列哪项属于离岸金融市场的特点（   ）。

A. 交易对象为境外货币　　　　　　　B. 交易主体为非居民与非居民

C. 不受所在国管制　　　　　　　　　D. 以上都正确

2. 在岸金融市场业务与离岸金融市场业务融为一体，可同时经营，居民和非居民都可以参加外币存贷活动。这是（   ）欧洲货币市场的特点。

A. 内外一体型　　　B. 内外分离型　　　C. 簿记型　　　D. 以上都正确

3. 借款人在本国以外的市场上发行的、不以发行所在地国家的货币为面值的债券称为（   ）。

A. 外国债券　　　　B. 欧洲债券　　　C. 全球债券　　　D. 国际债券

4. 下列哪项不是主要国际黄金市场（   ）。

A. 伦敦黄金市场　　B. 苏黎世黄金市场　C. 美国黄金市场　　D. 日本黄金市场

5. 以下哪项不是辛迪加贷款的特点（   ）。

A. 信贷规模大　　　　　　　　　　　B. 信贷期限长

C. 专款专用　　　　　　　　　　　　D. 由独家银行放款

二、多选题

1. 广义的国际金融市场包括（   ）。

A. 货币市场　　　　B. 资本市场　　　C. 外汇市场　　　D. 黄金市场

E. 场外市场

2. 下列哪些是国际货币市场的子市场（   ）。

A. 短期信贷市场　　B. 短期证券市场　　C. 贴现市场　　　D. 国际证券市场

E. 中长期信贷市场

3. 欧洲货币短期信贷市场的业务特点包括（   ）。

A. 期限短

B. 借贷金额大

C. 在借款期限、借款货币种类和借款地点等方面灵活方便

D. 利率由双方商定

E. 主要是信用贷款

4. 下列属于外国债券的是（   ）。

A. 扬基债券　　　　B. 猛犬债券　　　C. 武士债券　　　D. 熊猫债券

E. 欧洲债券

5. 下列哪些是国际资本市场的子市场（   ）。

A. 国际银行中长期信贷市场　　　　　B. 国际股票市场

C. 国际债券市场　　　　　　　　　　D. 国际黄金市场

E. 贴现市场

三、简答题

1. 什么是国际金融市场?
2. 简述国际金融市场的作用。
3. 什么是离岸金融市场?
4. 简述传统国际金融市场与离岸金融市场的区别。
5. 什么是国际货币市场? 包括哪些子市场?
6. 世界上有哪些主要的国际黄金市场?
7. 简述欧洲货币市场的特点。

高职高专金融类系列教材

一、高职高专金融类系列教材

货币金融学概论	周建松		主编	25.00 元	2006.12 出版
货币金融学概论习题与案例集	周建松 郭福春等		编著	25.00 元	2008.05 出版
金融法概论（第二版）	朱 明		主编	25.00 元	2012.04 出版
（普通高等教育"十一五"国家级规划教材）					
商业银行客户经理	伏琳娜 满玉华		主编	36.00 元	2010.08 出版
商业银行客户经理	刘旭东		主编	21.50 元	2006.08 出版
商业银行综合柜台业务(第三版)	董瑞丽		主编	36.00 元	2016.07 出版
（国家精品课程教材·2006）					
商业银行综合业务技能	董瑞丽		主编	30.50 元	2008.01 出版
商业银行中间业务	张传良 倪信琦		主编	22.00 元	2006.08 出版
商业银行授信业务	王艳君 郭瑞云 于千程		编著	45.00 元	2012.10 出版
商业银行授信业务	邱俊如 金广荣		主编	32.00 元	2009.02 出版
商业银行业务与经营	王红梅 吴军梅		主编	34.00 元	2007.05 出版
金融服务营销	徐海洁		编著	34.00 元	2013.06 出版
商业银行基层网点经营管理	赵振华		主编	32.00 元	2009.08 出版
商业银行柜面英语口语	汪卫芳		主编	15.00 元	2008.08 出版
银行卡业务	孙 颖 郭福春		编著	36.50 元	2008.08 出版
银行产品	彭陆军		主编	25.00 元	2010.01 出版
银行产品	杨荣华 李晓红		主编	29.00 元	2012.12 出版
反假货币技术	方秀丽 陈光荣 包可栋		主编	58.00 元	2008.12 出版
小额信贷实务	邱俊如		主编	23.00 元	2012.03 出版
商业银行审计	刘 琳 张金城		主编	31.50 元	2007.03 出版
金融企业会计	唐宴春		主编	25.50 元	2006.08 出版
（普通高等教育"十一五"国家级规划）					
金融企业会计实训与实验	唐宴春		主编	24.00 元	2006.08 出版
（普通高等教育"十一五"国家级规划教材教材辅助教材）					
新编国际金融	徐杰芳		主编	39.00 元	2011.08 出版
国际金融概论	方 洁 刘 燕		主编	21.50 元	2006.08 出版
（普通高等教育"十一五"国家级规划教材）					
国际金融实务	赵海荣 梁 涛		主编	30.00 元	2012.07 出版
国际金融实务（第三版）	李 敏		主编	39.80 元	2019.09 出版
风险管理	刘金波		主编	30.00 元	2010.08 出版
外汇交易实务	郭也群		主编	25.00 元	2008.07 出版
外汇交易实务	樊祎斌		主编	23.00 元	2009.01 出版
证券投资实务	徐 辉		主编	29.50 元	2012.08 出版

| 国际融资实务 | 崔荫 | | 主编 | 28.00 元 | 2006.08 出版 |
| 理财学（第二版） | 边智群　朱澍清 | | 主编 | 39.00 元 | 2012.01 出版 |

（普通高等教育"十一五"国家级规划教材）

投资银行概论	董雪梅		主编	34.00 元	2010.06 出版
金融信托与租赁（第二版）	蔡鸣龙		主编	35.00 元	2013.03 出版
公司理财实务	钭志斌		主编	34.00 元	2012.01 出版
个人理财规划（第二版）	胡君晖		主编	33.00 元	2017.05 出版
证券投资实务	王静		主编	45.00 元	2014.08 出版

（"十二五"职业教育国家规划教材/国家精品课程教材·2007）

金融应用文写作	李先智　贾晋文		主编	32.00 元	2007.02 出版
金融职业道德概论	王琦		主编	25.00 元	2008.09 出版
金融职业礼仪	王华		主编	21.50 元	2006.12 出版
金融职业服务礼仪	王华		主编	24.00 元	2009.03 出版
金融职业形体礼仪	钱利安　王华		主编	22.00 元	2009.03 出版
金融服务礼仪	伏琳娜　孙迎春		主编	33.00 元	2012.04 出版
合作金融概论	曾赛红　郭福春		主编	24.00 元	2007.05 出版
网络金融	杨国明　蔡军		主编	26.00 元	2006.08 出版

（普通高等教育"十一五"国家级规划教材）

现代农村金融	郭延安　陶永诚		主编	23.00 元	2009.03 出版
"三农"经济概论（第二版）	凌海波		编著	35.00 元	2018.09 出版
商业银行网点经营管理	王德英		主编	28.00 元	2018.09 出版

二、高职高专会计类系列教材

管理会计	黄庆平		主编	28.00 元	2012.04 出版
商业银行会计实务	赵丽梅		编著	43.00 元	2012.02 出版
基础会计	田玉兰　郭晓红		主编	26.50 元	2007.04 出版
基础会计实训与练习	田玉兰　郭晓红		主编	17.50 元	2007.04 出版
新编基础会计及实训	周峰　尹莉		主编	33.00 元	2009.01 出版
财务会计（第二版）	尹莉		主编	40.00 元	2009.09 出版
财务会计学习指导与实训	尹莉		主编	24.00 元	2007.09 出版
高级财务会计	何海东		主编	30.00 元	2012.04 出版
成本会计	孔德兰		主编	25.00 元	2007.03 出版

（普通高等教育"十一五"国家级规划教材）

| 成本会计实训与练习 | 孔德兰 | | 主编 | 19.50 元 | 2007.03 出版 |

（普通高等教育"十一五"国家级规划教材辅助教材）

管理会计	周峰		主编	25.50 元	2007.03 出版
管理会计学习指导与训练	周峰		主编	16.00 元	2007.03 出版
会计电算化	潘上永		主编	40.00 元	2007.09 出版

（普通高等教育"十一五"国家级规划教材）

| 会计电算化实训与实验 | 潘上永 | | 主编 | 10.00 元 | 2007.09 出版 |

（普通高等教育"十一五"国家级规划教材辅助教材）

| 财政与税收（第三版） | 单惟婷 | | 主编 | 35.00 元 | 2009.11 出版 |
| 税收与纳税筹划 | 段迎春　于洋 | | 主编 | 36.00 元 | 2013.01 出版 |

金融企业会计	唐宴春		主编	25.50 元	2006.08 出版
（普通高等教育"十一五"国家级规划教材）					
金融企业会计实训与实验	唐宴春		主编	24.00 元	2006.08 出版
（普通高等教育"十一五"国家级规划教材辅助教材）					
会计综合模拟实训	施海丽		主编	46.00 元	2012.07 出版
会计分岗位实训	舒 岳		主编	40.00 元	2012.07 出版

三、高职高专经济管理类系列教材

经济学基础（第三版）	高同彪		主编	40.00 元	2016.08 出版
管理学基础	曹秀娟		主编	39.00 元	2012.07 出版
大学生就业能力实训教程	张国威 褚义兵等		编著	25.00 元	2012.08 出版

四、高职高专保险类系列教材

保险实务	梁 涛 南沈卫		主编	35.00 元	2012.07 出版
保险营销实务	章金萍 李 兵		主编	21.00 元	2012.02 出版
新编保险医学基础	任森林		主编	30.00 元	2012.02 出版
人身保险实务（第二版）	黄 素		主编	45.00 元	2019.01 出版
国际货物运输保险实务	王锦霞		主编	29.00 元	2012.11 出版
保险学基础	何惠珍		主编	23.00 元	2006.12 出版
财产保险	曹晓兰		主编	33.50 元	2007.03 出版
（普通高等教育"十一五"国家级规划教材）					
人身保险	池小萍 郑祎华		主编	31.50 元	2006.12 出版
人身保险实务	朱 佳		主编	22.00 元	2008.11 出版
保险营销	章金萍		主编	25.50 元	2006.12 出版
保险营销	李 兵		主编	31.00 元	2010.01 出版
保险医学基础	吴艾竞		主编	28.00 元	2009.08 出版
保险中介	何惠珍		主编	40.00 元	2009.10 出版
非水险实务	沈洁颖		主编	43.00 元	2008.12 出版
海上保险实务	冯芳怡		主编	22.00 元	2009.04 出版
汽车保险	费 洁		主编	32.00 元	2009.04 出版
保险法案例教程	冯芳怡		主编	31.00 元	2009.09 出版
保险客户服务与管理	韩 雪		主编	29.00 元	2009.08 出版
风险管理	毛 通		主编	31.00 元	2010.07 出版
保险职业道德修养	邢运凯		主编	21.00 元	2008.12 出版
医疗保险理论与实务	曹晓兰		主编	43.00 元	2009.01 出版

五、高职高专国际商务类系列教材

国际贸易概论	易海峰		主编	36.00 元	2012.04 出版
国际商务文化与礼仪	蒋景东 刘晓枫		主编	23.00 元	2012.01 出版
国际结算	靳生		主编	31.00 元	2007.09 出版
国际结算实验教程	靳 生		主编	23.50 元	2007.09 出版
国际结算（第二版）	贺 瑛 漆腊应		主编	19.00 元	2006.01 出版
国际结算（第三版）	苏宗祥 徐 捷		编著	23.00 元	2010.01 出版

国际结算操作	刘晶红	主编	25.00 元	2012.07 出版
国际贸易与金融函电	张海燕	主编	20.00 元	2008.11 出版
国际市场营销实务	王 婧	主编	28.00 元	2012.06 出版
报检实务	韩 斌	主编	28.00 元	2012.12 出版

如有任何意见或建议，欢迎致函编辑部：jiaocaiyibu@126.com。